U0362125

中央银行资产负债表政策的理论与实践

——基于量化宽松货币政策视角的分析

张靖佳　著

南开大学出版社

天　津

图书在版编目(CIP)数据

中央银行资产负债表政策的理论与实践：基于量化
宽松货币政策视角的分析 / 张靖佳著. —天津：南开
大学出版社，2021.3
ISBN 978-7-310-05997-3

Ⅰ. ①中… Ⅱ. ①张… Ⅲ. ①中央银行－资金平衡表
－研究 Ⅳ. ①F830.31

中国版本图书馆 CIP 数据核字(2020)第 257035 号

中央银行资产负债表政策的理论与实践：
基于量化宽松货币政策视角的分析
ZHONGYANG YINHANG ZICHAN FUZHAI BIAO ZHENGCE DE LILUN YU SHIJIAN:
JIYU LIANGHUA KUANSONG HUOBI ZHENGCE SHIJIAO DE FENXI

南开大学出版社出版发行
出版人：陈　敬
地址：天津市南开区卫津路 94 号　　邮政编码：300071
营销部电话：(022)23508339　营销部传真：(022)23508542
http://www.nkup.com.cn

天津泰宇印务有限公司印刷　全国各地新华书店经销
2021 年 3 月第 1 版　　2021 年 3 月第 1 次印刷
240×170 毫米　16 开本　20.25 印张　2 插页　350 千字
定价：68.00 元

如遇图书印装质量问题,请与本社营销部联系调换,电话：(022)23508339

感谢天津市高校智库"东北亚金融合作研究中心"的研究资助。感谢国家自然科学基金青年项目"量化宽松政策及其退出对中国企业杠杆率的影响"（批准号：71803089）的研究资助。

序　言

　　张靖佳同志撰写的《中央银行资产负债表政策的理论与实践——基于量化宽松货币政策视角的分析》一书系统研究了美国、欧元区、日本和英国等发达国家在 2007—2009 年全球金融危机期间实施的量化宽松政策，比较研究了不同国家量化宽松政策在实施时机、政策工具、货币财政政策协调和对国内外影响等层面的异同。张靖佳曾是我在南开大学指导的博士，从博士学习期间到参加工作至今，一直从事中央银行资产负债表的研究。这本书凝聚了她八年来研究成果的精华。这本书既是对由美国次贷危机引发的全球金融危机时期发达国家运用中央银行资产负债表政策的回顾与反思，也是对当前发达国家为应对新冠肺炎疫情所采取的大规模量化宽松政策的评价与溯源之作。

　　2007—2009 年金融危机爆发后，时任美联储主席的伯南克在巨大的压力下，运用自己毕生对金融危机救助的深刻研究，创造性地开展大规模量化宽松政策。这不仅在美国前所未有，更是自 20 世纪 30 年代大萧条以来从未出现过的大规模救助政策。正是在这种果断的行动下，及时针对一级市场、二级市场、债券和票据市场，以及抵押贷款市场，设计出了一系列流动性支持工具，这些工具一方面运用央行信用置换私人部门信用，充分发挥央行的最后贷款人作用，有效地应对"流动性陷阱"；另一方面通过匿名拍卖的方式直接为需要流动性支持的金融机构提供贷款，使得中央银行既在保证银行声誉的前提下为金融机构提供了流动性，避免出现大规模的挤兑，又运用市场机制有效选择出具有救助价值的银行。

　　美国、欧元区、英国和日本等发达国家或地区的上述中央银行资产负债表政策效果有目共睹。这些政策以狭义的信贷宽松和量化宽松政策为主，改变了央行资产负债表的组成和规模，一方面通过资产重新配置渠道大幅降低了长期安全资产（国债、机构债券和高评级公司债券）的名义利率，增加了平衡安全溢价；另一方面通过低利率承诺这一信号渠道，重塑投资者利率预期，刺激投资意愿。但同时，央行资产负债表政策也为央行资产带来了三种风险：利率风险、违约风险和汇率风险。利率风险是指央行持有长期债券，当利率上升时，这些债券的价值就会下降；违约风险是指央行持有在世界上某些国家可能受损的债券；汇率风险则来自中央银行持有外币和黄金时产生的风险。为了应对金融危机，美联储增持国债并延长国债到期日，这使美联储面临的利率风险在经济复苏期间逐步暴露。而全球经济动荡所带来的外币、黄金和外国债券的波动也将进一步增加量化宽松政策产生的中央银行风险和金融不稳定性。从这个层面来说，中央银行资产负债表政策产生的风险很大程度上受到全球经济环境的影响。

2020 年初以来，由于新冠肺炎疫情大流行，全球经济普遍重挫，使得发达经济体重启中央银行资产负债表政策。美国、欧元区、英国、日本和加拿大等发达国家都采取了诸如零利率政策、信贷支持计划、资产购买计划以及央行货币互换等，以缓解国内外金融市场的流动性紧缺，救济在疫情中受到损失的个体和企业。其中，信贷宽松政策除上述支持不同层次市场的流动性工具外，还新增了诸如公众商业借贷计划、CARES 法案《冠状病毒援助、救济和经济安全法》、经济损害灾难贷款计划等为中小企业提供融资的政策。与以往政策有所差异的是，此次中央资产负债表政策规模更大，反应速度更快。以美国为例，不同于在金融危机期间美联储逐步下调基准利率，此次疫情期间，美联储直接将基准利率降低 100 个基点至 0%～0.25%。美联储于 2020 年 3 月 16 日启动了量化宽松政策（QE5），包括 5000 亿美元国债和 2000 亿美元机构抵押贷款支持证券（MBS）的购买计划，紧接着于 3 月 23 日开启开放式资产购买、无上限 QE，按需增加购买美国国债和 MBS。美联储为了应对疫情所采取的政策的规模和力度都大于金融危机期间。同时，由于新冠肺炎疫情直接影响了企业和家庭的经济活动，QE5 更加重视向实体经济输入流动性，通过多种信贷便利工具以及一些直接和间接的政策来支持企业和家庭流动性。同样，在原油、黄金、股市大幅波动和疫情长期存续的外部环境下，如此大规模的中央银行资产负债表政策给央行资产也带来更大的汇率风险。

中央银行资产负债表政策对全球各国的溢出效应也不容小觑。自美联储在2007—2009 年全球金融危机中率先大规模使用量化宽松政策以来，其他经济体，尤其是新兴市场中的经济体深切感受到该政策带来的冲击。量化宽松政策的实施和退出都对新兴经济体的宏观经济产生了重要影响。量化宽松政策引发大量资本流向新兴市场，导致新型经济体通货膨胀、本币升值和资产价格上涨。当美联储宣布退出量化宽松政策时，外国投资者开始撤出资金，导致新兴市场资本外流、货币贬值和股市下跌。有人已公开批评，美联储旨在抵御通货紧缩、刺激低迷经济的这些政策是以邻为壑。本书对美国、欧元区和日本的量化宽松政策对我国产生的货币升值、资本流入和输入型通胀进行了系统的理论分析和实证检验,分析了本币升值与资本流入对我国微观企业出口贸易的实际影响,以及量化宽松政策通过影响大宗商品价格,进而对我国产生输入型通胀的传导机制。

从新兴市场国家和发达国家的政策协调角度来看,中央银行资产负债表政策的运用不能仅考虑对发达国家有利,也需要考虑对新兴市场国家的影响。目前,美元是世界主要储备货币这是一个不争的事实,在建立"超主权"货币仍然遥远的情况下,应该保证美元币值的稳定性。我在"国际金融论坛(IFF)2010年北京全球年会"上曾说过,美元应该在维护国际货币体系稳定和美国本币货币政策之间找出一个结合点,比如确定一个美元汇率的浮动区间,以免外界担心美国出现"第三次印钞"。此外,我还建议美国对财政赤字占国内生产总值(GDP)的比例有一个自我控制。新冠肺炎疫情对美国经济和社会稳定产生严重冲击。据美国约翰斯·霍普金斯大学统计,截止到 2020 年 9 月 11 日,美国新冠肺炎确诊病例超过 644 万人,死亡超过 19.2 万人。由于疫情尚未得到控制,对美国经济前景预测更具不可确定性。据美国国会预算办公室预计,2020 年美国财年的财政赤字达到 3.3 万亿美元,到 2020 年底,美国债务总额将达到国内生产总值(GDP)的 98%,到 2021 年美国债务总额将超过 GDP。美国的无上限 QE 政策很可能使美联储陷入财政赤字货币化的漩涡,进一步削弱美联储的独立性,不断压缩美联储的货币政策操作空间,同时不断强化美元贬值预期,使新兴市场国家承受更大的国际资本流入压力和出口压力。对巨额财政赤字导致的美元大幅贬值带来的人民币升值的负面影响应早有应对措施。

对我国来说,研究中央银行资产负债表政策不仅有助于防范国际资本流动逆转、本币升值和输入性通货膨胀带来的不利影响,更能够对丰富我国货币政策工具箱具有一定的启迪。2012 年以来,中国人民银行为了降低金融风险、引导经济结构性调整,尤其是解决后金融危机对我国产生的国际资本流动骤变冲击,先后运用了定向再贷款、差别准备金率、短期流动性调节工具(SLO)、常备借贷便利(SLF)、中期借贷便利(MLF)、补充抵押贷款(PSL)等多种非传统货币政策工具。作者在书中也对我国上述政策进行了阐述。今年以来,为了应对新冠肺炎疫情,我们运用了包括公开市场操作、定向下调准备金率、常备借贷便利、再贴现在内的货币政策组合为经济注入了充足的流动性。这些货币政策操作避免了市场流动性缺乏,缓解了实体经济下滑,也显示出上述货币政策的特殊重要性。

在过去的十多年里，中央银行资产负债表政策不断登上世界经济舞台，已经成为发达国家拯救经济危机的常用工具。作为多次金融危机的亲历者，我深知该货币政策的重大影响力，非常有必要对其进行持续的深入研究。因此，我郑重地把这本书推荐给大家，相信作者系统性的研究能够帮助大家详细了解中央银行资产负债表政策，并为该方面的研究提供更多有益的参考。

戴相龙

二〇二〇年九月二十日

目　录

第一章　导　论

对世界各国来说，2007—2009 年的全球金融危机可能是 21 世纪以来规模最大的没有硝烟的浩劫。2007 年 8 月开始的次贷危机引发了 AAA 级抵押担保证券（MBS）价值大幅下跌。市场预期进一步放大了这种现象，使得投资者普遍对持有这种证券的银行资产负债表产生了怀疑。对银行业的负面预期使银行间拆借利率陡升，并超过了联邦基金利率。随后，商业票据、私人资产担保债券及抵押债券市场上的风险利差也随之上升，信贷市场的需求下降，交易量降低。随着次贷危机的深化，银行资产负债表日趋恶化，影响其货币创造的能力，信贷市场由需求不足转化为供给不足，流动性紧缺向实体经济传导，导致失业率持续增加，产出大幅下降。

最初，这场起源于美国金融市场的金融危机并没有引起各国央行的恐慌，政府认为银行系统可以通过破产重组机制重新获得生命力。然而，2008 年 3 月，投资银行贝尔斯登因无法支撑其短期融资而濒临破产，这一事件牵动了美国金融市场的神经，促使美国联邦储备系统（下文称为"美联储"）与财政部联手为 JP. 摩根并购贝尔斯登提供政府担保。而在同年 9 月 15 日至 21 日发生的三件大事，标志着次贷危机演变为与 1929 年 10 月的大萧条相当的全球金融危机：①2008 年 9 月 15 日，美国第三大投资银行雷曼兄弟破产，这也是美国历史上最大的破产案；②2008 年 9 月 16 日，世界最大的保险公司之一，美国国际集团（AIG）获得救助，这也标志着金融危机由投资银行蔓延至其他金融机构；③2008 年 9 月 20 日，"保尔森救市计划"（Troubled Asset Relief Program，TARP）出台。在接下来的六个月里，全球证券市场大幅下挫；各种流动性、风险和波动性溢价升至历史高位；全球实际经济活动指标大幅下降。由于美联储和财政部推出了一系列货币政策和经济刺激计划，2009 年 3 月的金融市场一度出现趋稳现象，风险利差减小，股票市场局部复苏，市场对失业和产出的预期较为积极。但随后的 2009 年 9 月，通胀率下降至-1.3%，经济出现衰退（Reis，2010）。

在全球金融危机发展的整个过程中，美联储在运用传统货币政策工具——利率政策的同时，也积极推出了一系列数量型货币政策。自 2007 年上半年开始，美联储逐步调低联邦基金利率，由 5.25%降至 2008 年 12 月的 0%～0.25%，呈现显著的零利率约束特征。同时，美联储承诺在相当长的时间内维持零利率政策。同时，2008 年 10 月，美联储开始对商业银行法定准备金和超额准备金支付利息，这也意味着未来美联储将增加一种利率工具。然而，当利率政策工具发挥作用的空间降至最低时，美国经济仍然笼罩在阴影之中，金融市场运行状况不良，实体经济也随之疲软。此时，美联储加大了数量型货币政策的运用，在一定程度上为金融市场的复苏助力。鉴于美国在运用中央银行资产负债表政策方面的规模、力度和创新性，其中央银行资产负债表政策成为最具代表性的范例。美国量化宽松政策共分为四轮，包括 2008 年 11 月至 2010 年 4 月的第一轮量化宽松政策（QE1）、2010 年 11 月至 2011 年 6 月的第二轮量化宽松政策（QE2）、2012 年 9 月至 2014 年 1 月的第三轮量化宽松政策（QE3），以及 2012 年 12 月至 2014 年 10 月的第四轮量化宽松政策（QE4）。其中 QE1 的资产购买对象显著区别于之后三轮，即 QE1 是以购买中央银行非传统资产（流动性工具）作为主要操作手段，而 QE2 至 QE4 主要购买的资产为国债。虽然 2014 年美国正式退出了量化宽松政策，但 2019 年 2 月，美国旧金山联邦储备银行行长玛丽·戴利仍建议把资产负债表的扩张和收缩作为货币政策的常规工具，而不仅仅是紧急时刻采取的最后手段[①]。2020 年 3 月，由于新型冠状病毒肺炎疫情的暴发和全球应对措施的不确定性，美股于 3 月 9 日发生了历史上第二次熔断，此后 12 日美股再次熔断。为了应对市场暴跌，美联储于 2020 年 3 月 15 日重新开启了量化宽松政策（QE5），其中包括 7000 亿美元国债和 MBS 资产购买计划，以及重新将利率下调至 0%～0.25% 的水平。这说明对美国来说，中央银行资产负债表政策的研究和运用工作并没有结束，这种应对危机的复杂工具组合将成为美国乃至世界各大央行长期深耕的重要货币政策工具。

　　2007—2009 年的金融危机不但使美联储的传统货币政策工具毫无招架之力，也对欧洲央行提出了前所未有的挑战。从 2007 年 8 月次贷危机爆发起，欧元区银行间隔夜拆借利差[②]从略高于零的水平飙升至 2008 年 9 月的 100 个基点以上，之后仍继续上升。为了应对银行间市场利差的大幅上升所带来的融资成本陡增，从 2007 年 8 月开始，欧洲央行在降低利率的同时，推出了一系列数量型货币政策。自 2008 年 10 月起，欧洲央行的政策利率从 4.25% 降至 2009 年 5 月的 1% 这一历史低位。2008 年 11 月，在央行政策双管齐下的调控中，欧元区

---

　　① 美联储官员建议：资产负债表应作为货币政策的常规工具. http://news.hexun.com/2019-02-09/196096716.html.

　　② 欧元区银行间隔夜拆借利差是 12 个月 Euribor/Libor 与隔夜指数互换利率之间的差值。

银行间市场利差开始震荡下跌。然而，随着 2009 年 10 月欧债危机爆发，欧元区经济再次陷入混乱之中。为了应对欧元区经济的变化，欧洲央行又进一步推出了一系列更大规模的再融资计划和证券市场购买计划。直至 2018 年 12 月，欧洲央行正式结束了 2.6 万亿欧元（2.98 万亿美元）的购债计划。至此，欧洲央行的中央银行资产负债表政策也最终宣告结束。但是，欧洲央行于 2019 年 9 月 12 日宣布重启 QE，这标志着全球新一轮量化宽松政策或将卷土重来。与美国相比，欧洲央行的中央银行资产负债表政策呈现出历时长、目标性强的特点，是除美国之外最具代表性的量化宽松政策范例。

除美国和欧元区之外，英国也在 2008 年 4 月贝尔斯登投资银行倒闭之后屡次降息，从 2008 年 10 月的 5% 逐步下降到 2009 年 3 月的 0.5% 水平，基本受到零利率约束的限制。同时，为了应对中期通胀率可能下降至 2% 的风险，英格兰银行货币政策委员会（MPC）还开展了运用央行存款准备金购买资产的计划（Joyce 等，2011）。截至 2019 年 7 月，英国尚未退出量化宽松政策。

2008 年 12 月和 2009 年 1 月，日本银行宣布购买企业发行的商业票据和公司债券，开始实施中央银行资产负债表政策。此时日本银行已经将银行间无担保隔夜拆借利率降至 0%～0.1%，具有明显的零利率约束特征。同时，日本银行还推出了"公司融资资金支持特别计划"，即央行以低利率为金融机构提供低于抵押品价值的融资，包括商业票据、公司债券，以及契据抵押贷款。为了进一步降低中长期利率，日本银行于 2009 年 12 月开始推行"固定利率抵押品融资支持操作"，为金融机构提供利率低至 0.1% 的三个月期贷款。为了进一步加强流动性供给，日本银行于 2010 年 8 月推出了六个月期贷款。日本央行还与美联储、加拿大银行、英格兰银行、欧洲央行、瑞士国家银行等签订了双边货币互换协议，该政策持续至 2013 年 3 月末。从 2013 年 4 月黑田东彦出任日本银行行长以来，在"安倍经济学"思想的影响下，日本银行实施了"量化和质化的货币宽松政策"。该政策的目标是在未来两年内实现 2% 的通胀目标。为此，日本银行将货币政策操作目标从无抵押隔夜拆借利率转为基础货币投放量，计划每年增加 60 万亿～70 万亿日元的基础货币，每年购买 50 万亿日元的政府债券、1 万亿日元的与指数挂钩的交易所交易基金（ETF），以及 300 亿日元的日本房地产投资信托基金（J-REITs）等非传统资产。2014 年 2 月起，日本央行增加了贷款工具的操作规模和期限，将刺激银行信贷工具、增长支持基金工具和援助灾区金融机构贷款的期限延长一年，并将前两项的规模增加了一倍。

综上可知，2007 年全球金融危机爆发后，上述央行货币政策的共同特点是运用中央银行资产负债表政策，包括信贷宽松政策（credit easing）和量化宽松政策（quantitative easing）。与传统的货币政策工具不同，中央银行资产负债表政策并不是通过调整利率来间接影响投资，也不是通过存款准备金率、再贴现率来间接影响银行的信贷渠道，而是直接通过对央行资产负债表规模和组成的调整来影响货币供给和相应资产的价格，通过将私人部门的资产转化为央行资产来释放流动性，从而矫正经济因遭受系统性冲击而出现的危机。追溯起来，中央银行资产负债表政策的运用尚有成功案例可循。日本在 2001—2006 年曾成功运用中央银行资产负债表政策恢复经济，抵御因 20 世纪末 IT 产业泡沫破裂而出现的长期经济停滞。

各国学者对 2001—2006 年日本的中央银行资产负债表政策研究（Bernanke 和 Reinhart，2004；Shiratsuka，2010）显示，该政策只适用于经济危机伴随零利率约束的情况。然而，从 2007—2009 年的全球金融危机来看，中央银行资产负债表政策还有许多未解之谜。一方面，各国运用中央银行资产负债表政策的经济条件并不统一。美国的中央银行资产负债表政策与利率政策交替运用，直至到达零利率约束之后，加大了中央银行资产负债表政策的运用力度；欧元区在利率政策仍具有较大运用空间的情况下，转而推出了中央银行资产负债表政策。因此，运用中央银行资产负债表政策的时机似乎并不是所谓的"零利率约束"那么单纯。另一方面，根据货币数量理论，中央银行资产负债表政策所释放出来的流动性势必会带来严重的通货膨胀。但到目前为止，美国和欧元区的通货膨胀并没有因该政策而异常高企。因此，中央银行资产负债表政策的传导渠道值得进一步探究。从更长远的角度来看，目前美国与欧元区的通货膨胀保持低位并不意味着未来仍会如此。以麦金农（MacKinnon）为代表的一些学者认为，美国将在政策实施后相当长的一段时间内迎来通胀高企的后量化宽松货币政策时代。回答是否会因量化宽松货币政策而导致通胀高企这一问题，需要对央行通货膨胀目标与资产负债表政策是否具有相互制约关系进行系统研究。

我们所关注的另一个问题是，在不同的财政与货币政策协同程度下，中央银行资产负债表政策规模及财政政策对其支持力度的决定因素有哪些。目前针对中央银行资产负债表政策的研究并没有将财政与货币政策协同程度作为研究视角，但通过目前美国和欧盟的相应政策效果可以直观地观察到，在 2007—2009 年全球金融危机中，美国的财政与货币政策具有高度的一致性（Bernanke，2009），因此增强了中央银行资产负债表政策的可信性和有效性，为经济营造了宽松的货币和财政政策环境。相反，欧盟的财政与货币政策缺乏一致性，其货币一体化和财政分权化决定了二者之间不可能存在类似美国的高度统一的财政与货币政策。因此,尽管从 2007 年 8 月起欧盟及时地大举实施了中央银行资产负债表政策,但其效果具有短期性,最后仍未能避免 2011 年爆发的史无前例的欧债危机。因此,作者在构建模型的过程中,区分了货币与财政政策之间的协同程度,并在此基础上,对金融系统和政府的简化模型进行模拟,以探究中央银行资产负债表政策规模和财政部对其支持力度的决定因素。

此外,美联储和欧洲央行的中央银行资产负债表政策对新兴市场国家具有显著的溢出效应。立足于我国,我们有必要探究发达国家的中央银行资产负债表政策对我国企业出口、输入性通胀及汇率传导机制所具有的影响。从我国企业出口受到影响的简单宏观数据来看,2008 年 10 月至 2012 年 10 月欧洲量化宽松政策实施期间,人民币兑欧元汇率升值幅度为 16.08%,我国对欧元区出口总值涨幅为 40.36%。2008 年 9 月至 2013 年 9 月美国量化宽松政策期间,我国对美国出口涨幅约为 40.62%。此外,我们研究发现,美国量化宽松政策通过大宗商品价格渠道为我国带来输入性通胀,美国 QE1 对我国大宗商品总体通胀率,金属、食品和能源三种细分大宗商品通胀率,以及对部分微观大宗商品的通胀率存在显著的正向影响。而 QE2 对我国大宗商品和细分大宗商品通胀率的影响并不显著,但对柴油等微观大宗商品的月度价格产生了显著的负向影响。这一方面说明美国 QE1 使我国大宗商品面临输入型通胀压力,而 QE2 并未造成显著影响;另一方面说明 QE2 使部分微观大宗商品出现输入型通货紧缩的压力。最后,我们基于欧洲央行资产负债表数据、各国汇率数据,以及中国海关 2008—2011 年企业-产品-出口目的地级别微观数据,构建了各国汇率对上述政策的反应系数矩阵,并运用面板固定效应有效检验了欧洲量化宽松政策汇率溢出效应对我国微观企业出口行为的影响。我们发现,从总体效果来看,欧洲量化宽松政策的汇率溢出效应促进了我国企业出口额和出口量的增长。从各国对上述汇率溢出效应的反应差异来看,上述政策使我国企业对出现升值反应的国家出口额(量)增加,对出现贬值反应的国家出口额(量)减少;一般贸易在汇率溢出效应的影响下,出口额和出口量增长幅度最大,而加工贸易企业的出口行为受到的影响最小;外资企业和民营企业的出口行为受到的积极影响最大,国有企业受到的影响最小。

从我国人民银行结构性货币政策工具的层面来看,其与欧洲央行长期再融资计划具有一定可比性。2012 年以来,中国人民银行为了解决金融机构短期和中期流动性问题,推出了短期流动性调节工具(SLO)、常备借贷便利(SLF)、中期借贷便利（MLF），以及抵押补充贷款（PSL）等结构性货币政策。分析欧洲央行的中央银行资产负债表政策有助于进一步拓展我国在结构性货币政策层面的工具组合，深耕和活用中央银行资产负债表也有助于促进我国金融供给侧改革，维护金融稳定。

第二章 中央银行资产负债表政策的国际比较

第一节 中央银行资产负债表政策的理论演进

从货币经济学理论层面来看，中央银行资产负债表政策理论与传统货币政策理论之间存在以下三大区别。

1. 存在流动性陷阱

中央银行资产负债表政策理论中一个最重要的前提假设是在经济出现流动性陷阱时，利率政策变得无效。这也是希克斯（Hicks，1937）在研究 IS-LM 模型和流动性陷阱时，认为凯恩斯学派和古典学派之间最核心的区别之一。根据英国经济学家凯恩斯对流动性陷阱的描述，当利率水平下降到一个极低水平时，货币和债券是完全替代品，这时人们更愿意持有货币，而不是投资于债券。此时，央行的货币供应量增加也无法带来投资增加，即发生货币供应量与投资无关的情况（Krugman，1998）。但是，在该理论提出的初期，世界各国实际上都没有出现过这种情况，即使在 20 世纪 30～40 年代美国曾出现过利率和国债平均利率都极低的情况，也很少有学者将这种现象与流动性陷阱相联系（Krugman，1998）。然而，在 1991 年，作为当时世界第二大经济体的日本，货币市场利率长期低于1%，同时日本经济从1991年开始不断向迟滞的状态发展，甚至呈现出衰退的状态。日本货币当局也明确表示对此无能为力。在 1998 年，克鲁格曼（Krugman）首次将日本的上述现实情况解释为凯恩斯理论中的"流动性陷阱"，并预言"这种情况今天可以在日本发生，未来也可能在其他经济体中发生（Krugman，1998）"。至此，长期以来被经济学家认为仅像"爱丽丝梦游仙境"般存在的"流动性陷阱"现象第一次在现实中发生。而在 2007—2009 年金融危机中，美国、欧元区及英国等发达经济体的"流动性陷阱"现象更是以史无前例的规模呈现在世人面前。这种情况下，由于利率降到了极低的水平，因此传统的利率政策失效。这时，以长期低利率承诺、货币供应量调控和资产购买作为主要工具的中央银行资产负债表政策（或称为广义量化宽松政策）登上了历史舞台。

2. 跨期决策、经济开放和金融中介三个重要前提假设的缺失

传统的 IS-LM 模型认为，在出现"流动性陷阱"时，任何货币政策都将失效，而财政政策是唯一的解决之道。然而，Krugman（1998）认为，之所以传统理论得出这个结论，是由于其中有三个缺失的前提假设，第一个缺失的前提假设是决策具有跨期性，使得人们预期政府当期的行为会影响其未来的政策；第二个缺失的前提假设是经济具有开放性，使得 IS-LM 等传统模型无法考虑国际贸易和资本流动在"流动性陷阱"情况下的作用；第三个缺失的前提假设是金融中介的存在，金融中介在"流动性陷阱"中的作用是不可忽视的，如银行系统出现问题是大萧条时期的核心问题。由此可见，传统的货币经济学理论并没有将货币政策通过改善金融中介作用，进而对"流动性陷阱"的可能调节纳入基本的理论框架，因此也就无法得到货币政策有效的结论。而财政政策的唯一可行性则是建立在不考虑人们跨期决策、经济开放及金融中介的基础上，因此并不适用于日本 1991 年以来，以及 2007—2009 年金融危机时出现的"流动性陷阱"问题。

3. 货币政策目标的变化

从这一层面来说，传统货币经济学理论和中央银行资产负债表政策理论之间存在两种货币政策目标的变化，一是货币政策最终目标的变化，二是货币政策中介目标的变化。

首先，货币政策的最终目标变化体现在由物价稳定向金融稳定目标的转变。传统货币经济学理论中，人们始终相信央行的最终目标是物价稳定，因此现行的货币扩张政策都是暂时的（Krugman，1998）。也就是说，在出现"流动性陷阱"时，传统理论认为，无论央行如何承诺提高货币供应量，增加经济中的流动性，人们都会认为这种政策只是暂时的，因此不会增加下一期的投资，那么对"流动性陷阱"来说，传统理论框架下的货币政策确实是无效的。然而，央行资产负债表政策理论中，央行只要能够有效地承诺在未来相当长的一段时间内，不会再继续将物价稳定作为货币政策最终目标（Krugman，1998），即让人们相信未来将会在相当长的时间内维持较低的利率和较高的货币供应量增速，那么人们对未来的投资决策将会受到当前货币政策承诺的积极影响。只要人们开始相信下一期增加投资并不会面临紧缩的货币政策，那么经济就会走出"流动性陷阱"的泥沼。对英国等长期实施通货膨胀目标制的发达国家而言，放弃通胀目标是很难的，但英国将金融稳定作为通胀目标之外的新的最终目标，并根据丁伯根法则，通过设立金融政策委员会来实施宏观审慎政策，与货币政

委员会一同发挥作用。宏观审慎政策按照巴塞尔协议Ⅲ的框架，增加了资本充足率和流动性规则等要求，以强化金融稳定，或至少缓解资本市场的泡沫破裂冲击（Joyce 等，2012）。

其次，货币政策的中介目标变化体现在由短期利率目标和货币供应量目标转为中央银行资产负债表目标。传统货币经济学理论框架下，实行利率目标制的央行通常以泰勒规则作为主要利率中介目标准则，而实行通货膨胀目标制的央行通常以货币供应量作为主要的中介目标（Joyce 等，2012；Woodford，2003）。然而，对于实施利率目标制的国家来说，由于经济陷入衰退，按照泰勒规则的指引，短期名义利率应该降到接近零或达到负利率的水平。但是，由于投资者永远可以持有无利息的现金，因此实际上经济会面临"零利率约束"。这意味着，利率不能够再按照泰勒规则进行调整。另一方面，由于金融系统的混乱和金融机构的大规模损失，政策利率和市场利率之间的联动性不复存在，金融机构宁愿持有资金也不愿将资金向私人部门出借。这时，中央银行必须依赖资产负债表的扩张直接向市场提供信贷（Joyce 等，2012）。也就是说，在出现"流动性陷阱"时，实行利率目标制的央行的中介目标被迫转为资产负债表规模的扩张和组成的改变。

对实施通货膨胀率目标制的央行来说，由于在"流动性陷阱"出现的情况下，货币供应量与投资无关，央行无法通过设定货币供应量这一中介目标来刺激投资。同时，由于央行还须兼顾金融稳定这一最终目标，要求提高金融机构的资本充足率，这将进一步弱化金融机构实行货币乘数机制对基础货币的放大作用，进而弱化央行增发基础货币对实体经济的传导作用。此外，央行同样需要通过资产负债表的扩张直接向市场提供信贷，即实行通胀目标制的央行的中介目标也转变为资产负债表规模的扩张和组成的改变。

从央行资产负债表目标的具体形式来看，不同央行也有所差异。日本银行的资产负债表目标表现为准备金余额的提高（Shiratsuka，2010）；美国和欧元区的资产负债表目标体现为美联储和欧洲央行通过购买多种非传统资产扩大其资产负债表规模，同时改变其组成；英国的资产负债表目标体现为英格兰银行通过购买金边债券（英国国债）来扩大资产负债表规模（Joyce 等，2011）。此外，央行实施负利率目标（丹麦、日本、欧元区）和通过扭曲操作等方式影响名义利率（美国）也是利率目标改变的形式之一（Joyce 等，2012）。

根据既有中央银行资产负债表政策理论文献，央行通过资产购买改变资产负债表规模和组成，进而从广义量化宽松政策层面影响金融市场和实体经济的流动性，使其走出"流动性陷阱"的可行性是该理论的核心问题。安德列斯等人（Andres 等，2004）在动态随机一般均衡模型（DSGE）中引入了金融市场，并假设金融机构对政府债券的偏好有所差异。该理论证实了央行进行资产购买能够有效影响金融机构的投资。库尔迪亚和伍德福德（Curdia 和 Woodford，2011）将信用缺失和金融机构异质性引入了理论模型，发现在央行实施信贷宽松政策时，即央行直接向私人部门提供流动性时，央行购买特定类型的资产可以有效影响总需求和产出。虽然该模型放弃了代表性机构的假设，即引入了金融机构异质性，但仍然认为央行购买国债无法影响总需求和产出。这是因为Curdia 和 Woodford（2011）假定国债利率是一期无风险利率，与央行短期政策利率一致，同时也与央行的准备金利率一致，这说明准备金和国债是完全替代品，央行用国债替代准备金不会带来任何影响。关于央行能否通过购买资产来影响金融市场和实体经济投资，进而影响总需求和产出的机制主要取决于央行购买的资产是否与公众持有的资产是"不完全替代品"。这一假设也称为"公开市场操作无关假设"。最早提出这一假设的理论研究是托宾（Tobin，1961，1963，1969）、布鲁纳和梅尔茨（Brunner 和 Meltzer，1973），他们认为央行通过供给不同期限和流动性的金融单据，可以在资产不完全替代的机制下影响不同资产的收益率，这一传导机制也被称为"资产重新配置渠道"。该理论的核心假设是投资者具有异质性，即人们持有不同类别的资产，并且通过资产价格调整使整个系统均衡。此时，李嘉图等价的情况会削弱这种传导渠道的有效性，因为当人们能够完全预见央行资产购买行为带来的隐含税收时，人们会认为央行目前的资产购买行为与自己持有的资产组合之间并没有联系，此时便不会产生投资者的资产重新配置，导致央行资产负债表政策失效。基约塔基和摩尔（Kiyotaki 和 Moore，2012）所构建的货币经济学模型中引入了金融资产的流动性差异假设。进行投资的企业家只能通过发行新股票获得有限比例的融资。因此，这些企业家会持有高流动性资产，以备不时之需。货币可以随时用来投资，但出售股票进行融资较为困难。在该模型中，当发生流动性冲击时，由于发行股票变得更加困难，企业家能够投资的好项目会减少。这时央行可以通过资产购买来降低流动性冲击带来的负面影响，即通过购买流动性较差的股票来释放流动性更好的货币。该模型认为央行资产购买中性的问题不会发生，这是因为信贷市场的不完美性和有限参与性使央行能够通过"资产组合重新配置"渠道来影响金融市场的流动性。埃格特松和伍德福德（Eggertsson 和 Woodford，2003）通过构建跨期均衡模型，揭示了名义利率零下限对货币政策的影响。该模型认为零利率下限可能是对中央银行抗击通货紧缩能力的一个重大限制。在跨期均衡模型的背景下，如果预期未来政策纯粹是前瞻性的，公开市场操作即使是"非常规"类型的操作，也是无效的。然而，对依赖历史的正确政策作出可信的承诺，可以在很大程度上缓解零边界造成的扭曲。在该模型中，最优政策包含一个承诺，即在与零界一致的情况下，调整利率，以达到一个时变的价格水平目标。

　　另有一些学者从中央银行资产负债表政策的溢出效应层面出发，探讨了危机情况下国际货币政策协同的理论机制。艾肯格林（Eichengreen，2013）从货币战争的角度出发，认为发达国家的量化宽松政策使得新兴市场国家面临通货膨胀、汇率升值、资产价格泡沫等不利的跨国影响，迫使新兴市场国家采取紧缩的货币政策。如果发达国家的量化宽松政策和新兴市场国家的紧缩政策能够被纳入国际货币政策协作的框架下，那么后危机时代的全球货币政策将会更加有效。然而，由于发达国家和新兴市场国家都选择最优货币政策策略，使国际货币政策陷入了"囚徒困境"，最终演变为货币战争。金（Chinn，2013）在传统资产价格模型框架下，分析了中央银行资产负债表政策为新兴经济体汇率和资产价格的影响，认为尽管量化宽松政策为新兴市场国家带来了金融资产泡沫和通货膨胀冲击，但仍能够有效促进新兴市场国家的汇率调整，进而有效推动全球再平衡进程。卡巴列罗等人（Caballero 等，2016）聚焦发达国家资产负债表政策对全球安全资产供给的影响，从"安全资产陷阱"这个全新的角度来探究上述政策对其他国家的资产价格和汇率影响。该论文在 IS-LM 和蒙代尔-弗莱明模型框架下，探究了发达国家的中央银行和私人部门购买大量安全资产所导致的安全资产稀缺对总需求的影响。严重的安全资产短缺迫使经济陷入"安全陷阱"衰退。在开放经济中，安全的资产稀缺通过资本流动从一个国家扩散到另一个国家，导致利率相等。同时，全球安全资产严重短缺迫使经济陷入全球安全资产陷阱。汇率变得不确定，但仍在各国产出调整的分布和幅度方面都发挥着关键作用。因此，各国适当增加安全资产净供应的政策对提高产出有着积极的意义。

第二节　中央银行资产负债表政策工具种类的国际比较

　　目前，关于中央银行资产负债表政策普遍的解释是，在货币政策面临短期零利率约束的情况下，央行一方面可以通过改变央行资产负债表的组成来影响期限溢价和资产的整体收益率，从而间接影响微观主体的经济行为；另一方面可以通过改变其规模来影响存款准备金供给量和货币存量（Bernanke 和 Reinhart，2004），这种政策称为中央银行资产负债表政策。

对中央银行资产负债表政策的研究源于 20 世纪初日本所面临的零利率约束和流动性陷阱并存的问题。在以 Krugman（1998）为代表的学者的研究指导下，日本中央银行于'2001—2006 年实施非传统货币政策，包括央行承诺长期保持低利率水平、改变央行资产负债表规模，以及改变组成等三方面。而在 2007—2009 全球金融危机中，美国也遭遇了类似的困境，即联邦基金利率降至 0%～0.25% 的历史低位，同时流动性大幅紧缩。在此情况下，美联储同样选择了上述三方面非传统货币政策。美联储主席伯南克正式将有关央行资产负债表调控的政策称为"中央银行资产负债表政策"（Bernanke，2009），并将扩大资产负债表规模的相关政策称为量化宽松政策，将改变资产负债表组成的相关政策称为信贷宽松政策。

2.2.1 2001—2006 年及 2008—2019 年日本中央银行资产负债表政策的种类

为了应对全球 IT 产业泡沫破灭所带来的经济衰退及日本货币政策所面临的零利率约束，日本银行（BOJ）于 2001 年 3 月 19 日宣布实行广义量化宽松货币政策，直到 2006 年结束。除低利率承诺外，广义量化宽松政策还包括伯南克和莱因哈特（Bernanke 和 Reinhart，2004）所定义的中央银行资产负债表政策，分为量化宽松政策和信贷宽松政策。量化宽松政策是指日本银行将其货币市场操作的主要目标由无担保隔夜拆借利率转为金融机构储蓄在日本银行的准备金余额。最初的准备金余额目标为 5 万亿日元；之后，随着经济衰退加剧，该目标逐步大幅上调。2004 年 1 月，准备金余额目标达到 30 万亿～35 万亿日元，直到 2006 年 3 月量化宽松政策结束。此外，日本银行还扩大了购买长期日本政府债券（JGB）的规模，并达到了发行日元的上限，以此为经济提供充分的流动性，平稳实现准备金余额目标。日本银行购买长期日本政府债券的规模由最初的每月 4000 亿日元逐步扩大。截至 2002 年 10 月初，日本银行购买国债规模达到 1.2 万亿日元。截至 2005 年末，日本银行以准备金和流通中货币等央行负债形式供给基础货币 117 万亿日元。

信贷政策是指日本银行通过购买资产抵押证券（ABS）、资产抵押商业票据（ABCP），以及金融机构的股票等央行非传统资产，为市场直接提供流动性的政策操作。2002 年 9 月 18 日，日本央行宣布实施购买金融机构股票计划。这些都为金融机构提供了支持和流动性。2003 年 7 月至 2006 年 3 月，日本央行暂时性购买了 ABS 等非传统资产。这些前所未有的举措一方面是为了支持资产抵押证券市场的发展，另一方面是为了维持货币政策传输渠道的畅通（Shiratsuka，2010）。

2001—2006 年，日本所选择的资产负债表政策更侧重于量化宽松政策，即通过调整资产负债表的规模而不是资产种类来提供流动性。与此相比，在 2007—2009 年全球金融危机中，日本银行则更多地运用了信贷宽松政策。根据日本银行的报告①中对日本银行信贷宽松政策的介绍，2008 年 12 月和 2009 年 1 月，日本银行宣布购买企业发行的商业票据和公司债券。其中，商业票据的购买上限为 2.1 万亿日元，截至 2009 年末已购买 17 440 亿日元；公司债券的购买上限为 2.9 万亿日元，截至 2009 年末已购买 14 013 亿日元。同时，日本银行还推出了"公司融资资金支持特别计划"，即央行以低利率为金融机构提供低于抵押品价值的融资，包括商业票据、公司债券，以及契据抵押贷款。由于 2009 年日本经济出现复苏迹象，同时商业票据和公司债券的发行环境得到极大改善，因此日本银行于 2009 年 12 月末停止购买商业票据和公司债券，并于 2010 年 3 月末终止了"公司融资资金支持特别计划"。为了进一步降低中长期利率，日本银行于 2009 年 12 月开始推行"固定利率抵押品融资支持操作"，为金融机构提供利率低至 0.1%的三个月期贷款。为了进一步加强流动性供给，日本银行于 2010 年 8 月推出了六个月期贷款。此后，日本央行在 2010 年 10 月的货币政策会议上决定，实施总额为 5 万亿日元的金融资产购买计划，并以固定利率、资金供给担保等形式为市场提供 30 万亿日元流动性。累计量化宽松规模达到 35 万亿日元。在之后的三年里，日本银行先后四次增加资产购买的规模。2011 年 3 月 14 日，日本央行宣布进一步放宽货币政策，将资金池扩大 5 万亿日元，至 40 万亿日元。2011 年 8 月 4 日，日本央行宣布将资产购买及有担保市场操作的资金规模从 40 万亿日元提高至 50 万亿日元，将资产购买规模自 10 万亿日元提高至 15 万亿日元，将有担保市场操作规模提高至 35 万亿日元。2011 年 10 月 27 日，日本央行决定以长期国债为对象，将现有的资产购买计划扩大 5 万亿日元，总额达到 55 万亿日元。2012 年 2 月 14 日，日本央行将资产购买规模扩

---

① Bank of Japan. Fund-Provision Measure to Support Strengthening the Foundations for Economic Growth. Bank of Japan Review 2010-E-5, 2010（9）.

大 10 万亿日元，有担保的市场操作规模自 55 万亿日元增加至 65 万亿日元，增购的部分全用于购买日本国债。

在以资产购买为主要内容的量化宽松政策基础上，日本银行在行长黑田东彦 2013 年 3 月 20 日履新后，便开启了"量化质化宽松货币政策"（QQE）。与之前应对全球危机带来的经济下行影响不同，QQE 的主要目标是针对日本长期低迷的通胀率，在两年内使日本 CPI 尽快达到年通胀率 2% 的稳定水平。[①]QQE 的工具主要包括以下四种：①控制基础货币供应量。日本银行将货币市场操作目标由之前的无担保隔夜拆借利率转变为货币供应量，明确日本银行的货币市场操作，使货币供应量每年增加 60 万亿～70 万亿日元。②增加日本国债购买量，延长国债到期日。日本银行为了通过控制收益率进一步压低利率，每年将新增购买 50 万亿日元的日本国债。日本银行所购买的国债范围包括所有期限的日本国债（甚至包括期限为 40 年的日本国债），并且既有日本国债的到期日将从略短于三年延长至七年左右。③购买交易型开放式指数基金（ETF）和房地产信托投资基金（J-REIT）。为了进一步压低资产价格的风险溢价，日本银行将购买 ETF 和 J-REIT，使二者的年增长水平分别达到 1 万亿日元和 300 亿日元。④长期实施 QQE 的承诺。日本银行承诺将长期实施 QQE，直到通胀率稳步达到并保持在 2% 的水平。[②]2014 年，日本央行再次增加了 QQE 政策的力度，将每年新增购买日本国债的规模提高到 80 万亿日元，比 2013 年增加了 30 万亿日元。同时，所购买的日本国债平均到期期限增加为 7～10 年，比 2013 年延长了近三年。此外，每年新增购买 ETF 和 J-REIT 的规模分别达到 3 万亿日元和 900 亿日元，均比 2013 年增加了两倍。[③]2015 年，日本银行又将基础货币供应量年增长量提高到 80 万亿日元，比前两年增加了 10 万亿日元。同时，在 2016年将所购买的日本国债期限延长到 7～12 年。[④]2016 年，日本银行进一步强化了宽松货币政策，宣布开始实施负利率政策，并将每年新增购买 ETF 的规模从之前的 3 万亿日元增加到 6 万亿日元。同时，为了保证日本企业的外币融资稳定，日本银行出台了以下措施：①增加日本银行对企业的美元贷款计划规模，将美元贷款规模提高到 240 亿美元，相当于 2.5 万亿日元。同时，将贷款期限延长为四年，以支持日本企业在海外的活动。②建立新的贷款机制，将抵押证

---

① Bank of Japan. Introduction of the "Quantitative and Qualitative Monetary Easing". 2013（4）.

② Bank of Japan. Introduction of the "Quantitative and Qualitative Monetary Easing". 2013（4）.

③ Bank of Japan. Expansion of the "Quantitative and Qualitative Monetary Easing". 2014（10）.

④ Bank of Japan. Statement on Monetary Policy. 2015（12）.

券作为美元基金供应业务的抵押品。[①]直到2019年初,日本银行依然在实施QQE政策,并且将购买国债的规模维持在80万亿日元,购买ETF的规模维持在6万亿日元,购买J-REIT的规模保持在900亿日元。[②]

2.2.2　2008—2014年美国中央银行资产负债表政策的种类

为了应对2007—2009年金融危机对美国金融市场和实体经济带来的严重冲击,美联储在2008—2014年间先后实施了四轮量化宽松政策。其中,QE1的实施时间为2008年11月至2010年4月,其工具主要是运用流动性工具购买多个层面市场中的资产,尤其是机构债和抵押支持债券(MBS),为一级市场、二级市场、债券和票据市场提供流动性。美联储在QE1的实施期间共购买了1.725万亿美元资产。QE2的实施时间为2010年11月至2011年6月,以购买较长期美国国债为主,购买规模达到6000亿美元。与QE1不同的是,QE2的目标不再是运用流动性工具提供流动性,而是通过购买长期国债来压低长期国债收益率,增加基础货币投放。QE3的实施时间为2012年9月至2014年1月,主要是购买抵押贷款支持证券(MBS),支持抵押贷款市场;同时进行扭曲操作,即买入6～30年内的长期国债,同时出售3年及以下的短期国债。每月采购MBS的规模为400亿美元。此举与之前联邦公开市场委员会执行的"扭曲操作"(即在2012年6月底以前买入4000亿美元的美阀国债)相互叠加。使美联储的长期证券持仓量每月增加850亿美元。QE4的实施时间为2012年12月至2014年9月。主要内容是每月采购450亿美元国债,替代扭曲操作。由于QE3每月还采购400亿美元的MBS,联储每月资产采购额达到850亿美元。此外,美联储保持了零利率的政策,将利率保持在0%～0.25%的低位。2020年3月15日,为了应对新型冠状病毒肺炎疫情导致的美股多次熔断,美联储宣布重新启动了第五轮量化宽松政策(QE5),主要内容是从2020年3月16日起,联邦公开市场委员会(FOMC)指示公开市场交易台在未来几个月内增加系统公开市场账户(SOMA)持有的美国国债和机构抵押支持证券(MBS),分别至少增加5000亿美元和2000亿美元。其中,美联储将购买400亿美元票息债券和国债通胀保护证券(TIPS),并适当调整购买速度,以支持国债市场的平稳运行。同时,美联储将购买市场中最近发行的30年和15年固定利率的MBS证券,

---

① Bank of Japan. Enhancement of Monetary Easing. 2016(7).
② Bank of Japan. Statement on Monetary Policy. 2019(1).

并计划在 2020 年 4 月 13 日之前的月度期间购买约 800 亿美元的机构 MBS，以支持代理商 MBS 市场的平稳运行。美联储还将持续进行每天至少 1750 亿美元的隔夜回购，每周两次至少 450 亿美元两周期限的逆回购，以及每周 5000 亿美元一个月期限和 5000 亿美元三个月期限的逆回购。此外，美联储还与加拿大银行、英格兰银行、日本银行、欧洲中央银行、瑞士国家银行进行央行流动性互换，将长期美元流动性掉期安排的价格降低 25 个基点。为提高流动性互换额度在提供定期流动性方面的有效性，除了目前提供的一周期限操作外，各央行还同意在每个管辖区每周提供 84 天期限的美元，以支持美元融资市场的平稳运行。

传统意义上，美联储资产包括三类：调整性贷款、季节性贷款和紧急贷款。QE1 时期，美联储推出了一系列流动性工具，作为央行资产负债表政策的创新工具，这些工具极大地改变了央行的资产种类。根据 Bernanke（2009）关于美联储资产负债表的报告，美联储在提供直接贷款方面，利用其所持有资产推出了创新货币政策工具，并以此为金融机构、私人部门，以及特殊机构融资，称为信贷宽松工具。Bernanke 将这些资产负债表政策工具分为三类：①作为最后贷款人的工具；②直接为借款人和投资者提供流动性的工具；③包括购买长期证券在内的支持信贷市场运行的工具。

首先，作为最后贷款人的工具，主要为健康的金融机构提供短期流动性。从对金融机构的融资支持来看，美联储利用调整性贷款工具支持全球美元融资市场，主要包括向健康金融机构提供支持，如商业银行、一级交易商，或与其他央行进行货币互换的短期资产。这些资产的期限一般不超过 90 天，并且十分安全。尽管 2007 年 8 月美国短期银行拆借市场急剧恶化，银行融资需求增大，但美国的金融机构出于声誉的考虑，不愿通过再贴现窗口来摆脱资金紧缺，因此阻碍了美联储利用再贴现工具向金融体系注入流动性。为了改变这种恶性循环，美联储于 2007 年 12 月 12 日推出了一种创新短期信贷工具，即短期拍卖工具（TAF）。这种工具通过拍卖机制向整体健康的存款机构提供短期信贷，期限为 28 天或 84 天。同时，借款银行需要按照美联储的要求通过抵押贷款获得 TAF，并依照抵押品的差价（haircut）、利率和期限进行偿还。由于借款机构匿名竞拍，因此从一定程度上消除了金融机构对名誉的顾虑，疏通了美联储向金融体系注入流动性的渠道。随着危机逐步平息，美联储于 2009 年 11 月 24 日控制 TAF 的发放量，并最终于 2010 年 3 月 8 日进行了最后一次 TAF 拍卖，最后到期日为 2010 年 4 月 8 日。①此外，在全球金融危机期间，美联储将传统再贴现窗口贷款期限由隔夜延长到 90 天，包括一级信贷（primary credit）、二级信贷（secondary credit）等调整性贷款，以及季节性贷款，以保证金融机构流动性。为了应对 2008 年 3 月起金融市场的急剧恶化，美联储运用紧急贷款工具为一级交易商提供央行信贷支持，包括一级交易商信用工具（PDCF）和短期证券借贷工具（term securities lending facility）。PDCF 与商业银行再贴现窗口工具十分相似，一级交易商可以通过 PDCF 从美联储获得短期抵押贷款。交易商还可以运用短期证券借贷工具从美联储借入国债，并以投资评级证券作为抵押。之后，交易商可以运用流动性强的国债获取私人部门的融资。从美联储资产负债表的变化来看，短期证券借贷工具并不会对其产生影响，因为所借出的国债仍是美联储的资产。美联储的另一个短期信贷工具创新是央行流动性互换项目。美联储为其他央行提供美元，由各国央行向银行注入流动性。由于在全球金融危机中，持有大量美元头寸的其他国家银行面临严重的流动性紧缩，其对美元的大量需求传导至美国市场，尤其是联邦基金市场，因此美联储为了解决全球短期信贷市场流动性稀缺的问题，创新性地提出了央行流动性互换项目（Bernanke，2009）。流动性互换的交易步骤包括两步，如果其他国家从互换账户（swap line）中提取资金，则该国以当期汇价向美联储卖出该国本币换取美元，美联储将外汇存入其在该国央行的特定账户；同时，美联储卖出的美元存在该国央行在美联储纽约分行的特定账户上。之后，该国央行享有在未来以同样的汇价回购其货币的优先权，并以市场利率为基准向美联储支付利息。央行流动性互换的期限从隔夜到三个月不等。美联储于 2007 年 12 月宣布与 13 国央行进行流动性互换，期限至 2010 年 2 月 1 日。随着欧洲债务危机的爆发，美联储于 2010 年 3 月重启与 5 国的央行流动性互换。②这一创新性举措使美联储的外汇储备资产大幅增加。

然而，为金融机构提供流动性并不能直接解决主要非银行市场（如商业票据市场和资产抵押证券市场）的不稳定性和贷款可得性降低。因此，除作为最后贷款人工具外，美联储同时运用直接为借款人和投资者提供流动性的工具为

---

① Credit and Liquidity Programs and the Balance Sheet. http://www.federal reserve.gov/monetary policy/bst_lending depository.htm.

② 2007 年 12 月与美联储进行流动性互换，并且协议于 2010 年 2 月 1 日结束的国家包括：澳大利亚、巴西、加拿大、丹麦、英国、欧盟、韩国、墨西哥、新西兰、挪威、新加坡、瑞典，以及瑞士。2010 年 3 月与美联储进行新的流动性互换的国家包括：加拿大、英国、欧盟、日本和瑞士。

私人部门提供融资。这些金融工具包括两类，即商业票据融资工具（CPFF）和短期资产抵押证券贷款工具（TALF）。商业票据是美国企业用来为薪金和技术创新筹资的主要短期贷款项目。次贷危机爆发以来，商业票据利率陡增，企业筹资能力大幅下降，使得许多企业和借款人面临借新还旧的风险。2008 年 10 月 7 日，美联储推出了 CPFF，向评级最高的金融和非金融商业票据发行机构提供期限为 3 个月的贷款，从而为商业票据发行机构提供支持。同时，为了保证 CPFF 是票据发行机构的最终选择，贷款人除支付利息外，还需支付前期费用。CPFF 于 2010 年 2 月 1 日停止发放。金融危机中抵押品发行市场被迫关闭。2008 年 9 月，美联储推出了 TALF 工具，向合格资产抵押证券（ABS）的持有者提供期限为 5 年的贷款，通过为以消费贷款和商业贷款作为抵押的资产抵押证券提供发行便利来满足消费者和企业的需求，提振资产抵押证券市场。TALF 要求贷款抵押品价值超过贷款价值，并由财政部担保，因此贷款风险很小。不过，美联储于 2010 年 3 月停止了对新发行的商业房地产抵押证券（CMBS）发放新贷，并于 2010 年 3 月 31 日停止了对所有类型的抵押证券发放新贷。已有的 TALF 将于 2015 年 3 月 30 日之前全部到期。TALF 用政府资产负债表替代私人资产负债表，并使私人部门大幅去杠杆化并转移风险。

　　除上述两类工具外，第三类美联储资产负债表工具是利用购买长期证券支持信贷市场运行的工具。美联储通过公开市场操作购买的高质量证券，包括国债、机构债和机构担保房地产抵押债券。公开市场操作是美联储实施货币政策的重要手段之一，可分为永久性和暂时性公开市场操作。一方面，永久性公开市场操作包括直接购买或出售美联储公开市场账户及其资产组合中的证券，旨在调节影响美联储资产负债表规模的长期因素，即流通中货币的增长趋势。美联储的永久性公开市场操作自 2007 年次贷危机爆发以来发生了很大改变，旨在改善私人信贷市场。其中，美联储买入的国债中的一部分通过短期证券借贷工具借出。换句话说，美联储通过短期贷款为购买长期国债资产融资，从而运用收益曲线上扬的特质抵消长期国债利率上行风险。此外，美联储于 2008 年 11 月 25 日推出了机构房地产抵押证券购买项目，宣布将购买房地美（Fannie Mae）、房利美（Freddie Mac）和联邦住宅贷款银行（Federal Home Loan Banks）的债务，以及房地美、房利美和吉利美等机构担保的房地产抵押证券，从而降低获得购房贷款的成本，增加购房贷款的可得性。该项目于 2010 年 3 月 31 日结束。另一方面，暂时性公开市场操作主要包括回购协议和准备金回购协议，旨在满足准备金需求。美联储于 2008 年 3 月初推出了单批短期回购协议等一系列期限为 28 天的回购交易，从而提高市场的短期融资能力，并支持对美国家庭和企业的信贷。该项目于 2008 年 12 月结束。

除上述三种工具外，美联储为了扭转在金融危机爆发初期金融系统恶化的局面，还对具有系统重要性的机构提供了融资。在财政部的支持下，美联储为摩根大通并购贝尔斯登、救助美国国际集团（AIG）、花旗银行（Citigroup）以及美国银行（Bank of America）提供了紧急贷款。美联储于 2008 年成立了梅登巷有限责任公司（Maiden Lane LLC），并扩大了该机构的信贷额度，用于处置贝尔斯登的指定资产，以及 AIG 的贷款部和信贷违约掉期部资产①，在最大化梅登巷有限责任公司贷款的未来收益的同时，使这些资产对金融市场的冲击最小化。梅登巷有限责任公司的资产和负债合并至纽约联储（FRBNY）的资产负债表中。

从负债角度来看，美联储主要传统负债种类包括纸币、政府和存款机构存款，以及证券回购。②其中，纸币占比最大，政府和存款机构存款项目次之。在金融危机中，随着美国国内外美元支出及需求的上升，美元发行量大幅增加。同时，为了配合美联储在央行资产工具方面的创新，美联储对政府和存款机构存款建立了对应于财政部补充融资项目（SFP）的特殊账户，用于财政部发行特别国债，以从存款机构中吸纳准备金余额。同时，美联储对金融机构超额准备金支付的利息率也可视为一种货币政策工具。对证券回购来说，美联储在 2008 年秋与一级交易商签订了一系列隔夜证券回购协议，在一定程度上抵消了由美联储推出的流动性工具所致的准备金余额增长；同时，证券回购还为私人机构提供更多的国债，用于货币市场交易抵押，提高了货币市场的运行能力。不仅如此，美联储也与持有美元的国外央行每日签订隔夜证券回购协议，为全球金融市场融资提供便利。自 2009 年末起，美联储将证券回购交易对象的范围从一级交易商扩大到了其他对象，但只允许它们与纽约联储签订证券回购协议。美联储在 2008 年 11 月开始公开宣布购买机构债和机构抵押贷款支持证券，从美联储资产负债表周数据来看，自 2008 年 11 月 25 日 QE1 开始起，美联储的资产负债表变化出现了"总体增长，局部退出"的特点（刘澜飚等，2014）。从结

---

① 2008 年 9 月 16 日，美联储宣布为 AIG 提供贷款，并将贷款额度扩大为 850 亿美元贷款。2008 年 10 月 8 日，纽约联储扩大了针对指定 AIG 子公司信贷的贷款额度。

② 证券回购是指美联储卖出国债和联邦机构债，并在未来指定日期购回这些证券。常规时期，美联储偶尔与一级交易商签订证券回购协议，以在短期内减少准备金余额，从而使联邦基金利率回升至联邦公开市场委员会（FOMC）所规定的区间内。

构效应来看，美联储资产中的流动性工具逐步退出，取而代之的是证券持有项的增长。根据美联储 2013 年 8 月的资产负债表发展季报的规则，流动性工具包括一级信贷、季节信贷、短期拍卖工具和央行流动性互换。其中前两项为传统流动性工具，后两项为信贷宽松工具。美联储的传统流动性工具占比远小于信贷宽松工具。美联储的流动性工具规模由增长转向收缩,最大增长幅度约为 2.71 倍（2008 年 12 月 17 日），到期末缩减幅度约为 99.92%。其中，信贷宽松工具规模最大增长幅度约为 3.11 倍，达到峰值的时间与流动性工具一致，到期末缩减幅度约为 99.94%。从 2010 年 11 月 QE2 开始之后，美联储量化宽松政策不再运用流动性工具提供流动性,而是通过购买长期国债来压低长期国债收益率，增加基础货币投放，其工具的多样性也因此减弱了。

美联储在 2007—2009 年的金融危机中所运用的中央银行资产负债表政策体现为信贷宽松政策与量化宽松政策相结合，其中量化宽松政策与资产负债表规模的改变有关，信贷宽松政策与资产负债表组成的改变有关。美联储的资产负债表政策在利用资产项目调整和创新的同时，也带来了相应的负债项目规模扩张和品种改变。

2.2.3   2007—2014 年欧洲中央银行资产负债表政策的种类

为应对 2007—2009 年全球金融危机，欧洲央行在传统的利率调节之余，也引入了中央银行资产负债表政策。根据欧洲央行公布的非传统货币政策工具①，欧洲央行的资产负债表政策先后经历了三个阶段。第一阶段，在应对 2007—2009 年全球金融危机时，欧洲央行资产负债表政策的主要目标是为银行提供流动性，以保持金融市场的稳定。这一阶段的工具包括固定利率全配额工具和扩大可抵押资产范围的工具。第二阶段，欧洲央行资产负债表政策旨在应对主权债务危机，通过大规模流动性供给来修正市场的失灵，缩小不同欧元区家庭和企业面临融资环境的差异。主要工具包括三种：①债券购买工具，包括证券市场计划（SMP）；②超长期再融资操作（VLTRO）；③有条件的直接货币交易（OMT），以对抗主权债券市场自我实现的担忧。第三阶段，欧洲央行资产负债表政策旨在应对信贷紧缩和通胀率下行风险。由于短期利率已经接近零，所以欧洲央行资产负债表措施旨在影响整个与欧元区融资条件相关的利率组合。主要工具包括：①定向长期再融资业务（TLTRO），旨在支持银行对企业和家庭

---

① https://www.ecb.europa.eu/mopo/decisions/html/index.en.html.

的贷款；（2）涉及私营和公共部门证券的资产购买计划（APP），对利率期限结构施加下行压力。此外，欧洲央行还使用了存款工具负利率政策和前瞻性指导，以保证欧元区通胀率稳定在低于但接近2%的水平。2018年12月13日，欧洲央行明确宣布于当月退出量化宽松政策。但是，在2019年全球进入低通胀、低增长和低利率的背景下，欧洲央行于2019年9月12日宣布改变利率政策指引，同时重启量化宽松政策，将从2019年11月1日起每月购买200亿欧元债券，对到期债券的投资将持续2～3年。此外，欧洲央行将开始定向长期再融资操作，以保持银行良好的信贷环境，保证货币政策的顺畅转变，进一步支持货币政策的宽松立场。并且，在有需要的情况下，欧洲央行会持续保持购债。[①]由此，欧洲央行又在退出中央银行资产负债表政策后的一年，开始重新运用定向长期再融资操作和资产购买计划来抵御通胀下行风险。与此同时，欧洲央行再次下调存款便利利率10个基点，至-0.5%，这是继2014年6月5日下调存款便利利率至-0.1%水平后，欧洲央行进一步深化存款便利负利率政策。除瑞士央行和日本银行之外，欧洲央行也成为第三家实施负利率政策的央行。

根据欧洲央行行长特里谢的定义，前两个阶段的欧洲央行资产负债表政策可以归纳为"信贷强化支持"（enhanced credit support）政策。与日本和美国不同，欧洲央行在开始实施第一轮量化宽松政策时并没有面临零利率约束，但仍然选择运用中央银行资产负债表政策，其原因是欧洲货币市场的信贷和流动性溢价很低，因此欧洲央行再融资操作的利率虽然高于美国联邦基金利率，但两者的货币市场利率差异并不大（Trichet，2009）。从这一角度来看，欧洲在实施中央银行资产负债表政策时所遵循的规则与量化宽松货币政策理论有所不同。

欧洲央行行长特里谢将"信贷强化支持"定义为，利用特殊的主要以银行为基础的方法来增强信贷流动，并达到单纯降低利率所无法达到的调整效果。银行是欧洲经济的主要信贷来源，因此信贷强化支持通过向银行提供信贷供给支持来刺激欧洲经济。信贷强化支持主要包括两个方面的五种工具。第一方面是流动性管理方法，共包括四种工具，即固定利率全面配给、抵押资产列表扩充、再融资展期及提供外币再融资。在2007年8月欧洲银行间市场压力显现时，欧洲央行立刻为流动性紧缺的银行提供了总额为950亿欧元的补充长期再融资贷款（supplementary LTRO），其利息率为政策利率。2008年9月中旬，欧洲银行间交易面临停滞，欧洲央行首次推出了信贷强化支持操作的第一种工具，

---

① 欧洲央行改变利率政策指引，宣布重启 QE. 万德通讯社，2019-09-12.

利用"固定利率全面配给"（fixed rate full allotment）工具向金融机构提供无限流动性供给。这一政策是为了保证金融机构以合理利率为家庭和企业提供信贷的渠道畅通。第二种流动性管理工具是增加可以作为抵押品的资产种类。扩充后的抵押资产列表包括政府债券以外的其他私人证券，并且政府债券总额少于1/2。由于欧洲央行早在危机发生之前就已经将某些私人证券视为抵押资产，因此扩充抵押资产列表也显得更为顺理成章。第三种流动性管理工具为再融资展期，包括六个月期和一年期再融资贷款。银行可以从欧洲央行获得期限更长、成本更低的再融资，从而解决其资产负债表上投融资双方的资金错配问题，并鼓励银行释放更多信贷。六个月期再融资贷款于 2008 年 4 月末推出；一年期再融资贷款于 2009 年 6 月末推出，向欧洲银行系统注入了 4420 亿欧元的流动性。第四种流动性管理工具是提供外币再融资，尤其是美元贷款。这些资金是通过与美联储进行央行流动性互换而获得的。同时，欧洲央行与欧盟部分国家签订了协议，为其银行部门提供更多欧元流动性。

信贷强化支持的第二个方面是直接购买证券，包括担保债券购买计划（CBPP）和证券市场计划（SMP），前者用于应对全球金融危机冲击，后者用于应对欧债危机的负面影响。担保债券是银行发行的债券，能够使其获得更长期的融资。欧洲央行通过购买担保债券为金融机构提供期限更长的融资来源，从而为金融机构调整其资产负债期限错配赢得更多时间。欧洲央行选择购买担保债券的原因有两个：首先，由于欧盟的信贷供给的主要来源是银行，而银行的主要融资来源是其发行的担保债券。为了使担保债券市场恢复流动性，欧洲央行选择直接购买担保债券；其次，担保债券的信贷风险很低，且全部由发行者承担，因此与资产抵押债券相比，担保债券的信贷风险能够得到很好的评估和监控。欧洲央行于 2009 年 7 月 6 日至 2010 年 6 月 30 日实施担保债券购买计划，主要购买对象是在欧元区发行的欧元主导的担保证券，其名义总额为 600亿欧元。为应对日益加重的欧洲主权债务危机，欧洲央行于 2010 年 5 月 10 日出台了证券市场计划。这一计划旨在调整部分证券市场失灵，以及改善货币政策传导机制；其证券购买范围包括公共和私人债券。欧洲央行通过每周吸收流动性操作来回收直接购买证券所释放的流动性，以确保货币政策立场稳定。①

在此基础上，欧洲央行在 2011 年 12 月 8 日开启了"超长期再融资操作

---

① The ECB's Non-Standard Measures-Impact and Phasing-Out. ECB Monthly Bulletin, 2011（7）.

（VLTRO）"[1]。该操作包括四个方面：①将长期再融资操作的期限扩展为 36 个月，即三年，并且可以在一年后提前还款；②自 2011 年 12 月 14 日初始操作期起，暂时停止在每个操作期的最后一天进行微调操作；③自 2012 年 1 月 18 日起，将存款准备金率（目前为 2%）下调至 1%。由于欧洲央行主要再融资业务采用的是全配额政策支持银行，因此不需要像在正常情况下那样，在一定程度上采用存款准备金率制度来引导货币市场状况；④通过降低某些资产支持证券（ABS）的评级门槛和临时允许国家中央银行接受满足特定可接受性的额外执行信贷债权（即银行贷款）作为抵押品，以增加抵押品的可用性。

2012 年 9 月 6 日，欧洲央行开始在二级市场针对主权债券实施直接货币交易。该政策工具旨在保证所有欧元区国家的货币政策传导机制畅通和相互独立。该工具能够解决由于市场担忧而引发的债券市场扭曲，并作为欧元区物价稳定的有效后盾。

2014 年 6 月 5 日，欧洲央行开始了第三轮量化宽松政策，包括实施存款便利负利率、定向长期再融资操作（TLTRO）、资产购买计划（APP）和前瞻性指引。其中，第一轮 TLTRO 于 2014 年 6 月 5 日开始，用于在两年之内支持银行向非银行私人部门实体经济提供融资（不包括家庭房屋贷款）。具体来说，参与银行定向长期再融资操作的银行能够获得初始 TLTRO 借款补贴（初始补贴），相当于其截至 2014 年 4 月 30 日尚未偿还的欧元区非金融私营部门贷款总额的 7%（不包括家庭购房贷款）。在 2014 年 9 月和 12 月连续进行的两次 TLTRO 中，银行将能够从央行借入累计不超过该初始备抵的金额。在 2015 年 3 月至 2016 年 6 月期间，所有银行将能够按季度进行一系列 TLTRO 借款。这些额外金额累计高达各银行对欧元区非金融私营部门净贷款的三倍，不包括 2014 年 4 月 30 日至相应分配参考日之间超过特定标准的家庭购房贷款。第一轮 TLTRO 在 2018 年 9 月结束。

第二轮 TLTRO 于 2016 年 3 月 10 日宣布，于 2016 年 6 月开始。旨在为银行提供有吸引力的长期融资条件，以进一步放宽私营部门的信贷条件，刺激信贷创造，加强欧洲央行宽松的货币政策立场，并通过进一步鼓励银行向实体经济放贷来加强货币政策的传导。同时，TLTRO Ⅱ 将有助于通胀率在中期内恢复到低于但接近 2% 的水平。截至 2016 年 1 月 31 日，银行能够在经营活动中借

---

① ECB Announces Measures to Support Bank Lending and Money Market Activity. https://www.ecb.europa.eu/press/pr/date/2011/html/pr111208_1.en.html [2011-12-8].

入其贷款中特定合格部分的 30%，减去之前借入且在 2014 年前两次 TLTRO 经营活动中仍未偿还的任何金额。TLTRO Ⅱ 操作将分别在 2016 年 6 月、9 月和 12 月及 2017 年 3 月进行四次操作。TLTRO Ⅱ 操作从结算之日起四年到期。银行将能够从每项业务结算之日起两年内按季度偿还 TLTRO Ⅱ 项下的借款。从银行适用的利率来看，TLTRO Ⅱ 的利率将按照配售时银行主要再融资业务（MRO）的利率。此外，对于 2016 年 2 月 1 日至 2018 年 1 月 31 日期间合格的净贷款超过其基准的银行，将在整个经营期收取较低的利率。这一较低的利率将与每次业务分配时的存款便利利率挂钩。如果截至 2018 年 1 月 31 日，银行的合格贷款基准存量总计超过 2.5%，则可获得与 MRO 利率和接受时适用的存款工具利率之间的差额相等的最高降息。在这一限度内，利率下降的幅度将根据银行超过其合格贷款基准存量的百分比线性递减。对于在截至 2016 年 1 月 31 日的 12 个月期间内出现正合格净贷款的银行，基准净贷款设定为零。对于在截至 2016 年 1 月 31 日的 12 个月期间出现负合格净贷款的银行，基准净贷款等于该期间的合格净贷款。

第三轮 TLTRO 于 2019 年 3 月 7 日宣布，2019 年 9 月开始，至 2021 年 3 月结束，每个业务期限为两年，旨在保持有利的银行贷款条件和货币政策的顺利传导。按照 TLTRO Ⅲ 的安排，截至 2019 年 2 月 28 日，银行将有权以与每次操作期间主要再融资操作利率挂钩的利率借入至多 30% 的合格贷款股票。与未完成的 TLTRO 计划一样，TLTRO Ⅲ 将采用内置的激励机制，以保持信贷条件的良好。

除 TLTRO 工具外，欧洲央行于 2015 年 3 月至 2018 年 12 月实施了资产购买计划（APP），包括公私部门购买计划（CSPP）、公共部门购买计划（PSPP）、资产抵押证券购买计划（ABSPP），以及第三方担保债券购买计划（CBPP3）。该计划的购买总量呈逐步下降趋势，2015 年 3 月至 2016 年 3 月，资产购买规模为 600 亿欧元；2016 年 4 月至 2017 年 3 月，资产购买规模为 800 亿欧元；2017 年 4 月至 12 月，资产购买规模为 600 亿欧元；2018 年 1 月至 12 月，资产购买规模为 300 亿欧元；2018 年 10 月至 12 月，新增资产购买规模 150 亿欧元。[①]

---

① https://www.ecb.europa.eu/mopo/implement/omt/html/index.en.html#cspp.

2.2.4　2008—2019 年英国中央银行资产负债表政策的种类

与美国、欧元区和日本相比，英格兰银行实施的资产负债表政策的规模较小，但持续时间较长，目前仍没有明确的退出时间。2008 年 4 月贝尔斯登银行倒闭后，英格兰银行启动了特别流动性计划（SLS），允许银行和建筑协会用高质量但短期流动性差的抵押担保证券或其他证券与英国国债进行互换（Joyce等，2010；Joyce 等，2011）。2008 年 10 月，推出了作为长期流动性保险工具的贴现窗口工具。随着雷曼兄弟公司的倒闭，英格兰银行与美联储签订了货币互换协议，为英国国内银行借入美元提供了另一个途径。2009 年 1 月 19 日，英格兰银行成立了英格兰银行资产购买工具基金，作为其下属机构。该机构执行资产购买工具（APF）的所有损失由财政部进行补偿，以确保英格兰银行不会有任何损失。2009 年 2 月 13 日，资产购买计划通过发行国债和债务管理办公室（DMO）的现金管理操作，购买了 500 亿英镑的私人部门资产，包括企业债券和商业票据，从而为效率不佳的信贷市场提供流动性。2009 年 3 月的货币政策委员会会议将资产购买工具纳入货币工具范畴。同时，该委员会于 2009 年 3 月 5 日宣布运用央行储备余额为资产购买计划融资。央行将购买私人部门和公共部门的资产，并且以金边债券为主。最初，英格兰银行购买金边债券的种类是 5～25 年的传统金边债券，但在 2009 年 3 月、8 月和 11 月的货币政策会议后，购买金边债券的范围扩大至 3 年期以上的金边债券。2010 年，英格兰银行购买资产达到 2000 亿英镑，其中 198 亿为金边债券。从 2010 年 1 月起，英格兰银行在公开市场上既担当企业债券的购买者，又担当出售者，以调节市场的流动性。2010 年 2 月 4 日以来，企业债券和商业票据由国债发行和债务管理办公室的现金管理操作进行融资。2011 年 10 月 6 日，英格兰银行将资产购买规模增加到 2750 亿英镑，增加了 750 亿英镑。2012 年 7 月 5 日，英格兰银行决定再次增加资产购买计划规模，达到 3750 亿英镑。2015 年 3 月，英格兰银行再次明确仍将资产购买规模维持在 3750 亿英镑。[1]2016 年 8 月，英格兰银行扩大了量化宽松政策规模，新增购买 600 亿英镑国债和 100 亿公司债。[2]根据英格兰银行 2019 年 6 月 11 日的公告，英格兰银行仍在不断以资产购买计划的形式实施中央银行资产负债表政策。

---

① https://www.bankofengland.co.uk/news/2015/march/interest-rate-challenge-winner-announced-today-2015.

② https://www.bankofengland.co.uk/news/2016/august/bank-rate-cut-and-other-new-measures-what-do-they-mean.

第三节 中国结构性货币政策工具的种类及效果

近年来，中国人民银行为了降低实体经济融资成本、引导经济的结构性调整、应对国际资本流动骤变冲击、保持流动性合理充裕，也接连运用了定向再贷款、差别存款准备金率、短期流动性调节工具（SLO）、常备借贷便利（SLF）、中期借贷便利（MLF）、抵押补充贷款（PSL）等结构性货币政策工具。其中，定向再贷款与差别存款准备金率政策旨在直接降低国家扶植的特定行业的融资成本或直接提升特定金融机构的流动性；SLO 旨在调节市场短期资金供给；SLF 旨在满足金融机构期限较长的大额流动性需求；MLF 旨在调节金融机构中期融资成本，引导其向符合国家政策导向的实体经济部门提供低成本资金；PSL 旨在为支持国民经济重点领域和薄弱环节，以及社会事业发展的金融机构提供期限较长的大额融资。央行每一次发布结构性货币政策公告，都会改变金融机构、企业、家庭等市场参与主体对未来经济前景与政策走向的预期，从而改变其经济决策（刘澜飚等，2017）。

根据既有研究，中国结构性货币政策的实施主要从三个方面对宏观经济产生影响。首先，央行通过 SLO、SLF、MLF、PSL 等政策，依据经济增长的合理需要和银行自身资本水平，灵活提供短期、中期和长期流动性，可以改善金融机构资产负债表，从而缓解其面临的因宏观经济增速放缓带来的流动性压力，引导其向符合国家政策导向的实体经济部门提供低成本资金，促进社会融资成本降低，从而刺激企业投资与家庭消费（Buttz 等，2015；Deng 和 Todd，2016；Paries 等，2016）。其次，央行通过定向再贷款、PSL 等政策，引导信贷资源投向重点领域和薄弱环节，可以直接降低战略性行业以及农村与中小企业融资成本，增强其获得资金的能力，推动经济金融体制改革（卢岚和邓雄，2016；余振等，2016）。最后，差别存款准备金率政策可以定向提高涉农金融机构与符合审慎经营且"三农"或小微企业贷款达到一定比例的其他各类型商业银行的流动性，从而促进这些金融机构扩大信贷规模，支持实体经济发展。相应的，在信号渠道传导机制下，金融机构会根据央行结构性货币政策的动向来调整对金融市场及宏观经济情况的预期，从而改变经济决策（Cambell 等，2012；Kool 和 Thornton，2012；Altavilla 和 Giannone，2016）。在货币市场上，对于以银行为主的金融机构而言，结构性货币政策公告的发布意味着未来可以通过将优质资产抵押或质押给央行的方式获得短期、中期和长期流动性，降低其未来面临的流动性风险。更多的流动性获得途径一方面可以使金融机构不再过度依赖货币市场获得短期流动性，降低货币市场上的资金需求；另一方面可以改善整个金融体系内各金融机构的资产负债表，提振市场信心，降低交易对手风险，降低风险溢价。从以上两个角度改变金融机构对未来融资成本的预期，可降低货币市场利率。在债券市场上，由于 MLF 政策以质押的方式发放，SLF 和 PSL 政策以抵押的方式发放，而合格的抵质押品均为高信用评级的债券类资产及优质信贷资产。因此，结构性货币政策可以提升优质债券资产（尤其是国债）的流动性与变现能力，从而提高市场上对此类资产的需求预期，使得高评级债券的资产价格上升，而收益率相应下降。

此外，既有研究采用事件分析法，探讨了我国结构性货币政策如何影响货币市场和债券市场超额收益率，发现 2013 年 1 月 18 日开始使用 SLO，2013 年 5 月 9 日推出 SLF，以及 2014 年 11 月 6 日推出中期借贷便利（MLF）的政策带来了期限为 1 个月的 SHIBOR 利率显著下降，但随着利率期限的延长，其影响逐步减弱（刘澜飚等，2017）。

第四节　中央银行资产负债表政策传导渠道

2.4.1　量化宽松政策渠道

中央银行资产负债表效应的传导渠道主要包括两种，一种是量化宽松政策渠道，另一种是信贷宽松政策渠道（Bernanke 和 Reinhart，2004；Ugai，2007）。量化宽松政策渠道是指单纯通过扩大央行资产负债表规模，即买卖证券来影响准备金和货币的供给总量，进而影响经济（图 2.1）。该渠道包括资产组合重新配置渠道、信号渠道及财政渠道（Borio 和 Disyatat，2010）。

1. 资产组合重新配置渠道

量化宽松政策的资产组合重新配置渠道是指当货币是其他金融资产的不完全替代品时，央行大幅增加货币供给会促使投资者重新配置其资产组合，使非货币资产的价格上升、风险溢价乃至收益率下降，从而使私人的资产组合风险降低。由于投资者在既定总风险水平下最大化其目标收益，因此愿意持有更多风险资产（Oda 和 Okina，2001；Bernanke 和 Reinhart，2004）。这一渠道得到了凯恩斯主义（Tobin，1969）和货币主义（Brunner 和 Meltzer，1973）的验证。

理论上，资产组合重新配置渠道有效的必要条件是"公开市场操作无关的命题"[①]（Eggertsson 和 Woodford，2003）的两个前提假设无效，即不满足（1）收入的边际效用不依赖于金融资产价格；（2）当期的央行扩张性货币政策不影响人们对未来货币、财政政策的预期。假设（1）不成立意味着在经济面临零利率约束时，央行增加实际货币供给会改变代表性主体的效用，从而促使人们调整其资产组合，改变货币持有量。同时，央行增加实际货币供给的方法也会影响资产组合重新配置渠道的有效性。如果央行通过购买短期国债来达到货币扩张的目的，那么该渠道无效，其原因是在零利率约束下，短期国债与货币几乎是完全替代品，人们对二者的偏好将无差异（Ugai，2007；McCallum，2001）。因此，面临零利率约束时，央行公开市场操作应该选择货币的不完全替代品进行操作，这样才能保证资产重新配置渠道的有效性。

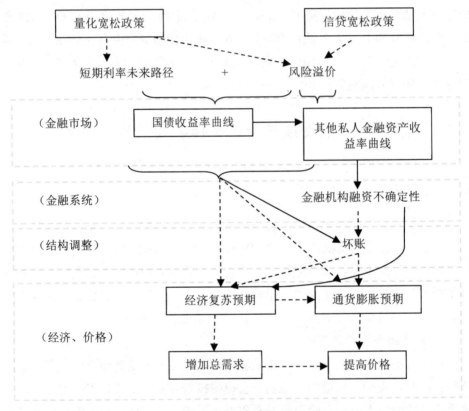

图 2.1 中央银行资产负债表政策传导渠道

学者们对资产组合重新配置渠道对不完全替代的金融资产收益风险溢价的

影响有两种不同观点。一种观点认为，该渠道通过基础货币供给改变不同金融资产的供求关系，提高风险资产的价格，降低其风险溢价（Meltzer，1995，1999，2001）。风险溢价通过股价变化来影响企业固定投资，进而改变托宾 Q 值，最终通过财富效应影响消费。然而，这一观点并没有揭示这一现象背后的经济基础如何改变，因此并未明确风险溢价中的变动因素。大田和上田（Oda 和 Ueda，2005）为了检验资产组合重新配置渠道的存在性和影响，选取 1995 年第一季度至 2003 年第四季度的日本宏观经济数据，将日本央行的准备金余额及其直接购买的日本长期国债作为解释变量，对收益曲线中的风险溢价因素进行回归分析。该研究发现，日本 3 年期、5 年期和 10 年期的证券收益率与日本央行准备金余额之间的关系不显著，因此认为资产组合重新配置效应不存在。木村和斯摩尔（Kimura 和 Small，2006）在资产定价模型（CAPM）基础上，通过金融资产的供求变化来检验资产组合重新配置渠道。该研究用每种金融资产的收益在资产组合总收益中的占比，即系数 β 来表示资产的风险差异。资产组合中包含基础货币、股权、外国国债、高质量和低质量的企业债券，以及长期日本国债。在日本央行通过公开市场操作改变市场资产组合的假设下，研究检验如果私人金融资产的风险溢价发生变化（反映为金融资产供求变化），则资产组合重新配置渠道是否存在。该研究选取了 2000 年 1 月至 2004 年 3 月的宏观经济数据，以私人金融资产收益的风险溢价变动为被解释变量，日本央行的准备金余额为解释变量，发现高质量企业债券的信贷利差显著降低。这说明投资者为了降低资产组合的风险，增持具有逆周期收益特征的证券，如日本国债。但这种资产组合重新配置效应的规模并不太大。

另一种观点从流动性溢价角度来解释资产组合重新配置渠道对不完全替代金融资产的影响。由于货币和债权、资产之间存在流动性差异，因此用资产和债权交换货币会增加私人部门的流动性（Yates，2003）。基础货币供给通过增加经济中的流动性缓解流动性约束，降低流动性溢价，使得资金从存款机构流向投资机构，以刺激投资（Kiyotaki 和 Moore，2001）。此外，安德烈斯等人（Andres 等，2004）认为，购买长期债券所付出的流动性成本和交易成本会增加利率期限结构的风险溢价，因此可以通过降低长期利率来刺激经济活动，而不是改变人们对短期利率未来路径的预期。竹田等人（Takeda 等，2005）从日本国债的流动性溢价角度来探究资产组合重新配置渠道。该研究将日本国债的一年期远期利率在未来每个时点的差异视为期限溢价的边际变动率，考察在政策变动前后这些边际变动率是否下降。研究发现，在 2001 年 3 月日本央行实施量化宽松政策时，流动性溢价显著降低。梅尔（Meier，2009）认为，英格兰银行 2009 年实行的量化宽松政策减少了银行同业拆借利差，从而为英国经济提供了更多的流动性。

从上述研究来看，不论是从风险溢价还是流动性溢价角度来探究，对于资产组合重新配置渠道的存在性及其效应的规模都具有一定的争议。笔者认为，产生这些争议的原因可能涉及以下因素：①不同国家的资产组合重新配置渠道有效性不同；②危机产生原因不同，导致资产组合重新配置渠道有效性不同；③私人部门对不同资产的偏好和需求有所差异。因此，本书将通过对 2007—2009 年全球金融危机中美国和欧元区资产组合重新配置渠道有效性的比较研究来揭示该渠道发挥作用的前提条件。

2. 信号渠道

量化宽松政策的信号渠道是指量化宽松政策会改变人们对政策利率未来路径的预期。如果央行承诺在达到既定目标之前，准备金保持在较高水平，并远高于保持短期利率为零所需的准备金规模，那么从理论上来说，这一政策效应等同于央行承诺长期保持零利率的影响。不仅如此，由于制订并达到既定准备金目标更具有可观测性，因此比央行单纯承诺未来的短期利率为零更为可信。简而言之，信号渠道是通过预期效应传导量化宽松政策的。理论上，如果"公开市场操作无关的命题"的假设（2）不成立，则意味着当期的央行扩张性货币政策将会影响人们对未来货币、财政政策的预期。迈尔（Meyer，2001）认为，央行提高准备金余额目标可视为其防止经济恶化和物价下跌的政策。如果提高准备金余额目标或基础货币扩张，可以令私人部门认为宽松货币政策将持续的时间比预想得更长，那么这些扩张性货币政策会降低当前名义长期利率。Oda 和 Ueda（2005）对央行扩大准备金余额规模和购买长期国债对收益曲线中的短期利率预期未来路径的影响进行了回归分析，发现准备金余额的系数对三年期、五年期和十年期债券收益具有显著的解释力。因此，该研究认为量化宽松政策实施期间，增加准备金余额会强化公众对央行持续实施宽松货币政策的预期，从而增强政策持续效应。①藤木等人（Fujiki 等，2004）利用东京同业拆借利率（TIBOR）和日元互换利率作为被解释变量，对 2003 年 4 月、5 月及 2004 年 1 月日本央行提高准备金余额目标对收益曲线所产生的影响进行了案例分析。该

---

① 政策持续效应（policy duration effect）是指央行利用政府承诺来影响人们对未来政策走势的预期（Ueda，2002）。

研究认为，2003 年 5 月的央行操作影响市场预期，其他两次操作并没有显著影响。

从上述研究来看，信号渠道的有效性分为不同阶段，取决于私人部门预先对保持低利率政策承诺的理解。即使最初实施量化宽松政策时，私人部门并不相信低利率水平将持续相当长的时间，但只要央行通过媒体甚至政策对其不断强化，那么信号渠道就会发挥作用。不过，一旦人们完全掌握了央行的政策倾向，量化宽松政策将不会有更多的信号效应出现。本书将对 2007—2009 年美国和欧元区的信号渠道有效性进行检验，同时考察是否存在上述有效性的阶段性差异，并解释这种差异的形成原因。

3. 财政渠道

量化宽松政策的财政渠道是指较大规模、较长期的量化宽松政策会带来财政扩张效应。由于市场主体预期未来某时刻的短期利率将会由零转正，因此政府债券在未来必须以税收支付其本息。央行通过公开市场操作大规模购买国债，用无息的货币和准备金来置换公众所持有的付息政府债券，从而逐步降低了政府债券的利息成本和公众税收负担。只要基础货币继续增加的预期存在，那么央行就可以通过财政渠道以通货膨胀税替代直接税收。奥尔巴赫和奥伯斯特菲尔德（Auerbach 和 Obstfeld，2003）对永久性增加货币供给的财政渠道进行了研究，证明存在量化宽松货币政策的财政渠道。这一渠道通过预期和财政效应传导量化宽松货币政策，其必要条件是央行承诺在经济达到既定目标之前，不会改变其公开市场操作的方向。经济复苏后，在保持基础货币永久性增加的同时实现利率由零转正，需要通过大幅度的通货膨胀保持非常高的名义经济增长率。由于公众很难相信政府会选择这样的政策，因此从目前的研究来看，学者们尚未有效证明财政渠道的有效性。

2.4.2 信贷宽松政策渠道

央行资产负债表效应的另一个传导渠道是信贷宽松渠道，是指央行通过改变其资产的种类来影响期限溢价，进而改变总收益率的渠道（图 2.1）。理论上，如果证券的流动性或风险特征不同，那么投资者会将不同证券视为不完全替代品，因此大型证券买家的相对需求变化可以改变证券的相对价格。需要注意的是，这一渠道发挥效应是建立在市场分割假说基础上，即经济主体对不同期限结构和类型的金融资产具有不同偏好。如果央行购买的证券收益率与其他非完全替代资产的收益率完全无关，那么央行直接购买证券不会对其他金融资产甚至整体经济产生任何影响（Bernanke 和 Reinhart，2004）。换句话说，信贷宽松渠道有效的前提是"公开市场操作无关命题"的两个前提假设不成立，央行可以通过直接购买基础货币的非完全替代金融资产来影响金融资产收益的溢价，从而对经济施加影响。现实中，信贷宽松渠道是否有效取决于现实中的政策利率是否与投资者对未来短期利率路径的预期一致。如果二者不一致，即投资者认为央行将长期保持低利率，那么他们不会购买央行所持有的非传统证券资产；反之，如果二者一致，那么央行最终可以通过卖出其所持的非传统证券资产退出信贷宽松政策。

传统意义上，央行所持有的大部分证券是国债，并且不允许持有较大比例的机构债券和金融机构股票。而在金融危机中，央行为了干预证券价格及其期限溢价，购买了相当规模的其他风险相对较高的资产，包括公司债券、金融机构股票，以及外国政府债券。央行购买不同种类的金融资产可以吸收不同的风险溢价。此外，央行是否与财政部紧密合作也将影响信贷宽松渠道的传导机制。央行应确保财政部的债务管理政策变化不会抵消央行对证券相对供给量的影响。与量化宽松渠道类似，信贷宽松渠道主要包括三种类型：资产组合重新配置渠道、信号渠道，以及流动性溢价渠道。

1. 资产组合重新配置渠道

信贷宽松政策的资产组合重新配置渠道是指，在央行实施直接购买资产等信贷宽松政策时，如果投资者认为与货币相比，其他资产（如公司债券、股权及国外资产）与国债的替代性更好，那么投资者会减少持有货币，转而购买其他资产（Joyce 等，2011）。资产组合重新配置渠道的一种极端形式是央行以基础货币换取长期国债，这说明货币与国债的替代性强于其他资产。这一举措可以为金融市场增加流动性。虽然长期国债可视为流动性非常好的资产，但根据古德弗伦德（Goodfriend，2000）的研究，私人部门用长期国债作为外部融资抵押品时，其抵押品价值低于流动性更好的现金；当长期利率位于很低的水平时，持有国债作为抵押品的融资方所面临资产损失的风险更大，其将国债资产变现的成本增大。基于这一结论，该研究认为央行在公开市场大量买入长期国债可以降低国债收益的流动性溢价。如前所述，Kimura 和 Small（2006）在资本资产定价模型（CAPM）中也分析了日本央行购买日本长期国债对金融资产风险溢价的影响。该研究发现，随着央行购买长期国债，高质量企业债券的信贷利差收窄，且具有统计显著性，但收窄幅度较小。此外，考虑到央行购买国债对隐含波动率的影响，该措施降低了远期汇率风险溢价。Oda 和 Ueda（2005）对中短期利率的风险溢价进行了回归分析，将日本央行的准备金余额和直接购买长期国债规模作为解释变量，后者包括央行所持长期国债占总国债的比重，以及央行购买长期国债的规模。该研究发现，这两个解释变量对 3 年期、5 年期和 10 年期的国债利率的风险溢价来说都不具有显著性。

从上述对 2001—2006 年日本中央银行资产负债表政策的研究结果来看，央行增持长期国债对国债收益的资产组合重新配置效应莫衷一是。值得注意的是，这些研究的隐含前提是央行增持长期国债在期初只对国债收益产生影响，之后才传导至其他金融资产。2007—2009 年金融危机后，各国实施的中央银行资产负债表政策结果也并不相同。以英国为例，英格兰银行自 2009 年 3 月起实行大规模购买金边债券（英国国债）政策，以达到规定的准备金余额目标融资。英格兰银行在 4 个月的时间内所积累的金边债券达到全部可交易证券的 17%。（Meier，2009）对英国、美国和欧盟在同一时期的国债收益进行了观察总结，发现在英格兰银行公布其中央银行资产负债表政策之后，国债收益显著下降了 35～60 个基点。麦克安德鲁斯（McAndrews，2009）对美联储 2007 年以来实行的中央银行资产负债表政策进行了分析，认为美联储的短期拍卖工具和央行间货币互换项目有效降低了美国和欧洲之间的银行间市场利差。摩根（Morgan，2009）认为，美联储 2008 年以来所实施的信贷宽松政策具有明显的降低多种金融资产风险溢价的作用，但并未对国债收益产生有效影响。比如，3 个月期伦敦同业拆借利率（LIBOR）和 3 个月期国债利率之间的利差（Ted 利差）在 2008 年 11 月达到 4 个百分点的峰值，但在美联储实行信贷宽松政策之后大幅下降，这表示市场对银行业风险评估结果有所好转。钟等人（Chung 等，2011）通过建立资产组合重新配置效应模型，对 2008—2011 年美联储直接购买资产操作对长期证券收益的影响进行分析。该研究将投资者对美联储上述操作的预期引入模型，发现信贷宽松政策显著降低了长期证券的总供给量，推高了证券价格，压低了证券资产收益。[①] 乔伊斯等人（Joyce 等，2010）对英国 2009 年 3 月至 2010 年 1 月的信贷宽松政策进行了实证研究，认为由于隔夜指数互换协议（OIS）所代表的利率降幅很小，因此该政策通过资产重新配置渠道影响金边债券，而不是通过信号渠道。该研究通过对资产重新配置模型进行 VAR 估计，发现英国央行直接购买金边债券的政策使金边债券收益下降 100 个基点。

[①] 瓦亚诺斯和维拉（Vayanos 和 Vila，2009）通过建立多种期限证券的无套利定价模型，并引入偏好持有长期证券的投资者（比如，养老基金和保险公司），对证券收益率及其相对供给进行研究，发现不同期限证券的收益与其相对供应有一定程度的关系。

2. 信号渠道

央行直接购买非传统证券资产对私人部门的未来货币政策预期所产生的信号效应具有两面性。一方面，如果央行扩大其购买长期国债的规模，会强化公众对其维持零利率政策的预期。因为人们会推断如果央行提高利率，其持有的国债会产生利率损失。但另一方面，如果从央行购买国债与财政政策关系的角度来看，当经济复苏时，中央银行将上调利率，因此央行在危机时期购买的证券将注定会在经济复苏时带来损失。Fujiki 等人（2001）的研究表明，即使从日本央行实施量化宽松政策之前的资产负债表来看，如果日本央行购买 60 万亿日元日本长期国债，那么当经济复苏后，长期利率达到 5%，并且日本央行在 1～2 年内出售国债时会遭受 12 万亿日元的损失。如果央行在经济复苏后，通过出售其在危机时期购买的国债来吸收基础货币，那么由于利率上调，日本银行将遭受国债价格下降的风险。从这一角度来看，在面临注定会发生的损失时，央行大规模购买国债并不一定会一直保持零利率。武田等人（Takeda 等，2005）将不同期限的日本国债远期利率的有限差作为被解释变量，发现当在 2001 年 8 月日本央行将国债购买规模从 4000 亿日元/月增加到 6000 亿日元/月时，只有 7～8 年长期国债的溢价（包括通胀溢价在内）上升具有统计显著性。这说明人们预期央行购买国债会带来财政扩张，从而强化其通胀预期。大田和上田（Oda 和 Ueda，2005）在研究中也对日本央行增持国债的信号渠道进行了回归分析，将央行的准备金余额及购买的长期国债作为解释变量。研究发现，购买长期国债的系数并不一定具有统计显著性，并且与预想相反，央行增持长期国债反而使公众对维持零利率政策的预期减弱。

对 2007—2009 年金融危机及之后的中央银行资产负债表政策进行研究，发现信号渠道包括两方面：①向市场参与者释放信号，表明央行将在相当长的时间内保持低利率，这将使人们产生对未来低利率的预期，从而降低长期利率；②向市场释放利好信息，从而提振市场信心（Chung 等，2011）。乔伊斯等人（Joyce 等，2010）将信号渠道（又称为宏观政策新闻渠道）解释为经济个体根据中央银行资产负债表政策信息所预期的未来经济走势和央行政策导向。该渠道主要通过关于预期未来政策利率、未来短期利率路径的波动风险，以及长期溢价进行传导。信号渠道可以影响央行所购买的资产价格，并进一步通过影响相关折现率传导至其他资产价格。通常，这种渠道可能在短期内意味着更低的政策利率，但长期内可能意味着更高的通货膨胀，因此对央行购买资产的收益影响并不确定。该研究对英国信贷宽松政策进行了研究，结果表明信号渠道对资产价格的影响并不显著。

　　3. 流动性溢价渠道

　　信贷宽松政策的流动性溢价渠道是指央行作为市场中的主要资产购买者，可以提高市场效率，并且降低流动性稀缺所产生的溢价。2007—2009 年的全球金融危机中，各国央行为应对流动性稀缺，不约而同地通过公开市场直接购买包括长期国债、公司债券及股票等非传统资产。Joyce 等人（2010）认为，在金融危机中，市场上的流动性稀缺溢价很高，央行直接购买资产可以使投资者更加容易地出售资产。这一渠道通过资产购买流量传导，因此其影响是短期的，受到央行资产购买计划持续时间的限制。

2.4.3　中央银行资产负债表政策对金融市场的影响

　　2007—2009 年美国的金融危机与日本 20 世纪 90 年代末的金融危机的相似之处在于：①利率政策都面临零利率约束；②经济都面临流动性陷阱。产生这两个特点的重要原因是债务通缩机制，即经济下行风险强化了信贷收缩，从而带来流动性稀缺的后果。流动性不足直接影响实体经济部门的投资水平。企业察觉金融机构信贷紧缩，并预期这一状况会持续很久，那么企业不愿将资金用于商业固定投资。同时，由于企业预期在未来会面临融资约束，很可能会错过未来的盈利时机，那么企业将偏好于以现金流投资流动性好的资产，推迟商业固定投资，从而影响经济总产出（Ugai，2007）。

　　实施中央银行资产负债表政策的目的之一是稳定金融体系，以防止上述融资约束传导至实体经济。许多学者的研究证实了中央银行资产负债表政策对金融机构和金融市场影响的存在。金（King，2002）认为，如果央行扩大基础货币规模，基础货币供给量将远大于家庭和企业进行与其当期收入相匹配的正常经济活动所需水平，那么这些流动性供给不仅会降低商品的交易成本，也会降低金融资产的交易成本，从而缓解私人部门的现金流约束。国际货币基金组织 2003 报告对日本的中央银行资产负债表政策向金融机构传导的渠道进行了分析，认为中央银行资产负债表政策导致收益曲线变得平坦，依靠短期融资和长期投资的金融机构无法以偿还期转移方式获利，从而减少了金融机构发放新贷偿还旧债的动力，使整个银行系统趋于稳定。鸬鹚（Ugai，2007）认为，中央银行资产负债表政策对金融市场的传导是通过信贷成本的显著变动实现的，这些政策显著降低了金融危机中由于不良贷款（NPL）问题而大幅上升的信贷成本。巴巴等人（Baba 等，2005）认为，中央银行资产负债表政策预防了金融机构在金融市场融资时风险溢价的产生，并且避免出现流动性危机。铃木和小林（Suzuki 和 Kobayashi，2005）认为，日本央行 2001—2006 年的资产负债表政策在金融机构融资方面具有未雨绸缪的作用。Baba 等人（2006）对主要银行的可转让存款证（NCD）发行利率分布进行汇总分析，利用面板回归分别对 1997 年、1999 年、2002 年、2004 年和 2005 年的可转让存款证信贷利差进行分析，并通过引入与样本银行每年信贷评级相应的虚拟变量对信贷利差进行回归，以估计不同信贷评级（信贷曲线）的信贷利差。结果表明，在 1999 年日本采取零利率政策（ZIRP）后，信贷曲线开始趋于平坦；这种趋势在 2001 年开始实施量化宽松政策后仍然持续，直到 2004—2005 年斜率趋近于零，即市场对信贷利差几乎没有反应。此外，该研究还运用面板回归分析了货币政策相关变量对金融机构的可转让存款证发行利率的影响，发现零利率政策、量化宽松政策和央行购买国债操作的期限长度对上述利率的影响显著。因此，该研究认为，日本央行延长购买国债操作的期限对该利率具有一定影响。藤木和白塚（Fujiki 和 Shiratsuka，2001）认为，对流动性的需求越大，短期证券的收益能力越低，收益曲线越陡。基于这一关系，该研究发现，日本实行零利率期间，无形中扩大了可作为基础货币替代资产的零利率金融资产范围，使得流动性大幅增加，从而缓解了金融机构的流动性紧缩问题。由于在日本实施量化宽松政策期间，这些零利率金融资产范围进一步扩大，因此可以推断金融机构的流动性危机得到了进一步缓解。鲍曼等人（Bowman 等，2011）运用 2000—2009 年日本银行微观数据，检验了日本 2001—2006 年广义量化宽松政策对银行贷款的流动性头寸的影响。该研究发现，央行向银行间市场注入流动性对银行贷款的流动性头寸具有稳健显著的正效应，表明中央银行资产负债表政策中的准备金余额扩张对信贷流动具有刺激作用。但是，这种刺激作用可能很小，具体表现为回归估计中的银行贷款对流动性头寸的反应很小；日本央行对银行体系注入准备金所产生的流动性效应被银行间借贷减少所削弱。只有在政策实施之初，银行体系十分疲软时，央行资产负债表效应对流动性的影响才十分显著，而在 2005 年退出广义量化宽松政策之后，央行资产负债表对银行系统流动性影响消失。

　　除对日本 2001—2006 年实行的中央银行资产负债表政策进行研究之外，学者们也对 2007—2009 年全球金融危机时各国央行所实行的相应政策进行了探究和评估，从而验证了央行资产负债表政策对金融市场的影响。里希纳穆尔蒂和维辛·乔根森（Krishnamurthy 和 Vissing-Jorgensen，2010）研究了美联储在 2008—2009 年和 2010 年两次量化宽松货币政策对名义和实际长期利率的影响，发现安全资产（国债和机构债）的长期名义利率大幅下降；但对安全性略低的资产（Baa 级企业债券和抵押贷款）的名义利率影响较小。该研究认为，前者是由于安全资产的发行者比较特殊，并且美联储购买长期安全资产降低了该种资产的供给，提高了投资者愿意支付的风险溢价。后者是由于这些资产的利率受降低的持续风险溢价（duration risk premium）影响程度与企业和家庭长期借款的关系更为密切。该研究认为，央行不能仅以国债利率为政策操作目标，应该更加关注反应迟缓的风险资产利率。Joyce 等人（2011）对英国 2009 年 3 月至 2010 年 1 月的信贷宽松政策进行了实证研究，认为金融市场对央行直接购买资产的操作反应显著。由于英国政府购买资产大部分为金边债券（英国国债），因此金边债券收益显著下降，每次信贷宽松政策出台后该收益平均下降 100 个基点左右。

此外，近期的一些研究开始聚焦于央行资产负债表政策对本国银行贷款供应量的影响，即央行资产负债表政策的银行信贷渠道。贝茨和德桑蒂斯（Betz 和 De Santis，2019）发现，欧洲央行在企业部门购买计划（CSPP）引导下购买企业债券，增加了债务证券的净发行量，引发了银行贷款供应的转变，这对无法获得债券融资的企业具有积极效果。库兹曼等人（Kurtzman 等，2017）利用机密的贷款官员调查数据、贷款标准和内部风险评级来检验美国大规模资产购买计划（LSAP）对贷款标准和风险承担的影响。该研究利用银行持有抵押贷款支持证券的横截面变化，揭示了第一轮和第三轮量化宽松政策（QE1 和 QE3）显著降低了贷款标准，增加了贷款风险特征。这种影响的程度在第一轮和第三轮量化宽松政策中大致相同，与美联储基金目标利率下降 1 个百分点的影响相当。摩瑞斯（Morais 等，2019）以欧洲和美国银行居多的墨西哥为研究对象，分析欧洲和美国中央银行资产负债表政策对其他国家的国际信贷传导渠道。该研究将墨西哥的企业贷款与企业和银行数据相匹配，揭示了中央银行资产负债表政策的跨国信贷渠道。结果表明，外国量化宽松货币政策增加了外国银行对墨西哥公司的信贷供应。较低的外国货币政策利率和量化宽松政策对具有较高的事前贷款利率（达到收益率）和较高的事后贷款违约率的本地借款人的影响更大，从而表明货币政策有一个国际风险承担渠道。总而言之，研究结果表明，核心国家的货币政策对新兴市场的溢出效应，既体现在外汇政策的量化宽松部分，又体现在紧缩部分。

2.4.4　中央银行资产负债表政策对总需求和价格的影响的测度方法

经济危机中，由需求负面冲击所引起的自然利率下降是物价持续下降的主要因素之一。由于经济对需求负面冲击的反应迟缓，或者需求负面冲击持续存在，企业长期遭受资产负债表调整所带来的痛苦。在这种情况下，中央银行资产负债表政策所带来的宽松政策环境会增加总需求，提高物价。目前，对上述影响的研究主要采取以下三类方法：①未明确传导渠道的测度方法；②基于政策持续效应渠道测度该政策使收益曲线趋于平坦的影响；③基于资产组合重新配置渠道测度增加基础货币产生的影响。

1. 未明确传导渠道的测度方法

这类测度方法综合估计了非传统货币政策对总需求和物价的影响，其传导渠道包括央行承诺维持低利率所产生的政策持续效应、中央银行资产负债表政策所带来的资产组合重新配置效应和信号效应，以及其他能够消除金融机构融资顾虑的效应。这类测度可以为我们呈现一幅非传统货币政策与宏观经济的广阔背景，从宏观层面展示二者之间的关系。

镰田和周防（Kamada 和 Sugo，2006）将私人银行金融中介功能作为货币政策的代理变量来过滤不同货币政策传导渠道，以识别货币政策立场的变化。该代理变量由贷款利率和贷款态度组成，且这两个中介变量不直接受到零利率约束的影响。此研究令该代理变量近似于 1978—1995 年的短期利率，即未受零利率约束的时期，并将估算的代理变量外推至后续时期。考虑到日本央行为确保短期利率不降至负值所采取的一系列货币政策，如果将货币政策代理变量改为隔夜拆借利率，则结果为量化宽松政策实施以后，日本的货币政策代理变量转为负值。这一结果表明，该政策的实施使企业融资更加容易。同时，该研究将消费物价指数（CPI）、工业产出、汇率、10 年期日本国债收益，以及货币政策代理变量作为变量，在对货币政策代理变量和外汇汇率施加最少的理论约束基础上，用 VAR 估计方法识别货币政策立场。结果表明，在加入广义量化宽松政策期间的样本后，货币政策影响降低。这说明除零利率约束和金融机构中介功能下降外，企业资产负债表问题和促进经济活动的机制发生故障也削弱了量化宽松政策的作用。

埃利斯（Ellis，2009）从货币主义和新凯恩斯主义观点出发，对英国包括中央银行资产负债表政策在内的广义量化宽松政策进行了综合案例分析，认为这些政策只会推高通胀率，并不能使实体经济得到改进。从货币主义角度来看，该研究以费雪方程式为基础，认为在英国实行广义量化宽松货币政策时，其基础货币与名义需求之间的关系并不稳定；由于货币乘数下降及央行购买的金边债券很大一部分来自海外持有者，因此央行所释放的流动性并不一定会流入企业和家庭；广义货币与名义需求之间的关系（即货币流通速度）很弱，因此广义量化宽松政策对总需求的改善作用并不确定，并且该政策只会影响短期总需求，对长期无效。从新凯恩斯主义角度来看，根据菲利普斯曲线，在零利率约束下，广义量化宽松政策只能通过提高通胀预期来影响产出。该研究认为，有两个因素对于通胀预期的塑造起到决定性作用，一是企业改变价格的可能性，二是家庭调整跨期支出的方式。企业调整价格的可能性越大，家庭将未来消费转移为当期消费的可能性就越小，那么广义量化宽松政策对产出的影响就越小。（Krishnamurthy 和 Vissing-Jorgensen，2010）发现，美国 2008—2009 年实行的第一次量化宽松政策使通货膨胀预期大幅上升，但 2010 年第二次量化宽松政策并没有相应的效果，这说明第一次量化宽松政策对实际利率的下调作用大于名义利率。乔伊斯等人（Joyce 等，2011）通过结构向量身回归模型（SVAR）、多重时间序列模型方法、货币方法，以及逆推法对英国资产负债表政策的宏观经济效果进行了实证研究，发现该政策显著提高了实际 GDP 水平，涨幅为1.5%～2%；同时，该政策显著提高了通胀，涨幅为 0.75%～1.5%，因此该政策对宏观经济影响显著。

2. 基于政策持续效应渠道的测度方法

目前既有研究表明，扩张型的中央银行资产负债表政策具有使收益曲线变平坦的效应。这意味着企业的融资环境将变得宽松。基于这一思想的研究对中央银行资产负债表政策对总需求和价格的影响进行考察，结果并未达成共识。但更多的研究发现，由于金融中介功能不足和企业资产负债表调整的影响，中央银行资产负债表政策并不能够使总需求和价格上升。

翁名和白塚（Okina 和 Shiratsuka，2004），以及 Baba 等人（2005）认为，尽管包括中央银行资产负债表政策在内的广义量化宽松政策能够通过信号渠道使收益率曲线趋于平坦，但对价格和经济的影响十分有限。Okina 和 Shiratsuka（2004）认为，由于长期隐含远期利率并没有因此上升，所以广义量化宽松政策没有扭转金融市场对通货紧缩持续的预期。原因是资金从借款人到贷款人的流通渠道受阻，宽松货币政策并没有传导至金融体系之外。Baba 等人（2005）利用结构模型分析发现，量化宽松政策使借款者和贷款者的净资产减少，在二者信息不对称的作用下，导致融资成本上升，从而抵消了收益曲线趋于平坦所产生的效应。

　　与上述研究持相反观点的是 Suzuki 和 Kobayashi（2005）的研究，他们认为自 2002 年起，扩张性货币政策导致制造业的长期实际融资利率开始下降，金融机构放贷态度趋于宽松，在一定程度上提高了企业对资金的需求，但具有一定滞后性。不过，该研究没有区分零利率政策和广义量化宽松政策的不同效应。

　　3. 基于资产组合重新配置渠道的测度方法

　　为了探究中央银行资产负债表政策对总需求和价格的总体影响，一些学者选择从央行准备金余额及基础货币与总需求和价格的关系入手。关于中央银行资产负债表政策对总需求和价格是否存在影响，学者们的观点并不统一。对于货币存量与经济活动之间的关系而言，理论上，根据费雪方程式 $MV=PY$，①如果流通中的货币量 M 增加，那么价格 P 或产出 Y 将会上升。基于这一传统理论，清辅（Shinpo，2002）将基础货币、货币乘数的下行趋势（M2+定期存单/基础货币），以及金融机构的放贷态度作为解释变量，对"M2+定期存单"进行回归分析。在确定基础货币作为解释变量的统计显著性之后，该研究继而用GDP/M2+定期存单②来解释通胀率，发现基础货币通过货币存量推高通胀率。原田和冈本（Harada 和 Okamoto，2004）利用 VAR 模型对货币存量、银行放贷及其他融资渠道对经济活动的影响进行分析，发现货币存量的影响力最大。与之相反的是，Woodford（2003）认为，货币数量论是建立在经济均衡的假设之上的，并不是上述均衡的原因。因此，货币存量对价格的影响与特定货币政策下的利率联系紧密。基于此，即使在利率为正时，货币存量增长与经济活动仍具有稳定关系；当利率转为零时，这种关系会随之消失。该研究所运用的样本覆盖了 Shinpo（2002），以及 Harada 和 Okamoto（2004）的样本，但并没有包括日本实行零利率政策和广义量化宽松货币政策时期的样本，因此并不能够说明零利率政策下货币存量与经济活动之间的关系发生变化，同时广义量化宽松货币政策下的名义 GDP 与基础货币、货币存量之间的关系也有待研究。库特纳（Kuttne，2004）发现，1990—2004 年间"M2+定期存单"与实际 GDP 之间的长期关系虽然持续存在，但趋于弱化。日本银行（Bank of Japan，2002）2002 年报告利用误差修正模型（VECM）对"M2+定期存单"、实际 GDP，以及持有货币的机会成本之间的长期均衡关系进行了分析，发现从 1997 年末金融系统高

---

　　① M 表示一定时期流通中货币的平均数量；V 表示一定时期单位货币的平均周转次数，即货币流通速度；P 表示商品和劳务价格的加权平均数；Y 表示商品和劳务的交易数量。

　　② M2+定期存单是日本用来衡量货币存量的指标。

度发展开始，三者之间不存在长期均衡关系。宫尾（Miyao，2005）对 M2 和经济活动之间的长期均衡关系进行严格检验，发现 1993—2003 年的数据显示，M2、实际 GDP 以及价格之间不存在长期均衡关系，并且 M2 并不具有预测实际 GDP、GDP 平减指数，以及名义 GDP 的能力。造成货币存量与经济活动之间的关系较弱的原因主要包括：①坏账问题和企业重组；②在家庭和企业对货币的预防性需求增加时，金融体系具有不确定性；③零利率约束下"M2+定期存单"供给量增加，使家庭和企业获得流动性的机会成本大幅降低，从而导致资金在金融资产之间大规模流动（Bank of Japan，2002）。

对货币存量与基础货币之间的关系而言，许多研究表明，零利率约束下二者关系并不稳定。日本银行 2002 年报告表明，基础货币与货币存量之比并不是固定的。尤其在利率趋于零时，现金银行存款比率和央行的准备金余额与银行存款比率波动较大，货币乘数也呈现不规律波动性。Kuttner（2004）认为，"M2+定期存单"与日本银行准备金余额（或基础货币）的关系较弱。

另一方面，许多学者将零利率约束下的政策制度变化引入 VAR 模型，探究政策制度改变前后基础货币、实体经济和通货膨胀之间的关系。木村等人（Kimura 等，2003）运用 CPI 变动率、GDP 缺口、基础货币增长率，以及隔夜拆借利率构建了时变系数贝叶斯 VAR 模型，其样本来自 1971 年第二季度至 2002 年第一季度。该研究发现，对基础货币增长的脉冲响应表现为 1985 年第二季度通货膨胀率上升，2002 年第一季度的通胀率和 GDP 缺口没有变化。因此，当零利率约束下的利率结构变动既定时，并不能确定基础货币增加会提高价格、刺激经济。藤原（Fujiwara，2006）运用状态转换马尔科夫 VAR 模型捕捉在货币政策效应结构突变中起作用的政策效应。该研究运用 1985—2004 年月度数据对 CPI、工业产值和基础货币进行分析，之后加入 10 年期日本国债发行利率变量重新进行回归。两次回归所得到的结果有一定差别。第一次回归发现 1998 年日本的货币政策制度发生了变化，而第二次回归则认为该时间节点为 2000 年，与广义量化宽松货币政策的实施时间更为接近；前者发现 1998 年以后，经济和价格对基础货币增长的脉冲响应逐步下降，并且变得不显著，后者发现经济和价格对基础货币增长的反应为正反应，长期利率对基础货币增长的脉冲响应为负反应，并且在 2000 年之后系数变得不再显著。这说明在经济面临零利率约束时，货币政策制度的改变导致基础货币增长对经济和价格的影响变得更小，并且不显著。贞弘（Sadahiro，2005）利用误差修正模型（VECM）对面临零利率约束时期的宏观经济变量之间的长期均衡关系进行了实证检验。

该研究所选择的六个经济变量包括：日本与美国基础货币之比、日元兑美元汇率、日本与美国通胀率一阶差分（包括企业商品价格指数变动率和生产者价格指数变动率）、日本与美国短期利率一阶差分之比、日本与美国工业生产指数之比，以及货币乘数；其样本为 1996 年 1 月至 2004 年 9 月的月度数据。脉冲响应结果表明，随着基础货币增加，工业生产也随之增加，但涨幅很小；同时，通胀率下降。因此，在零利率约束下，增加基础货币供应的效应丧失。

虽然上述大部分研究认为，资产组合重新配置渠道的有效性很小或者并不存在，但一些学者仍坚持认为其有效性受限并不是由于渠道本身的原因，而是由于金融机构的坏账问题得不到及时解决等外部因素。堀内（Horiuchi，2004）认为，资产组合重新配置渠道的有效性之所以并不显著，是因为金融机构的中介作用得不到有效修复，因此尽管货币政策提供了大量的流动性，并大幅降低未来的经济下行预期，但由于银行仍面临坏账等问题，因此并不倾向于扩大贷款规模，致使增加的流动性无法传导至实体经济。而针对 2007—2009 年金融危机期间及之后的中央银行资产负债表政策的研究表明，这些政策能够通过资产重新配置渠道有效性降低长期证券收益，从而刺激实体经济活动和劳动力市场（Chung 等，2011）。

第五节　中央银行资产负债表政策的溢出效应

目前，国外学者对量化宽松政策的跨国财富效应研究主要集中在国际资本流动过剩对金融资产价格和汇率的跨国影响方面。其中，一些学者从实证角度验证了量化宽松政策对发达国家及新兴市场国家的跨国财富效应，发现该政策对新兴市场国家具有显著的跨国财富效应，而对发达国家的跨国财富效应则因国而异。弗拉茨彻等（Fratzscher 等，2012）对包括新兴市场国家在内的 65 个国家的面板数据进行分析发现，美联储的量化宽松政策使得美国对其他国家的国际资本流动性增加，进而推高其他国家的金融资产价格，通过资产重新配置渠道推动全球金融市场的再定价。陈等人（Chen 等，2012）运用全球协整模型对亚洲、拉丁美洲及其他发达国家进行实证检验，发现美联储的量化宽松政策对发达国家的国际资本流入和信贷增长影响甚小，却有效促进了新兴经济体的国际资本流入、信贷增长和通货膨胀压力。巴尤米和裴（Bayoumi 和 Bui，2011）运用事件分析法对 G20 成员和瑞士进行实证检验，发现量化宽松政策催生了股票市场的国际寻租行为，即美联储的量化宽松政策使美国的股票价格下降，却推高了英国和瑞士的股票价格。学者们还从全球经济复苏再平衡和金融稳定等视角出发，明确指出量化宽松政策一方面使发达国家走出经济泥潭，另一方面其国际资本流动过剩推高了新兴国家的金融资产价格和汇率。在量化宽松政策实施期间，这些过剩的国际资本流入新兴经济体的金融市场和实体经济的规模达到了峰值，给新兴经济体带来了前所未有的金融资产泡沫压力（Bernanke，2010；Volz，2012）。

另一些学者从国际政策合作的角度分析了量化宽松政策的跨国财富效应所带来的全球复苏失衡问题。艾肯格林（Eichengreen，2013）从货币战争的角度出发，认为发达国家的量化宽松政策使新兴市场国家面临通货膨胀、汇率升值、资产价格泡沫等不利跨国影响，迫使新兴市场国家采取紧缩的货币政策。如果发达国家的量化宽松政策和新兴市场国家的紧缩政策能够纳入国际货币政策协作的框架下，那么后危机时代的全球货币政策将会更加有效。然而，由于发达国家和新兴市场国家都选择其最优货币政策策略，使得国际货币政策陷入了"囚徒困境"的境地，最终演变为货币战争。Chinn（2013）则认为，尽管量化宽松政策为新兴市场国家带来了金融资产泡沫和通货膨胀冲击，但仍能够有效促进新兴市场国家的汇率调整，进而有效推动全球再平衡进程。

国内学者则更为注重发达国家量化宽松政策引发的"流动性过剩"对我国经济的影响及应对方式。刘克崮和翟晨曦（2011）认为，美联储的量化宽松政策导致全球"流动性"激增，使我国面临输入型通货膨胀的压力。为了应对这种政策的跨国溢出效应，我国需要从进出口、外汇储备、货币、产业发展和金融发展五个方面调整战略。陈磊和侯鹏（2011）运用面板 VAR 模型分析了量化宽松政策的流动性溢出效应对金砖国家物价的影响，发现金砖国家的通货膨胀与国际资本流入息息相关，并据此提出我国应逐步增强汇率机制弹性，稳定本币升值预期，缩小国际游资的套利空间。钟伟和谢婷（2011）认为，美联储量化宽松政策的持续会导致全球流动性失衡，进而引发我国等新兴市场国家对资本管制的强化及对汇率市场的干预。在此背景下，我国应在加强外汇储备管理和汇率形成机制改革的同时，对升值空间进行合理评估，为人民币国际化打下坚实的基础。

然而，学者们在关注新兴市场国家金融资产、汇率及"流动性过剩"所带来的输入性通货膨胀的同时，却极少研究量化宽松政策对国际贸易所产生的跨国财富效应。洛雷达纳（Loredana，2012）指出，在发达国家量化宽松政策的国内财富效应推动下，发达国家的消费需求大幅提高，这一方面为金砖国家等新兴经济体提供了更多出口机会，另一方面也促使发达国家对新兴经济体进行更多投资，进而提高了新兴经济体的出口产品生产能力。

第三章　中央银行资产负债表政策的运用条件和影响

第一节　"流动性陷阱"和"零利率约束"

作为非传统货币政策的一种，中央银行资产负债表政策可以被视为一种应对经济危机的非常措施。从 2007—2009 年全球金融危机时各国经济背景来看，以下因素与中央银行资产负债表政策运用的条件有着深刻联系，包括宏观经济形势、利率政策状况、金融市场状况，以及其他经济情况。其中，除了经济衰退和通货紧缩两种显著的宏观经济警示指标之外，"流动性陷阱"和"零利率约束"也是央行在决定采取中央银行资产负债表政策的时机时必须考虑的因素。

根据英国经济学家凯恩斯对"流动性陷阱"的描述，当利率下降到一个极低水平时，货币和债券成为完全替代品，这时人们会更愿意持有货币，而不是投资于债券，因此导致央行的货币供应量增加也无法带来投资增加，即发生货币供应量与投资无关的情况（Krugman，1998）。因此，当货币政策面临"零利率约束"时，同时伴随着经济衰退和投资意愿的下降，那么货币当局就有理由认为此时国内经济出现了"流动性陷阱"。我们运用翔实的数据，对美国和欧元区在 2007—2009 年金融危机爆发时的宏观经济情况、利率情况和金融市场投资情况进行了分析，揭示了美国和欧元区陷入"流动性陷阱"的现实，并由此说明美联储和欧洲央行运用央行资产负债表政策的条件。

3.1.1　2007—2009 年全球金融危机下美国和欧元区的宏观经济形势

通常来讲，标志着经济危机出现的重要指标是实际 GDP 和 CPI 的增长率（图 3.1）。2007 年 8 月，美国次贷危机爆发。尽管随后美联储在迅速调低窗口贴现利率 50 个基点的同时，联合欧洲和日本央行注资救市，但从 2007 年开始，美国的实际 GDP 季度增长率一路下降。另一方面，由于受到美联储上述救市措施的影响，美国 CPI 的季度增长率在 2007 年短暂上升。然而，随着 2008 年 3 月贝尔斯登银行因濒临倒闭而被摩根大通集团并购，以及同年 9 月雷曼兄弟公司破产、美国国际集团（AIG）获得救助，美国次贷危机已经演变为可以与大萧条相提并论的经济危机（Reis，2010）。尽管美国在同年 4 月推出了价值超过 41 亿美元的一揽子房屋市场拯救计划，并在 7 月由财政部和美联储联合推出了拯救美国抵押贷款业两大巨头——房利美和房地美的计划，但这些救助措施的积极效果都被雷曼兄弟公司破产这场轩然大波抹去了。之后，同年 9 月 18 日全球六大央行联手注资，9 月 20 日财政部出台"保尔森计划"（TARP），10 月 7 日美联储宣布 9000 亿注资计划，10 月 9 日国际货币基金组织（IMF）启动紧急援助程序。这一系列救助措施并没有逆转美国实际 GDP 和 CPI 年增长率的下降趋势，经济陷入持续的衰退之中。

　　美国次贷危机爆发之后，欧洲货币市场面临流动性紧缺，银行间拆借活动减少。为了缓解短期融资市场的压力，欧洲央行于 2007 年 12 月 12 日与美联储、加拿大央行、英格兰银行、瑞士国家银行联手推出了一系列增加流动性的措施。此时，由于流动性大幅增加，2008 年 8 月，欧元区消费物价协调指数（HICP）达到 3.8%，达到 2000 年以来最高通胀水平（图 3.2）。然而，随后美国雷曼兄弟公司的倒闭令欧元区消费物价协调指数急速下跌，直到 2009 年 6～10 月，该指数持续为负。同时，欧元区 GDP 增长率从 2007 年第一季度开始一直呈现下滑态势，最终在 2008 年 10 月至 2009 年 12 月期间持续出现负增长，经济进入衰退周期。

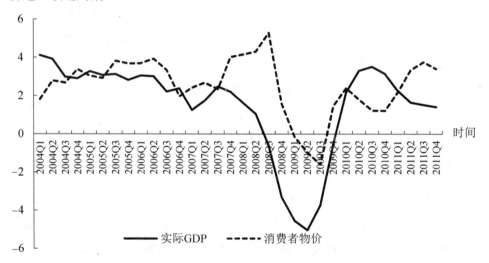

图 3.1　美国实际 GDP 和消费者物价的季度增长率（单位：%）

数据来源：EIU Country Data。

图 3.2　欧元区实际 GDP 和消费物价协调指数的月度增长率（单位：%）

数据来源：ECB 数据库（Statistical Data Warehouse）。

　　与美国相比，欧洲央行对全球金融危机征兆的认识似乎更加明确。前欧洲央行行长特里谢（Trichet）曾在 2007 年 1 月 29 日发表言论，认为金融市场存在潜在的不稳定因素，此时欧元区实际 GDP 季度增长率仍高达 2.94%。此时，美国经济也沉浸在一片欣欣向荣之中，其实际 GDP 季度增长率高达 2.47%。衰退期间，虽然欧元区经济衰退持续的时间短于美国，[①]但其经济衰退程度比美国更为严重，其实际 GDP 季度增长率最低为-5.28%（美国为-5.03%）。从 2007 年 8 月次贷危机开始，到经济衰退最为严重的 2009 年第一季度，欧元区实际 GDP 季度增长率的下降幅度为 1.17%；而美国从 2007 年 8 月到经济衰退最为严重的 2009 年第二季度，其实际 GDP 季度增长率下降幅度为 0.94%。从通货膨胀角度来看，2008 年第三季度，美国和欧元区都达到了通货膨胀的高峰，其中美国消费者物价季度增长率为 5.28%，欧元区消费者物价协调指数（HICP）的月增长率为 4%。通货膨胀的高企与两国积极的救市政策有着直接的关系。而 2008 年 9 月雷曼兄弟公司倒闭使经济迅速步入衰退周期，消费者物价指数增幅急剧下降，于 2009 年第三季度到达最低谷（美国为-1.6%，欧元区为-0.3%）。

　　为了定性地揭示推出中央银行资产负债表政策的宏观经济前提，下文将美联储与欧洲央行推出中央银行资产负债表政策的时间与上述两地区的宏观经济

---

　　① 欧元区实际 GDP 从 2008 年第四季度至 2009 年第四季度连续五个季度出现负增长；美国实际 GDP 从 2008 年第三季度至 2009 年第四季度连续六个季度负增长。

形势变化时序相对比。从 QE1 期间美联储运用中央银行资产负债表政策的时间表（附录 1 表 1.1）来看，本次金融危机中最早推出的是 2007 年 8 月 17 日对贴现窗口一级信用的非常规调整，将其期限延长至 30 天，并将其与联邦基金利率之间的利差缩小至 50 个基点。此时，正值美国次贷危机爆发之初，美国实际GDP 开始逐步下跌。而随着危机的进一步恶化，美联储更加密集地推出了一系列中央银行资产负债表政策（图 3.3）。当经济开始复苏时，美联储在 GDP 增长率转正之前中止了一系列中央银行资产负债表政策。

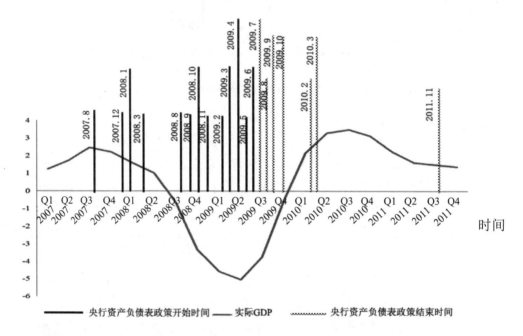

图 3.3　美联储中央银行资产负债表政策起止时序图（QE1 期间）（单位：%）

资料来源：根据美联储网站公开信息整理。

注：实际 GDP 曲线为实际 GDP 增长率。

从上述分析中可以看出，美联储资产负债表政策与实际 GDP 之间的关系如下：①经济增长状况（由实际 GDP 表示）可以视为中央银行资产负债表政策实施力度的后验指标。之所以称为"后验指标"，是由于本次金融危机中央行推出其资产负债表政策的直接目的是为了修复金融市场出现的问题，而实际 GDP 数据的公布时间晚于该政策的实施时间。但从后验的事实可以发现，政策实施的时间与经济周期走势具有相当好的契合度。②由于中央银行资产负债表政策会给经济带来很大的通胀压力，所以应在经济完全恢复正常之前终止这些政策，着手回收流动性，该政策具有应急性和不可持续性。

从欧洲央行推出第一轮央行资产负债表政策的时间表（附录 1 表 1.2）来看，最早推出的是 2007 年 12 月 12 日与美联储签订央行货币互换协议，以便为欧元区银行体系提供美元流动性，减轻短期融资市场压力。此时，距美国发生次贷危机的时间仅过了 4 个月，欧元区的实际 GDP 增速逐步放缓（图 3.4）说明次贷危机传导速度之快、范围之广。欧洲央行的举措也说明欧洲央行对经济形势有着清醒的认识，及时通过中央银行资产负债表政策来修复金融市场存在的漏洞。随着雷曼兄弟公司的倒闭，欧洲央行在 14 天之内迅速做出了反应，推出特别短期融资操作，以增加欧元区银行系统的流动性；同时进一步将与美联储的央行货币互换规模增加了一倍。此时，欧元区实际 GDP 增长速度为 0.03%，徘徊在负增长的边缘。随后，2008 年 10 月，欧元区实际 GDP 增长速度为 -2.09%，欧洲央行适时地推出了固定利率全配额招标的再融资操作，为银行提供无上限的流动性。与美联储不同的是，欧洲央行对其资产负债表政策的运用不温不火，只是在经济跌入谷底的 2009 年第一季度之后推出了长期再融资操作和金融资产抵押债券计划。这与美联储的密集调控方式形成十分鲜明的对比。从理论角度来看，如果说在本次金融危机中，美联储所尊崇的是凯恩斯主义，那么欧洲央行则更为崇尚货币主义，倾向于经济的自我修复。如果不是 2009 年 10 月初希腊债务危机爆发①拉开了欧债危机的序幕，欧洲央行应该也会和美联储一样，提前中止中央银行资产负债表政策的运用。然而，为了应对欧债危机，欧洲央行首先在 2009 年 12 月宣布长期维持固定利率全配额再融资操作，并承诺最早于 2010 年 4 月 13 日终止。之后，新一轮的中央银行资产负债表政策又重新登上了舞台。

欧洲中央银行资产负债表政策实施的时序图表明，欧元区的实际 GDP 增长率并不是欧洲央行的资产负债表政策实施的后验指标，这一点与美联储有所区别。2009 年第一季度欧元区经济到达谷底时，欧洲央行并没有采取任何上述政策，而是在经济开始回升的 2009 年第二季度进一步推出长期再融资操作。这一现象非常符合欧洲央行一贯的行事风格，因为该央行更为关注通货膨胀率，而由于经济增长率属于各国政府关注范畴，因此欧元区整体的经济增长率并没

---

① 希腊宣布当年政府财政赤字和公共债务占国内生产总值的比例预计将分别达到 12.7% 和 113%，远超欧元区《稳定与增长公约》3% 和 60% 的上限，导致全球三大信用评级机构相继调低希腊的主权信用评级，希腊债务危机正式拉开帷幕。

有得到相应重视。

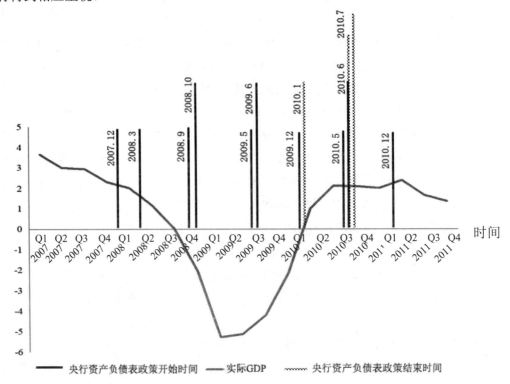

图 3.4   欧洲央行的中央银行资产负债表政策起止时序图（第一轮）（单位：%）

资料来源：根据欧洲央行网站公开信息（Timeline of the financial crisis）整理。

注：实际 GDP 曲线为实际 GDP 增长率。

3.1.2   2007—2009 年全球金融危机下美国和欧元区的利率约束情况

许多国内外学者对 21 世纪初日本所实施的中央银行资产负债表政策进行研究时认为，实施该政策的必要土壤是央行货币政策面临零利率约束（Krugman，1998）。因此，从利率约束角度考察中央银行资产负债表政策的运用条件具有十分重要的意义。

为了应对次贷危机，美联储自 2007 年 9 月 18 日起频繁大幅调低联邦储备利率和窗口贴现利率（图 3.5），直到 2008 年 12 月 16 日，利率降至 0%～0.25%，窗口贴现利率降至 0.5%，央行利率政策面临零利率约束。另一方面，美联储从 2007 年 8 月开始持续实施中央银行资产负债表政策，并且在 2008 年 9 月雷曼兄弟公司破产后进一步加大政策力度，此时距美联储面临零利率约束还有 3 个月的时间。因此，定性观察可以发现，美联储的中央银行资产负债表政策并没有在面临零利率约束之后才提上日程，而是在金融部门的系统性风险日益突显时便登上了舞台。这一现象的原因有二：①美联储吸取了日本 2001—2006 年央行资产负债表的经验，在零利率约束到来之前为经济注入流动性，以抵御流动性陷阱；②美联储所面临的危机源于金融部门故障，导致金融市场流动性紧缺，因此中央银行资产负债表政策可谓对症下药；而日本 20 世纪末的危机源于实体经济中 IT 产业泡沫破灭，其病灶根植于实体经济，因此无法通过简单的注入流动性来治理根本。[①]

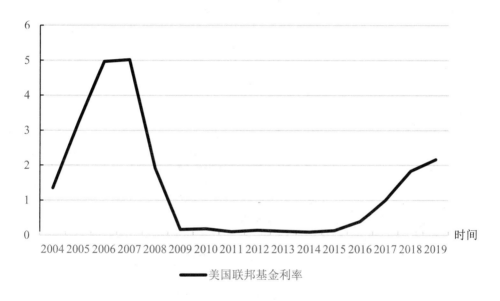

图 3.5　美国联邦基金利率及窗口贴现利率（单位：%）

数据来源：美联储经济研究数据库（2012 年）。

注：灰色区域表示国家经济研究局（NBER）定义的经济衰退期。

对于欧洲央行来说，零利率约束在第一轮央行资产负债表政策运用过程中自始至终都未曾出现（图 3.6）。根据欧洲央行基准利率中的固定利率招标工具的走势来看，欧洲央行自 2008 年 10 月第一次调降该工具的利率以来，在此后

[①] 白冢（Shiratsuka，2010）认为，中央银行资产负债表政策运用的决定因素是经济状况，尤其是金融系统状况。如果金融机构失效，那么央行需要通过信贷宽松政策来调整经济（比如，2007—2009 年的美联储）；如果是超额准备金需求增加，那么应该延长传统工具的到期期限（比如，2001—2006 年的日本银行）。

的 6 个月之间密集调降该利率，而在 2009 年 5 月停止调整，将该利率维持在 1%水平。此时，央行的基准利率远未达到零利率约束，而欧洲央行在此期间先后 5 次推出大规模的中央银行资产负债表政策。另一方面，根据欧洲央行基准利率中的可变利率招标工具走势来看，由于欧元区各国银行需要再融资的规模越来越大，所以央行通过提高最低投标利率来调整对再融资的需求。因此，这一最低投标利率不降反升，仍有很大调整空间。

上述分析表明，美联储和欧洲央行的中央银行资产负债表政策并没有在利率工具面临零利率约束时才开始运用，而是在运用利率政策的同时运用中央银行资产负债表政策。日本银行副主席白冢（Shiratsuka）也通过事实数据验证了这一现象（Shiratsuka, 2010）。因此，从定性分析结果来看，零利率约束并不是央行运用中央银行资产负债表政策的必要条件。

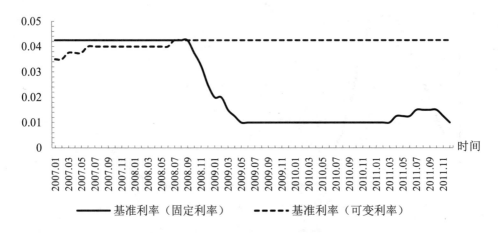

图 3.6　欧洲央行基准利率（固定利率及可变利率）（单位：%）

资料来源：根据欧洲央行网站公开信息整理。

注：欧洲央行基准利率为再贴现（main refinancing operations）利率，包括固定利率招标（fixed rate tenders）和可变利率招标（variable rate tenders）两种方式中的利率。

3.1.3　2007—2009 年全球金融危机下美国和欧元区的金融市场流动性状况

2007 年 8 月美国次贷危机爆发以来，金融机构美元市场融资成本高企（图 3.7）。2007 年 12 月，三个月期金融商业票据与国债收益率利差第一次达到 1.69%的峰值，而三个月期金融商业票据与联邦基金利差也第一次达到 0.52%的峰值。此时，金融机构面临严重的融资困难和流动性稀缺，这时美联储第一次推出短期拍卖工具（TAF）。随着美联储积极地推出中央银行资产负债表政策，为金融市场注入流动性，金融机构美元市场融资成本降至雷曼兄弟公司破产前的最低值。首先是 2008 年 1 月三个月期金融商业票据与联邦基金利差降至-0.24%，随后同年 6 月三个月期金融商业票据与国债收益率利差降至 0.81%。然而，随着 2008 年 9 月雷曼兄弟公司破产，金融机构美元市场融资成本再次高企。同年 10 月，三个月期金融商业票据与国债收益率利差达到 2.5%的峰值，同时三个月期金融商业票据与联邦基金利差也达到 2.22%的峰值。在此期间，美联储从 8 月起密集推出相应的中央银行资产负债表政策，为存款机构及一级交易商提供流动性。在美联储积极的货币政策攻势下，金融市场融资成本逐渐下降，并最终恢复至正常水平。

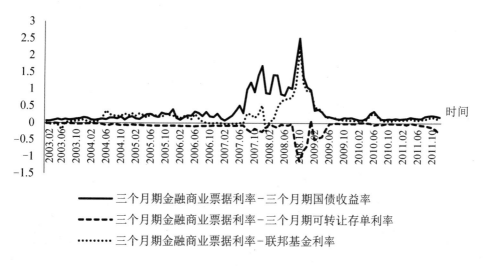

图 3.7　美国金融机构美元市场融资成本（单位：%）

资料来源：根据美联储网站公开数据计算整理。

虽然次贷危机并非始于欧元区，但由于其金融行业与美国的高度联系，欧洲金融机构货币市场融资成本在次贷危机爆发后的 4 个月内持续高企(图 3.8)，并于 2007 年 12 月第一次达到峰值，金融机构发行的三个月期短期欧洲票据收益率与基准利率之差为 0.79%。恰在此时，欧洲央行第一次出台了中央银行资产负债表政策，与美联储签订美元货币流动性互换协议。随后，欧洲金融机构货币市场融资成本有所回落，这说明央行货币流动性互换协议为金融市场提供了相当规模的流动性。但这一局面被 2008 年 9 月雷曼兄弟公司的破产打破，欧洲金融机构货币市场融资成本又重新高企，并在同年 10 月达到 1.61%的至高水平。而欧洲央行在 2008 年 9 月和 10 月分别推出了特别短期融资操作、固定利率全配额招标再融资操作，并在 2009 年 10 月欧债危机拉开序幕之后，有计划地推出了金融资产抵押债券计划及欧洲金融稳定工具等中央银行资产负债表政策。在 2011 年之前，这些政策的推出无疑为市场注入了强心剂。但随着欧债危机的进一步深化，2011 年 12 月，欧洲金融机构货币市场融资成本进一步大幅上升。

　　从金融机构货币市场融资成本的变化与中央银行资产负债表政策推出时间的关系来看，美联储和欧洲央行对金融机构融资成本波动走势的把握较为准确，并且所实施的政策能够有效地稳定金融市场。这一方面是由于央行资产负债表政策相比传统货币政策的优势之一是直达病灶，通过直接向金融系统提供流动性来促进金融市场机能的恢复。另一方面是由于央行对政策一贯性的承诺使人们对经济的信心大增，因此有助于金融市场走出流动性陷阱。这两方面原因在学者们对日本 20 世纪的中央银行资产负债表政策的研究中已经得到了验证。

　　由于金融机构融资成本的增加和经济中的流动性紧缺，2007 年 8 月次贷危机以来，美国国内资产利率一路下滑（图 3.9）。其中，股票收益率从 2007 年第三季度的 1.56%降至 2009 年第一季度-11.67%的谷底，下降幅度为 848.0%；长期债券收益率从 2007 年第三季度的 4.73%降至 2009 年第一季度 2.74%的谷底，下降幅度为 42.07%。虽然美国国内资产收益率的总体趋势呈现大幅下降，但每一次美联储推出中央银行资产负债表政策之时，国内资产收益率均有所上升。其中比较明显的是 2007 年 12 月推出的短期拍卖工具（TAF）、2008 年 11 月推出的长期资产抵押贷款工具（TALF）、直接购买房利美（Fannie Mae）和房地美（Freddie Mac）的负债及其所担保的联邦家庭贷款和住房贷款抵押证券，以及 2010 年 3 月与六国央行签订的美元流动性互换协议。这些政策的共同点是为金融系统注入流动性，同时促进国内资产的流通。直观比较结果表明，2008 年 11 月后，美国国内股票收益率有了最大幅度的回调，长期国债收益率下调，带动包括抵押贷款在内的贷款利率降低，流动性大幅提高。这从一个侧面说明了本次金融危机的主要症结仍然是住房抵押贷款证券的流动性大幅降低。美联储直接购买这些资产，一方面为金融机构注入了流动性，另一方面为金融市场的运行注入了强心剂。

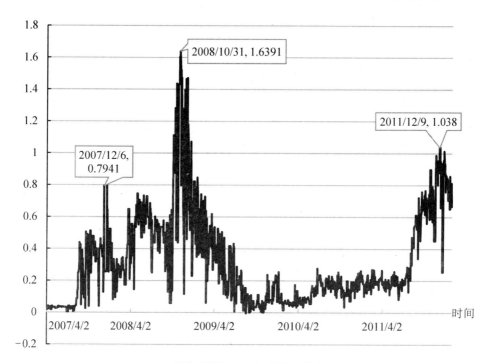

——最高信用评级（年利率百分比）

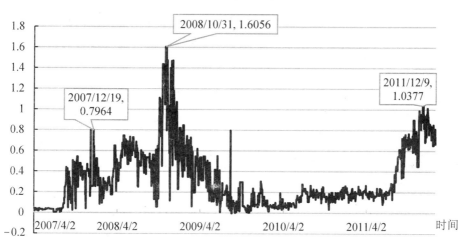

——所有信用评级（年利率百分比）

图 3.8　欧元区金融机构货币市场融资成本（单位：%）

资料来源：欧洲央行网站。①

———————————

① 该数据为金融机构（MFI）发行的三个月期短期欧洲票据收益率与基准利率之差。

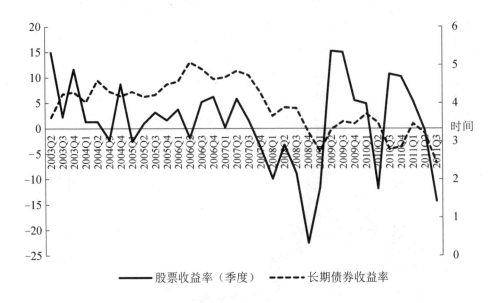

图 3.9 美国国内资产收益率（单位：%）

数据来源：EIU CountryData。[①]

由于欧元区金融业务与美国息息相关，所以欧元区与美国国内资产收益率之间的联动性非常强。虽然次贷危机在美国爆发，但欧元区的国债收益率曲线在 2007 年 8 月第一次到达谷底，为 3.88%（图 3.10）。此时欧元区国债收益率从峰值到谷底下降了 11.4%，都归功于欧洲央行的降息举措。随着全球金融危机进一步加深，欧洲央行试探性地推出了央行流动性互换协议这一中央银行资产负债表政策，使得国债收益率小幅回升，但 2008 年 2 月欧元区国债收益率进一步下降，为 3.29%。随后，欧洲央行推出了 6 个月期的再融资操作，以充实欧元区内的流动性。虽然在短期内国债收益率有所下降，但在 2008 年 7 月又重新回到了 4.61% 的高点，贷款利率随之上升，流动性再次紧缩。随后，欧洲央行推出了一系列中央银行资产负债表政策来辅助金融体系恢复正常，国债收益率持续下跌。至 2009 年 9 月，欧元区国债收益率下降至 0.92% 的历史低位，但由于欧元区部分国家经济增速仍然难以支付其国债发行成本，因此欧债危机于同年 10 月爆发。

与前文分析的两个经济变量与中央银行资产负债表政策推出时机的关系相

---

① 股票收益率根据标准普尔 500 指数计算而得；长期债券收益率为 10 年期政府债券收益率。

比，欧洲中央银行资产负债表政策对欧元区资产收益率的调整能力并不如对金融机构货币市场融资成本的调整能力强。同时，2008 年 7 月前后，中央银行资产负债表政策的调整能力也有所不同，前一段时间更为有效，而后一段时间很难力挽狂澜。如果对原因进行定性分析，作者认为其原因有二：①欧洲央行在2008 年 7 月之前主要面临的是金融体系的流动性不足及坏账问题，因此可以通过央行资产负债表政策直达病灶。然而，在 2008 年 7 月后，由于欧元区国家债务偿还期临近，因此其国债收益率有所反应。在与全球金融危机所带来冲击的共同作用下，欧洲央行的资产负债表政策效力大减。②欧洲央行所实施的中央银行资产负债表政策缺乏前瞻性，并未从根本上解决金融体系所存在的问题。从这个意义上来说，与欧洲央行相比，美联储对中央银行资产负债表政策的积极运用可以称得上是金融市场乃至实体经济的强心针，其有效性随着政策力度的增加而逐渐增大。

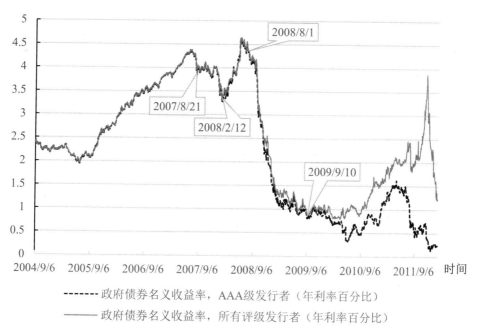

图 3.10　欧元区国债收益率曲线（单位：%）

资料来源：欧洲央行网站。

注：该收益为三个月期短期国债收益率。

第二节　中央银行资产负债表政策对央行资产负债表规模和组成的影响

3.2.1　美联储和欧洲央行的资产负债表变化

中央银行资产负债表政策最直接的影响是改变了央行资产负债表的组成和规模。其中，根据 Bernanke（2009）所提出的概念，央行资产负债表组成的改变称为信贷宽松政策，而规模的改变称为量化宽松政策。

在实行中央银行资产负债表政策的过程中，美联储和欧洲央行的资产负债表规模大幅增加。从 2007 年 8 月第一次延长贴现窗口一级信用的期限开始，到 2011 年 11 月美联储与英格兰银行等五国央行签订短期外币流动性互换协议为止，美联储资产负债表规模由 9094.5 亿美元增加到 28536.3 亿美元，扩大约 2.14 倍；美联储资产负债表规模与名义 GDP 之比从 25.83% 上升到 76.29%，增加约 1.95 倍（图 3.11）。对欧洲央行来说，从 2007 年 12 月第一次与美联储签订美元

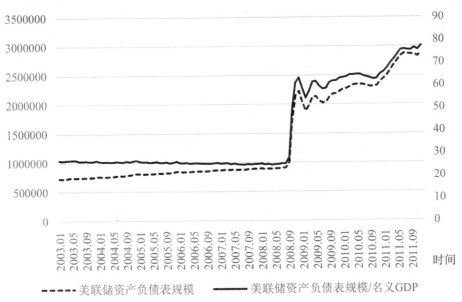

图 3.11　美联储资产负债表及相关指标（单位：百万美元，%）

资料来源：根据美联储网站公开数据整理。

注：美联储资产负债表规模由左侧主坐标轴标识，单位为百万美元；美联储资产负债表规模/GDP 由右侧次坐标轴标识，单位为%。

货币流动性互换协议，到 2011 年 11 月欧洲央行等五大央行与美联储签订短期外币流动协议为止，其资产负债表规模由 14 729.61 亿欧元增加至 24 356.88 亿欧元，增幅为 65.36%（图 3.12）；欧洲央行资产负债表规模与名义 GDP 之比从 16.32% 上升到 25.80%，增幅约为 58.09%（图 3.13）。根据学者们对中央银行资产负债表政策的研究结果（Bernanke，2009；Shiratsuka，2010），其规模的扩张属于量化宽松货币政策（quantitative easing）。为了更清晰地辨别哪些央行资产负债表项目引起其规模变动，本章将通过对各子项走势的逐一描述进行分析。

3.2.1.1　美联储资产项的变化情况

对美联储来说，首先需要对传统央行资产负债表项目进行分析（附录 1 表 1.3）。根据学者们对美联储资产负债表结构的研究（王国刚，2010；Reis，2010），信贷市场工具（securities held outright）、证券回购（repurchase agreements）、直接贷款（direct loans）、黄金及外汇储备（gold，foreign reserves）等项目为传统央行资产项。其中，信贷市场工具中包括短期国债（U.S. treasury bills）、长期国债（U.S. treasury notes，bonds）和机构债（agency debt）。如图 3.14 所示，2007 年 8 月至 2011 年 11 月期间，信贷市场工具上升趋势最为明显和持久，扩大约 2.29 倍，对央行资产负债表规模扩大的贡献率[①]为 93.14%。其中，美国长期国债贡献率为 56.37%，短期国债贡献率为 -13.30%，机构债贡献率为 5.45%。由此，信贷市场工具反映了美联储买入长期国债，卖出短期国债，从而延长所持国债资产的整体期限。这种扭曲操作可以压低长期国债收益率，将收益率曲线的较远端向下弯曲；同时也达到压低较长期利率的目的，[②]从而刺激抵押贷款持有人进行再融资，以降低借贷成本，刺激经济增长。在约半个世纪前，美联储曾经使用过该方法，因此这一中央银行资产负债表政策也属于传统政策范畴。此外，美联储从 2009 年 1 月开始增持机构债，并在 2010 年 5 月达到高峰，之后缓慢减少，说明美联储为了应对金融机构流动性紧缺的局面，启动了通过增持机构债释放流动性的政策。

---

① 贡献率为该央行资产负债表政策扩大倍数与央行资产负债表规模扩大倍数之比。

② 扭曲操作压低长期利率的原因：通常来讲，由于长期需要承担更大的利率风险和流动性风险，因此长期债券的收益会高于短期债券，一般利率的期限结构是一条向上弯曲的曲线。但扭曲操作卖出短期债券，买入长期债券，从而推高长期债券的价格。由于债券的面值不变，根据公式价格=面值／（1+利率）×2，因此利率下降。

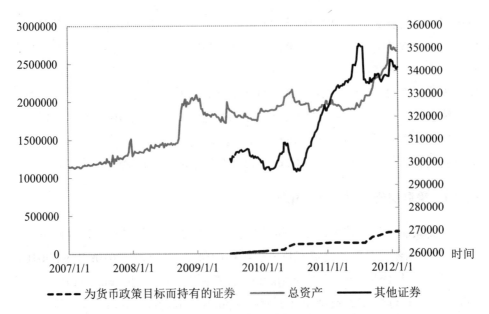

图 3.12　欧洲央行资产负债表规模及中央银行资产负债表政策规模（单位：百万欧元）

资料来源：根据美联储 ECB 网站公开数据整理。①

注：总资产和为货币政策目标而持有的证券由左侧主轴标识，其他证券由右侧次轴标识。

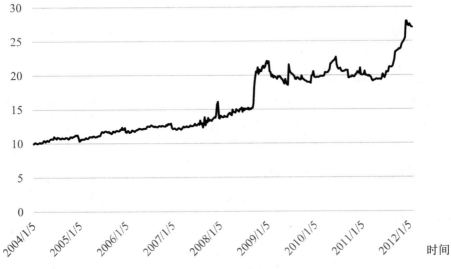

图 3.13　欧洲央行资产负债表规模指标（央行总资产/名义 GDP）（单位：%）

资料来源：根据 ECB 网站数据整理。

---

① 央行信贷宽松政策对应央行资产项为因货币政策目标持有的证券（securities held for monetary policy purposes）。

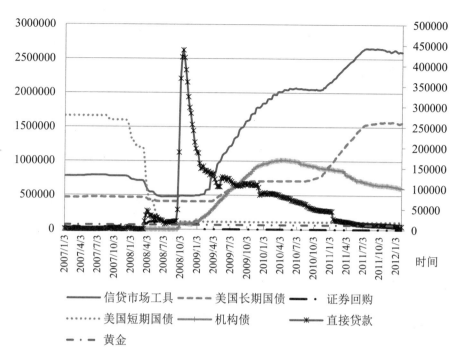

图 3.14　美联储央行资产负债表传统资产项目走势（单位：百万美元）

资料来源：根据美联储网站公开数据整理。

注：美国短期国债、直接贷款、黄金、机构债由右侧次坐标轴标识，其他变量由左侧主坐标轴标识。

除信贷市场工具外，图 3.14 中的直接贷款项呈现了比较特殊的变动趋势。2007 年 8 月至 2011 年 11 月期间，直接贷款规模增长 38.07 倍，其对央行资产负债表规模增长的贡献率为 0.49%。值得注意的是，从 2008 年 3 月开始，美联储直接贷款规模在一周之内陡然上升了 183.94 倍，并在之后持续增加；同年 10 月，其规模达到 4375.3 亿美元的峰值，此时其对央行资产负债表规模增长的贡献率为 49.55%，高于信贷市场工具的增长贡献率；之后逐步回归正常。从时间角度来看，在次贷危机爆发之后，美联储的直接贷款规模增加幅度最大为 11.58 倍，较 2008 年 3 月直接贷款规模的增加幅度相差甚远；而 2008 年 8 月雷曼兄弟公司破产之前，美联储已经通过运用直接贷款项来为金融市场注入流动性。雷曼兄弟公司破产后一个月，美联储加大了直接贷款的扩张力度，达到 479.69 亿美元，环比增长 1.69 倍。因此，美联储对直接贷款这一中央银行资产负债表政策的运用具有一定的前瞻性，但力度并未达到所需要的程度；而在危机事件发生之后，直接贷款这一政策也具有一个月左右的时滞，并且直到 2008 年 10 月，美联储才大举扩张直接贷款规模，这也从一个侧面表明美联储对直接贷款政策持保守态度。

证券回购作为另一种常见的中央银行资产负债表政策，其基本原理与信贷市场工具类似，但本次金融危机中证券回购规模的变动情况呈现一定的特殊性。从整体趋势来看，2007年8月至2011年11月期间，证券回购总量呈先升后降趋势，从257.86亿美元下降为零。其间，2008年6月，美联储证券回购量达到1246.43亿美元的高峰，其对当期央行资产负债表规模增长贡献率为467.03%，这说明证券回购增长的幅度远大于央行资产负债表规模的增长幅度。而此时信贷市场工具的增长贡献率为-1474.22%，说明此时美联储更多地依靠证券回购来调控短期货币供应量。在雷曼兄弟公司破产后，美联储的证券回购操作无法支撑大规模的流动性紧缩和金融体系的系统性问题，因此重新侧重于信贷市场工具的运用。此外，黄金和外汇储备规模在本次金融危机中维持稳定。

对美联储传统资产项目进行分析后，需要着重对本次金融危机中非传统的中央银行资产负债表政策进行深入考察。非传统中央银行资产负债表政策分为信贷宽松工具和量化宽松工具两种，前者称为流动性及信用便利（liquidity，credit facilities），体现在央行资产项下。信贷宽松工具主要包括短期拍卖工具（TAF）、央行流动性互换协议、一级交易商信用工具（PDCF）、资产抵押商业票据货币市场共同基金流动性便利（AMLF）、商业票据融资工具（CPFF）、短期资产抵押证券借贷工具（TALF）、短期证券借贷工具（TSLF），以及其他对特定机构的贷款支持。根据美联储网站所公布的央行资产负债表数据，下文将对上述工具进行定量描述和分析（图3.15）。

短期拍卖工具从2007年12月12日推出，至2010年4月7日终止，其规模最大增幅为23.66倍（2009年3月11日），当期对央行资产负债表规模增长的贡献率为46.95%，占美联储流动性和信用便利（即信贷宽松政策）总规模的37.53%，居当期中央银行资产负债表政策规模之首。同时，美联储信贷市场工具占央行资产负债表总规模的30.21%，短期拍卖工具（TAF）占比为25.51%。这说明此时美联储面临的最严峻的问题是国内金融机构为了维护名誉，不愿通过再贴现窗口来融资，从而阻碍了美联储利用传统的再贴现工具向经济注入流动性，因此美联储通过信贷市场工具为主，短期拍卖工具为辅的方式向金融市场输入并疏通流动性，以加快金融系统的恢复速度。此后，由于金融系统逐步恢复运行，美联储逐步缩减短期拍卖工具的规模，以达到稳步退出这一非传统中央银行资产负债表政策的目的。

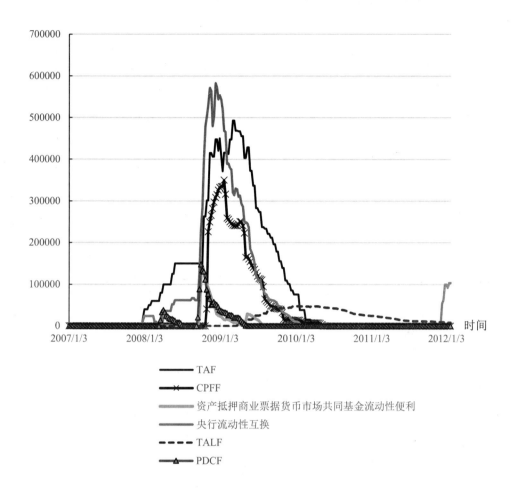

图 3.15 美联储资产负债表政策之信贷宽松工具规模（单位：百万美元）

资料来源：根据美联储网站公开数据整理。

　　央行流动性互换协议从 2007 年 12 月 26 日第一次实施至今，其最大增幅为 40.63 倍（2008 年 12 月 10 日），当期对央行资产负债表规模增长的贡献率为 41.71%，占美联储流动性和信贷便利总规模的 32.01%，居当期中央银行资产负债表政策规模之首。此时，正值欧洲金融机构货币市场融资成本高企之时，欧洲央行与其他主要央行一同与美联储进行流动性互换，旨在为本国金融机构提供充足的外币流动性。

一级交易商信用工具于 2008 年 3 月 19 日推出，于 2009 年 5 月 13 日全部停止，其间最大升幅为 9.99 倍（2008 年 10 月 1 日），当期对央行资产负债表规模增长的贡献率为 26.21%，居当期信贷宽松工具增长贡献率第二位（首位是贷款，其增长贡献率为 68.08%）。此时，一级交易商信用工具占美联储流动性和信贷便利总规模的 13.21%，位列贷款（占比 32.90%）和短期拍卖工具（占比 13.34%）之后（居第三位）。一级交易商信用工具相当于针对一级交易商的贴现窗口工具，为之提供短期抵押贷款或国债，从而使交易商能够运用这些流动性强的资产获取私人部门的融资，重新创造流动性。但从该工具的规模来看，一级交易商所面临的流动性紧缺问题并不像金融机构所面临的问题那么严重，因此其融资规模与对特定金融机构的贷款要少于短期拍卖工具。

资产抵押商业票据货币市场共同基金流动性便利于 2008 年 9 月 24 日正式实施，于 2009 年 10 月 14 日终止，其间最大增幅为 5.70 倍（2008 年 10 月 8 日），当期对央行资产负债表规模增长贡献率为 34.44%，居当期信贷宽松工具增长贡献率之首。同时，该工具当期占央行信贷宽松工具总规模的 11.46%，位列贷款（占比 33.00%）、央行流动性互换（占比 22.29%）、短期拍卖工具（占比 11.70%）之后（居第四位），其作用是为资产抵押商业票据市场和货币市场注入流动性。与上述情况类似的是，由于金融危机中流动性最为紧缺、问题最为严重的仍然是金融机构，因此针对其他机构的流动性工具力度相对较小。

商业票据融资工具于 2008 年 10 月 29 日正式实施，至 2010 年 8 月 18 日终止，其间最大升幅为 7.57 倍（2009 年 1 月 21 日），当期对央行资产负债表规模增长贡献率为 1.81 倍，居当期信贷宽松工具增长贡献率之首。同时，该工具当期占央行信贷宽松工具总规模的 22.86%，位列央行流动性互换（30.60%）和短期拍卖工具（27.17%）之后（居第三位），其作用是在商业票据利率高企的背景下为企业融资提供流动性。从美国商业票据利率走势（图 3.16）来看，2008 年末商业票据利率大幅上升，其中 3 月期金融机构商业票据利率的上升最为显著。此时，美联储及时推出了商业票据融资工具，使得商业票据利率迅速下降。但在 2009 年初，该利率再次走高，美联储也随之加大了商业票据融资工具的运用力度，达到 3499.40 亿美元的峰值。这说明美联储对中央银行资产负债表政策的运用具有相机抉择性，并且根据其目标随时调整经济变量。

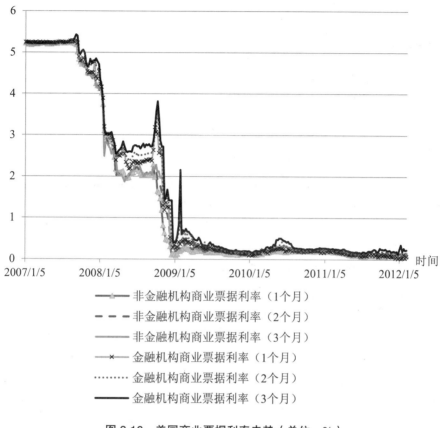

图 3.16　美国商业票据利率走势（单位：%）

资料来源：根据美联储网站公开数据整理。

　　短期资产抵押证券借贷工具从 2009 年 3 月 25 日正式实施至今，其间最大升幅为 70.68 倍（2010 年 3 月 17 日），当期对央行资产负债表规模增长贡献率为 19.45%，居当期信贷宽松工具增长贡献率之首。同时，该工具当期占央行信贷宽松工具总规模的 26.53%，位列第二位（第一位为贷款，占比为 46.93%）。由于 2009 年初美国二级市场国债利率已经到达很低的水平（图 3.17），随之而来的是市场对国债需求的大幅上升。为了满足国债和机构证券市场的平稳出清，美联储于 2009 年初适时推出了短期资产抵押证券借贷工具，并根据市场需求调整该工具的规模。这也说明该工具的运用是美联储对国债及机构证券市场的信贷支持，并具有显著的相机抉择性。

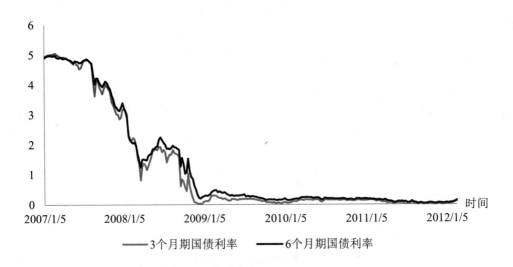

图 3.17　美国二级市场国债利率走势（单位：%）

资料来源：根据美联储网站公开数据整理。

　　对美联储资产负债表变化的分析可以总结为以下几点：①在传统央行资产项和信贷宽松政策的共同作用下，美联储资产负债表规模大幅增加；②美联储的中央银行资产负债表政策以传统资产扩张为先导，而后辅以信贷宽松政策，在释放流动性的同时疏通其传导渠道；③美联储的资产负债表政策实施的目的决定了其规模的调整状况，对信贷宽松政策来说尤其如此。这些信贷宽松政策作为应对危机的非常手段，其对目标部门直接提供流动性的能力十分重要，这与注入信贷市场工具的传统资产负债表政策的间接调控特征有着重大区别。可以说，如果没有信贷宽松政策作为疏通流动性传导渠道的催化剂，那么传统工具即使提供流动性，也没有办法将这些流动性渗透至一级交易商、资产抵押证券市场和企业等部门之中。

3.2.1.2　欧洲央行资产项的变化情况

　　传统的欧洲央行资产项主要包括黄金（gold，gold receivables）、对非欧元区居民的外币债权（claims on non-euro area residents denominated in foreign currency）、对居民的外币债权（claims on euro area residents denominated in foreign currency）、对非居民的欧元债权（claims on non-euro area residents denominated in euro）、对欧元区信贷机构的贷款（lending to euro area credit institutions related to MPOs denominated in euro）、对欧元区信贷机构的其他债权（other claims on

euro area credit institutions denominated in euro）、欧元区居民的有价证券
（securities of euro area residents denominated in euro），以及欧元区内政府债务
（附录 1 表 1.4）。其中，对欧元区信贷机构的贷款包括主要再贷款、长期再贷
款、周转准备金、结构性准备金、保证金放贷和偿还保证金的信贷等 6 个子项
（王国刚，2010）。如图 3.18 所示，欧洲央行对欧元区信贷机构的贷款在其资产
中占比最大，并且在 2007 年 8 月至 2011 年 11 月欧洲央行最后一次推出中央
银行资产负债表政策期间，该资产项先升后降，最大升幅达到 86.41%（2008 年
12 月 29 日），此时对央行资产负债表规模增长贡献率为 45.11%，居同期各资产
项增长贡献率之首；随后对欧元区信贷机构的贷款规模逐步下降，最终于 2011
年 4 月达到最低点，较 2007 年 8 月降幅为 11.38%，较 2008 年 12 月 29 日最高
点降幅为 52.46%。从时间点上来看，2008 年 10 月，欧元区金融机构货币市场融
资成本达到峰值（图 3.8），央行为了向金融机构提供更多流动性而增加对其贷款，
从而使该资产项目大幅上升。随着金融机构流动性稀缺问题的缓解，欧洲央行相
应大幅减少了对欧元区信贷机构的贷款，从而控制了央行资产规模的上升。

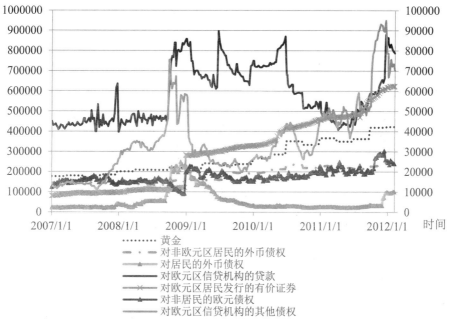

图 3.18　欧洲央行资产负债表传统资产项走势（单位：百万欧元）

资料来源：根据 ECB 网站公开信息整理。

注：对欧元区信贷机构的贷款、黄金、对居民的外币债权、对欧元区居民发行的有价证券由左侧主坐标轴
标识，其余由右侧次坐标轴标识。

从对欧元区信贷机构的贷款各子项中最重要的两项的走势（图 3.19）来看，2008 年 12 月，主要再贷款和长期再贷款两项都处于峰值，分别占央行对欧元区信贷机构贷款总规模的 42.29% 和 57.32%，这说明欧洲央行对欧元区信贷机构的贷款规模增加主要是由于长期再贷款和主要再贷款增长的作用，其中长期再贷款的增长幅度更大。由于美国雷曼兄弟公司破产所引发的全球金融危机导致欧元区金融机构流动性严重不足，因此欧洲央行通过扩大对欧元区信贷机构的贷款规模这一传统资产项目来为金融机构提供直接融资。随后，欧元区金融机构货币市场融资成本在中央银行资产负债表政策的作用下缓慢减少（图 3.8），因此欧洲央行也相应减少了对信贷机构的再融资。然而，由于 2009 年 10 月欧债危机的爆发，欧洲央行对信贷机构的再贷款规模再次扩大。有所不同的是，主要再贷款于 2009 年 7 月先于欧债危机重新回升，而长期再贷款于 2010 年 6 月重新回升。

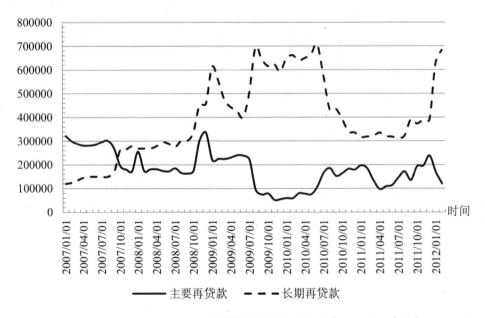

图 3.19　欧洲央行对欧元区信贷机构的贷款子项（单位：百万欧元）

资料来源：根据 ECB 网站公开信息整理。

作为目前欧洲央行资产负债表中的第二大项，对欧元区发行的有价证券的规模一路上升（图 3.18），2007 年 8 月至 2011 年 11 月期间，其最大升幅为 5.61 倍（2011 年 11 月 28 日）。此时，该项目对央行资产负债表规模增长贡献率为 41.87%，居当期各资产项增长贡献率之首。与其他资本项不同的是，对欧元区发行的有价证券增长得更为迅速，并且一直处于上升趋势，没有出现过反向的波动。这反映了欧洲央行为了应对金融危机而大量买入有价证券，以化解商业银行等金融机构的经营困难，维护金融市场运行秩序（王国刚，2010）。

与上述两种资产相比，其他资产占比相对较小，因此作为中央银行资产负债表政策的操作空间不如对欧元区信贷机构的贷款及对欧元区发行的有价证券两种工具那么大。其中，作为央行资产负债表中第三大资产的黄金规模稳中有升，其最大升幅为 1.44 倍，对央行资产负债表规模增长贡献率为 22.94%，位居第二（第一位为对欧元区发行的有价证券，增长率为 43.03%）。由于欧洲央行并不是一个主权国家央行，因此黄金作为央行资产的重要组成部分之一，其储备意义大于作为中央银行资产负债表政策的意义。因此，欧洲央行的中央银行资产负债表政策更多侧重于运用对欧元区信贷机构的贷款和欧元区居民的有价证券这两种传统工具。

除传统央行资产负债表工具外，欧洲央行也运用信贷宽松政策工具对抗全球金融危机带来的负面影响。这些工具集中体现在为货币政策目标而持有的证券和其他证券这两项资产之中（图 3.20）。2009 年 7 月 1 日，欧洲央行为货币政策目标而持有的证券首次出现在央行资产负债表中，规模为 6600 万欧元，随后一直稳步上升。2011 年 11 月，欧洲央行最后一次推出中央银行资产负债表政策期间，为货币政策目标而持有的证券最大增幅为 4053.85 倍（2011 年 11 月 28 日），对央行资产负债表规模增长贡献率为 48.93%，仅次于欧元区居民的有价证券的增长贡献率（55.60%）。如图 3.21 所示。这说明从第一次实施信贷宽松政策到最后一次运用该政策为止，传统和非传统央行资产负债表工具对影响欧洲央行资产负债表规模都有很大程度的影响，但以传统工具的影响为主，非传统工具辅之。

对欧洲央行资产负债表变化的分析可总结为以下几点：①欧洲央行应对金融危机的主要工具是对欧元区信贷机构贷款这一传统资产负债表政策，其中以长期再贷款的变化最为明显。而在对欧元区信贷机构贷款这一工具无法有效传导至各部门时，欧洲央行推出了为央行政策目标而持有的证券这一非传统资产负债表政策，以便为政策传导疏通渠道。②欧洲央行为解决金融机构所面临的流动性稀缺问题，一方面运用欧元区信贷机构贷款来注入流动性，另一方面运用大量买入对欧元区发行有价证券这一资产负债表政策来疏通盘活流动性，令金融机构持有流动性更强的资产，从而创造更多的流动性。③欧洲央行资产规模增长幅度远小于美联储。

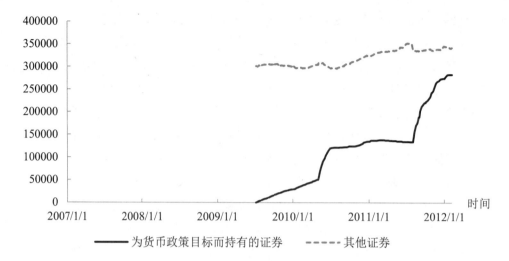

图3.20　欧洲中央银行资产负债表政策之信贷宽松工具规模（单位：百万欧元）

资料来源：根据 ECB 网站公开信息整理。

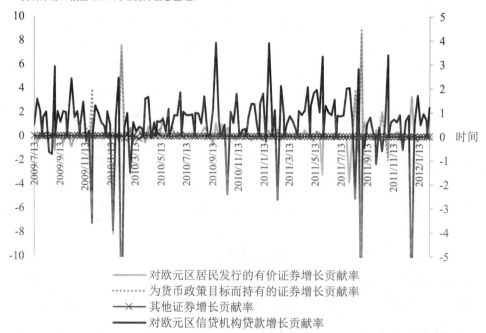

图3.21　欧洲央行主要中央银行资产负债表政策工具对央行资产负债表规模的增长贡献率
（单位：%）

资料来源：根据 ECB 网站公开信息整理。①

注：对欧元区居民发行的有价证券增长贡献率、对欧元区信贷机构贷款增长贡献率、其他证券增长贡献率由左侧主坐标轴标识，为货币政策目标而持有的证券增长贡献率由右侧次坐标轴标识。

---

① 增长贡献率为周环比数据。

与美联储的资产负债表政策相比，欧洲央行更加保守，也更倾向于通过传统的资产负债表工具来应对金融危机，直到这种工具的传导渠道不畅时才运用非传统中央银行资产负债表政策进行疏通。这也与其货币主义指导思想一脉相承。

3.2.1.3 美联储负债和资本项的变化情况

美联储资产负债表中的负债和资本项（liabilities，capital）包括两部分（附录 1 表 1.3），其中负债包括流通中的货币（currency in circulation）、商业银行准备金（commercial bank reserves）、财政部存款（U.S. treasury deposits）、逆回购协议（reverse repurchase agreements）及其他，资本项目单独统计（Reis，2010）。在 2007—2009 年全球金融危机前后，美联储的负债和资本项只在规模方面发生变化，并没有出现新的种类，因此其总量反映了量化宽松货币政策的实施情况。

从整体上看，全球金融危机前后，美联储负债和资本项规模变动较大（图3.22），2007 年 8 月至 2011 年 11 月间的升幅为 2.14 倍。其中，波动最小的是流通中的货币，其增幅为 30.76%，并且其在负债和资本中的占比下降幅度为58.32%；波动最大的是财政部存款，以 2007 年 8 月为基期，其最高点增幅为35.59 倍（2010 年 1 月 6 日），最低点降幅为 20.78%（2008 年 2 月 20 日）。这说明作为在负债和资本项中占比最高的负债项，流通中的货币在中央银行资产负债表政策中的地位在金融危机期间发生了很大变化，危机前美联储主要依靠货币发行机制进行货币政策调控（王国刚，2010），而危机后则被财政部存款取而代之。同时，在金融危机期间，美国财政部对美联储提供大量资金支持，并且随着美联储的政策变化而不断调整。这也说明本次金融危机中，美联储和财政部之间具有共同的目标和行为准则，并且遵循凯恩斯主义的宏观调控模式。商业银行准备金规模在本次金融危机中也发生了很大变化。在 2008 年 9 月 15日雷曼兄弟公司破产之前，美联储的商业银行准备金规模非常稳定，但 9 月 17日起的一周内，商业银行准备金规模上升了 8.89 倍，之后直到 2008 年 10 月 29日，该项目规模达到峰值，比金融危机爆发前（2008 年 9 月 15 日）增长了 45.47倍，随后缓慢回落。这说明此时金融危机所带来的金融系统风险的影响程度达到最大，商业银行不愿释放流动性，而将其资金作为准备金以应对经营风险。这导致实体经济中的流动性大幅下降，促使美联储推出了上文中所提及的商业票据融资工具，以弥补金融系统流动性陷阱所带来的负面影响。

对美联储负债和资本项规模变化进行分析可以得出以下结论：①美联储在

危机前后的货币政策工具发生了显著变化，由流通中的货币这一资产负债表政策转化为财政部存款，从而保证了其应对危机的资金充足性和灵活性；②美联储的商业银行准备金规模可以作为银行系统风险的后验指标进行观察监控，以及早调整政策，将金融危机的冲击降至最低。

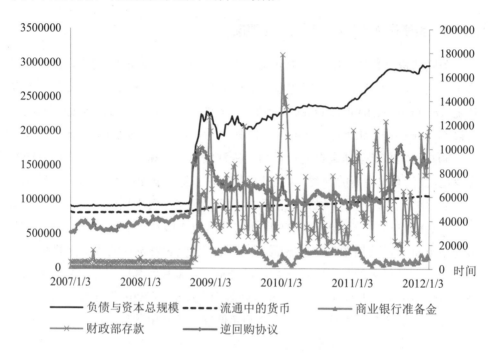

图 3.22　美联储负债和资本项规模变化情况（单位：百万美元）

资料来源：根据美联储网站公开信息整理。

注：负债与资本总规模、流通中的货币、商业银行准备金由左侧主坐标轴标识，其余由右侧次坐标轴标识。

3.2.1.4　欧洲央行负债和资本项的变化情况

欧洲央行的资产负债表中负债项（附录 1 表 1.4）主要包括流通中的货币（banknotes in circulation）、欧元区信贷机构存款（credit institutions deposits）、对欧元区信贷机构的其他负债（other liabilities to euro area credit institutions denominated in euro）、负债凭证发行（debt certificates issued）、对其他欧元区居民的欧元负债（liabilities to other euro area residents denominated in euro）、对非欧元区居民的欧元负债（liabilities to non-euro area residents denominated in euro）、对居民的外币债务（liabilities to euro area residents denominated in foreign currency）、对非居民的外币债务（liabilities to non-euro area residents denominated in foreign currency）、SDR 的对应配额（counterpart of special drawing rights allocated by the IMF）、其他负债（other liabilities）、重估账户（revaluation accounts），以及资本和储备（capital 和 reserves）。在 2007—2009 年全球金融危机前后，只有欧洲央行的负债规模发生变化，因此其总量反映了量化宽松货币政策的实施情况。其中，流通中的货币占欧洲央行负债比重的首位（图3.23），欧元区信贷机构存款占比次之。从 2007 年 8 月次贷危机爆发到 2011 年 11 月欧洲央行最后一次推出资产负债表政策，流通中的货币一直处于增长态势，涨幅为 34.65%；欧元区信贷机构存款波动性上涨，涨幅为 2.07 倍。但从占比角度来看，流通中的货币占比下降了 30.89%，取而代之的是欧元区信贷机构存款的占比上升了 57.82%。这一方面说明欧洲央行在应对金融危机的整个过程中，货币总量调控这一工具的运用力度有所降低；另一方面说明这一时期的欧洲信贷机构面临着十分严重的流动性稀缺和经营风险，因此其在欧洲央行的存款大幅上升，导致欧洲央行对其释放的流动性无法流入实体经济。因此，欧洲央行推出了一系列信贷宽松政策来疏通流动性。

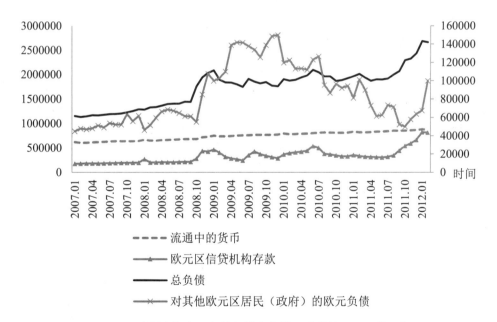

图 3.23　欧洲央行主要负债规模变化情况（单位：百万美元）

资料来源：根据 ECB 网站公开信息整理。

注：总负债、流通中的货币、欧元区信贷机构存款由左侧主坐标轴标识、对其他欧元区居民（政府）的欧元负债由右侧次坐标轴标识。

除上述两项外，欧洲央行对政府的欧元负债在金融危机中表现出不同以往的应对策略（图 3.23）。由于欧洲央行并非主权国家的央行，因此要获得政府债务是不容易的（王国刚，2010）。但在金融危机中，欧洲央行对政府的负债从 2007 年 8 月逐步上升，并在 2009 年 12 月达到最高水平，涨幅为 1.87 倍，占总负债比重的涨幅为 94.89%，但该幅度仍远小于美国财政部对美联储的相应支持力度。这说明在金融危机中，欧元区各国政府为了共同的目标，向欧洲央行提供了相对规模较大的支持，并且在金融系统的融资成本有所下降（图 3.8），金融系统恢复稳定之后逐步降低了这种支持的力度。

欧洲央行的另外两个具有特色的负债项是对非欧元区居民的欧元负债和重估账户（图 3.24）。对非欧元区居民的欧元负债自 2007 年 8 月起逐渐上升，直到 2008 年 11 月到达峰值，涨幅为 15.53 倍。此时正值欧元区金融市场融资成本处于历史高位时期（图 3.8），因此欧洲央行更多依赖于非欧元区居民的融资来充实其流动性，其中包括其同年 9 月与美联储签订的央行流动性互换协议。从这一角度来看，欧洲央行的资金来源较美联储更为广泛，也更具有采用传统中央银行资产负债表政策调控的空间，这也是其没有频繁使用信贷宽松政策的原因之一。重估账户在整个金融危机期间一直缓慢上升，2007 年 8 月至 2011 年 11 月期间，其上升幅度为 2.28 倍，但并没有反映出任何中央银行资产负债表政策的实施情况。

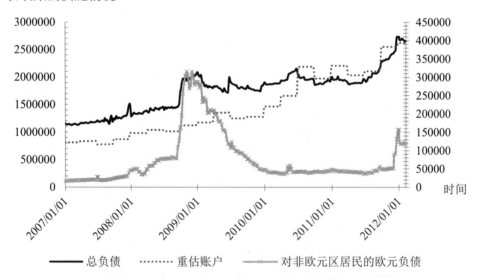

图 3.24 欧洲央行其他负债项规模变化情况（单位：百万欧元）

资料来源：根据 ECB 网站公开信息整理。

注：总负债由左侧主坐标轴标识，重估账户、对非欧元区居民的欧元负债由右侧次坐标轴标识。

对欧洲央行资产负债表进行分析可以得出以下结论：①在本次全球金融危机期间，欧洲央行的传统资产负债表政策从流通中的货币转向对政府的负债，说明欧洲央行作为非主权国家央行，也同样具有在危机时期向欧元区政府融资的能力；②欧元区信贷机构存款的陡升表明欧元区金融系统性风险加大，流动性大幅收窄，因此该项目可以作为金融体系健康程度的指标长期监测；③由于欧洲央行的资金来源比主权国家银行更为广泛，因此其运用传统资产负债表政策的空间较大，与美联储相比，其信贷宽松政策并不频繁，规模也小得多。

3.2.2　美国和欧元区的货币供应量指标

在美联储的量化宽松和信贷宽松政策的作用下，美国的货币供应量始终处于上升的态势，但其上升速度在不同时期表现出很大差异性。M1 和 M2 的增长率在 2009 年第一季度至第二季度达到峰值，其中 M1 增长率的最大涨幅为 16.56%（2009 年第二季度），M2 增长率的最大涨幅为 9.85%（2009 年第一季度）。而 2008 年第四季度至 2009 年第二季度也是美联储资产负债表政策出台最为频繁的时期（图 3.25）。由此可见，美联储资产负债表政策对货币供应量的增速有着直接而深刻的影响。

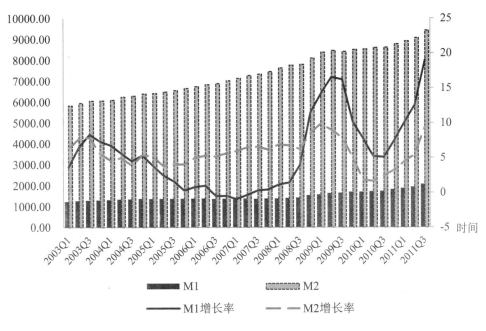

图 3.25　美国国内货币量化指标（单位：十亿美元，%）

数据来源：EIU Country Data。

注：M1、M2 由左侧主坐标轴标识，单位为十亿美元；M1 增长率、M2 增长率由右侧次坐标轴标识，单位为%。

与美国货币供应量情况不同，欧元区的货币供应量 M3 增速在 2007 年 10 月达到了 12.4% 的高峰，此时欧洲央行尚未采取任何信贷宽松或量化宽松政策（图 3.26）。这说明欧洲央行的货币供应量增速是受到金融危机的外部冲击所致，而并非欧洲央行的资产负债表政策所带来的。因此，从全球货币供应量角度来看，欧元区受到美国量化宽松和信贷政策的影响，这也从一个侧面反映了美联储的资产负债表政策具有相当规模的外部性。

图 3.26　欧元区 M3 变动率（单位：%）

资料来源：欧洲央行网站。

3.2.3　对国内总需求的影响

2007—2009 年的全球金融危机虽然始于金融系统，但同时也对实体经济产生了巨大的影响。对美国来说，从 2008 年第三季度开始，其实际国内需求开始大幅下滑，直到 2009 年第二季度到达谷底，下降幅度为 5.1%。同时，2008 年第二季度，美国国内需求开始转为负增长，并于 2009 年第二季度降至 2007 年 8 月以来的最低点，为-6.12%（图 3.27）。这些都说明金融危机从金融系统的流动性紧缺发展为国内需求迅速下降，尤其在雷曼兄弟公司破产之后，这种蔓延的态势进一步扩大。在此背景下，直到 2009 年第二季度，美联储推出一系列中央银行资产负债表政策，其对实际国内需求的改善作用才有所显现。

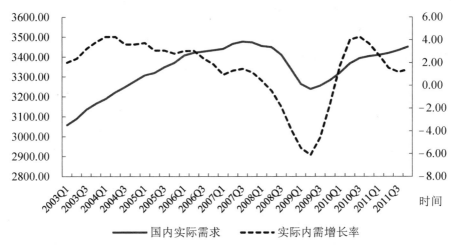

图 3.27　美国国内实际需求（单位：十亿美元，%）

资料来源：EIU Country Data。

注：国内实际需求由左侧主坐标轴标识，实际内需增长率由右侧次坐标轴标识。

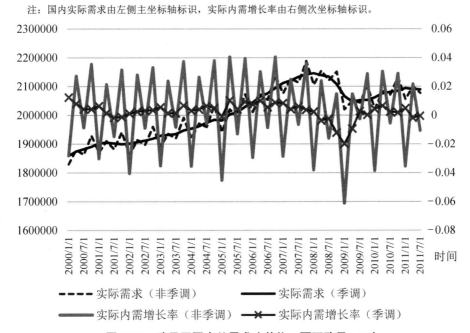

图 3.28　欧元区国内总需求（单位：百万欧元，%）

资料来源：ECB 网站。①

注：实际需求（非季调）和实际需求（季调）由左侧主坐标轴标识，实际内需增长率（非季调）实际内需增长率（季调）由右侧次坐标轴标识。

---

① 黄色线为经过工作日和季节调整的链式连接统计数据；蓝色线为未经工作日和季节调整的链式连接统计数据；粉色线为经过工作日和季节调整的以现价为标准的统计数据；绿色线为未经工作日和季节调整的以现价为标准的统计数据。

　　欧元区实体经济在本次全球金融危机中也受到金融系统运行机制受损的影响。2008—2009 年间，国内总需求有所下降，降幅约为 4.66%（图 3.28）。同时，国内总需求对经济增长的贡献率从 2007 年 8 月开始明显下滑，最终于 2008 年 4 月转为负值，并持续至 2009 年 4 月（图 3.29）。在此期间，欧洲央行通过推出一系列中央银行资产负债表政策来为金融机构提供流动性，以间接为实体经济提供更多的贷款，填补流动性不足。然而，这些政策传导至实体经济的速度并不尽如人意。经过一年多的时间，中央银行资产负债表政策所释放的流动性才对实体经济产生作用，使国内需求开始逐步回升。

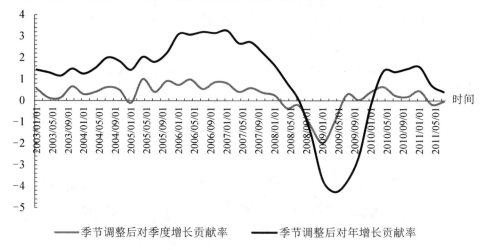

图 3.29　欧元区国内总需求对经济增长的贡献率（单位：%）

资料来源：根据 ECB 网站公开数据整理。

　　通过对美国和欧元区的上述分析，可以发现中央银行资产负债表政策传导至实体经济具有很长的时滞，更说明在金融体系并没有完全恢复功能时，中央银行资产负债表政策无法绕过金融市场直接对实体经济发挥作用。因此，在选择危机时期的货币政策时，首先需要明确危机发生的原因。如果是金融系统发生危机，那么中央银行资产负债表政策是一种十分直接而行之有效的方法；但如果危机缘于实体经济发展的不平衡，那么应更多地依赖于对企业和私人部门的直接救助，从而绕过金融机构，更快地解决实体经济中流动性稀缺、投资者信心不足的问题。

第三节 "利率约束之谜"与"价格之谜"

3.3.1 "利率约束之谜"与"价格之谜"的学界争论

自 2001—2006 年日本中央银行启用非传统货币政策以来，各国学者对非传统货币政策与利率约束和价格的关系进行了长期的争论。对"利率约束之谜"的争论集中于 2001—2006 年日本央行启用的广义量化宽松政策和 2007—2009 年全球金融危机中以美联储和欧洲央行为代表的发达国家非传统货币政策。许多学者根据日本政策运用时机的经验，提出美联储和欧洲央行应在其传统利率政策面临零利率约束之后再启用非传统货币政策。然而，事实上，欧洲央行的非传统货币政策先于零利率约束出现，这引起了学者们对非传统货币政策"利率约束之谜"的讨论。

对"价格之谜"的讨论源于非传统货币政策与国内价格之间的关系。美联储和欧洲央行在 2007—2009 年全球金融危机期间大规模使用了非传统货币政策。从传统的货币供给理论来看，美联储和欧洲央行的非传统货币政策规模足以推高国内价格，导致中央银行面临摆脱流动性紧缺和衰退与维持价格稳定的两难境地。然而，美联储和欧洲央行保持价格稳定的货币政策目标并未因为非传统货币政策的大量信贷和流动性供给而失效。这种与传统货币供给理论相悖的现象被学者们称为"价格之谜"。

3.3.1.1 非传统货币政策的"利率约束之谜"

2007 年之前，大部分学者以日本 2001—2006 年广义量化宽松政策为研究对象，对零利率约束下的可行性政策进行研究，认为非传统货币政策是唯一选择。这一方面是因为日本面临的通货紧缩需要通过增加货币供应量来调整，另一方面是由于在利率政策已无下调空间时，只有广义量化宽松政策才能够有效达到增加货币供应量的目的（Fujiki 等，2004；Eggertsson 和 Woodford，2003；Bernanke 和 Reinhart，2004）。

随着 2007—2009 年全球金融危机中非传统货币政策的运用，学者们开始质疑非传统货币政策与零利率约束之间关系的必然性，形成所谓的关于非传统货币政策的"利率约束之谜"。该争论的核心是探讨零利率约束是否是各国央行运用非传统货币政策的必要条件。学者们在对美联储、欧元区、日本及包括英格兰银行在内的全球主要中央银行的非传统货币政策进行实证研究的基础上，发现在利率高于零水平时，许多中央银行实施了非传统货币政策，而且还对超额准备金支付利息，因此零利率约束并不是实施该政策的必要条件。同时，学者们提出，在金融危机期间，即使尚未面临零利率约束，实施非传统货币政策也会带来很大福利（Shiratsuka，2010；Borio 和 Disyatat，2010；Curdia 和 Woodford，2010；Gertler 和 Karadi，2011）。上述两种不同观点的争论衍生为非传统货币政策的"利率约束之谜"。

"利率约束之谜"出现的原因之一是非传统货币政策的实施背景不同。日本21 世纪初的广义量化宽松政策是为了应对 IT 泡沫破裂后的实体经济危机，而美联储等中央银行于 2007 年起实施的非传统货币政策则是为应对次贷危机导致的金融系统危机（Shiratsuka，2010）。因此，为了剔除政策实施背景差异所带来的干扰，我们选择比较研究同一时期美国和欧元区两大代表性中央银行的非传统货币政策影响，以更加有效地说明"利率约束之谜"的存在性和相似性。由于零利率约束是一种特殊的利率政策现象，因此我们将"利率约束之谜"归结为探究中央银行的利率政策与非传统货币政策之间的关系。根据亚当和比利（Adam 和 Billi，2006，2007）对零利率约束时的最优货币政策的研究结论，在利率处于下行阶段，但尚未到达零利率约束时，如果中央银行并未作出长期维持零利率的承诺，那么产出下降和通胀紧缩的速度会比央行做出承诺时的下降速度更快。我们从学者们对日本 2001—2006 年及美国 2007—2009 年出现的零利率约束的研究（Eggertsson 和 Woodford，2003；Reis，2010）中可以看到，中央银行只有在面临零利率约束时才会明确承诺长期维持零利率水平。因此，可以推测，为了更好地调控经济下行的趋势，在到达零利率之前有必要采取相应的非传统货币政策，即以数量型货币政策直接抵御通胀紧缩和产出下降。因此，我们将在后文进行验证的关于非传统货币政策"利率约束之谜"的命题如下。

命题 1：传统的利率政策对非传统货币政策具有潜在惯性影响。宽松的利率政策催生扩张性的非传统货币政策；而扩张性非传统货币政策则会进一步降低利率。

3.3.1.2   非传统货币政策的"价格之谜"

"价格之谜"最早由西姆斯（Sims，1992）提出，指中央银行增加货币供给量时，价格水平反而持续下降的现象。这种现象的一种解释是中央银行对未来价格水平走势的信息掌握不完全。在此基础上，艾哈迈迪（Ahmadi，2009）根据美联储 2007—2009 年的非传统货币政策导致 CPI 大幅下降这一现象，提出了非传统货币政策的"价格之谜"。

一些学者认为，根据货币数量理论，非传统货币政策所释放出来的流动性势必会带来价格上升，但对这一结果的严重程度则莫衷一是。一些学者对日本2001—2006 年的广义量化宽松政策进行实证检验，提出了三种不同的价格水平反应时间。第一类学者认为该政策会迅速推高价格水平和产出，促使经济走出衰退（Auerbach 和 Obstfeld，2005）；第二类学者发现日本 2001—2006 年的非传统货币政策会使价格水平在短期内相对平稳，但长期会导致价格水平上升（Shibamoto，2007；Moussa，2011）。第三类学者认为非传统货币政策对价格水平具有持久的推高效果（Girardin 和 Moussa，2009）。除了日本 2001—2006 年的量化宽松政策，另一些学者对 2007—2009 年全球金融危机期间各国央行的非传统货币政策进行了相应的研究，认为英格兰银行和新西兰银行的非传统货币政策会迅速推高价格水平（Meier，2009；Karagedikli 和 Thorsrud，2010）；而美联储、英格兰银行和日本银行的量化宽松政策对价格水平的影响取决于消费者行为。如果人们将该政策释放出来的货币用于消费而不是生产，那么该政策会引发价格水平上升，而不是实际经济活动增加（Krishnamurthy 和 Vissing-Jorgensen，2010；Ellis，2009；刘胜会，2010）。

另一些学者则对非传统货币政策与价格水平的关系持相反观点，即认为广义量化宽松政策不会推高价格水平，甚至会导致价格水平下降。一些学者基于对日本长期的宏观经济数据的时变参数 CAPM 模型和 VAR 模型的实证分析，发现在零利率约束下，广义量化宽松政策释放出来的基础货币对物价的推升作用在统计学上并不显著，且十分不稳定（Kimura 等，2003；Fujiwara，2006）。这说明在零利率约束下，货币供应量增加对物价的影响作用丧失，因此不会出现显著的价格水平上升（Ugai，2007）。而对美联储 2007—2009 年的非传统货币政策的结构时变贝叶斯向量自回归（STVB-FAVAR）方法检验结果则表明，该政策导致美国 CPI 大幅下降，与传统货币数量理论相悖（Ahmadi，2009）。上述两种不同观点的争论衍生成为非传统货币政策的"价格之谜"。

"价格之谜"这一现象并不新奇，早在宽松利率政策实施过程中就已经引起了部分学者的注意。但由于非传统货币政策对货币供应量的影响比利率政策更为直接有效，因此引发了更为广泛的关注。从根本上来说，物价上涨是一种货币现象。因此，我们认为，非传统货币政策能否在短期内推高价格水平，一方面取决于中央银行在实施非传统货币政策过程中是否真正导致流通中的货币大幅增加；另一方面取决于其释放出来的流动性是否全部由本国经济所吸收。从中央银行资产负债表中负债的结构性变化来看，美联储和欧洲央行的流通中货币对负债规模增长的贡献并不大，而相比之下，商业银行存款准备金的增长占据了主导地位（Federal Reserve，2013）。从非传统货币政策的流动性溢出角度来看，美元和欧元作为国际储备货币，具有很强的流动性。美联储和欧洲央行的非传统货币政策对中国等持有预防性外汇储备的新兴市场国家具有流动性溢出效应，一定程度上削弱了这些国家的货币政策独立性（Ozhan 等，2013；Fratzscher 等，2013）。基于上述分析，得出有待验证的非传统货币政策"价格之谜"的命题2。

命题2： 非传统货币政策短期内能否推高物价水平与中央银行负债项的结构性变化和该政策对其他国家的流动性溢出相关，如果流通中现金并未显著增加，并且存在跨国流动性溢出，那么非传统货币政策短期内可能造成物价水平不升反降的现象。

3.3.2　因素增广向量自回归(FAVAR)模型在货币政策研究中的运用

向量自回归（VAR）方法一直是研究货币政策的传统方法（Bernanke 和 Blinder，1992；Sims，1992）。这一方法的优点是不需要理论模型即可分析货币政策对经济变量的动态影响。然而，Bernanke 等人（2005）认为，VAR 方法中各变量之间信息联系不够紧密，会导致以下三种问题：①由于央行和私人部门的一些信息没有反映在 VAR 模型中，因此对政策工具的评估有失偏颇；②代表诸如实际经济活动的广义经济概念的具体时间序列选择通常是随意的；③只能观察到 VAR 模型中变量的脉冲响应，而这些变量仅是研究和政策制定所关注的一小部分。为了解决这些问题，Bernanke 等人（2005）构建了因素增广向量自回归模型，从而更加准确地辨别货币政策传导机制。

因素增广向量自回归（FAVAR）模型是将标准的向量自回归分析（VAR）和因素分析法结合而成的计量分析方法。研究表明，利用大样本数据总结出来的信息进行预测比单一小样本自回归方式更为准确有效（Stock 和 Watson，2002）；同时，将经过因素分析提取的成分加入 VAR 模型可以改进对央行货币政策反映函数的估计（Bernanke 和 Boivin，2003）。这些少量的估计因素可以很好地将大量经济信息总结并反映出来，从而为实证检验提供更加便捷的途径。但是，学者们需要面对运用这一方法所必须解决的一个问题，即 VAR 模型中自由度的问题。Bernanke 等（2005）运用估计因素增广标准 VAR 模型，既保证了模型的自由度，又运用更便捷的方法将大样本中的经济信息反映在模型之中，以更好地预测未来政策。

作为一种新兴的计量方法，FAVAR 方法在货币政策有效性和传导渠道的研究中得到了广泛的应用。梁等人（Leung 等，2010）运用 FAVAR 方法对中国过去 20 年的后亚洲金融危机时期货币政策及其近期变化进行了实证研究，并对中国货币政策工具在稳定经济方面的有效性进行评估。该研究认为，中国的回购利率、基准贷款利率和市场导向货币政策的有效性具有中等显著程度，而贷款总量和货币供给量的有效性十分显著。Ahmadi（2009）运用贝叶斯 FAVAR 模型对美国 1926—2009 年的宏观经济进行了分析，发现金融危机时期信贷利差冲击和货币政策冲击对宏观经济变量的影响高于所有冲击的平均水平。艾哈迈迪和尤利格（Ahmadi 和 Uhlig，2009）从对货币政策的实证研究效果层面，将引入政策符号约束的贝叶斯 FAVAR 模型、非参数 FAVAR 模型、引入递归方法的贝叶斯 FAVAR 模型等方法进行了对比，发现引入政策符号约束的贝叶斯 FAVAR 模型的模拟效果更好。博伊文和詹若尼（Boivin 和 Giannoni，2009）利用 FAVAR 模型分析外部冲击是否会改变本国货币政策传导渠道，认为从当时的美国经济来看，并没有有力的实证证据证实外部冲击会改变货币政策传导渠道，即使存在，也只是发生在最近一段时间。卡拉格迪克利和索思鲁德（Karagedikli 和 Thorsrud，2010）构建了三版块 FAVAR 模型（本国、地区、其他国家），并利用新西兰数据进行分析，发现全球冲击对地区和国内经济的冲击显著，并且全球通货膨胀因素影响是非常重要的冲击传导渠道。穆萨（Moussa，2011）运用时变参数 FAVAR 模型对 20 世纪 90 年代末日本的量化宽松政策效果及传导渠道进行了分析，发现量化宽松政策对经济活动和价格的影响比传统意义上的研究结果更强，并且资产组合重新配置渠道的货币政策传导有效性更强。柴本（Shibamoto，2007）也运用 FAVAR 模型对 20 世纪 90 年代末日本的量化宽松政策效果进行了实证分析，认为货币政策冲击对不同宏观经济变量产生影响的时滞不同，并且货币政策冲击对失业率和房屋建造率等实际变量的作用大于对工业生产率的作用。

从上述学者们的研究中可以看到，FAVAR 及在其基础上演进而来的诸如贝叶斯 FAVAR（BFAVAR）、时变参数 FAVAR（TAP-FAVAR）、非参数 FAVAR 模型、引入递归方法的贝叶斯 FAVAR 模型等方法的优点是能够深入挖掘大样本数据背后的经济信息，从而更加全面地揭示货币政策的有效性及其传导渠道。因此，本书选择运用 FAVAR 模型对美联储和欧洲央行的资产负债表政策传导渠道有效性进行实证分析，检验中央银行资产负债表政策对金融市场和实体经济的影响，并着重分析信号渠道和资产组合重新配置渠道的有效性。

3.3.3　中央银行资产负债表政策的因素增广向量自回归(FAVAR)模型

3.3.3.1　中央银行资产负债表政策的 FAVAR 模型

根据 Bernanke 等人（2005）的研究，中央银行资产负债表政策的 FAVAR 模型形式如下。假设 X_t 为 $n \times 1$ 阶经济变量向量，与因素向量 F_t 和 Y_t 相关，其中 F_t 是不可观测的因素向量，为 $\tau \times 1$ 阶（ n 很大， τ 很小）； Y_t 是可观测的因素向量，为 $w \times 1$ 阶。 F_t 能够从大量经济变量中反映出来。假设 (F_t, Y_t) 的动态方程如下：

$$\begin{bmatrix} F_t \\ Y_t \end{bmatrix} = \Phi(L) \begin{bmatrix} F_{t-1} \\ Y_{t-1} \end{bmatrix} + v_t \qquad (3.1)$$

其中， $\Phi(L)$ 为有限 d 阶适应滞后多项式，并且可能像结构模型那样含有预设的约束条件； v_t 均值为零，协方差矩阵为 Q 的误差项。

由于公式（3.1）中含有无法直接观测到的变量，因此不能直接估计。但由于这些不能直接观测到的变量会影响许多经济变量，因此可以从一系列能够反映信息的时间序列中推断出来。假设反映信息的时间序列为 X_t（为 $n \times 1$ 阶向量），并且 $n \gg \tau + w$ ， n 大于样本时间长度 T 。假设 X_t 与不可观测的变量 F_t 和可观测的变量 Y_t 的关系如下：

$$X_t = K^F F_t + K^Y Y_t + \varepsilon_t \qquad (3.2)$$

其中， K^F 、 K^Y 分别为 $n \times \tau$ 、 $n \times w$ 阶的矩阵，误差项 ε_t 为均值为 0 的 $n \times 1$ 阶向量，并且允许存在交叉相关，但其相关性随 n 趋于无穷而递减（Bernanke， 2005）。

估计 FAVAR 模型的方法有两种，一种是斯德克和沃森（Stock 和 Watson， 2002）提出的两步主成分方法，另一种是单步贝叶斯估计方法（Bernanke 等， 2005）。本文遵循现有研究（Shibamoto，2007；Lescaroux 和 Mignon，2009）所采用的两步主成分方法：第一步运用主成分分析法对公式（3.2）中的 F_t 和 Y_t 提取主成分，得到新的信息集 $\hat{X}_t$ ；第二步在运用标准 VAR 方法估计 FAVAR 模型公式（3.2）时，用不可观测变量的估计值 $\hat{F}_t = \lambda(\hat{X}_t - K^Y Y_t)$ 替换 F_t ，由此得到 Y_t 、 F_t 与 $\hat{X}_t$ 的脉冲响应函数。

现有的 FAVAR 模型中以利率作为唯一的可观测变量（Moussa，2011；Shibamoto，2007），并未将非传统货币政策在宏观经济调整中的作用纳入研究范围。由于在本次全球金融危机期间，美联储和欧洲央行同时运用了利率政策和非传统货币政策工具，因此我们需要对二者之间的相互作用进行检验。本模型先后考察了利率政策和非传统货币政策作为可观测变量的结果。根据目前普遍接受的衡量方法，中央银行资产负债表指标的具体形式为中央银行资产负债表规模/名义 GDP。

3.3.3.2　数据与程序选择

根据 Bernanke 等人（2005），以及 Stock 和 Watson（2005）的 FAVAR 模型估计方法，我们将美国和欧元区的宏观经济变量分为"缓慢变动"和"快速变动"两类，以对货币政策冲击与可观测到的实体经济冲击进行区分。首先，根据宏观经济变量的变化特征，上述文献认为相对于金融市场变量，实体经济变量具有黏性，变动缓慢。假设诸如产出、就业等变化较慢的变量在货币政策和金融市场冲击发生的一个月内并未受到影响，而在受到供给、需求等实体经济变动的"缓慢冲击"时发生变化。中央银行能够观察到这些"缓慢冲击"，并采取相应的货币政策。如此一来，货币政策工具便成为"缓慢冲击"与货币政策冲击的函数。相应的，诸如股票收益和利率等"快速变动"变量除受到"缓慢"冲击和货币政策冲击的影响之外，还受到金融市场的"快速冲击"影响（Stock 和 Watson，2005）。上述划分变量类别的方式对 FAVAR 模型准确施加相应类型冲击十分重要。此外，作者之所以选择"中央银行资产负债表规模/名义 GDP"来表示中央银行资产负债表指标，是为了避免时间序列样本过小的问题。对美联储来说，2003 年 1 月至 2011 年 10 月期间，该指标均不为零。其中，2007 年 10 月开始，该指标迅速升高。对欧洲央行来说，1999 年 1 月至 2011 年 12 月期间，该指标均不为零。其中，自 2007 年 12 月起，该指标迅速飙升。上述变化表现出美联储和欧洲央行运用非传统货币政策的力度加大，从而有效识别非传统货币政策对其他宏观经济变量的影响。

本文分别选取了 106 个美国宏观经济变量和 90 个欧元区宏观经济变量，数据频率均为月度数据。两地区宏观经济变量样本选取自 2002 年 11 月至 2011 年 11 月。其中，美国数据来源于 Wind 数据库；欧元区数据来源于 Wind、IFS、

EIU Country Data 及 Bloomberg 数据库。①美国的"缓慢变动"变量包括工业产出、产能利用率、就业、消费者价格等 70 个变量;"快速变动"变量包括批发商零售额、建造支出、资产价格、货币供应量、利率及中央银行资产负债表指标等 35 个变量(附录 2 表 2.1)。欧元区的"缓慢变动"变量包括工业产出、产能利用率、就业、消费者价格等 66 个变量;"快速变动"变量包括批发商零售额、建造支出、货币供应量、利率和中央银行资产负债表指标等 25 个变量(附录 2 表 2.2)。其中,中央银行资产负债表指标与其他变量同为月度数据。为了构造该指标,作者选取了中央银行资产负债表规模月度数据,同时对名义 GDP 的季度数据进行了处理,利用 Stata 将其转化为月度数据。根据 Bernanke 等人(2005)所运用的方法,首先用 X12 方法对存在季节趋势的数据进行季节调整,在此基础上检验了季调后数据的异方差性和平稳性,对存在异方差的季调后数据取对数,之后对存在单位根的数据进行差分。同时,根据既有 FAVAR 研究对数据的处理方法(Bernanke 等,2005;Shibamoto,2007;Ahmadi,2009),我们在以利率类或非传统货币政策类货币政策工具变量作为政策冲击变量时均取其季调后的原时间序列,以保证利率政策和非传统货币政策冲击所表示的宽松政策含义。②

　　本文运用 Matlab 软件进行 FAVAR 分析。根据 Bernanke 等人(2005)的研究,我们首先分别对美国和欧元区的宏观经济数据提取 4 个主成分:①CPI;②失业率;③政策利率;④非传统货币政策指标。之后,运用主成分分析方法将上述大量宏观经济变量中所包含的信息提取到相应主成分中,令这些主成分能够反映经济表象背后的不可观测因素,而不是单纯表示其本身反映出来的信息。在此基础上,我们首先将利率作为唯一的可观测变量,考察利率冲击对中央银行资产负债表指标的影响;随后将非传统货币政策指标作为唯一的可观测变量,考察其对利率和价格指数的影响,以揭示非传统货币政策的"利率约束之谜"和"价格之谜"。

3.3.3.3 　"利率约束之谜"命题的检验结果

　　我们来考察"利率约束之谜"命题的实证结果。一方面,假设利率是唯一的可观测变量,此时的结果描述了利率政策对非传统货币政策的影响。我们将

---

　　① 由于 FAVAR 模型有效估计的前提之一是数据样本足够大,因此我们选择了相对较长的时间序列。
　　② 利率和非传统货币政策指标在经过对数差分变换后,其经济含义发生了变化,在政策冲击中不再表示利率和非传统货币政策指标的上升,而是表示其增长率的上升,因此并不能够直接反映货币政策环境。

利率政策冲击标准化为 25 个基点，得到以下脉冲响应结果。从美国和欧元区非传统货币政策指标对利率冲击的影响来看，在利率水平上升的冲击下，非传统货币政策指标立即大幅下降，随后震荡恢复至均衡水平（图 3.30 左边两图）。这说明在零利率约束尚未出现时，美联储和欧洲央行的利率宽松政策会在短期内带来扩张的非传统货币政策。因此，美国和欧元区的上述结果表明，即使在不存在零利率约束时，利率下降也会对非传统货币政策的扩张产生促进作用，并有效印证了"利率约束之谜"中零利率约束与非传统货币政策之间并不存在必然的联系，而且在利率尚未到达零利率时，如果实施非传统货币政策，可以在一定程度上强化宽松货币政策环境。

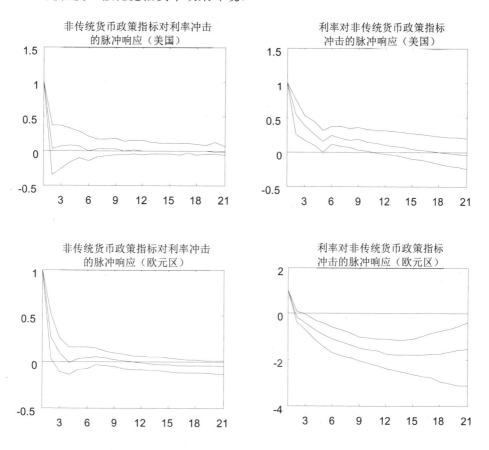

图 3.30　美国和欧元区的非传统货币政策指标与利率之间的关系（单位：%）

注：图中所有政策冲击为正。

另一方面，假设中央银行资产负债表政策指标为唯一的可观测变量，那么此时的结果则描述了该政策对利率的反作用，即该政策的信号渠道。我们同样将中央银行资产负债表政策指标冲击标准化为 25 个基点，并得到以下脉冲响应结果。美国和欧元区的脉冲响应结果显示，实施宽松的非传统货币政策时，即在中央银行资产负债表指标增加的冲击下，美国和欧元区的利率立即下降，且在较长时间内并不会恢复到均衡水平（图 3.30 右边两图）。由此可见，美国和欧元区非传统货币政策对利率的反作用十分迅速，持续时间较长。这证明了命题 1 中美国和欧元区非传统货币政策对利率存在影响的假说。据此，理性的投资者会认为只要美联储和欧洲央行继续实施量化宽松货币政策，继续扩大美联储和欧央行资产负债表规模，那么利率就会在短期内进一步维持在零利率水平，从而增加投资，为经济复苏增添新的活力，这也说明美联储和欧洲央行的非传统货币政策的信号渠道有效。

上述分析从美联储和欧洲央行的实证角度证明了非传统货币政策与利率政策之间的潜在关系（命题 1），即中央银行的利率政策与其非传统货币政策之间存在相互影响。宽松的利率政策会带来扩张的非传统货币政策，同时扩张的非传统货币政策会使利率进一步下降。这种相互的影响会不断强化货币政策环境的宽松性，从而通过信号渠道增强投资者对稳定宽松货币政策的信心，进而刺激投资。此外，上述分析还说明零利率约束并不是判断非传统货币政策实施时机的标准。美联储和欧洲央行下调利率，催生了扩张性的中央银行资产负债表政策，且两种政策相互促进，最终使利率逐步变为零利率约束。因此，零利率约束并不是实施非传统货币政策的时间条件，而是同时实施利率宽松和非传统货币政策的结果之一。

3.3.3.4 "价格之谜"命题的检验结果

为了考察价格对中央银行资产负债表政策指标的反应是否存在"价格之谜"，即扩张的中央银行资产负债表政策是否会推高价格水平，我们同样假设中央银行资产负债表政策指标为唯一的可观测变量，并将中央银行资产负债表政策指标冲击标准化为 25 个基点，并得到以下脉冲响应结果。对美国来说，当非传统货币政策扩张时，CPI 立即出现下降反应，随后震荡恢复至均衡水平（图 3.31 左上）。与此同时，货币供应量 M1 和 M2 均出现下降。对欧元区来说，在非传统货币政策扩张时，CPI 同样出现显著的下降，但与美国相比存在 3 个月左右的时滞。同时，货币供应量 M1 并未出现显著变化，而 M2 则出现大幅下降。

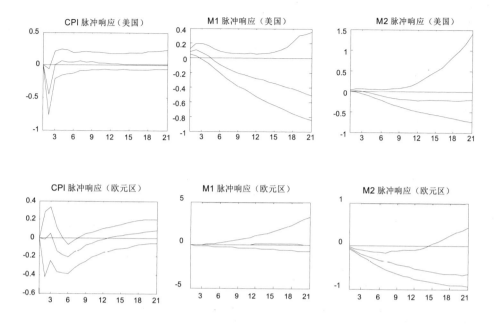

图 3.31　CPI 和货币供应量对非传统货币政策的脉冲响应

注：图中非传统货币政策冲击为正。

上述脉冲响应结果表明，美联储和欧洲央行的非传统货币政策扩张非但没有推高价格指数，反而在短期内造成价格指数下降，这有效地证明了中央银行资产负债表政策存在"价格之谜"的假说（命题 2）。

为了进一步探究美联储和欧洲央行非传统货币政策的"价格之谜"产生的机制，我们从美联储、欧洲央行和中国人民银行的资产负债表数据入手，分别考察了其负债规模变化的结构性和非传统货币政策对以中国为代表的新兴市场国家的流动性溢出程度，即与中国外汇储备和人民银行资产负债表规模变化之间的关系，并检验了美联储和欧洲央行的非传统货币政策出现"价格之谜"的两种可能原因：①在非传统货币政策实施期间，美联储和欧洲央行的负债规模增加以商业银行存款准备金为主导，货币供应量变化相对稳定，因此短期内价格水平不会高企；②由于美元和欧元都是中国等新兴市场国家的外汇储备主要币种之一，因此非传统货币政策释放的流动性会通过国际资本流动渠道和外汇储备购买渠道流向资本收益率更高、风险溢价更小的持有预防性外汇储备的新兴市场国家，从而将通货膨胀的压力转嫁给新兴市场国家，即非传统货币政策的流动性溢出。

在此基础上，我们对上述 FAVAR 模型中主要经济变量进行了方差分解（表 3.1）。

表 3.1　非传统货币政策冲击下主要变量的方差分解结果

变量	方差分解	R^2
美国 CPI	0.283	0.310
美国 M1	0.193	0.246
美国 M2	0.499	0.292
美国联邦基金利率	0.113	0.526
欧元区 CPI	0.182	0.124
欧元区 M1	0.543	0.183
欧元区 M2	0.093	0.263
欧元区基准利率	0.319	0.360

如表 3.1 所示，方差分解一栏表示当非传统货币政策成为政策冲击时，8 个月内对下述变量预测方差的贡献度；R^2 栏表示模型中的主成分对下述变量的可决系数。从结果中可以看到，美联储和欧洲央行非传统货币政策冲击对 CPI、M1 和 M2 脉冲响应的贡献度为 9%～54%，其中对 CPI 的贡献度分别为 28.3% 和 18.2%。这说明美联储和欧洲央行的非传统货币政策冲击对价格的影响程度较强。同时，从非传统货币政策对 M1 和 M2 的影响来看，欧洲央行的政策对 M2 的影响弱于美国，但对 M1 的影响强于美国。

3.3.3.5　"价格之谜"的可能成因及其影响分析

1. 非传统货币政策中中央银行负债项的增长结构

美联储和欧洲央行在非传统货币政策推行期间，通过改变央行资产负债表的规模来实施狭义量化宽松政策（Bernanke，2009）。然而，从美联储和欧洲央行的负债规模变化来看，流通中的现金和商业银行存款准备金却呈现不同的变化状态，即存在负债规模变化的结构性差异。在非传统政策实施期间，美联储和欧洲央行的商业银行存款准备金增加占主导地位，但流通中的现金的变化却并不明显（图 3.32）。美联储 2013 年的资产负债表季报（Federal Reserve，2013）也认为，美联储负债规模增加主要依靠商业银行存款准备金的变化。这一结构性差异一方面说明，非传统货币政策中的中央银行购买非传统资产释放的流动性一部分转为商业银行的存款准备金流回中央银行资产负债表中，因此这些流动性并没有进入私人部门的投资消费环节，并不会引起 CPI 的上涨（Krishnamurthy 和 Vissing-Jorgensen，2010；Ellis，2009）；另一方面说明，市场中的流通现金并没有出现显著变化，因此经济同样不会面临价格上涨的压力。

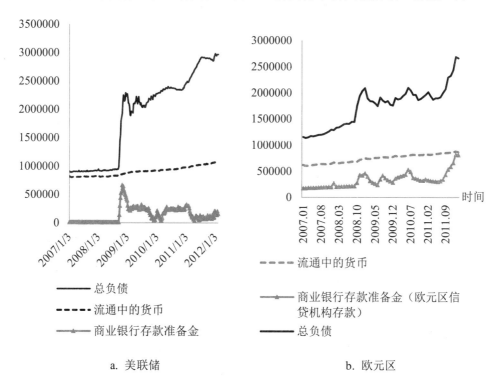

图 3.32　非传统货币政策期间美联储和欧元区的负债变化结构
（单位：左：百万美元，右：百万欧元）

资料来源：根据美联储和欧洲央行网站资产负债表数据整理。

注：左图单位百万美元，右图单位百万欧元。

　　为了从实证角度验证非传统货币政策中商业银行存款准备金和流通中现金分别对美国和欧元区价格的影响有效性，我们对 2007 年 1 月至 2011 年 11 月两者的资产负债表数据与价格的关系进行协整检验。我们首先选取美联储负债项中的流通中现金（ucic）、商业银行准备金（udhdi）、美联储负债总规模（utl）及美国 CPI 指数的月度数据，运用 $X12$ 方法对月度数据进行季节调整，并对数据平稳性进行检验。由于时间序列均为一阶单整序列，因此我们运用 Johansen 检验分别检验了美国 CPI 与美联储负债项中流通现金、商业银行存款准备金及总负债之间的协整关系。

根据表 3.2 的 Johansen 检验结果，我们发现美国 CPI 与美联储流通中的现金项存在协整关系，但与商业银行存款准备金和总负债都不存在协整关系。同时，我们进一步检验了美国 CPI 与流通中现金之间的格兰杰因果关系（表 3.3），发现二者之间并不存在格兰杰因果关系。对照图 3.32，我们可以得到以下结论：①美联储的非传统货币政策主要体现在商业银行存款准备金的大幅增长方面，但由于商业银行存款准备金与美国 CPI 之间并不存在协整关系，所以并不会导致美国消费价格大幅上涨；②虽然美联储负债项中流通中的现金与 CPI 之间存在协整关系，但一方面由于流通中现金走势较为平稳，并没有出现大幅上涨，所以并不会引发 CPI 的高企；另一方面由于二者之间并不存在格兰杰因果关系，所以流通中的现金并不会对 CPI 造成必然的影响。

表 3.2　CPI 与中央银行负债项之间的协整关系 Johansen 检验结果

地区	变量	原假设	特征值	t 统计量	5%临界值	P 值	结论
美国	ucpi 与 ucic	无协整关系	0.189 153	17.769 57	12.320 9	0.005 6	拒绝
		最多一个协整关系	0.102 048	6.027 745	4.129 906	0.016 7	接受
	ucpi 与 udhdi	无协整关系	0.097 773	8.921 187	15.494 71	0.372 7	接受
		最多一个协整关系	0.054 856	3.159 379	3.841 466	0.075 5	接受
	ucpi 与 utl	无协整关系	0.118 793	7.333 943	15.494 71	0.539 1	接受
		最多一个协整关系	0.004 49	0.252 015	3.841 466	0.615 7	接受
欧元区	ecpi 与 ecic	无协整关系	0.375 835	26.473 17	12.320 9	0.000 1	拒绝
		最多一个协整关系	0.001 393	0.078 069	4.129 906	0.818 6	接受
	ecpi 与 edhdi	无协整关系	0.164 628	10.475 19	15.494 71	0.245 9	接受
		最多一个协整关系	0.007 153	0.401 98	3.841 466	0.526 1	接受
	ecpi 与 etl	无协整关系	0.248 158	16.371 83	15.494 71	0.036 8	接受
		最多一个协整关系	0.001 995	0.113 804	3.841 466	0.735 8	接受

表 3.3　CPI 与流通中现金的格兰杰因果检验结果

地区	原假设	自由度	F-Statistic	Prob.	结论
美国	ucpi 不是 ucic 的格兰杰原因	2	0.561 88	0.830 3	接受
	ucic 不是 ucpi 的格兰杰原因	2	0.834	0.600 8	接受
欧元区	ecpi 不是 ecic 的格兰杰原因	2	1.079 41	0.366 5	接受
	ecic 不是 ecpi 的格兰杰原因	2	4.735 51	0.005 6	拒绝

其次，我们同样按照上述方法，对欧洲央行负债项中的流通中现金（ecic）、商业银行准备金（udhdi）、美联储负债总规模（utl）及美国 CPI 指数的月度数据进行了相同的处理和检验，得到了与美国相似的结论（表 3.2 和表 3.3）。这说明美联储和欧洲央行的非传统货币政策之所以出现相似的"价格之谜"现象，一部分原因是中央银行负债规模增长中出现结构性增长，即商业银行存款准备金增长虽然处于主导地位，但并不会影响价格；而能够影响价格的流通中现金却没有显著增加。

2. 非传统货币政策对新兴市场国家的流动性溢出——以中国外汇储备为例

在验证了美国和欧元区的非传统货币政策不会对 CPI 产生推高影响之后，我们继续考察该政策实施期间两者价格出现下降现象的可能原因。根据既有研究，非传统货币政策对新兴市场国家产生了显著的流动性溢出效应，即该政策释放的流动性通过国际资本流动渠道和外汇储备购买渠道流向新兴市场国家的股票市场、债券市场以及外汇储备中（Fratzscher 等，2013；Bowman 等，2014）。由于非传统货币政策的重要组成部分是中央银行购买长期国债以释放流动性（Fratzscher 等，2013），而美国和欧元区的长期国债的对象均为新兴市场国家，尤其是中国的外汇储备主要资产组成之一。国内学者发现量化宽松政策导致中国外汇储备加速增长，表现出对中国的流动性溢出效应（谭小芬，2010；盛夏，2013；陶士贵和刘骏斌，2014；李自磊和张云，2014）。因此，我们通过考察中国人民银行资产规模及外汇储备资产与美欧中央银行资产负债表数据之间的关系来检验非传统货币政策的流动性溢出，进而从外汇储备资产角度揭示该政策造成价格不升反降的可能原因。

我们选取了 2007 年 1 月至 2011 年 11 月美联储和欧洲央行的总资产规模月度数据，同期中国人民银行的总资产、外汇储备及国外资产规模月度数据。其中，美联储总资产表示为 usta，欧洲央行总资产表示为 euta，中国人民银行总资产表示为 cta，外汇储备表示为 cfe，国外资产表示为 cfa。我们对上述时间序列分别运用 X12 方法进行季节性调整后，对其进行了异方差和序列平稳性检验。我们发现，调整后序列除中国人民银行国外资产为二阶单整时间序列外，其他均为一阶单整。在此基础上，我们通过 Johansen 检验分别考察了美联储和欧洲央行的总资产变化与我国上述资产之间是否存在协整关系，并得到以下结果（表 3.4）。

如表 3.4 所示，美联储总资产与人民银行外汇储备和总资产都存在协整关系，欧洲央行总资产只与人民银行外汇储备存在协整关系。这初步验证了美国和欧元区非传统货币政策对中国人民银行的外汇储备存在溢出效应，并且说明非传统货币政策所带来的资产规模扩张一部分被中国等新兴市场国家的外汇储备所吸收，因此使得本国价格不升反降。

　　为了进一步考察协整关系下的格兰杰因果关系，我们分别对上述三组协整关系进行了格兰杰因果检验，结果如表 3.5 所示。

表 3.4　美联储、欧洲央行与中国人民银行的资产规模变化的 Johansen 协整检验结果

地区	变量	原假设	特征值	t 统计量	5%临界值	P 值	结论
美国与中国	usta,d (cfa),cfe,cta	无协整关系	0.403 1	73.242 4	47.856 13	0	拒绝
		最多一个协整关系	0.360 3	44.862 8	29.797 07	0.000 5	拒绝
		最多两个协整关系	0.263 2	20.293 8	15.494 71	0.008 7	拒绝
		最多三个协整关系	0.061 6	3.497 2	3.841 466	0.061 5	接受
	usta 与 cfe	无协整关系	0.409 753	30.992 92	15.494 71	0.000 1	拒绝
		最多一个协整关系	0.016 385	0.941 689	3.841 466	0.331 8	接受
	usta 与 d (cfa)	无协整关系	0.171 8	12.090 05	15.494 71	0.152 7	接受
		最多一个协整关系	0.030 8	1.719 832	3.841 466	0.189 7	接受
	usta 与 cta	无协整关系	0.289 056	20.433 37	12.320 9	0.001 8	拒绝
		最多一个协整关系	0.023 44	1.328 294	4.129 906	0.291 2	接受
欧元区与中国	euta,d (cfa),cfe,cta	无协整关系	0.562 9	45.518 65	27.584 34	0.000 1	拒绝
		最多一个协整关系	0.269 9	17.302 12	21.131 62	0.158 2	接受
		最多两个协整关系	0.169 8	10.231 84	14.264 6	0.197 1	接受
		最多三个协整关系	0.071 5	4.082 345	3.841 466	0.043 3	接受
	euta 与 cfe	无协整关系	0.381 424	35.783 92	25.872 11	0.002 1	拒绝
		最多一个协整关系	0.137 097	8.404 844	12.517 98	0.220 4	接受
	euta 与 d (cfa)	无协整关系	0.082 521	5.009 912	12.320 9	0.566 2	接受
		最多一个协整关系	0.004 951	0.272 994	4.129 906	0.661 8	接受
	euta 与 cta	无协整关系	0.184 977	11.462 63	12.320 9	0.069 3	接受
		最多一个协整关系	0.000 15	0.008 427	4.129 906	0.940 2	接受

　　表 3.5 结果表明，非传统货币政策实施期间，美联储和欧洲央行总资产的增加均是我国外汇储备增加的格兰杰原因。这进一步说明美联储和欧洲央行虽然在非传统货币政策实施过程中依靠扩大其资产负债表规模为市场注入流动性（Bernanke，2009），但其资产负债表规模增加的部分中有一部分转化为中国等新兴市场国家的外汇储备。考虑到上一部分美欧两大央行负债规模变化中的结构性增长情况及非传统货币政策对新兴市场国家的流动性溢出，我们认为美国和欧元区出现"价格之谜"并非偶然。

表 3.5　美联储、欧洲央行与中国人民银行的资产规模变化的格兰杰因果检验结果

地区	原假设	自由度	F-Statistic	Prob.	结论
美国	cfe 不是 usta 的格兰杰原因	2	1.2955	0.2825	接受
	usta 不是 cfe 的格兰杰原因	2	2.5494	0.0479	拒绝
	usta 不是 cta 的格兰杰原因	2	0.9693	0.4148	接受
	cta 不是 usta 的格兰杰原因	2	1.0609	0.3743	接受
欧元区	euta 不是 cfe 的格兰杰原因	2	4.5591	0.0150	拒绝
	cfe 不是 euta 的格兰杰原因	2	3.2996	0.0448	拒绝

3.3.3.6　稳健性检验

为增强模型结果的稳健性，根据 Shibamoto（2007）提出的方法，我们重新划分了"缓慢变动"变量和"快速变动"变量对上述 FAVAR 模型进行稳健性检验。根据 Bernanke 和 Mihov（1998）对非金融和金融变量的定义，即非金融变量相对金融变量变动较慢，因此我们将全部非金融变量划分为"缓慢变动"变量，将金融变量划分为"快速变动"变量。对美国来说，重新划分的缓慢变动变量包括工业产出、产能利用率、批发商零售额、建造支出、就业、消费价格等 96 个变量；快速变动变量包括资产价格、货币供应量及利率等 10 个变量。对欧元区来说，重新划分的缓慢变动变量包括工业产出、产能利用率、批发商零售额、建造支出、就业、消费价格等 74 个变量；快速变动变量包括股票市场价格指数、货币供应量、利率和资产负债表指标等 16 个变量。

图 3.33 给出了针对非传统货币政策"利率约束之谜"的稳健性检验结果。对比图 3.30 可以看出，美联储的利率下调仍使其非传统货币政策指标大幅上升，随后逐步达到均衡水平（图 3.33 左上）。反之，当美联储非传统货币政策指标增加时，利率出现大幅下降，随后缓慢恢复至均衡水平（图 3.33 左下）。因此，稳健性检验结果表明美联储的利率政策与非传统货币政策的内生关系与前文 FAVAR 模型结果高度一致。对欧洲央行来说，检验结果与图 3.30 也高度一致，这说明"利率约束之谜"的实证检验结果具有相当的稳健性。

图 3.34 给出了针对非传统货币政策"价格之谜"的稳健性检验结果。对比图 3.31 可知，美联储和欧洲央行的非传统货币政策指标上升对 CPI 和货币供应量的影响形式与前文 FAVAR 模型结果趋势一致，均出现了价格不升反降的现象。因此，非传统货币政策的"价格之谜"具有相当好的稳健性。

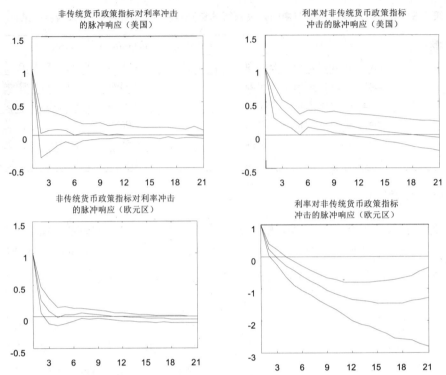

图 3.33 美国和欧元区的欧非传统货币政策指标与利率之间的关系：稳健性检验结果

注：全部冲击为正。

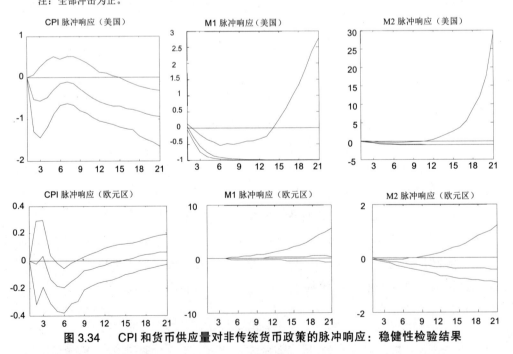

图 3.34 CPI 和货币供应量对非传统货币政策的脉冲响应：稳健性检验结果

第四节　本章结论与政策建议

　　本章从中央银行资产负债表政策的运用背景、产生的影响，以及美联储和欧洲资产负债表政策之谜三方面对 2007—2009 年金融危机期间美联储和欧洲央行的资产负债表政策的经验事实进行了实证分析，得出了以下结论。

　　首先，从政策运用背景来看，宏观经济和金融市场状况与两大中央银行资产负债表政策的实施时间之间的关系存在以下不同：①从两大中央银行的资产负债表政策与实际 GDP 之间的关系来看，经济增长状况（由实际 GDP 表示）可以视为美联储资产负债表政策实施力度的后验指标，并且其政策实施较欧洲央行更加积极；而欧洲中央银行的资产负债表政策则与经济增长状况没有显著相关性。②从中央银行资产负债表政策与金融市场资产收益率之间的关系来看，美联储的资产负债表政策能够有效提高国债等金融资产收益率，并且具有很强的前瞻性；而欧洲中央银行的资产负债表政策对欧元区资产收益率的调整能力较弱，并且长期效果逐步减弱。同时，其政策前瞻性不足，很难从根本上解决金融市场所面临的问题。这不仅体现了欧洲央行更为关注通货膨胀率，较少关注经济增长率的特点，更表明美联储遵循凯恩斯主义货币政策思想，积极调控市场，而欧洲央行则更为尊崇货币主义，强调经济自我修复，只有在出现堪忧的经济状况时，才勉强实施中央银行资产负债表政策进行干预。通过 FAVAR 模型实证检验，本研究发现美联储与欧洲央行在实施中央银行资产负债表政策的积极性上有所区别，其根本原因之一是美联储的利率宽松政策与中央银行资产负债表扩张政策之间具有相互促进、相互推动的作用，随着利率下降，美联储被迫加大其资产负债表政策扩张的力度；而欧洲央行的利率宽松政策与资产负债表紧缩政策之间具有相互促进的作用，随着利率下降，欧洲央行资产负债表面临紧缩压力，因此并没有积极实施信贷和量化宽松政策。

　　此外，两大中央银行的资产负债表政策运用背景具有以下相同之处：①美联储和欧洲央行早在尚未面临零利率约束时便提前推出资产负债表政策，这改变了学界普遍认为的只有在面临零利率约束才需要运用数量型货币政策的观点。②美联储和欧洲央行对金融机构融资成本波动性走势的把握较为准确，所实施的资产负债表政策能够有效地稳定金融市场。这一方面是由于中央银行资产负债表政策能够直接向金融系统提供流动性；另一方面是由于该政策能够影响人们对利率走低的预期，有助于金融市场走出流动性陷阱。

其次，从政策影响来看，两大央行的资产负债表项目种类和规模受到的影响具有以下不同：①美联储资产项目创新程度高于欧洲央行。美联储推出创新性的央行融资工具，以传统资产扩张为先导，以多种信贷宽松政策加以辅助，在释放流动性的同时疏通其传导渠道；而欧洲央行以欧元区信贷机构贷款这一传统资产项目为主要操作对象，通过调控长期再贷款来释放流动性，并通过为央行政策目标而持有的证券这一非传统资产为政策传导疏通渠道。由此可见，与美联储相比，欧洲央行更加保守，更倾向于运用传统的资产负债表工具来应对金融危机，直到这种工具的传导渠道不畅时才运用非传统中央银行资产负债表政策进行疏通。这也与其货币主义指导思想一脉相承。②虽然扩张性的政策使两大央行资产负债表规模大幅增加，但欧洲央行资产的规模增长幅度远小于美联储。③两大央行需要监测的银行系统风险指标不同。美联储的商业银行准备金规模较为有效，而欧洲央行的欧元区信贷机构存款更加敏感。

二者对资产负债表规模影响的相同之处在于，美联储和欧洲央行的量化宽松工具都由控制货币供应量转向依赖财政资金供给。其中，美联储由流通中的现金这一资产负债表政策转化为财政部存款，欧洲央行从流通中的现金转向对政府的负债。这种变化保证了央行应对危机的资金充足性和灵活性。同时，正是由于欧洲央行对政府的负债来源较为广泛，扩大了其运用传统资产调控经济的空间，所以与美联储相比，其信贷政策工具的创新性稍逊一筹。

从宏观经济受到的影响来看，两大中央银行的资产负债表政策具有以下不同：美联储资产负债表政策使货币供应量迅速大幅上升；相比之下，欧元区货币供应量的上升与其资产负债表政策并无直接关系，而是受到美国量化宽松和信贷政策的影响，这也从一个侧面反映了美联储的资产负债表政策具有相当规模的外部性。二者相同之处是对实体经济的影响存在很长时滞，这是由于中央银行资产负债表政策无法绕过金融市场而直接对实体经济发挥作用。本章的实证结果也验证了中央银行资产负债表政策对实体经济调整存在时滞。因此，政府可以通过财政政策扩张加大对实体经济的注资和扶持，与央行对金融市场的调整并驾齐驱。

从"零利率约束之谜"和"价格之谜"来看，本章基于对美国和欧元区宏观经济数据的 FAVAR 模型分析，对本次金融危机中非传统货币政策的"利率约束之谜"和"价格之谜"进行了实证分析，发现这两大非传统货币政策之谜均出现在美联储和欧洲央行实施该政策期间，并且在很大程度上具有相似性。

从"利率约束之谜"角度来看，在 2007—2009 年金融危机期间，美欧非传统货币政策与利率政策之间存在着相互影响：宽松的利率政策会在短期内催生扩张的非传统货币政策，而扩张性的非传统货币政策会进一步促使利率下降，从而使货币政策环境更加宽松。此外，利率与非传统货币政策之间的相互影响加速了零利率约束的来临，所以并不是只有在零利率约束出现后才能够运用非传统货币政策，一旦经济中出现危机的征兆，中央银行则可以同时运用利率政策和非传统货币政策对经济进行调节，两种政策之间具有天然的关系，可以使中央银行货币政策更快更有效地发挥作用。

从"价格之谜"来看，美联储和欧洲央行的非传统货币政策在短期内会使国内价格不升反降，这与传统货币数量理论相悖。但实际上，美欧的非传统货币政策所呈现的"价格之谜"具有以下共同原因：①从中央银行资产负债表数据来看，非传统货币政策使中央银行负债增长出现结构性差异，即流通中现金并未出现显著增加，但商业银行存款准备金的增长却成为负债增长的主要因素。根据我们对美国和欧元区物价指数与流通中现金、商业银行存款准备金之间的协整关系检验，我们发现商业银行存款准备金与物价并不存在显著的协整关系，因此从实证角度来看并不会引起价格上升。②美联储和欧洲央行的非传统货币政策对中国等持有预防性外汇储备的新兴市场国家存在流动性溢出，导致该政策释放的流动性以国际资本流动和外汇储备等形式流向新兴市场国家，使得本不会上升的物价水平进一步出现下降的趋势，从一定程度上解释了美国和欧元区的非传统货币政策同时出现"价格之谜"的原因。

基于上述结论，我们对非传统货币政策的运用提出以下政策建议。首先，中央银行在应对金融危机的过程中，需要关注非传统货币政策与传统货币政策变量之间的相互影响，尤其是利率与非传统货币政策指标之间的相互影响。宽松的利率政策与扩张的非传统货币政策相互强化，有助于两种政策发挥更大的效力。其次，中央银行应把握好运用非传统货币政策的时机。一旦金融系统中出现流动性稀缺等危机征兆时，中央银行最好在下调利率的同时启用非传统货币政策，以更有效地为市场注入流动性，强化市场对宽松货币政策环境的预期。最后，不同类型国家的非传统货币政策对国内价格的影响并不相同，需要根据政策实施过程中中央银行资产负债表数据的变化及其对其他国家的流动性溢出程度进行判断。如果中央银行负债中流通中的现金并未发生显著变化，而且其他子项的增长并未对价格产生显著影响，那么非传统货币政策并不会在短期内推高国内价格；同时，如果非传统货币政策对其他国家具有显著的流动性溢出效应，那么国内价格短期内可能出现不升反降的现象。

第四章 中央银行资产负债表政策传导渠道有效性的实证研究

第一节 基于因素增广向量自回归（FAVAR）模型的实证检验

4.1.1 数据选择与处理

与第三章公式（3.1）和公式（3.2）中的 FAVAR 模型一致，本章仍根据 Bernanke 等人（2005），以及 Stock 和 Watson（2005）的 FAVAR 模型估计方法，对美联储和欧元区中央银行资产负债表政策的资产重新配置渠道和对实体经济的传导渠道进行检验。我们将美欧宏观经济变量分为"缓慢变动"和"快速变动"两类，以将货币政策冲击与可观测到的实体经济冲击进行区分。首先，根据宏观经济变量的变化特征，上述文献认为相对于金融市场变量，实体经济变量更具有黏性，变动缓慢。假设诸如产出、就业等变化较慢的变量在货币政策和金融市场冲击发生的一个月内并不受到影响，而在受到供给、需求等实体经济变动的"缓慢冲击"时发生变化。相应的，诸如股票收益和利率等"快速变动"变量在受到"缓慢"冲击和货币政策冲击的影响之外，还受到对金融市场的"快速冲击"影响（Stock 和 Watson，2005）。上述划分变量类别的方式对 FAVAR 模型准确施加相应类型冲击十分重要。

本章分别选取了 106 个美国宏观经济变量和 90 个欧元区宏观经济变量，数据均为月度数据。两地区宏观经济变量样本选取自 2002 年 11 月至 2011 年 11 月。其中，美国数据来源为 Wind 数据库；欧元区数据来源为 Wind、IFS、EIU Country Data 及 Bloomberg 数据库。①美国的"缓慢变动"变量包括工业产出、产能利用率、就业、消费者价格等 70 个变量，"快速变动"变量包括批发商零售额、建造支出、资产价格、货币供应量、利率及中央银行资产负债表指

---

① 由于 FAVAR 模型有效估计的前提之一是数据样本足够大，因此我们选择了相对较长的时间序列。

标等 35 个变量（附录 2 表 2.1）；欧元区的"缓慢变动"变量包括工业产出、产能利用率、就业、消费者价格等 66 个变量，"快速变动"变量包括批发商零售额、建造支出、货币供应量、利率和中央银行资产负债表指标等 25 个变量（附录 2 表 2.2）。其中，中央银行资产负债表指标与其他变量同为月度数据。为了构造该指标，作者选取了中央银行资产负债表规模月度数据，同时对名义 GDP 的季度数据进行了处理，利用 Stata 将其转化为月度数据。根据 Bernanke 等人（2005）所运用的方法，本章首先用 $X12$ 方法对存在季节趋势的数据进行季节调整，在此基础上检验了季调后数据的异方差性和平稳性，对存在异方差的季调后数据取对数，之后对存在单位根的数据进行差分。同时，根据既有 FAVAR 研究对数据的处理方法（Bernanke 等，2005；Shibamoto，2007；Ahmadi，2009），我们在以利率类或非传统货币政策类货币政策工具变量作为政策冲击变量时均取其季调后的原时间序列，以保证利率政策和非传统货币政策冲击所表示的宽松政策含义。①

　　本章运用 Matlab 软件进行 FAVAR 分析。根据 Bernanke 等人（2005）提出的方法，我们首先分别对欧元区的宏观经济数据提取 4 个主成分：①CPI；②失业率；③政策利率；④中央银行资产负债表政策指标。之后运用主成分分析方法将上述大量宏观经济变量中所包含的信息提取到相应主成分中，令这些主成分能够反映经济表象背后的不可观测因素，而不是单纯表示其本身反映出来的信息。在此基础上，我们将中央银行资产负债表政策指标作为唯一的可观测变量，考察其对国债收益率、股票价格、通胀率和其他实体经济变量的影响。

4.1.2　实证分析检验结果

4.1.2.1　美国主要脉冲响应结果分析

　　图 4.1 显示了运用 FAVAR 方法得到的美国各主要宏观经济变量对美联储资产负债表政策的脉冲响应结果。其中，根据上文中总结的既有文献，该政策的资产组合重新配置渠道有效性由长期国债（10 年期国债）收益率和股票价格的脉冲响应来解释，对实体经济的影响由通货膨胀率（CPI）、工业产出、产能

---

　　① 利率和非传统货币政策指标在经过对数差分变换后，其经济含义发生了变化，在政策冲击中不再表示利率和非传统货币政策指标的上升，而是表示其增长率的上升，因此并不能够直接反映货币政策环境。

利用率，以及建造支出等变量的脉冲响应来解释。此外，与就业率相关的美国实体经济变量对该政策的反应由工资和就业率来解释。

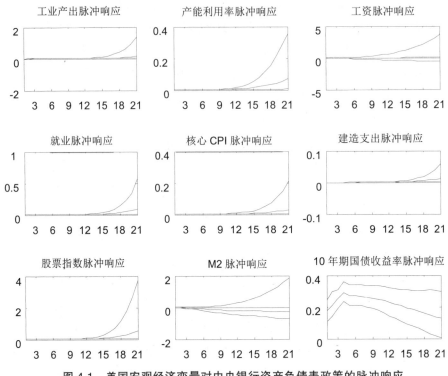

图 4.1   美国宏观经济变量对中央银行资产负债表政策的脉冲响应

注：图中所有政策冲击为正。

首先，从资产组合重新配置渠道有效性来看，美联储资产负债表政策有效降低了 10 年期国债收益率。与此同时，该政策使得股票价格显著上升。根据这一结果，我们发现，美联储量化宽松政策使投资者更多地持有安全资产，即长期国债。同时，风险投资者投资股票资产的意愿增强，从而造成 10 年期国债收益率的降低和股票价格的上升。这一结果与 2008—2011 年美国量化宽松政策对国债收益率的影响（Gagnon 等，2011；Wright，2011）相一致，即美联储资产负债表政策的资产组合重新配置渠道有效。

其次，从对实体经济的影响来看，在美联储资产负债表政策的冲击下，广义货币供应量（M2）小幅下降，核心通货膨胀率（CPI）略有上升但幅度很小，同时工业产出基本不变。与此同时，与投资相关的建造支出基本不变，同时产能利用率在 3 个月后出现上升反应。这一结果说明在上述政策冲击下，美国并没有呈现 CPI 高企的局面。这是由于多余的美元流动性流向了新兴市场国家，所以并未有大量过剩资金流入实体经济，实体经济中的工业产出和建造支出也基本不变。同时，正如第三章中所述，美联储资产负债表政策实施期间，广义货币供应量变化很小，并不是主要的政策工具，因此 M2 的脉冲响应并未出现大幅变化，甚至出现了小幅下降的结果。

最后，从与就业相关的实体经济变量反应来看，中央银行资产负债表政策导致就业率上升，但工资基本不变，这说明中央银行资产负债表政策对就业等货币政策最终目标的影响较为理想，同时保证了工资的稳定。

4.1.2.2 欧元区主要脉冲响应结果分析

图 4.2 显示了我们运用 FAVAR 方法得到的欧元区各主要宏观经济变量对欧洲央行资产负债表政策的脉冲响应结果。其中，根据上文中总结的既有文献，该政策的资产组合重新配置渠道有效性由长期国债（10 年期国债）收益率和股票价格的脉冲响应来解释，对实体经济的影响由通货膨胀率（CPI）、工业产出、产能利用率，以及建造支出等变量的脉冲响应来解释。此外，与就业率相关的实体经济变量对该政策的反应由工资和就业率来解释。

首先，从资产组合重新配置渠道有效性来看，欧洲央行资产负债表政策有效降低了 10 年期国债收益率。与此同时，该政策导致股票价格显著下降。根据这一结果，我们发现，欧洲央行的"信贷强化支持"政策使得投资者更多地持有安全资产，即长期国债，而放弃股票等风险资产，从而造成 10 年期国债收益率和股票价格的下降。这一结果与 2008—2011 年美国量化宽松政策对国债收益率的影响（Gagnon 等，2011；Wright，2011）以及 2001—2006 年日本量化宽松政策对金融资产价格的影响（Oda 和 Ueda，2005）相一致，即欧洲央行资产负债表政策的资产组合重新配置渠道有效。

其次，从对实体经济的影响来看，在欧洲央行资产负债表政策冲击下，广义货币供应量（M2）和通货膨胀率（CPI）都显著下降，同时伴随着工业产出的下降。与此同时，与投资相关的建造支出在微弱下降后重新上升，同时产能利用率在 3 个月内出现上升反应，在 3 个月后恢复至均衡水平。一方面，这一结果说明在上述政策冲击下，欧元区并没有呈现 CPI 高企的局面，这是由于"信贷强化支持"政策主要针对银行系统提供流动性，以弥补金融体系中出现的流动性陷阱，因此大量剩余资金并未流入实体经济，反而是投资者和私人部门受到金融危机的冲击后，出现了购买力和工业产出等方面的收缩。另一方面，上述政策通过信号渠道向金融市场注入更多的流动性，有助于金融机构为投资提供更多的支持，从而在短期内促进投资，因此建造支出和产能利用率均出现上升反应。然而，这种政策冲击具有时效性，因此产能利用率在 6 个月左右恢复到均衡水平，政策效果消失。

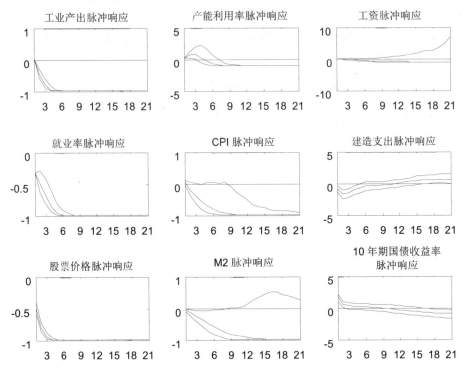

图 4.2　欧元区经济宏观变量对中央银行资产负债表政策的脉冲响应

注：图中所有政策冲击为正。

最后，从与就业相关的实体经济变量反应来看，欧洲央行的资产负债表政策导致就业率和工资均有所下降，这一方面说明中央银行资产负债表政策对就业等货币政策最终目标的影响并不尽如人意，另一方面也是由于与就业相关的指标受到金融危机的直接冲击，因此即使实施资产负债表政策，也难以在短期内有效提高就业率和工资。

4.1.2.3　稳健性检验

为增强模型结果的稳健性，根据柴本（2007）提出的方法，我们重新划分了"缓慢变动"变量和"快速变动"变量，对上述 FAVAR 模型进行稳健性检验。

根据伯南克和朱霍夫（1998）对非金融和金融变量的定义，即非金融变量相对金融变量变动较慢，我们将全部非金融变量划分为"缓慢变动"变量，将金融变量划分为"快速变动"变量。重新划分的缓慢变动变量包括欧元区工业产出、产能利用率、批发商零售额、建造支出、就业、消费价格等74个变量；快速变动变量包括股票市场价格指数、货币供应量、利率和资产负债表指标等16个变量。

美国和欧元区的稳健性检验的结果分别如图4.3和图4.4所示。与图4.1和图4.2中的主结果对比，我们可以看到，重新划分"缓慢变动"和"快速变动"变量使美国脉冲响应结果出现了细微变化。其中，美联储解释资产组合重新配置渠道有效性的10年期国债收益率依然下降，而股票价格反应并不显著。解释实体经济变量反应的广义货币供应量小幅上升，通货膨胀率和工业产出基本不变，与投资相关的宏观经济变量结果仍与主结果一致。与就业相关的就业率并不显著，工资小幅上升。上述结果说明，FAVAR的部分主结果具有稳健性，但工业产出、就业和股票指数的脉冲响应并不显著。

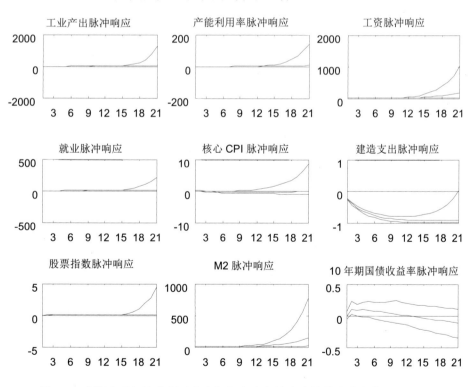

图4.3　美国宏观经济变量对中央银行资产负债政策的脉冲响应：稳健性

欧元区结果中，解释资产组合重新配置渠道有效性的 10 年期国债收益率和股票价格依然下降，解释实体经济变量反应的广义货币供应量、通货膨胀率和工业产出出现了更加明显的下降，与投资相关的宏观经济变量结果与主结果一致。与就业相关的就业率和工资也呈下降趋势。上述结果说明，FAVAR 的主结果具有稳健性，并且相应的中央银行资产负债表政策传导渠道有效性结果具有稳健性。

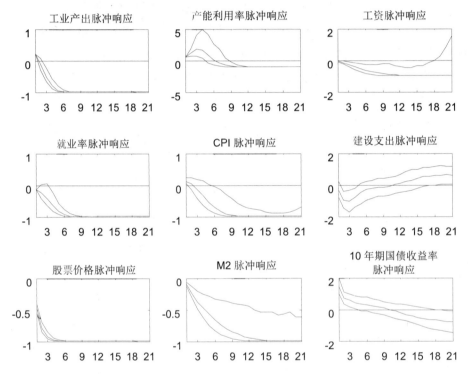

图 4.4　欧元区宏观经济变量对中央银行资产负债表政策的脉冲响应：稳健性

注：图中所有政策冲击为正。

第二节　本章结论与政策建议

本章运用因素增广向量自回归模型，探究了美国和欧元区中央银行资产负债表政策的传导渠道有效性。我们发现：①从资产组合重新配置渠道来看，美联储资产负债表政策有效降低了 10 年期国债收益率。与此同时，该政策导致股票价格显著上升；而欧元区中央银行资产负债表政策能够有效降低 10 年期国债收益率，却对股票价格没有支撑作用，这说明美联储央行资产负债表政策促进了安全资产和风险资产的投资，而欧洲央行资产负债表政策的资产组合重新配置渠道使得投资者更加倾向于持有国债等安全资产。②从信号渠道来看，美国和欧元区中央银行资产负债表政策并未推高通货膨胀率。这一方面是由于欧元区在实施政策时对通胀率的控制力度更大，另一方面是美国实施政策时带来的大规模流动性并没有完全流入实体经济，而是通过国际资本流动渠道向新兴市场国家释放了大量剩余流动性。③从对就业等指标的影响来看，美联储资产负债表政策有效提高了就业率，稳定了工资水平，但欧洲央行资产负债表政策在就业层面的效果并不尽如人意，反而导致就业率有所下降。

　　上述结果显示，美国和欧元区的央行资产负债表政策在传导渠道有效性上也存在显著的差异，这说明即使同样是发达国家资产负债表政策，也会因在政策实施过程中的关注点不同、作用对象不同等原因而产生极大的效果差异。在实施中央银行资产负债表政策过程中，央行需要关注以下几个重要问题。首先，应关注该政策对实体经济的流动性注入与通货膨胀率之间的平衡。在这一层面，各国有必要借鉴欧洲央行在实施政策过程中对银行所需流动性所进行的压力测试及控制方法，以保证通货膨胀率变化的可控性。其次，应关注政策对投资者偏好的引导。在后危机时代，由于发达国家退出量化宽松政策，导致新兴市场国家出现国际资本外流，在这种情况下，投资风险资产所蕴含的风险对新兴市场国家来说是不容小觑的。因此，新兴经济体在应对发达国家的上述政策时更需要考虑如何运用资产组合重新配置渠道对新兴国家市场的投资偏好进行有效引导。

第五章　中央银行资产负债表政策动态随机一般均衡模型

第一节　中央银行资产负债表动态随机一般均衡模型的发展现状

2007—2009 年全球金融危机期间，全球许多国家或地区的货币政策均面临罕见的零利率约束，导致传统利率规则无法发挥作用。因此，一些学者希望通过与以往不同的方式来模拟这一时期的最优货币政策。由于动态随机一般均衡（DSGE）模型具有将微观与宏观经济相结合的巨大优势，因此这一模型受到许多著名学者的青睐。

全球金融危机爆发伊始，学者们对如何使货币政策 DSGE 模型更好模拟不确定情况下的最优货币政策进行了系统的探究。斯文森和威廉姆斯（Svensson 和 Williams，2008）运用跳跃线性二次马尔科夫方法分析 DSGE 模型中的最优政策选择，以及不确定性因素和学习、实验行为如何影响政策选择。该研究发现，学习行为将为货币政策选择带来很大的好处，但实验行为的好处并不显著。阿道夫等人（Adolfson 等，2008）构建了一个开放经济 DSGE 模型，以考察中央银行在控制通胀和控制拉姆齐产出缺口之间如何权衡。研究结果表明，中央银行调控目标的选择主要取决于在其损失函数中所采用的潜在产出概念。如果选择平稳趋势产出缺口，那么央行倾向于选择产出缺口目标；如果是广泛意义上的产出水平，那么应该选择通胀目标。

随着全球金融危机愈演愈烈，以及各国央行相继推出非传统货币政策，学者们开始关注这种中央银行政策的效果及其机制。库尔迪亚和伍德福德（Curdia 和 Woodford，2009）根据 2007—2009 年全球金融危机中出现的利率政策与信贷政策同时存在的货币政策特点，对传统的泰勒规则进行修正。该研究在 DSGE 模型中引入了信贷摩擦，将修正后的泰勒规则与最大化平均预期效用的政策对多种冲击的反应进行对比。所得到的结论是，与标准泰勒规则相比，修正后的泰勒规则对利差的调整效果有所改进，但低于预期幅度；同时该规则对信贷政策的调整能力不强，且稳健性差。克里斯蒂亚诺等人（Christiano 等，2010）对新凯恩斯主义 DSGE 模型发展进行综述，并在 DSGE 模型中引入了最优财政和货币政策。但遗憾的是，由于该研究旨在通过货币政策 DSGE 模型的演化来综述这一模型在该领域的发展，因此依然采用传统的泰勒规则，并没有结合全球金融危机的背景对该货币政策进行修正。①该研究提出，DSGE 最前沿的方向是结合本次全球金融危机中所出现的非传统货币政策来分析货币当局的最优政策选择。格特勒和卡拉迪（Gertler 和 Karadi，2011）构建了一个不同于以往的数量型货币政策 DSGE 模型，同时引入了信贷宽松政策和金融机构的内生资产负债表约束。该研究的独特之处在于同时刻画了利率政策规则和信贷宽松政策，在传统泰勒规则基础上，假设企业可以从中央银行和金融机构同时获得贷款。

　　然而，从全球金融危机中美国采取的信贷宽松政策的实际情况来看，中央银行信贷宽松政策针对金融系统释放流动性（详见附录 1 表 1.1 中美联储所采取的信贷宽松政策介绍），之后由金融系统将流动性注入实体经济。由于该政策对实体经济的影响在很短的时间内有一定效果，但无法持续，因此许多学者和业界人士②认为，中央银行信贷政策所释放出来的流动性并没有真正进入实体经济，而只是通过预期的方式短暂影响实体经济（Shleifer 和 Vishny，2010）。作者在构建模型时考虑到这一事实，在 Gertler 和 Karadi（2011）模型的框架基础上假设中央银行运用信贷政策向银行部门提供流动性，根据中央银行资产负债表将信贷宽松政策与量化宽松政策相联系。本模型旨在更符合现实地刻画中央银行资产负债表政策在金融危机中的作用，从而解释在货币与财政当局相互独立的情况下该政策的作用机制。此外，在构建扩展模型时，本书假设一国央行与财政部之间具有协同机制，即中央银行不仅能够通过发行货币来为其信贷政策融资，还可以获得财政部在中央银行的特殊存款账户的融资支持，以解释此时中央银行资产负债表政策如何调整金融市场和实体经济。

第二节　中央银行资产负债表政策基础模型：
财政与货币政策非协同

　　在中央银行资产负债表政策的基础模型中，假设财政当局与货币当局相互

---

　　① 作者在文中结论部分也承认在该综述中没有纳入任何该领域的发展前沿。

　　② http://seekingalpha.com/article/274561-so-where-did-all-that-qe-money-actually-go.

独立,即中央银行无法获得可以为信贷政策融资的财政部存款,只能通过发行货币为该政策融资。同时,假设中央银行并未面临零利率约束,即传统的泰勒规则仍然有效。但当中央银行面临零利率约束时,通货膨胀定标规则替代泰勒规则发挥作用。为了刻画这些要素,本书涉及中央银行资产负债表政策基础模型如下所述。

5.2.1　家庭

假设经济中的家庭具有同质性,且其效用函数连续可加。经济中的代表性家庭存在消费、储蓄和提供劳动力三种经济活动。家庭通过储蓄向完全竞争的金融中介机构提供资金,并通过购买国债为政府提供资金。每个家庭中有工人和银行家两种类型的成员,其中工人劳动所得的工资和银行家管理其银行所获得的利润都贡献给其所在的家庭。每个家庭拥有一家自己的银行,并将其存款存入其他家庭所拥有的银行。每个家庭都有完全消费保险。

任何时候,家庭中工人的比例为 $1-f$,而银行家的比例为 f。人们可以在两种工作之间自由转换。一位银行家在下一期继续从事银行家工作的概率为 θ,并且与其从事该工作的工龄无关。因此,银行家每期平均存活的时间为 $1/(1-\theta)$。假设银行无法为所有投资提供足够的资金,所以每期都有 $(1-\theta)f$ 的银行家退出业界,成为工人;同时,为了使工人和银行家的比例维持不变,同等数量的工人随机转为银行家。退出业界的银行家将其留存在手中的利润交给自己所属家庭,同时家庭为变为银行家的成员提供启动资金。

根据经典的 CEE 模型(Christiano,Eichenbaum,Evans,2005),假设 C_t 为消费,L_t 为家庭劳动力供给量,家庭的效用最优化选择如下:

$$\max E_t \sum_{i=0}^{\infty} \beta^i [\ln(C_{t+i} - hC_{t+i-1}) - \frac{\chi}{1+\phi} L_{t+i}^{1+\phi}] \quad (5.1)$$

其中,主观折现率 β 满足 $0 < \beta < 1$,消费折现率 h 满足 $0 < h < 1$,劳动力供给相对效用权重和劳动力供给弹性满足 $\chi, \phi > 0$。

假设金融机构存款和财政部发行的国债都是一期实际债券,其 $t-1$ 期至 t 期总实际回报率为 R_t。B_t 是家庭在 t 期持有的短期债权,包括短期银行存款和短期国债总量,W_t 是实际工资,Π_t 是家庭从其拥有的非金融和金融机构获得的净回报,并且作为在 t 期变为银行家的家庭成员的启动资金。T_t 是财政部一次性税收。因此,家庭的预算约束为:

$$C_t = W_t L_t + \Pi_t + T_t + R_t B_t - B_{t+1} \quad (5.2)$$

假设边际消费倾向为 q_t。因此家庭的一阶条件为：

$$q_t W_t = \chi L_t^{\phi} \tag{5.3}$$

其中，q_t 满足：

$$q_t = (C_t - hC_{t-1})^{-1} - \beta h E_t (C_{t+1} - hC_t)^{-1} \tag{5.4}$$

$$E_t \beta \Lambda_{t,t+1} R_{t+1} = 1 \tag{5.5}$$

$$\Lambda_{t,t+1} = \frac{q_{t+1}}{q_t} \tag{5.6}$$

5.2.2　金融中介机构

5.2.2.1　无须中央银行救助的健康银行（第一类银行）

金融机构通过期限搭配从家庭获取存款，并向非金融机构提供贷款，即通过持有短期负债为长期资产融资。假设在金融危机中，金融机构分为两类：第一类是无须中央银行救助的健康银行，比例为 $\frac{1}{1+m}$。假设 N_{jt} 是银行 j 在 t 期末的净值，B_{jt+1} 是银行 j 在 t 期末从家庭吸收的存款[①]，S_{jt} 是银行对非金融机构的债权，每单位债权的相对价格为 Q_t。此时，该类银行的资产负债表关系式如下：

$$Q_t S_{jt} = N_{jt} + B_{jt+1} \tag{5.7}$$

假设银行所持有的对非金融机构的债权在 t 期末的随机收益为 R_{kt+1}。R_{t+1} 与 R_{kt+1} 都是内生决定的。在 $t+1$ 期，第一类银行的净值与其存款和债权之间的关系如下：

$$N_{jt+1} = R_{kt+1} Q_t S_{jt} - R_{t+1} B_{jt+1}$$
$$N_{jt+1} = (R_{kt+1} - R_{t+1}) Q_t S_{jt} + R_{t+1} N_{jt} \tag{5.8}$$

其中，$R_{kt+1} - R_{t+1}$ 可视为银行资产溢价，决定银行总资产 $Q_t S_{jt}$ 所获得的高于无风险收益的那部分收益。

假设 $\beta^i \Lambda_{t,t+i}$ 是银行家在 t 期所选择的对其 $t+i$ 期收益的随机折现率。由于银行折现后的资产一定大于其对非金融机构贷款的折现值，因此，银行资产溢

[①] 之所以将此变量设为 B_{jt+1}，是为了在公式（5.8）与 $t+1$ 期收益率的脚标一致，因为 t 期吸收的存款在 $t+1$ 期支付利息，而该收益率 R_{t+1} 则由 $t+1$ 期决定。

价的约束如下：

$$E_t \beta^i \Lambda_{t,t+1+i}(R_{kt+1+i} - R_{t+1+i}) \geqslant 0, \quad i \geqslant 0 \tag{5.9}$$

在无摩擦资本市场中，公式（5.9）为等式约束，即银行资产溢价为零。资本市场存在摩擦时，公式（5.9）大于零，说明在银行获得资金的能力受限制，只能依靠吸收存款融资时，银行资产溢价为正。由于金融机构利用其资产所获得的收益不少于家庭资产可以获得的收益，因此家庭持续将资金存入银行，直到该银行退出该行业。第一类银行家预期期末财富最大化目标函数如下：

$$V_{jt} = \max E_t \sum_{i=0}^{\infty}(1-\theta)\theta^i \beta^{i+1} \Lambda_{t,t+1+i}(N_{jt+1+i})$$

$$= \max E_t \sum_{i=0}^{\infty}(1-\theta)\theta^i \beta^{i+1} \Lambda_{t,t+1+i}[(R_{kt+1+i} - R_{t+1+i})Q_{t+i}S_{jt+i} + R_{t+1+i}N_{jt+i}] \tag{5.10}$$

为了约束银行从家庭中不断吸纳存款的行为，需要引入道德风险问题。假设期初银行家可以从项目融资中转移比例为 λ 的资金，将其转入该银行家所属的家庭之中。银行家面临的成本是存款家庭如果发生挤兑会导致金融中介机构破产，并获得银行剩余的 $1-\lambda$ 比例的资产，但不能重新获得银行家已经转移的 λ 比例的资产。

对第一类银行的银行家来说，其激励相容约束为：

$$V_{jt} \geqslant \lambda Q_t S_{jt} \tag{5.11}$$

即银行家的最终收益应该大于其在期初转移资金的收益，以确保银行的正常经营。

可以用下式重新表达 V_{jt}：

$$V_{jt} = \nu_t Q_t S_{jt} + \eta_t N_{jt} \tag{5.12}$$

其中，

$$\nu_t = E_t\left[(1-\theta)\beta\Lambda_{t,t+1}(R_{kt+1} - R_{t+1}) + \beta\Lambda_{t,t+1}\theta x_{t,t+1}\nu_{t+1}\right] \tag{5.13}$$

$$\eta_t = E_t\left[(1-\theta) + \beta\Lambda_{t,t+1}\theta z_{t,t+1}\eta_{t+1}\right] \tag{5.14}$$

上式中，$x_{t,t+1} \equiv \dfrac{Q_{t+1}S_{jt+1}}{Q_t S_{jt}}$，表示从 t 期到 $t+1$ 期的第一类银行资产总增长率。此外，$z_{t,t+1} \equiv \dfrac{N_{jt+1}}{N_{jt}}$，表示银行净值总增长率。$\nu_t$ 表示在银行净值 N_{jt} 不变的情况下，银行家增加一单位资产 $Q_t S_{jt}$ 的预期折现边际收益。η_t 表示在银行对非金融

机构的债权 S_{jt} 不变的情况下，银行家增加一单位银行净值 N_{jt} 的预期折现边际收益。

当激励相容约束公式（5.11）为等号时，对第一类银行来说，公式（5.12）可转化为如下形式：

$$\lambda Q_t S_{jt} = v_t Q_t S_{jt} + \eta_t N_{jt}$$

$$Q_t S_{jt} = \frac{\eta_t}{\lambda - v_t} N_{jt} = \varphi_t N_{jt} \tag{5.15}$$

其中，φ_t 是金融机构总资产与其净值（或权益）之比，即第一类金融机构的杠杆率。当净值 N_{jt} 不变时，增大对非金融企业的债权 S_{jt} 会导致银行家在期初转移资产的动力增大。因此，公式（5.15）对银行家转移银行资产的动力进行了约束。当 $N_{jt} > 0$ 时，激励相容约束要求 $0 < v_t < \lambda$。从公式（5.15）可以看出，v_t 越大，则银行的杠杆率 φ_t 越大，银行向非金融企业放贷的规模 S_{jt} 越大，银行家越容易出现道德风险。当 $v_t > \lambda$ 时，公式（5.11）永远成立，银行家永远不会出现道德风险。

根据公式（5.8）和公式（5.15），第一类银行净值的递推式可以表示为：

$$N_{jt+1} = [(R_{kt+1} - R_{t+1})\varphi_t + R_{t+1}]N_{jt} \tag{5.16}$$

其中，银行净值 N_{jt+1} 对事后超额回报 $R_{kt+1} - R_{t+1}$ 的敏感度随杠杆率 φ_t 增大而增大。根据公式（5.16）可推导出下列关系式：

$$z_{t,t+1} = \frac{N_{jt+1}}{N_{jt}} = (R_{kt+1} - R_{t+1})\varphi_t + R_{t+1} \tag{5.17}$$

$$x_{t,t+1} = \frac{Q_{t+1} S_{jt+1}}{Q_t S_{jt}} = \frac{\varphi_{t+1}}{\varphi_t} \cdot \frac{N_{jt+1}}{N_{jt}} = \frac{\varphi_{t+1}}{\varphi_t} \cdot z_{t,t+1} \tag{5.18}$$

根据公式（5.15），杠杆率 φ_t 与银行个体无关，因此将所有第一类银行加总得到：

$$Q_t S_{jt} = \varphi_t N_{jt} \tag{5.19}$$

5.2.2.2　需要中央银行救助的银行（第二类银行）

第二类银行是需要中央银行运用央行资产负债表工具提供短期国债或贷款 a_{t+1} 的金融机构，比例为 $\frac{m}{1+m}$。中央银行为了抵御金融系统的流动性稀缺，运用中央银行资产负债表政策中的信贷宽松政策，以短期国债或贷款的方式在 t

期末向 j 金融机构提供资金 a_{jt+1}，其利率为无风险利率。但是，这类银行需要为此付出两种成本，首先是接受中央银行救助所带来的名誉损失（Corbett 和 Mitchell，2000），其结果是造成 t 期家庭在该银行中存款量 B_{jt+1} 降为 mB_{jt+1}。其次是由于金融危机冲击造成银行的权益减少（Gertler 和 Karadi，2011），为了简化模型，我们假设 t 期银行净值 N_{jt} 减少为 mN_{jt}，并且 $0 < m < 1$。因此，该类银行的资产负债表关系式如下：

$$Q_t S'_{jt} = N'_{jt} + B'_{jt+1} + a_{jt+1} = mN_{jt} + mB_{jt+1} + a_{jt+1} = mQ_t S_{jt} + a_{jt+1} \quad (5.20)$$

在 $t+1$ 期，中央银行提供短期国债或贷款 a_{jt+1} 的利率为无风险利率 R_{t+1}，因此第二类银行的净值与其存款和债权之间的关系如下：

$$N'_{jt+1} = R_{kt+1} Q_t S'_{jt} - R_{t+1}(B'_{jt+1} + a_{jt+1})$$

$$N'_{jt+1} = (R_{kt+1} - R_{t+1})Q_t S'_{jt} + R_{t+1} N'_{jt} \quad (5.21)$$

其中，$N'_{jt} = mN_{jt}$，$B'_{jt+1} = mB_{jt+1}$。

与第一类银行类似，第二类银行家预期期末财富最大化目标函数如下：

$$V'_{jt} = \max E_t \sum_{i=0}^{\infty} (1-\theta)\theta^i \beta^{i+1} \Lambda_{t,t+1+i}(N'_{jt+1+i})$$
$$= \max E_t \sum_{i=0}^{\infty} (1-\theta)\theta^i \beta^{i+1} \Lambda_{t,t+1+i}[(R_{kt+1+i} - R_{t+1+i})Q_{t+i} S'_{jt+i} + R_{t+1+i} N'_{jt+i}] \quad (5.22)$$

其激励相容约束为：

$$V'_{jt} \geqslant \lambda Q_t S'_{jt} \quad (5.23)$$

V'_{jt} 可以用下式重新表达：

$$V'_{jt} = v'_t Q_t S'_{jt} + \eta'_t N'_{jt} \quad (5.24)$$

其中，

$$v'_t = E_t \left[(1-\theta)\beta \Lambda_{t,t+1}(R_{kt+1} - R_{t+1}) + \beta \Lambda_{t,t+1} \theta x'_{t,t+1} v'_{t+1} \right] \quad (5.25)$$

$$\eta'_t = E_t \left[(1-\theta) + \beta \Lambda_{t,t+1} \theta z'_{t,t+1} \eta'_{t+1} \right] \quad (5.26)$$

并且，$x'_{t,t+i} \equiv \dfrac{Q_{t+i} S'_{jt+i}}{Q_t S'_{jt}}$，$z'_{t,t+i} \equiv \dfrac{N'_{jt+i}}{N'_{jt}}$。

对第二类银行来说，当公式（5.23）取等号时，公式（5.24）可转化为如下形式：

$$Q_t S'_{jt} = \frac{\eta'_t}{\lambda - v'_t} N'_{jt} = \varphi'_t N'_{jt} \quad (5.27)$$

其中，φ'_t 是第二类金融机构的杠杆率。

对公式（5.8）和公式（5.27）进行整理，第二类银行净值的递推式可以表示为：

$$N'_{jt+1} = [(R_{kt+1} - R_{t+1})\varphi'_t + R_{t+1}]N'_{jt} \tag{5.28}$$

由公式（5.28）可推导出下列关系式：

$$z'_{t,t+1} = \frac{N'_{jt+1}}{N'_{jt}} = (R_{kt+1} - R_{t+1})\varphi'_t + R_{t+1} \tag{5.29}$$

$$x'_{t,t+1} = \frac{Q_{t+1}S'_{jt+1}}{Q_t S'_t} = \frac{\varphi'_{t+1}}{\varphi'_t} \cdot \frac{N'_{jt+1}}{N'_{jt}} = \frac{\varphi'_{t+1}}{\varphi'_t} \cdot z'_{t,t+1} \tag{5.30}$$

根据公式（5.27），杠杆率 φ'_t 与银行个体无关，因此将所有第二类银行加总得到：

$$Q_t S'_t = \varphi'_t N'_t \tag{5.31}$$

假设银行存款与净值下降比例 m 与银行个体无关，因此 $N'_{jt} = mN_{jt}$，$B'_{jt+1} = mB_{jt+1}$，分别加总可得：

$$N'_t = mN_t, \quad B'_{t+1} = mB_{t+1} \tag{5.32}$$

将公式（5.20）加总可得：

$$Q_t S'_t = mQ_t S_t + \sum_{j=0}^{d} a_{jt+1} \tag{5.33}$$

假设 t 期中央银行信贷宽松政策总量为：

$$a_{t+1} = \sum_{j=0}^{d} a_{jt+1} \tag{5.34}$$

因此，中央银行信贷宽松政策与金融机构净值和资产之间的关系如下：

$$Q_t S'_t = mQ_t S_t + a_{t+1} \tag{5.35}$$

将该式代入公式（5.31），可得中央银行信贷宽松政策与第一类金融机构净值和资产之间的关系：

$$mQ_t S_t + a_{t+1} = m\varphi'_t N_t \tag{5.36}$$

5.2.2.3 银行总净值的运动方程

银行可分为既有银行和新生银行，其中既有银行包括两类：第一类银行（比

例为 $\dfrac{1}{1+m}$ ）及存活下来的一部分第二类银行（比例为 $\theta - \dfrac{1}{1+m}$ ， $0 < m < \dfrac{1}{1-\theta}$ ），

二者相加即为从 $t-1$ 期到 t 期存活的银行比例 θ 。假设 N_{et} 表示既有银行总净值， N_{nt} 表示新生银行的总净值，那么：

$$N_t + N_t' = (1+m)N_t = N_{et} + N_{nt} \qquad (5.37)$$

其中， $N_t = \sum_{j=0}^{d} N_{jt}$ ， $N_t' = \sum_{j=0}^{d} N_{jt}'$

其中，既有银行净值运动方程为：

$$N_{et} = [(R_{kt} - R_t)\varphi_{t-1} + R_t]N_{t-1} + [\theta(1+m)-1]\cdot[(R_{kt} - R_t)\varphi_{t-1}' + R_t]N_{t-1} \quad (5.38)$$

新生银行从其家庭中获得启动资金，并且这些资金为退出银行业的银行家在期末所持有的资产的一部分。根据之前的假设， t 期退出的银行全部属于第二类银行，并且占总银行比例为 $(1-\theta)$ 。因此，这些退出银行的期末总资产为 $\dfrac{(1-\theta)(1+m)}{m}Q_t S_{t-1}'$ 。假设家庭每期为其新生银行提供启动资金占其退出银行期

末总资产的 $\dfrac{\omega m}{(1-\theta)(1+m)}$ 。因此，新生银行总资产为：

$$N_{nt} = \omega Q_t S_{t-1}' = \omega(mQ_t S_t + a_{t+1}) \qquad (5.39)$$

将公式（5.38）和公式（5.39）合并即可得到：

$$\begin{aligned}(1+m)\,N_t ={}& [(R_{kt} - R_t)\varphi_{t-1} + R_t]N_{t-1} \\ & + [\theta(1+m)-1]\cdot[(R_{kt} - R_t)\varphi_{t-1}' + R_t]N_{t-1} + \omega(mQ_t S_t + a_{t+1})\end{aligned} \qquad (5.40)$$

5.2.3　中央银行资产负债表政策

中央银行为了应对金融危机所带来的金融系统流动性稀缺，运用中央银行资产负债表政策中的信贷宽松政策，①以购买金融机构所持证券和贷款等方式在 t 期末向金融机构提供资金 a_{t+1} ，其利率为无风险利率。根据中央银行资产负债表，信贷宽松政策购买金融机构所持证券和提供贷款的主要来源是中央银行运用其资产负债表政策中的量化宽松货币政策，即增加流通中的货币量为其信贷宽松政策融资。假设中央银行信贷宽松政策总规模为 a_{t+1} ，中央银行量化宽松政策总规模也为 a_{t+1} （表5.1）。

---

① 欧洲央行信贷宽松政策包括短期特别融资操作、长期再融资操作、证券市场计划、欧洲金融稳定工具和央行流动性互换等非传统货币政策。

其中，φ_t' 是第二类金融机构的杠杆率。

对公式（5.8）和公式（5.27）进行整理，第二类银行净值的递推式可以表示为：

$$N_{jt+1}' = [(R_{kt+1} - R_{t+1})\varphi_t' + R_{t+1}]N_{jt}' \tag{5.28}$$

由公式（5.28）可推导出下列关系式：

$$z_{t,t+1}' = \frac{N_{jt+1}'}{N_{jt}'} = (R_{kt+1} - R_{t+1})\varphi_t' + R_{t+1} \tag{5.29}$$

$$x_{t,t+1}' = \frac{Q_{t+1}S_{jt+1}'}{Q_t S_t'} = \frac{\varphi_{t+1}'}{\varphi_t'} \cdot \frac{N_{jt+1}'}{N_{jt}'} = \frac{\varphi_{t+1}'}{\varphi_t'} \cdot z_{t,t+1}' \tag{5.30}$$

根据公式（5.27），杠杆率 φ_t' 与银行个体无关，因此将所有第二类银行加总得到：

$$Q_t S_t' = \varphi_t' N_t' \tag{5.31}$$

假设银行存款与净值下降比例 m 与银行个体无关，因此 $N_{jt}' = mN_{jt}$，$B_{jt+1}' = mB_{jt+1}$，分别加总可得：

$$N_t' = mN_t, \quad B_{t+1}' = mB_{t+1} \tag{5.32}$$

将公式（5.20）加总可得：

$$Q_t S_t' = mQ_t S_t + \sum_{j=0}^{d} a_{jt+1} \tag{5.33}$$

假设 t 期中央银行信贷宽松政策总量为：

$$a_{t+1} = \sum_{j=0}^{d} a_{jt+1} \tag{5.34}$$

因此，中央银行信贷宽松政策与金融机构净值和资产之间的关系如下：

$$Q_t S_t' = mQ_t S_t + a_{t+1} \tag{5.35}$$

将该式代入公式（5.31），可得中央银行信贷宽松政策与第一类金融机构净值和资产之间的关系：

$$mQ_t S_t + a_{t+1} = m\varphi_t' N_t \tag{5.36}$$

5.2.2.3　银行总净值的运动方程

银行可分为既有银行和新生银行，其中既有银行包括两类：第一类银行（比

例为 $\dfrac{1}{1+m}$）及存活下来的一部分第二类银行（比例为 $\theta-\dfrac{1}{1+m}$，$0<m<\dfrac{1}{1-\theta}$），

二者相加即为从 $t-1$ 期到 t 期存活的银行比例 θ。假设 N_{et} 表示既有银行总净值，N_{nt} 表示新生银行的总净值，那么：

$$N_t + N_t' = (1+m)N_t = N_{et} + N_{nt} \tag{5.37}$$

其中，$N_t = \sum_{j=0}^{d} N_{jt}$，$N_t' = \sum_{j=0}^{d} N_{jt}'$

其中，既有银行净值运动方程为：

$$N_{et} = [(R_{kt} - R_t)\varphi_{t-1} + R_t]N_{t-1} + [\theta(1+m) - 1] \cdot [(R_{kt} - R_t)\varphi_{t-1}' + R_t]N_{t-1} \tag{5.38}$$

新生银行从其家庭中获得启动资金，并且这些资金为退出银行业的银行家在期末所持有的资产的一部分。根据之前的假设，t 期退出的银行全部属于第二类银行，并且占总银行比例为 $(1-\theta)$。因此，这些退出银行的期末总资产为 $\dfrac{(1-\theta)(1+m)}{m}Q_t S_{t-1}'$。假设家庭每期为其新生银行提供启动资金占其退出银行期末总资产的 $\dfrac{\omega m}{(1-\theta)(1+m)}$。因此，新生银行总资产为：

$$N_{nt} = \omega Q_t S_{t-1}' = \omega(mQ_t S_t + a_{t+1}) \tag{5.39}$$

将公式（5.38）和公式（5.39）合并即可得到：

$$\begin{aligned} (1+m)\,N_t =\, & [(R_{kt} - R_t)\varphi_{t-1} + R_t]N_{t-1} \\ & + [\theta(1+m) - 1] \cdot [(R_{kt} - R_t)\varphi_{t-1}' + R_t]N_{t-1} + \omega(mQ_t S_t + a_{t+1}) \end{aligned} \tag{5.40}$$

5.2.3　中央银行资产负债表政策

中央银行为了应对金融危机所带来的金融系统流动性稀缺，运用中央银行资产负债表政策中的信贷宽松政策，[①]以购买金融机构所持证券和贷款等方式在 t 期末向金融机构提供资金 a_{t+1}，其利率为无风险利率。根据中央银行资产负债表，信贷宽松政策购买金融机构所持证券和提供贷款的主要来源是中央银行运用其资产负债表政策中的量化宽松货币政策，即增加流通中的货币量为其信贷宽松政策融资。假设中央银行信贷宽松政策总规模为 a_{t+1}，中央银行量化宽松政策总规模也为 a_{t+1}（表5.1）。

---

① 欧洲央行信贷宽松政策包括短期特别融资操作、长期再融资操作、证券市场计划、欧洲金融稳定工具和央行流动性互换等非传统货币政策。

表 5.1　t 期简化后的中央银行资产负债表

总资产	总负债
中央银行信贷宽松政策	中央银行量化宽松货币政策
非传统资产 a_{t+1}	流通中的货币 a_{t+1}

假设财政部与中央银行的目标不具有协同性，即财政部无论何时都不会向中央银行提供支持。中央银行发行货币无须支付任何费用。对中央银行来说，没有利润最大化目标函数，因此本模型并不考虑中央银行的目标函数。

根据货币主义的观点，假设中央银行发行货币的数量决定了经济中的通货膨胀率。中央银行发行的流通中的现金与经济中通货膨胀率之间的关系如下：[①]

$$\pi_t = \log a_{t+1} - \log a_t \qquad (5.41)$$

假设货币政策遵循利率平滑的泰勒规则。i_t 代表净名义利率，i 是稳态名义利率，Y_t^* 是自然产出水平（可变价格均衡），并且在零利率约束尚未出现时，泰勒规则足以描述货币政策选择。因此，泰勒规则可以表示为以下形式：

$$i_t = (1-\rho)[i + \kappa_\pi \pi_t + \kappa_y (\log Y_t - \log Y_t^*)] + \rho i_{t-1} + e_t \qquad (5.42)$$

其中，平滑参数 ρ 满足 $0 < \rho < 1$，e_t 是货币政策的外生冲击，名义利率与实际利率之间的关系满足以下费雪方程式：

$$1 + i_t = R_{t+1} \frac{E_t P_{t+1}}{P_t} \qquad (5.43)$$

5.2.4　中间产品生产商

考虑经济中生产和投资部分，假设竞争的非金融机构生产中间产品，并最终销售给零售企业。这一过程的时序如下：在 t 期末，一个中间产品生产商获得 K_{t+1} 单位资本，并用于之后生产。在 $t+1$ 期生产之后，中间产品生产商可以在公开市场上出售资产，并且厂商不存在调整成本。因此，厂商的资本选择问题是静态的。

厂商通过从金融机构贷款为每期的资本融资，即通过持有规模为 $\tilde{S}_t$ 的债务购买资本 K_{t+1}。资本的价格为 Q_t。因此，厂商的债务与资产之间的关系如下：

$$Q_t K_{t+1} = Q_t \tilde{S}_t \qquad (5.44)$$

---

① 公式（5.41）近似等于货币供给增长率，即通货膨胀率。

　　假设非金融企业从金融中介机构获得融资的过程不存在摩擦。金融机构拥有所贷款企业的完全信息，不会出现坏账。[1]为了更好地描述金融危机中金融市场所面临的流动性稀缺问题，本模型仅对金融机构获得资金施加约束，以间接影响其对非金融企业的资金供给能力及贷款的回报率。对应不同的回报率来说，非金融机构获得贷款的过程是无摩擦的，因此企业可以提供给金融机构完全的状态依存保险（或称为完全的状态依存债务）。

　　在 t 期，企业运用资本 K_t、劳动力 L_t 及资本利用率 U_t，得到的产出为 Y_t。假设 A_t 代表全要素生产率，ξ_t 代表资本质量（即 t 期的有效资本比例），α 代表有效资本产出的弹性系数，$1-\alpha$ 代表劳动力产出的弹性系数。厂商的产出如下：

$$Y_t = A_{t+1}(U_t \xi_t K_t)^{\alpha} L_t^{1-\alpha} \tag{5.45}$$

　　根据莫顿（Merton，1973），以及 Gertler 和 Karadi（2011）提出的模型，冲击 ξ_t 会带来外生的资本价值变化。本模型中，该冲击与资本折旧相关，并且一单位有效资本的价格 Q_t 由模型内生决定。

　　假设 P_{mt} 是中间产出产品的价格，并且已使用资本的替换价格为 1 个单位，即资本的成本为 1。根据成本最小化规则，即 $\min(U_t \xi_t K_t + W_t L_t)$，$t$ 期中间产品厂商的一阶条件为：

$$P_{mt} \alpha \frac{Y_t}{U_t} = \delta(U_t) \xi_t K_t \tag{5.46}$$

$$P_{mt}(1-\alpha)\frac{Y_t}{L_t} = W_t \tag{5.47}$$

其中，$\delta(U_t)$ 是稳态折旧率，W_t 是实际工资。假设企业每期获得的利润为零，其收入用于偿还之前银行贷款的利息。因此，银行的贷款回报率可以表示为：

$$R_{kt+1} = \frac{\left[P_{mt+1} \alpha \dfrac{Y_{t+1}}{\xi_t K_{t+1}} + Q_{t+1} - \delta(U_{t+1}) \right] \xi_{t+1}}{Q_t} \tag{5.48}$$

　　之前假设折旧资本的替换价格为 1 个单位，那么剩余的资本存量价格为 $[Q_{t+1} - \delta(U_{t+1})] \xi_{t+1} K_{t+1}$。当期资本价格由人们对资本质量冲击 ξ_{t+i} 的预期未来路径决定。

5.2.5　资本生产企业

　　在 t 期末，竞争性资本生产企业从中间产品生产企业购买资本，然后对折

---

① 这与家庭和金融机构之间的代理问题相反。

旧资本进行翻新并生产新的资本。此后，竞争性资本生产企业出售新资本和翻新后的资本。之前假设替换折旧资本的价格（成本）为 1 单位，新资本的价格为 Q_t，翻新资本没有调整成本。假设生产新资本存在流量调整成本，并且家庭拥有资本生产企业，从而获得其收益。

用 I_t 表示所生产出的总资本，$I_{nt} \equiv I_t - \delta(U_t)\xi_t K_t$ 表示企业所生产出来的净资本（不含翻新折旧资本），I_{ss} 是投资的稳态值。因此，资本生产企业的折现利润为：

其中，

$$\max E_t \sum_{\tau=t}^{\infty} \beta^{T-t} \Lambda_{t,\tau} \left[(Q_\tau - 1) I_{n\tau} - f\left(\frac{I_{n\tau} + I_{ss}}{I_{n\tau-1} + I_{ss}} \right) (I_{n\tau} + I_{ss}) \right] \tag{5.49}$$

$$I_{nt} \equiv I_t - \delta(U_t)\xi_t K_t \tag{5.50}$$

上式中，$f(\cdot)$ 为投资调整成本，$f(1) = f'(1) = 0$，$f''(1) > 0$，$\delta(U_t)\xi_t K_t$ 是翻新的折旧资本，τ 代表时期。根据 CEE 模型（Christiano，Eichenbaum，Evans，2005）中的设定，本书纳入了投资的调整成本，但这些成本只与净投资流量 $I_{nt} + I_{ss}$ 相关。由于存在流量调整成本，资本生产商所获得的利润可能大于稳态结果，因此本书假设这些利润一次性转移支付给家庭，并且假设所有资本生产商选择同样的净投资率，即 I_{nt} 对所有厂商来说都相同。

同时，资本生产企业的资本预算约束为：

$$\xi_t K_t = \left[1 - \delta(U_t)\right] \xi_t K_{t-1} + \left[1 - f\left(\frac{I_{nt} + I_{ss}}{I_{nt-1} + I_{ss}} \right) \right] I_{nt} \tag{5.51}$$

对生产的净资本求导，所得一阶条件为：

$$Q_t = 1 + f(\cdot) + \frac{I_{nt} + I_{ss}}{I_{nt-1} + I_{ss}} f'(\cdot) - E_t \beta \Lambda_{t,t+1} \left(\frac{I_{nt+1} + I_{ss}}{I_{nt} + I_{ss}} \right)^2 f'(\cdot) \tag{5.52}$$

5.2.6　零售厂商

假设最终产出 Y_t 是固定替代弹性（CES）生产函数，由连续可分的零售商运用中间厂商的产出作为全部投入进行生产。最终产出表达形式如下：

$$Y_t = \left[\int_0^1 Y_{ft}^{(\varepsilon-1)/\varepsilon} \, df \right]^{\varepsilon/(\varepsilon-1)} \tag{5.53}$$

其中，Y_{ft} 是零售商 f 的产出，ε 为替代弹性。根据零售商成本最小化

$\min \int_0^1 P_{ft} Y_{ft} \mathrm{d}f$ ，得到以下一阶条件：

$$Y_{ft} = \left(\frac{P_{ft}}{P_t} \right)^{-\varepsilon} Y_t \tag{5.54}$$

假设最终产品市场为完全竞争市场，在均衡条件下垄断利润为零，因此总价格水平方程为：

$$P_t = \left[\int_0^1 P_{ft}^{1-\varepsilon} \mathrm{d}f \right]^{1/(1-\varepsilon)} \tag{5.55}$$

接下来需要解决零售厂商定价问题。零售商对中间厂商的产品进行重新包装，一单位中间厂商产出对应一单位零售厂商产出，因此边际成本是相对中间厂商产出价格 P_{mt}。本书参照 CEE 模型引入名义价格黏性，即每期有 $(1-\gamma)$ 比例的厂商可以自由调整其价格（$0 < \gamma < 1$）。零售商的定价问题是选择最优重置价格 P_t^* 以达到以下目标函数最大化：

$$\max E_t \sum_{i=0}^{\infty} \gamma^i \beta^i \Lambda_{t,t+i} \left[\frac{P_t^*}{P_{t+i}} \prod_{k=1}^{i} (1 + \pi_{t+k-1}) - P_{mt+i} \right] Y_{ft+i} \tag{5.56}$$

其中，π_t 是 $t-i$ 到 t 期的通胀率。一阶条件如下：

$$E_t \sum_{i=0}^{\infty} \gamma^i \beta^i \Lambda_{t,t+i} \left[\frac{P_t^*}{P_{t+i}} \prod_{k=1}^{i} (1 + \pi_{t+k-1}) - \mu P_{mt+i} \right] Y_{ft+i} = 0 \tag{5.57}$$

其中，$\mu = \dfrac{1}{1 - 1/\varepsilon}$。

定义以下两个变量：

$$pa_t = \sum_{i=0}^{\infty} (\varepsilon - 1)(\beta\gamma)^i \Lambda_{t,t+i} Y_{t+i} \left(\frac{P_t P_{t+i-1}}{P_{t-1} P_{t+i}} \right)^{(1-\varepsilon)} \tag{5.58}$$

$$pb_t = \sum_{i=0}^{\infty} \varepsilon (\beta\gamma)^i \Lambda_{t,t+i} Y_{t+i} P_{mt+i} \left(\frac{P_t P_{t+i-1}}{P_{t-1} P_{t+i}} \right)^{-\varepsilon} \tag{5.59}$$

因此，一阶条件公式（5.57）可以改写为：

$$pa_t = \beta\gamma \, pa_{t+1} \left(\frac{P_t P_t}{P_{t-1} P_{t+1}} \right)^{-\varepsilon} + \frac{\Lambda_{t,t+1} Y_t}{1/(\varepsilon - 1)} \tag{5.60}$$

$$pb_t = \beta\gamma\, pb_{t+1}\left(\frac{P_t P_t}{P_{t-1} P_{t+1}}\right)^{(-\varepsilon-1)} + \varepsilon\Lambda_{t,t+1} Y_t P_{mt} \tag{5.61}$$

$$E_t\left(\frac{P_t^*}{P_t}\, pa_t - pb_t\right) = 0 \tag{5.62}$$

根据大数定理，可以推出以下价格水平的动态方程：

$$P_t = \{(1-\gamma)(P_t^*)^{1-\varepsilon} + \gamma[(1+\pi_{t-1})\, P_{t-1}]^{1-\varepsilon}\}^{1/(1-\varepsilon)} \tag{5.63}$$

5.2.7　财政部

根据上文假设，财政部的支出为政府购买 G_t。假设政府购买为常数 G，那么经济中的产出与消费投资之间的关系如下：

$$Y_t = C_t + I_t + f\left(\frac{I_{nt} + I_{ss}}{I_{n_{t-1}} + I_{ss}}\right)(I_{nt} + I_{ss}) + G \tag{5.64}$$

基础模型中，货币政策与财政政策相互独立，因此假设财政部无须通过发行国债为支持中央银行信贷宽松政策进行融资，财政部的资产负债表方程如下：

$$G = T_t \tag{5.65}$$

5.2.8　商品市场出清条件

总需求可以用总消费、总投资和政府支出表示如下：

$$ad_t = C_t + I_t + G \tag{5.66}$$

根据公式（5.54），对第 f 类中间产品的需求为：

$$ad_{ft} = \left(\frac{P_{ft}}{P_t}\right)^{-\varepsilon} ad_t \tag{5.67}$$

其中，P_{ft} 是第 f 类中间产品的价格水平，P_t 是总价格水平。假设商品市场完全竞争，并且存在投资调整成本，因此中间产品市场的均衡条件为：

$$Y_{ft} - f\left(\frac{I_{nt} + I_{ss}}{I_{n_{t-1}} + I_{ss}}\right)(I_{nt} + I_{ss}) = ad_{ft} = \left(\frac{P_{ft}}{P_t}\right)^{-\varepsilon} ad_t = \left(\frac{P_{ft}}{P_t}\right)^{-\varepsilon}(C_t + I_t + G) \tag{5.68}$$

加总后得到最终产品市场的出清条件如下：

$$Y_t = f\left(\frac{I_{nt} + I_{ss}}{I_{n_{t-1}} + I_{ss}}\right)(I_{nt} + I_{ss}) + (C_t + I_t + G)f_t \tag{5.69}$$

$$f_t = \int_0^1 \left(\frac{P_{ft}}{P_t} \right)^{-\varepsilon} df \tag{5.70}$$

根据公式（5.63）可以将上式改写为递推形式：

$$f_t = (1-\gamma)\left(\frac{P_t^*}{P_t} \right)^{-\varepsilon} + \gamma \left(\frac{1+\pi_{t-1}}{1+\pi_t} \right)^{-\varepsilon} f_{t-1} \tag{5.71}$$

$$\text{其中，} \quad 1+\pi_t = \frac{P_t}{P_{t-1}} \tag{5.72}$$

第三节　中央银行资产负债表政策扩展模型：财政与货币政策协同

中央银行资产负债表政策的扩展模型与基础模型的不同之处包括两方面。从中央银行的角度来看，假设中央银行与财政部之间具有协同一致的政策，并且财政部在央行的存款可以为信贷宽松政策融资。因此，中央银行的信贷宽松政策具有两种资金来源，一种是财政部存款，另一种是发行货币，二者都属于数量型货币政策的范畴。同时，假设货币政策实行多目标制，包括利率目标和通胀目标。但在某一时点之后面临零利率约束，即传统泰勒规则失效，数量型货币政策所遵循的通货膨胀定标规则仍然有效。从财政部的角度来看，由于中央银行运用财政部的存款为购买资产融资，因此财政部为了提供资金支持，需要向公众发行国债。假设财政部将所得的资金全部存入中央银行以支持其信贷宽松政策。那么，在其他部分不变的前提下，扩展模型需要对中央银行资产负债表政策和财政部政策两部分进行以下调整。

5.3.1　中央银行资产负债表政策

中央银行为了应对金融危机所带来的金融系统流动性稀缺，运用中央银行资产负债表政策中的信贷宽松政策，[①]以借出短期国债或贷款的方式在 t 期末向金融机构提供资金 a'_{t+1}，其利率为无风险利率。根据中央银行资产负债表，信贷宽松政策为金融机构提供的贷款和国债信贷主要来源有两种：一种是中央银行

---

① 对应美联储资产负债表项目来看，这些政策包括短期拍卖工具（TAF）、商业票据融资工具（CPFF）、梅登苍公司（Maiden Lane）的贷款资产、资产抵押证券和央行流动性互换等非传统货币政策。

的联邦政府存款这一负债，包括财政部在中央银行的账户中的资金及借出的国债。[1]另一种是中央银行运用其资产负债表政策中的量化宽松货币政策，即增加流通中的现金量来为其信贷宽松政策融资。假设中央银行信贷宽松政策总规模为 a'_{t+1}，对财政部的负债总量为 $b_t a'_{t+1}$，中央银行量化宽松政策总规模为 $(1-b_t)a'_{t+1}$（表 5.2），其中冲击 b_t 满足 $0 < b_t < 1$。

表 5.2　t 期简化后的中央银行资产负债表

总资产	总负债
中央银行信贷宽松政策 a'_{t+1}	财政部补充融资项目特殊账户 $b_t a'_{t+1}$
	流通中的现金 $(1-b_t)a'_{t+1}$

假设财政部与中央银行的目标具有协同性，即财政部能够及时向中央银行提供支持，但中央银行需要向财政部支付利率 r_{t+1} 作为回报，而中央银行发行货币无需支付任何费用。同时，中央银行在 t 期为濒危银行提供信贷的利率为无风险利率 R_{t+1}。因此，$t+1$ 期中央银行的资产负债表等式如下：

$$R_t a'_t + a'_{t+1} = b_t r_t a'_t + b_t a'_{t+1} + (1-b_t)a'_{t+1} \qquad (5.73)$$

整理之后得到无风险利率与中央银行向财政部借款利率之间的关系：

$$R_t = b_t r_t \qquad (5.74)$$

对于中央银行来说，没有利润最大化目标函数，因此本模型并不考虑中央银行的目标函数。

此外，根据货币主义的观点，假设中央银行发行货币的数量决定了经济中的通货膨胀率。中央银行发行的流通中的现金与经济中通货膨胀率之间的关系如下：

$$\pi_{t+i} = \log a'_{t+i+1} - \log a'_{t+i} \qquad (5.75)$$

假设货币政策遵循利率平滑的泰勒规则。i_t 代表净名义利率，i 是稳态名义利率，Y_t^* 是自然产出水平（可变价格均衡）。因此，泰勒规则可以表示为以下公式：

$$i_t = (1-\rho)[i + \kappa_\pi \pi_t + \kappa_y (\log Y_t - \log Y_t^*)] + \rho i_{t-1} + e_t \qquad (5.76)$$

其中，平滑参数 ρ 满足 $0 < \rho < 1$，e_t 是货币政策的外生冲击，名义利率与实际

---

[1] 对应美联储资产负债表项目来看，该项目为支票存款与现金项下的联邦政府，具体是指财政部补充融资项目（SFP）的特殊账户。

利率之间的关系满足以下费雪方程式：

$$1 + i_t = R_{t+1} \frac{E_t P_{t+1}}{P_t} \tag{5.77}$$

假设在经济正常运行时，上述泰勒规则足以描述货币政策选择；但在经济受到危机冲击时，中央银行会通过信贷宽松和量化宽松政策（表 5.2）对金融系统进行调整。根据 Svensson（1997）对通货膨胀定标规则的研究，当期的通货膨胀率与上一期的通货膨胀率和产出相关。此外，根据双向菲利普斯曲线（Fuhrer，Moore，1995；Jondeau，Bihan，2001），本模型将通货膨胀定标规则表示如下：

$$\pi_t = (1 - \Psi)\pi_{t+1} + \Psi\pi_{t-1} + \upsilon(\log Y_t - \log Y_t^*) + \epsilon_t \tag{5.78}$$

其中，π_{t-1} 是上期通货膨胀指标，π_{t+1} 是预期的下期通货膨胀指标。ϵ_t 是数量型货币政策外生冲击。

通常来讲，美联储的货币政策具有多目标性，当实施信贷宽松和量化宽松政策时，尤其是当传统的利率政策面临零利率约束时，其货币政策规则从泰勒规则转化为通货膨胀定标规则，从而影响产出及通货膨胀率。

5.3.2　财政部政策

根据上文假设，财政部的支出包括两大部分：①政府购买 G_t；②通过财政部补充融资项目为中央银行救助金融系统补充资金 ba'_{t+1}。假设政府购买为常数 G，那么经济中的产出与消费投资之间的关系如下：

$$Y_t = C_t + I_t + f\left(\frac{I_{nt} + I_{ss}}{I_{n_{t-1}} + I_{ss}}\right)(I_{nt} + I_{ss}) + (G + ba'_{t+1}) \tag{5.79}$$

财政部的政府购买和对中央银行的资金支持通过一次性税收 T_t，以及中央银行对财政部借款的偿付 $r_t a'_t$。同时，中央银行作为中介机构，将财政部发行的国债以股权投资形式借贷给金融系统，并将投资收益转移给财政部。因此财政部的资产负债表方程如下：

$$G + \frac{b_t a'_{t+1}}{P_t} = T_t + r_t \frac{a'_t}{P_t} + (R_{kt} - R_t)\frac{b_t a'_t}{P_t} \tag{5.80}$$

其中，财政部在 t－1 期发行国债规模全部补充进入财政部补充融资项目特殊账户，其规模为 $b_t a'_t$。

第四节　中央银行资产负债表政策基础模型：
财政与货币政策非协同求解

5.4.1　中央银行资产负债表政策基础模型一阶条件

5.4.1.1　家庭效用最大化一阶条件

为了求解中央银行资产负债表政策基础模型，首先需要求出模型的一阶条件。家庭效用最大化的一阶条件为 5.2.1 中的公式（5.3）至公式（5.6）：

$$q_t W_t = \chi L_t^{\phi} \tag{5.3}$$

$$q_t = (C_t - hC_{t-1})^{-1} - \beta h E_t (C_{t+1} - hC_t)^{-1} \tag{5.4}$$

$$E_t \beta \Lambda_{t,t+1} R_{t+1} = 1 \tag{5.5}$$

$$\Lambda_{t,t+1} = \frac{q_{t+1}}{q_t} \tag{5.6}$$

其中，内生变量为 $\{W, L, C, q, R, \Lambda\}$。

5.4.1.2　中间产品生产商利润最大化一阶条件

中间产品生产商利润最大化的一阶条件包括中间产品价格和偿还银行贷款两部分的一阶条件。其中，中间产品价格的一阶条件为 5.2.4 中的公式（5.45）至公式（5.47）：

$$Y_t = A_t (U_t \xi_t K_t)^{\alpha} L_t^{1-\alpha} \tag{5.45}$$

$$P_{mt} \alpha \frac{Y_t}{U_t} = \delta(U_t) \xi_t K_t \tag{5.46}$$

$$P_{mt}(1-\alpha) \frac{Y_t}{L_t} = W_t \tag{5.47}$$

偿还银行贷款一阶条件为公式（5.48）：

$$R_{kt+1} = \frac{\left[P_{mt+1}\alpha\dfrac{Y_{t+1}}{\xi_t K_{t+1}} + Q_{t+1} - \delta(U_{t+1}) \right]\xi_{t+1}}{Q_t} \qquad (5.48)$$

其中，内生变量为 $\{W, L, C, q, R, R_k, P_m, Y, K, Q\}$，$\xi_t$ 为资本质量冲击，资本利用率 U 为常数。

5.4.1.3　零售厂商利润最大化一阶条件

零售厂商利润最大化一阶条件包括零售厂商生产函数和定价的一阶条件两部分。其中，零售厂商生产函数一阶条件为 5.2.6 中的公式（5.54）和公式（5.55）：

$$Y_{ft} = (\frac{P_{ft}}{P_t})^{-\varepsilon} Y_t \qquad (5.54)$$

$$P_t = \left[\int_0^1 P_{ft}^{1-\varepsilon}\mathrm{d}f \right]^{1/(1-\varepsilon)} \qquad (5.55)$$

零售厂商定价一阶条件分别为公式（5.63）、公式（5.60）至公式（5.62）：

$$P_t = \{(1-\gamma)(P_t^*)^{1-\varepsilon} + \gamma[(1+\pi_{t-1})P_{t-1}]^{1-\varepsilon}\}^{1/(1-\varepsilon)} \qquad (5.63)$$

$$pa_t = \beta\gamma\, pa_{t+1}\left(\frac{P_t P_t}{P_{t-1} P_{t+1}} \right)^{-\varepsilon} + \frac{\Lambda_{t,t+1}Y_t}{1/(\varepsilon-1)} \qquad (5.60)$$

$$pb_t = \beta\gamma\, pb_{t+1}\left(\frac{P_t P_t}{P_{t-1} P_{t+1}} \right)^{(-\varepsilon-1)} + \varepsilon\Lambda_{t,t+1}Y_t P_{mt} \qquad (5.61)$$

$$E_t\left(\frac{P_t^*}{P_t} pa_t - pb_t \right) = 0 \qquad (5.62)$$

其中，内生变量为 $\{P, pa, pb, \pi, L, C, q, P_m, Y, \Lambda\}$，$P^*$ 为价格 P 的稳态值。

5.4.1.4　资本生产企业生产函数一阶条件

资本生产企业生产函数一阶条件为 5.2.5 中的公式（5.50）和公式（5.52）：

$$I_{nt} \equiv I_t - \delta(U_t)\xi_t K_t \qquad (5.63)$$

$$Q_t = 1 + f(\cdot) + \frac{I_{nt}+I_{ss}}{I_{nt-1}+I_{ss}}f'(\cdot) - E_t\beta\Lambda_{t,t+1}(\frac{I_{nt+1}+I_{ss}}{I_{nt}+I_{ss}})^2 f'(\cdot) \qquad (5.64)$$

假设投资调整成本函数形式如下：

$$f(\frac{I_{nt}+I_{ss}}{I_{nt-1}+I_{ss}}) = \frac{1}{2}(\frac{I_{nt}+I_{ss}}{I_{nt-1}+I_{ss}}-1)^2 \tag{5.52'}$$

因此，公式（5.52）调整后为公式（5.52"）：

$$Q_t = 1+\frac{1}{2}\left(\frac{I_{nt}+I_{ss}}{I_{nt-1}+I_{ss}}-1\right)^2 + \frac{I_{nt}+I_{ss}}{I_{nt-1}+I_{ss}}\left(\frac{I_{nt}+I_{ss}}{I_{nt-1}+I_{ss}}-1\right) - \beta\Lambda_{t,t+1}\left(\frac{I_{nt+1}+I_{ss}}{I_{nt}+I_{ss}}\right)^2\left(\frac{I_{nt}+I_{ss}}{I_{nt-1}+I_{ss}}-1\right)$$

$$\tag{5.52"}$$

资本预算约束为公式（5.51）：

$$\xi_t K_t = (1-\delta(U_t))\xi_t K_{t-1} + \left[1-f\left(\frac{I_{nt}+I_{ss}}{I_{nt-1}+I_{ss}}\right)\right]I_{nt} \tag{5.51}$$

将公式（5.52'）代入公式（5.51），调整后得到：

$$\xi_t K_t = \left[1-\delta(U_t)\right]\xi_t K_t + \left[1-\frac{1}{2}\left(\frac{I_{nt}+I_{ss}}{I_{nt-1}+I_{ss}}-1\right)^2\right]I_{nt} \tag{5.51'}$$

其中，内生变量为 $\{K,I_n,I,\xi,\Lambda\}$ ， I_{ss} 为资本生产企业所生产出的总资本的稳态值， $\delta(U_t)$ 为常数。

5.4.1.5　金融机构利润最大化一阶条件

上述一阶条件为实体经济部门的最优化求解，下面求解金融系统最优化一阶条件。如上文所述，假设金融机构分为两类。第一类金融机构为健康银行，无须中央银行注资；第二类金融机构为问题银行，需要中央银行注资。第一类银行的最优化一阶条件为 5.2.2 中的公式（5.13）至公式（5.14）、公式（5.17）至公式（5.19）和公式（5.15）：

$$v_t = E_t\left[(1-\theta)\beta\Lambda_{t,t+1}(R_{kt+1}-R_{t+1}) + \beta\Lambda_{t,t+1}\theta x_{t,t+1}v_{t+1}\right] \tag{5.13}$$

$$\eta_t = E_t\left[(1-\theta) + \beta\Lambda_{t,t+1}\theta z_{t,t+1}\eta_{t+1}\right] \tag{5.14}$$

$$z_{t,t+1} = (R_{kt+1}-R_{t+1})\varphi_t + R_{t+1} \tag{5.17}$$

$$x_{t,t+1} = \frac{\varphi_{t+1}}{\varphi_t}\cdot\frac{N_{jt+1}}{N_t} = \frac{\varphi_{t+1}}{\varphi_t}\cdot z_{t,t+1} \tag{5.18}$$

$$Q_t S_t = \varphi_t N_t \tag{5.19}$$

$$\frac{\eta_t}{\lambda - v_t} = \varphi_t \tag{5.15}$$

第二类银行的最优化一阶条件为 5.2.2 中的公式（5.25）、公式（5.26）、公式（5.29）、公式（5.30）、公式（5.36）和公式（5.27）的变形：

$$v_t' = E_t \left[(1-\theta)\beta\Lambda_{t,t+1}(R_{kt+1} - R_{t+1}) + \beta\Lambda_{t,t+1}\theta x_{t,t+1}' v_{t+1}' \right] \tag{5.25}$$

$$\eta_t' = E_t \left[(1-\theta) + \beta\Lambda_{t,t+1}\theta z_{t,t+1}' \eta_{t+1}' \right] \tag{5.26}$$

$$z_{t,t+1}' = (R_{kt+1} - R_{t+1})\varphi_t' + R_{t+1} \tag{5.29}$$

$$x_{t,t+1}' = \left(\frac{\varphi_{t+1}'}{\varphi_t'} \right) z_{t,t+1}' \tag{5.30}$$

$$mQ_t S_t + a_{t+1} = m\varphi_t' N_t \tag{5.36}$$

$$\frac{\eta_t'}{\lambda - v_t'} = \varphi_t' \tag{5.27}$$

银行净值运动方程为公式（5.40）：

$$\begin{aligned}
(1+m) N_t = & [(R_{kt} - R_t)\varphi_{t-1} + R_t]N_{t-1} \\
& + [\theta(1+m) - 1] \cdot [(R_{kt} - R_t)\varphi_{t-1}' + R_t]N_{t-1} + \omega(mQ_t S_t + a_{t+1})
\end{aligned} \tag{5.40}$$

其中，内生变量为 $\{R, R_k, \Lambda, N, Q, S, a, v, v', \eta, \eta', x, x', z, z', \varphi, \varphi'\}$。

5.4.1.6　中央银行货币政策约束

在求解了实体经济部门和金融机构的最优化一阶条件之后，还需要列出中央银行的货币政策工具约束。需要注意的是，基础模型中首先假设利率并未达到零利率约束，因此利率政策依然有效。因此，基础模型将上文中描述的信贷政策和量化宽松政策简化为中央银行资产负债表政策约束方程，即量化宽松政策与通货膨胀之间的关系如下［5.2.3 中的公式（5.41）］：

$$\pi_t = \log a_{t+1} - \log a_t \tag{5.41}$$

利率政策遵循泰勒规则［5.2.3 中的公式（5.42）和公式（5.43）］：

$$i_t = (1-\rho)[i + \kappa_\pi \pi_t + \kappa_y(\log Y_t - \log Y_t^*)] + \rho i_{t-1} + e_t \tag{5.42}$$

$$1 + i_t = R_{t+1} \frac{E_t P_{t+1}}{P_t} \tag{5.43}$$

其中，内生变量为 $\{a, i, P, R, Y, \pi\}$，Y^* 为产出稳态，e 为利率政策冲击。

5.4.1.7　财政部财政政策约束

除中央银行资产负债表政策约束之外，财政政策也对基础模型施加了约束：产出与投资消费之间关系 [5.2.7 中的公式（5.64）]：

$$Y_t = C_t + I_t + f\left(\frac{I_{nt} + I_{ss}}{I_{n_{t-1}} + I_{ss}}\right)(I_{nt} + I_{ss}) + G \tag{5.64}$$

即

$$Y_t = C_t + I_t + \frac{1}{2}\left(\frac{I_{nt} + I_{ss}}{I_{n_{t-1}} + I_{ss}} - 1\right)^2 (I_{nt} + I_{ss}) + G \tag{5.81}$$

财政部资产负债表约束为 5.2.7 中的公式（5.65）：

$$G = T_t \tag{5.65}$$

其中，内生变量为 $\{C, I, I_n, Y, T\}$，I_{ss} 为资本生产企业所生产出的总资本的稳态值，G 为常数。

5.4.1.8　市场出清条件

假设市场中对产品的供给和需求相等，市场出清，因此根据基础模型中产出和价格的相应方程，得到产品市场出清条件如下：

$$Y_t = \frac{1}{2}\left(\frac{I_{nt} + I_{ss}}{I_{n_{t-1}} + I_{ss}} - 1\right)^2 (I_{nt} + I_{ss}) + (C_t + I_t + G)f_t \tag{5.82}$$

以及 5.28 中的公式（5.71）和公式（5.72）：

$$f_t = (1 - \gamma)\left(\frac{P_t^*}{P_t}\right)^{-\varepsilon} + \gamma\left(\frac{1 + \pi_{t-1}}{1 + \pi_t}\right)^{-\varepsilon} f_{t-1} \tag{5.71}$$

$$1 + \pi_t = \frac{P_t}{P_{t-1}} \tag{5.72}$$

其中，内生变量为 $\{C, I, I_n, Y, T, f, \pi\}$，$I_{ss}$ 为资本生产企业所生产出的总资本的稳态值，最终商品市场上价格 P_t 为外生变量，遵循以下方程：

$$P_t = (P_{ss})^{1 - \rho_p} P_{t-1}^{\rho_p} e^{\varepsilon_t^p} \tag{5.83}$$

5.4.2   中央银行资产负债表政策基础模型线性化

将内生变量表示为相对稳态的偏离，即 $\hat{y}_t = \ln y_t - \ln y_{ss}$，因此 $y_t = e^{\hat{y}_t + \ln y_{ss}}$。假设 $\hat{y}_{ss} = \ln y_{ss}$。根据这一转换方式，实体经济部门和政府部门的一阶条件可以转化为以下线性化模型：

$$(\hat{q}_{ss} + \hat{q}_t) + (\hat{W}_{ss} + \hat{W}_t) = \ln \chi + \phi(\hat{L}_t + \hat{L}_{ss}) \tag{5.84}$$

$$e^{(\hat{q}_{ss} + q_t)} = e^{(-\hat{C}_{ss})}[(e^{\hat{C}_t} - he^{\hat{C}_{t-1}})^{-1} - \beta h(e^{\hat{C}_{t+1}} - he^{\hat{C}_t})^{-1}] \tag{5.85}$$

$$\ln \beta + (\hat{\Lambda}_{t+1} + \hat{\Lambda}_{ss}) + (\hat{R}_{t+1} + \hat{R}_{ss}) = 0 \tag{5.86}$$

$$\hat{\Lambda}_{t+1} + \hat{\Lambda}_{ss} = \hat{q}_{t+1} - \hat{q}_t \tag{5.87}$$

$$(\hat{P}_{mt} + \hat{P}_{mss}) + \ln \alpha + (\hat{Y}_t + \hat{Y}_{ss}) = \ln \delta + (\hat{\xi}_t + \hat{\xi}_{ss}) + (\hat{K}_t + \hat{K}_{ss}) \tag{5.88}$$

$$(P_{mt} + \hat{P}_{mss}) + \ln(1-\alpha) + (\hat{Y}_t + \hat{Y}_{ss}) - (\hat{L}_t + \hat{L}_{ss}) = (\hat{W}_t + \hat{W}_{ss}) \tag{5.89}$$

$$(\hat{Y}_t + \hat{Y}_{ss}) = (\hat{A}_t + \hat{A}_{ss}) + \alpha[(\hat{\xi}_t + \hat{\xi}_{ss}) + (\hat{K}_t + \hat{K}_{ss})] + (1-\alpha) \cdot (\hat{L}_t + \hat{L}_{ss}) \tag{5.90}$$

$$e^{[(\hat{R}_{kss} + \hat{R}_{kt+1}) + (\hat{Q}_t + \hat{Q}_{ss}) - (\hat{\xi}_{t+1} + \hat{\xi}_{ss})]} = \alpha \cdot e^{[(\hat{P}_{mss} + \hat{P}_{mt+1}) + (\hat{Y}_{t+1} + \hat{Y}_{ss}) - (\hat{\xi}_t + \hat{\xi}_{ss}) - (\hat{K}_{t+1} + \hat{K}_{ss})]} + e^{(\hat{Q}_t + \hat{Q}_{ss})} - \delta \tag{5.91}$$

$$e^{(p\hat{a}_{ss} + p\hat{a}_t)} = \beta\gamma \cdot e^{[(p\hat{a}_{t+1} + p\hat{a}_{ss}) + (2\hat{P}_t - \hat{P}_{t-1} - \hat{P}_{t+1}) \cdot (-\varepsilon)]} + e^{[(\hat{\Lambda}_{t+1} + \hat{\Lambda}_{ss}) + (\hat{Y}_t + \hat{Y}_{ss})]} \cdot (\varepsilon - 1) \tag{5.92}$$

$$e^{(p\hat{b}_{ss} + p\hat{b}_t)} = \beta\gamma \cdot e^{[(p\hat{b}_{t+1} + p\hat{b}_{ss}) + (-\varepsilon - 1) \cdot (2\hat{P}_t - \hat{P}_{t-1} - \hat{P}_{t+1})]} + \varepsilon \cdot e^{[(\hat{\Lambda}_{t+1} + \hat{\Lambda}_{ss}) + (\hat{Y}_t + \hat{Y}_{ss}) + (\hat{P}_{mt} + \hat{P}_{mss})]} \tag{5.93}$$

$$p\hat{a}_t + pa_{ss} - \hat{P}_t = p\hat{b}_t + p\hat{b}_{ss} \tag{5.94}$$

$$e^{(1-\varepsilon)\hat{P}_t} = (1-\gamma) + \gamma[e^{\hat{P}_{t-1}} + e^{(\hat{P}_{t-1} + \hat{\pi}_{t-1} + \hat{\pi}_{ss})}]^{(1-\varepsilon)} \tag{5.95}$$

$$e^{(\hat{I}_{nt} + \hat{I}_{nss})} = e^{(\hat{I}_t + \hat{I}_{ss})} - \delta e^{(\hat{\xi}_t + \hat{\xi}_{ss} + \hat{K}_t + \hat{K}_{ss})} \tag{5.96}$$

$$e^{(\hat{Q}_t + \hat{Q}_{ss})} = 1 + \left[\frac{e^{(\hat{I}_{nt} + \hat{I}_{nss})} - e^{(\hat{I}_{nt-1} + \hat{I}_{nss})}}{e^{(\hat{I}_{nt-1} + \hat{I}_{nss})} + e^{I_{ss}}} \right] \cdot \left[\frac{3}{2} \cdot \left(\frac{e^{(\hat{I}_{nt} + \hat{I}_{nss})} - e^{(\hat{I}_{nt-1} + \hat{I}_{nss})}}{e^{(\hat{I}_{nt} + \hat{I}_{nss})} + e^{I_{ss}}} \right) \right.$$
$$\left. - \beta \cdot e^{(\hat{\Lambda}_{t+1} + \hat{\Lambda}_{ss})} \cdot \left(\frac{e^{(\hat{I}_{nt+1} + \hat{I}_{nss})} + e^{I_{ss}}}{e^{(\hat{I}_{nt} + \hat{I}_{nss})} + e^{I_{ss}}} \right)^2 \right] \tag{5.97}$$

$$e^{(\hat{\xi}_t + \hat{\xi}_{ss} + \hat{K}_t + \hat{K}_{ss})} = (1-\delta)e^{(\hat{\xi}_{t-1} + \hat{\xi}_{ss} + \hat{K}_{t-1} + \hat{K}_{ss})}$$
$$+ e^{(\hat{I}_{nt} + \hat{I}_{nss})} \cdot \left[1 - \frac{1}{2} \left(\frac{e^{(\hat{I}_{nt} + I_{nss})} - e^{(\hat{I}_{nt-1} + \hat{I}_{nss})}}{e^{(\hat{I}_{nt-1} + \hat{I}_{nss})} + e^{I_{ss}}} \right)^2 \right] \tag{5.98}$$

$$1 + e^{(\hat{i}_t + \hat{i}_{ss})} = e^{(\hat{R}_{t+1} + \hat{R}_{ss} + \hat{P}_{t+1} - \hat{P}_t)} \tag{5.99}$$

$$e^{(\hat{Y}_t + \hat{Y}_{ss})} = \frac{1}{2} \left[\frac{e^{(\hat{I}_{nt} + \hat{I}_{nss})} - e^{(\hat{I}_{nt-1} + \hat{I}_{nss})}}{e^{(\hat{I}_{nt-1} + \hat{I}_{nss})} + e^{\hat{I}_{ss}}} \right]^2 \cdot [e^{(\hat{I}_{nt} + \hat{I}_{nss})} + e^{\hat{I}_{ss}}]$$
$$+ (e^{(\hat{C}_t + \hat{C}_{ss})} + e^{(\hat{I}_t + I_{ss})} + G) \cdot e^{(\hat{f}_t + f_{ss})} \qquad (5.100)$$

$$e^{(\hat{f}_t + f_{ss})} = (1 - \gamma) \cdot e^{\varepsilon \hat{P}_t} + \gamma \left[\frac{e^{(\hat{\pi}_{t-1} + \hat{\pi}_{ss})} + 1}{e^{(\hat{\pi}_t + \hat{\pi}_{ss})} + 1} \right]^{(-\varepsilon)} \cdot e^{(\hat{f}_{t-1} + f_{ss})} \qquad (5.101)$$

$$G = e^{(\hat{T}_t + \hat{T}_{ss})} \qquad (5.102)$$

同样，依然按照上述方式将金融机构的一阶条件转化为以下形式：

$$e^{(\hat{v}_t + \hat{v}_{ss})} = \beta e^{(\hat{\Lambda}_{t,t+1} + \hat{\Lambda}_{ss})} \cdot \left[(1 - \theta)(e^{(\hat{R}_{kt+1} + \hat{R}_{kss})} - e^{(\hat{R}_{t+1} + \hat{R}_{ss})}) + \theta e^{(\hat{x}_{t,t+1} + \hat{x}_{ss} + \hat{v}_{t+1} + \hat{v}_{ss})} \right] \qquad (5.103)$$

$$e^{(\hat{\eta}_t + \hat{\eta}_{ss})} = (1 - \theta) + \theta \beta e^{(\hat{\Lambda}_{t,t+1} + \hat{\Lambda}_{ss} + \hat{z}_{t,t+1} + \hat{z}_{ss} + \hat{\eta}_{t+1} + \hat{\eta}_{ss})} \qquad (5.104)$$

$$e^{(\hat{z}_{t,t+1} + \hat{z}_{ss})} = (e^{\hat{R}_{kt+1} + \hat{R}_{kss}} - e^{\hat{R}_{t+1} + \hat{R}_{ss}}) \cdot e^{\hat{\varphi}_t + \hat{\varphi}_{ss}} + e^{(\hat{R}_{t+1} + \hat{R}_{ss})} \qquad (5.105)$$

$$\hat{x}_{t,t+1} + \hat{x}_{ss} = \hat{\varphi}_{t+1} - \hat{\varphi}_t + \hat{z}_{t,t+1} + \hat{z}_{ss} \qquad (5.106)$$

$$\hat{Q}_t + \hat{Q}_{ss} + \hat{S}_t + \hat{S}_{ss} = \hat{\varphi}_t + \hat{\varphi}_{ss} + \hat{N}_t + \hat{N}_{ss} \qquad (5.107)$$

$$e^{(\hat{\eta}_t + \hat{\eta}_{ss} - \hat{\varphi}_t - \hat{\varphi}_{ss})} = \lambda - e^{(\hat{v}_t + \hat{v}_{ss})} \qquad (5.108)$$

$$e^{(\hat{v}'_t + \hat{v}'_{ss})} = \beta e^{(\hat{\Lambda}_{t,t+1} + \hat{\Lambda}_{ss})} \cdot \left[(1 - \theta)(e^{(\hat{R}_{kt+1} + \hat{R}_{kss})} - e^{(\hat{R}_{t+1} + \hat{R}_{ss})}) + \theta e^{(\hat{x}'_{t+1} + \hat{x}'_{ss} + \hat{v}'_{t+1} + \hat{v}'_{ss})} \right] \qquad (5.109)$$

$$e^{(\hat{\eta}'_t + \hat{\eta}'_{ss})} = (1 - \theta) + \theta \beta e^{(\hat{\Lambda}_{t,t+1} + \hat{\Lambda}_{ss} + \hat{z}'_{t,t+1} + \hat{z}'_{ss} + \hat{\eta}'_{t+1} + \hat{\eta}'_{ss})} \qquad (5.110)$$

$$e^{(\hat{z}'_{t,t+1} + \hat{z}'_{ss})} = (e^{\hat{R}_{kt+1} + \hat{R}_{kss}} - e^{\hat{R}_{t+1} + \hat{R}_{ss}}) \cdot e^{\hat{\varphi}'_t + \hat{\varphi}'_{ss}} + e^{(\hat{R}_{t+1} + \hat{R}_{ss})} \qquad (5.111)$$

$$\hat{x}'_{t,t+1} + \hat{x}'_{ss} = \hat{\varphi}'_{t+1} - \hat{\varphi}'_t + \hat{z}'_{t,t+1} + \hat{z}'_{ss} \qquad (5.112)$$

$$m e^{\hat{Q}_t + \hat{Q}_{ss} + \hat{S}_t + \hat{S}_{ss}} + e^{\hat{a}_{t+1} + \hat{a}_{ss}} = m e^{(\hat{\varphi}'_t + \hat{\varphi}'_{ss} + \hat{N}_t + \hat{N}_{ss})} \qquad (5.113)$$

$$e^{(\hat{\eta}'_t + \hat{\eta}'_{ss} - \hat{\varphi}'_t - \hat{\varphi}'_{ss})} = \lambda - e^{(\hat{v}'_t + \hat{v}'_{ss})} \qquad (5.114)$$

$$(1+m)e^{\hat{N}_t+\hat{N}_{ss}} = [(e^{(\hat{R}_{kt}+\hat{R}_{kss})} - e^{(\hat{R}_t+\hat{R}_{ss})})e^{(\hat{\varphi}_{t-1}+\hat{\varphi}_{ss})} + e^{(\hat{R}_t+\hat{R}_{ss})}] \cdot e^{(\hat{N}_{t-1}+\hat{N}_{ss})}$$
$$+[\theta(1+m)-1] \cdot [(e^{(\hat{R}_{kt}+\hat{R}_{kss})} - e^{(\hat{R}_t+\hat{R}_{ss})})e^{(\hat{\varphi}'_{t-1}+\hat{\varphi}'_{ss})} + e^{(\hat{R}_t+\hat{R}_{ss})}] \cdot e^{(\hat{N}_{t-1}+\hat{N}_{ss})}$$
$$+\omega(me^{(\hat{Q}_t+\hat{Q}_{ss}+\hat{S}_t+\hat{S}_{ss})} + e^{(\hat{a}_{t+1}+\hat{a}_{ss})})$$

$$(5.115)$$

同样，市场出清条件的线性化形式如下：

$$e^{(\hat{Y}_t+\hat{Y}_{ss})} = \frac{1}{2}\left(\frac{e^{(\hat{I}_{nt}+\hat{I}_{nss})}+e^{\hat{I}_{ss}}}{e^{(\hat{I}_{nt-1}+\hat{I}_{nss})}+e^{\hat{I}_{ss}}}-1\right)^2 (e^{\hat{I}_{nt}+\hat{I}_{nss}}+e^{\hat{I}_{ss}}) + (e^{\hat{C}_t+\hat{C}_{ss}}+e^{\hat{I}_{ss}+\hat{I}_t}+G) \cdot e^{(\hat{f}_t+\hat{f}_{ss})}$$

$$(5.116)$$

$$e^{(\hat{f}_t+\hat{f}_{ss})} = (1-\gamma)e^{\varepsilon\hat{P}_t} + \gamma\left(\frac{1+e^{\hat{\pi}_{t-1}+\hat{\pi}_{ss}}}{1+e^{\hat{\pi}_t+\hat{\pi}_{ss}}}\right)^{-\varepsilon} \cdot e^{(\hat{f}_{t-1}+\hat{f}_{ss})} \quad (5.117)$$

$$1+e^{(\hat{\pi}_t+\hat{\pi}_{ss})} = e^{(\hat{P}_t-\hat{P}_{t-1})} \quad (5.118)$$

第五节 中央银行资产负债表政策扩展模型：财政与货币政策协同求解

5.5.1 中央银行资产负债表政策扩展模型一阶条件

中央银行资产负债表政策扩展模型的家庭、中间产品生产商、零售厂商、资本生产企业，以及金融机构的最优化一阶条件与基础模型第1～5节相同，但中央银行资产负债表政策和财政部政策有所不同。假设利率政策面临零约束，此时泰勒规则无法发挥作用，中央银行资产负债表政策根据通胀定标规则调控经济。同时，由于财政部与中央银行之间具有协同性，因此财政部对中央银行的政策进行支持。

根据上述假设，描述第二类银行的净值与资产之间关系的公式（5.36）变为：

$$mQ_tS_t + a'_{t+1} = m\varphi'_t N_t \quad (5.119)$$

5.3.1 中中央银行资产负债表政策约束为：

$$\pi_{t+i} = \log a'_{t+i+1} - \log a'_{t+i} \quad (5.75)$$

$$R_t = b_t r_t \tag{5.74}$$

通胀定标规则为：

$$\pi_t = (1-\Psi)\pi_{t+1} + \Psi\pi_{t-1} + \upsilon(\log Y_t - \log Y_t^*) + \epsilon_t \tag{5.78}$$

财政部资产负债表方程：

$$G + \frac{b_t a'_{t+1}}{P_t} = T_t + r_t \frac{a'_t}{P_t} + (R_{kt} - R_t)\frac{b_t a'_t}{P_t} \tag{5.80}$$

其中，内生变量为 $\{\pi, a', R, r, T, R_k\}$，$\epsilon_t$、$b_t$ 和 P_t 为外生冲击。

5.5.2 中央银行资产负债表政策扩展模型线性化

根据上述假设，中央银行资产负债表政策约束线性化形式为：

$$e^{\hat{\pi}_{t+1} + \hat{\pi}_{ss}} = \hat{a}'_{t+1} - \hat{a}'_t \tag{5.120}$$

$$\hat{R}_t + \hat{R}_{ss} = \hat{b}_t + \hat{b}_{ss} + \hat{r}_t + \hat{r}_{ss} \tag{5.121}$$

通胀目标规则线性化形式为：

$$e^{\hat{\pi}_t + \hat{\pi}_{ss}} = (1-\Psi)e^{\hat{\pi}_{t+1} + \hat{\pi}_{ss}} + \Psi e^{\hat{\pi}_{t-1} + \hat{\pi}_{ss}} + \upsilon\hat{Y}_t + e^{\hat{\epsilon}_t + \hat{\epsilon}_{ss}} \tag{5.122}$$

财政部的资产负债表约束线性化形式为：

$$G + e^{\hat{b}_t + \hat{b}_{ss} + \hat{a}'_{t+1} + \hat{a}'_{ss} - \hat{P}_t - \hat{P}_{ss}} = e^{\hat{T}_t + \hat{T}_{ss}} + e^{\hat{r}_t + \hat{r}_{ss} + \hat{a}'_t + \hat{a}'_{ss} - \hat{P}_t - \hat{P}_{ss}}$$
$$+ (e^{\hat{R}_{kt} + \hat{R}_{kss}} - e^{\hat{R}_t + \hat{R}_{ss}}) \cdot e^{\hat{b}_t + \hat{b}_{ss} + \hat{a}'_t + \hat{a}'_{ss} - \hat{P}_t - \hat{P}_{ss}} \tag{5.123}$$

此外，家庭、中间产品生产商、零售厂商、资本生产企业以及金融机构的最优化一阶条件线性化形式与基础模型第1～5节相同。

第六节 本章小结

本章在 Gertler 和 Karadi（2011）模型的框架基础上，分析在财政货币政策非协同和协同条件下，中央银行资产负债表政策调整金融市场和实体经济的机制和效果，以印证第二章中对美联储和欧洲央行在本次全球金融危机中所运用的资产负债表政策效果的差异分析。尽管欧洲央行负债项目中"对政府的欧元负债"从 2007 年 8 月开始逐步上升（详见第三章），但并没有运用于支持信贷宽松政策。因此，为了从理论角度揭示两大央行的政策效果差异的原因，本章将欧元区作为财政货币政策非协同的典型区域，同时将美国作为财政货币政策协同的典型区域。

本章首先建立了一个财政货币政策非协同的模型，对已有框架的假设进行了修正，以求更为符合金融危机中的主要事实。这些修正的假设包括以下三方面：①金融机构分为两类，一类无需向中央银行申请救助，另一类需要向中央银行申请救助；②中央银行与财政部相互独立，即中央银行的信贷政策只能通过货币发行融资，财政部任何时候都不会为中央银行信贷政策提供资金支持；③中央银行货币政策实行多目标制，泰勒规则与通胀定标规则交替发挥效力。这些假设与欧洲央行在全球金融危机中实行信贷宽松和量化宽松政策时的经济背景相一致，因此从模型设定层面为第六章 DSGE 模型模拟分析提供了稳固的理论基础。

随后，本章的扩展模型在基础模型之上又进一步更改了关于中央银行与财政部之间关系的假设，认为财政部通过其在中央银行的特殊存款为信贷政策提供融资，同时中央银行还可以通过货币发行为该政策融资。此外，假设中央银行货币政策实行多目标制，在面临零利率约束时泰勒规则失效，通胀定标规则成为主要货币政策。这些假设符合美联储在全球金融危机中实行信贷宽松和量化宽松政策时的经济背景，也为第六章定量分析美联储与欧洲央行的资产负债表政策效果提供了有效的理论基础。

第六章　危机时期中央银行资产负债表政策的经济学简化分析

第一节　中央银行资产负债表政策 DSGE 基础模型简化分析

6.1.1　基础模型参数校准

第五章建立了中央银行资产负债表政策 DSGE（动态随机一般均衡模型）基础模型，本章通过对模型的校准和模拟来分析中央银行资产负债表政策最优规模的决定因素。DSGE 基础模型中共包括 22 个参数，其中 17 个参照 Gertler 和 Karadi（2011）模型已经校准的参数，5 个是本模型重新进行校准的参数，包括 $(f, d, m, \Psi, \upsilon)$（附录 3 表 3.1）。

根据 Gertler 和 Karadi（2011）的模型，我们对传统参数选取传统校准数值，包括主观折现率 β、折旧率 $\delta(U)$、有效资本产出的弹性系数 α、商品替代弹性 ε、政府支出份额 G。同时，稳态资本利用率 U 标准化为 1，泰勒规则中通胀反应系数 κ_π 为 1.5，产出缺口系数 κ_y 为 0.5，泰勒规则中的平滑参数 ρ 为 0.8。此外，其他传统参数根据普里米切里等人（Primiceri 等，2006）的模型估计而得，包括消费习惯参数 h、劳动的相对效用权重 χ、弗里施劳动力供给弹性倒数 ϕ、价格黏性参数 γ、价格指数参数 γ_p。

对金融部门来说，参数选择的标准包括以下三方面：①这些参数可以使稳态利差为 100 个基点；②稳态杠杆率为 4；③稳态银行家平均寿命为 10 年（Gertler 和 Karadi，2011）。金融部门参数包括 Gertler 和 Karadi（2011）模型所定义的银行家存活比率 θ、银行家转移资金比例 λ、家庭对新生银行的资产转移比例 ω；还包括本模型所特有的参数，即银行家占家庭成员比例 f、需要中央银行救助的银行比例 d、第二类银行的家庭存款（权益）与第一类银行相应项目的比例 m。银行家占家庭成员比例 f 以欧元区总人口中金融从业人员的比例表示。作者运用人力资源统计库（Labour Statistics Database）中对欧元区国家（不含马耳他）1999—2011 年的从业人员行业细分数据及 Eurostat 数据库中上述国家的同期总就业人口数据进行估算，得到欧元区平均金融从业人员比例为 $f = 0.012$。需要中央银行救助的银行比例 $m/{1+m}$ 以 1999—2011 年获得欧洲央行注资银行的平均比例表示。由于欧洲央行并没有公布金融危机中获得注资的银行名单，而仅公布了央行存款工具①和追缴存款保证金工具总额。因此，假设银行家为风险规避者，只有在其经营状况十分不景气时才会运用这两种工具从欧洲央行获得资助。由于对商业银行来说，这两种央行融资工具都属于其资产，因此上述工具与欧元区银行总资产之比可近似表示获得注资银行的比例。作者从欧洲央行网站获得了 1999—2011 年央行存款工具和追缴准备金工具额度，并从 Eurostat 数据库中获得了同期欧元区国家（不含马耳他）的银行总资产。由此估算得到欧洲央行救助银行的平均比例约为 $m/{1+m} = 0.066$（$m = 0.071$）。

对中央银行政策来说，本模型在 Gertler 和 Karadi（2011）模型的基础上增添了两个数量型货币政策的参数，包括通胀定标规则中的平滑参数 Ψ 和通胀定标规则中的产出缺口系数 υ。根据第五章，通胀定标规则表示如下：

$$\pi_t = (1 - \Psi)\pi_{t+1} + \Psi\pi_{t-1} + \upsilon(\log Y_t - \log Y_t^*) + \epsilon_t \qquad (5.78)$$

为了对相关参数进行估计，加利和格特勒（Gali 和 Gertler，1999），以及琼多和比昂（Jondeau 和 Bihan，2001）对富雷尔和摩尔（Fuhrer 和 Moore，1995）的双向菲利普斯曲线模型进行了简化，其形式如下：

$$\text{inflation}_t = (1 - \Psi) \cdot \text{inflation}_{t+1} + \Psi \cdot \text{inflation}_{t-1} + \upsilon \cdot \text{output} gap_t + u_t \qquad (6.1)$$

在此基础上，Gali 和 Gertler（1999）、Jondeau 和 Bihan（2001）、鲁德和蕙兰（Rudd 和 Whelan，2005），以及法内利（Fanelli，2008）运用多种方法对美国和欧元区的上述参数进行了估算（表 6.1）。从欧元区样本估计结果来看，Jondeau 和 Bihan（2001）与 Fanelli（2008）的结果相差较大。因此，需要从时间区间选择来判断模型的适宜程度。由于 Jondeau 和 Bihan（2001）选取欧元区 1970 年第一季度至 1999 年第四季度的数据样本，因此从样本长度和数据更新程度上来讲都更具有优势。此外，由于广义矩方法（GMM）是经济学家们普遍接受的估计双向菲利普斯曲线的有效方法（Gali 和 Gertler，1999），同时该文献估算了欧元区和美国的相应参数，为之后的扩展模型提供了一致的分析参数。因此作者选择 Jondeau 和 Bihan（2001）运用广义矩方法估计的欧元区菲利普斯

---

① 央行存款工具是商业银行将其资产存入中央银行获得隔夜存款利息的工具。

曲线参数，即 $\Psi = 0.266$，$\upsilon = 0.071$。

表 6.1　双向菲利普斯曲线估计结果

文献	参数数值			估计方法	样本国家
	$(1-\Psi)$	Ψ	Ω		
Gali 和 Gertler （1999）	0.755** (0.016)	0.218** (0.031)	0.015* (0.006)	广义矩（GMM）	美国 1960Q1—1997Q4
	0.764** (0.033)	0.221* (0.031)	0.011* (0.006)	两阶段最小二乘法 （2SLS）	
	0.817** (0.034)	0.188** (0.032)	-0.010** (0.003)	运用产出缺口估计的 两阶段最小二乘法	
Jondeau 和 Bihan （2001）	—	0.344** (0.051)	-0.039** (0.027)	广义矩（GMM）	美国 1970Q1—1999Q4
	—	0.266** (0.071)	0.071** (0.056)		欧元区 1970Q1—1999Q4
	—	0.473** (0.026)	0.001** (0.013)	极大似然估计（ML）	美国 1970Q1—1999Q4
	—	0.513** (0.153)	0.033** (0.136)		欧元区 1970Q1—1999Q4
Rudd 和 Whelan （2005）	— 0.778** (0.120)	0.908** (0.018)	0.077** (0.010)	广义矩（GMM）	美国 1960Q1—1995Q1 美国 1960Q1—2002Q1
Fanelli （2008）	0.80**	0.07**	0.03**	向量自回归模型 （VAR）	欧元区 1971Q1—1998Q2
	$\chi^2(7) = 44.16$ [0.000]				

注："*"代表 $P < 0.1$，"**"代表 $P < 0.05$，"***"代表 $P < 0.001$。

此外，本模型还在 Gertler 和 Karadi（2011）的基础上增添了一个外生冲击，即数量型货币政策外生冲击 ϵ_t。这一冲击有助于分析欧洲央行负债项目中占比居首的流通中货币对本次全球金融危机的反应。

6.1.2　简化的中央银行资产负债表政策金融系统基础模型分析

6.1.2.1　简化的金融系统基础模型

为了更加清晰地考察中央银行资产负债表政策规模的决定方式，作者首先将 DSGE 模型简化为金融系统模型。根据第五章的框架，为了使稳态全部为正数，需要将原模型中的 $z_{t,t+1}$、φ_t、$x_{t,t+1}$ 分别转化为其相反数的形式，将 a_{t+1}、N_t、S_t 分别转换为其对数形式。其金融系统模型由以下 13 个一阶条件构成：

$$v_t = E_t\{(1-\theta)\beta\Lambda_{t,t+1}(R_{kt+1} - R_{t+1}) + \beta\Lambda_{t,t+1}\theta(-x_{t,t+1})v_{t+1}\} \qquad (6.2)$$

$$\eta_t = E_t\{(1-\theta) + \beta\Lambda_{t,t+1}\theta(-z_{t,t+1})\eta_{t+1}\} \qquad (6.3)$$

$$-z_{t,t+1} = (R_{kt+1} - R_{t+1})(-\varphi_t) + R_{t+1} \qquad (6.4)$$

$$-x_{t,t+1} = (\varphi_{t+1}/\varphi_t)(-z_{t,t+1}) \qquad (6.5)$$

$$Q_t \log(S_t) = \varphi_t \log(N_t) \qquad (6.6)$$

$$\frac{\eta_t}{\lambda - v_t} = -\varphi_t \qquad (6.7)$$

$$v_t' = E_t\{(1-\theta)\beta\Lambda_{t,t+1}(R_{kt+1} - R_{t+1}) + \beta\Lambda_{t,t+1}\theta(-x_{t,t+1}')v_{t+1}'\} \qquad (6.8)$$

$$\eta_t' = E_t\{(1-\theta) + \beta\Lambda_{t,t+1}\theta(-z_{t,t+1}')\eta_{t+1}'\} \qquad (6.9)$$

$$-z_{t,t+1}' = (R_{kt+1} - R_{t+1})(-\varphi_t') + R_{t+1} \qquad (6.10)$$

$$-x_{t,t+1}' = (\varphi_{t+1}'/\varphi_t')(-z_{t,t+1}') \qquad (6.11)$$

$$mQ_t \log(S_t) + a_{t+1} = m\varphi_t' \log(N_t) \qquad (6.12)$$

$$\frac{\eta_t'}{\lambda - v_t'} = -\varphi_t' \qquad (6.13)$$

$$\begin{aligned}(1+m)\log(N_t) = &[(R_{kt} - R_t)(-\varphi_{t-1}) + R_t]\log(N_{t-1}) \\ &+ [\theta(1+m)-1]\cdot[(R_{kt} - R_t)(-\varphi_{t-1}') + R_t]\log(N_{t-1}) \\ &+ \omega[mQ_t \log(S_t) + \log(a_{t+1})]\end{aligned}$$

$$(6.14)$$

其中，银行债权随机收益为 $R_{rpt} = R_{kt} - R_t$、无风险收益率为 R_t、每单位债权的相对价格为 Q_t，边际消费倾向增长率为 $\Lambda_{t,t+1}$ 被视外生变量，遵循以下运动方程：

$$\log(R_{rpt}) = \rho_{Rrp} \cdot \log(R_{rpt-1}) + e_{Rrp} \qquad (6.15)$$

$$\log(R_t) = \rho_R \cdot \log(R_{t-1}) + e_R \qquad (6.16)$$

$$\log(\Lambda_{t,t+1}) = \rho_\Lambda \cdot \log(\Lambda_{t-1,t}) + e_\Lambda \qquad (6.17)$$

$$\log(Q_t) = \rho_Q \cdot \log(Q_{t-1}) + e_Q \qquad (6.18)$$

当变量的 t 期与 $t-1$ 期相等时，模型达到稳态。因此，对公式（6.2）至公式（6.18）求解稳态，可以得到以下结果：

$$z_{ss} = -\frac{-[\lambda + \lambda\beta\theta - (1-\theta)\beta] \pm \sqrt{[\lambda\beta\theta + \lambda - (1-\theta)\beta]^2 + 4\lambda\beta\theta[-\lambda + (1-\theta)\beta - (1-\theta)]}}{2(-\lambda\beta\theta)}$$

$$\text{(6.19)}$$

$$z_{ss} = z'_{ss} \tag{6.20}$$

$$\varphi_{ss} = \varphi'_{ss} = 1 - z_{ss} \tag{6.21}$$

$$\eta_{ss} = \eta'_{ss} = \frac{(1-\theta)}{1+\beta\theta z_{ss}} \tag{6.22}$$

$$v_{ss} = v'_{ss} = \frac{(1-\theta)\beta}{1+\beta\theta z_{ss}} \tag{6.23}$$

$$x_{ss} = x'_{ss} = z_{ss} \tag{6.24}$$

$$a_{ss} = 1 \tag{6.25}$$

$$S_{ss} = 1 \tag{6.26}$$

$$N_{ss} = 1 \tag{6.27}$$

$$R_{rpss} = 1 \tag{6.28}$$

$$R = 1 \tag{6.29}$$

$$\Lambda_{ss} = 1 \tag{6.30}$$

为了使模型的稳态唯一，需要将银行家转移资金比例参数调整为 $\lambda = 0.007$ ，可以得到以下稳态系统：

$$\{z_{ss}, z'_{ss}, x_{ss}, x'_{ss}, \varphi_{ss}, \varphi'_{ss}, \eta_{ss}, \eta'_{ss}, v_{ss}, v'_{ss}, a_{ss}, N_{ss}, S_{ss}, R_{rpss}, R_{ss}, \Lambda_{ss}\} =$$
$$\{1.0380, 1.0380, 1.0380, 1.0380, 2.0380, 2.0380, 0.0282, 0.0282, 0.0279, 0.0279, 1, 1, 1, 1, 1, 1\}$$

将公式（6.6）、公式（6.12）、公式（6.14）联立求解 $\{S_t, N_t, a_{t+1}\}$ ，得到以下结果：

$$\ln N_t = \frac{[(R_{kt} - R_t) \cdot (-\varphi_{ss}) + R_t] \cdot \ln(N_{ss}) + [\theta(1+m)-1] \cdot [(R_{kt} - R_t) \cdot (-\varphi'_{ss}) + R_t] \cdot \ln(N_{ss})}{[1+m-\omega m(-\varphi'_t)]}$$

$$\text{(6.31)}$$

$$\ln(S_t) = \frac{-\varphi_t \ln N_t}{Q_t} \tag{6.32}$$

$$\ln a_{t+1} = m(-\varphi'_t + \varphi_t) \ln N_t \tag{6.33}$$

6.1.2.2　简化的金融系统基础模型分析

1. 银行系统总净值的影响因素分析

首先，作者对银行系统总净值的影响因素进行分析比较。假设问题银行的

杠杆率 φ' 恒为稳态值，即 $\varphi'_t = \varphi'_{ss} = 2.0380$。根据公式（6.31）可以得到银行总净值 N_t 与其持有非金融债权风险溢价 $R_{rp} = R_{kt} - R_t$ 和无风险收益率 R_t 之间的关系，其三维关系图如图 6.1 所示。

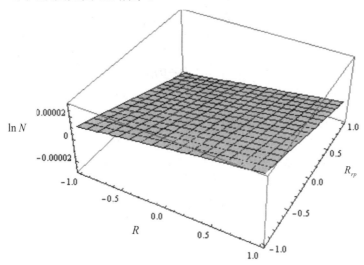

图 6.1　银行总净值 N_t 与风险溢价 R_{rpt} 和无风险收益率 R_t 之间的关系（基础模型）

假设健康银行的杠杆率恒为稳态值，此时 N_t 与 $R_{rpt} = R_{kt} - R_t$ 和 R_t 之间的关系表示为：

$$\ln N_t = 9.717 \times 10^{-6} R_t - 1.980 \times 10^{-5} R_{rpt} \tag{6.34}$$

从图 6.1 可以发现，所有银行的总净值的对数随其持有的对非金融机构债权的风险溢价增加而减少，其斜率为 1.980×10^{-5}；同时，银行总净值的对数随无风险收益率增加而增加，其斜率为 9.717×10^{-6}。显然，非金融机构债权的风险溢价对银行系统净值的影响更大。

假设无风险收益率恒为 1%，此时可得到银行总净值 N_t 与风险溢价 R_{rpt} 和问题银行杠杆率 φ'_t 之间的关系（图 6.2）。

$$\ln N_t = \frac{1.0407 \times 10^{-7} - 8.2988 \times 10^{-7} R_{rpt} - 10^{-5} \varphi'_t R_{rpt}}{1.0707 + 1.414 \times 10^{-4} \varphi'_t} \tag{6.35}$$

从银行系统总净值 N_t 与问题银行杠杆率 φ'_t 之间的关系来看，当 $R_{rpt} = 1$ 时，N_t 与 φ'_t 之间的关系可以表示为：

$$\ln N_t = \frac{-7.258 \times 10^{-7} - 10^{-5} \varphi_t'}{1.071 + 1.414 \times 10^{-4} \varphi_t'} \quad （6.36）$$

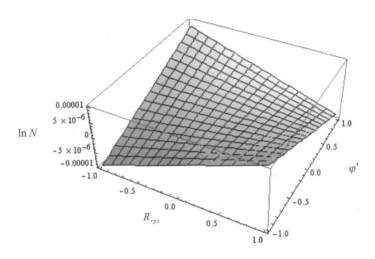

图 6.2　银行总净值 N_t 与风险溢价 R_{rpt} 和问题银行杠杆率 φ_t' 之间的关系（基础模型）

求 φ_t' 的一阶导数，可以得到：

$$\frac{d\ln N_t}{d\varphi_t'} = -\frac{1.071 \times 10^{-5}}{(1.071 + 1.414 \times 10^{-4} \varphi_t')^2} \quad （6.37）$$

可以得到 $\dfrac{d\ln N_t}{d\varphi_t'} < 0$，说明当风险溢价为正时，问题银行的杠杆率越大，金融系统总净值越小。当 $\varphi_t' = 1$ 时，问题银行杠杆率增加 1 个基点，那么金融系统总净值的对数减少 9.335×10^{-6} 个基点，相当于银行总净值 N_t 的增长率为 -9.335×10^{-6}。当 $\varphi_t' = 0$ 时，问题银行杠杆率增加 1 个基点，那么金融系统总净值 N_t 增长 -9.337×10^{-6} 个基点。当 $\varphi_t' = -1$ 时问题银行杠杆率增加 1 个基点，那么金融系统总净值 N_t 增长 -9.340×10^{-6} 个基点。

当 $R_{rpt} = 0$ 时，N_t 与 φ_t' 之间的关系可以表示为：

$$\ln N_t = \frac{1.04072 \times 10^{-7}}{1.0707 + 1.414 \times 10^{-3} \varphi_t'} \quad （6.38）$$

求 φ_t' 的一阶导数，可以得到：

$$\frac{d\ln N_t}{d\varphi_t'} = -\frac{1.472 \times 10^{-10}}{(1.071 + 1.414 \times 10^{-3} \varphi_t')^2} \quad （6.39）$$

由此可见，问题银行杠杆率 φ_t' 增加，银行系统总净值 N_t 随之减少。当 $\varphi_t' = 1$

时，问题银行的杠杆率 φ_t' 增加 1 个基点，银行总净值 N_t 增长 -9.707×10^{-8} 个基点。当 $\varphi_t' = 0$ 时，问题银行的杠杆率 φ_t' 增加 1 个基点，银行总净值增长 -9.72×10^{-8} 个基点。当 $\varphi_t' = -1$ 时，问题银行的杠杆率 φ_t' 增加 1 个基点，银行总净值增长 -9.733×10^{-8} 个基点。

当 $R_{rpt} = -1$ 时，N_t 与 φ_t' 之间的关系可以表示为：

$$\ln N_t = \frac{9.339 \times 10^{-7} + 10^{-5} \varphi_t'}{1.071 + 1.414 \times 10^{-4} \varphi_t'} \tag{6.40}$$

求 φ_t' 的一阶导数，可以得到：

$$\frac{\mathrm{d}\ln N_t}{\mathrm{d}\varphi_t'} = \frac{1.071 \times 10^{-5}}{(1.071 + 1.414 \times 10^{-4} \varphi_t')^2} \tag{6.41}$$

可以得到 $\dfrac{\mathrm{d}\ln N_t}{\mathrm{d}\varphi_t'} > 0$，说明当风险溢价为负时，问题银行的杠杆率越大，金融系统总净值越大。诚然，风险溢价为负的情况下，经济陷入极度混乱与衰退之中，此时问题银行大幅增加，造成金融系统总净值与问题银行的杠杆率出现正向关系。

从金融系统总净值与风险溢价之间的关系来看，当 $\varphi_t' = 1$ 时，N_t 与 R_{rpt} 之间的关系可以表示为：

$$\ln N_t = 9.719 \times 10^{-8} - 1.011 \times 10^{-5} R_{rpt} \tag{6.42}$$

在问题银行杠杆率为正时，当金融系统对非金融机构债权的风险溢价 R_{rpt} 增加 1 个基点，银行总净值增长 -1.011×10^{-5} 个基点。

当 $\varphi_t' = 0$ 时，N_t 与 R_{rpt} 之间的关系可以表示为：

$$\ln N_t = 9.72 \times 10^{-8} - 7.7508 \times 10^{-7} R_{rpt} \tag{6.43}$$

在问题银行杠杆率为零时，金融系统对非金融机构债权的风险溢价 R_{rpt} 增加 1 个基点，银行总净值增长 -7.7508×10^{-7} 个基点，与公式（6.42）相比，其下降速度远小于问题银行杠杆率为正时。与问题银行的杠杆率对金融系统总净值的影响相比，金融系统对非金融机构债权的风险溢价 R_{rpt} 对银行总净值 N_t 的影响更为明显。

当 $\varphi_t' = -1$ 时，N_t 与 R_{rpt} 之间的关系可以表示为：

$$\ln N_t = 9.721 \times 10^{-8} - 8.566 \times 10^{-6} R_{rpt} \tag{6.44}$$

在问题银行杠杆率为负时，金融系统对非金融机构债权的风险溢价 R_{rpt} 增加 1 个基点，银行总净值增长 -8.566×10^{-6} 个基点，同样远小于问题银行杠杆率为正时风险溢价对银行总净值的影响幅度。

2. 银行系统总资产的影响因素分析

其次，对银行系统总资产 S_t 的影响因素进行分析。银行总资产 S_t 与其持有非金融机构债权风险溢价 $R_{rpt}=R_{kt}-R_t$ 和无风险收益率 R_t 之间的关系如图 6.3 所示。

S_t 与 R_{rpt} 和 R_t 之间的关系式表示如下：

$$\ln S_t = -1.9804\times10^{-5} R_t + 4.0361\times10^{-5} R_{rpt} \tag{6.45}$$

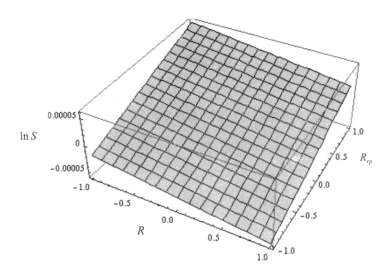

图 6.3　银行总资产 S_t 与风险溢价 R_{rpt} 和无风险收益率 R_t 之间的关系（基础模型）

根据图 6.3 和公式（6.44）可以发现，所有银行的总资产 S_t 的对数随其持有的对非金融机构债权的风险溢价 R_{rpt} 增加而增加，其斜率为 4.0361×10^{-5}。同时，银行总资产的对数随无风险收益率 R_t 增加而减少，其斜率为 1.9804×10^{-5}。显然，非金融机构债权的风险溢价对银行系统净值的影响更大。

假设无风险收益率恒为 1%，此时可得到银行总资产 S_t 与风险溢价 R_{rpt} 和问题银行杠杆率 φ'_t 之间的关系（图 6.4）。

$$\ln S_t = -\frac{\varphi'_t\left[1.0407\times10^{-7}+(-8.2989\times10^{-7}-10^{-5}\varphi'_t)\cdot R_{rpt}\right]}{1.0707+1.414\times10^{-4}\varphi'_t} \tag{6.46}$$

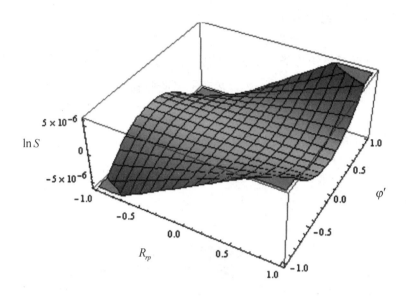

图 6.4　银行总资产 S_t 与风险溢价 R_{rpt} 和问题银行杠杆率 φ_t' 之间的关系（基础模型）

从银行持有的非金融机构的风险溢价对银行系统总资产的影响来看，当 $\varphi_t' = 1$ 时，S_t 与 R_{rpt} 之间的关系可以表示为：

$$\ln S_t = -9.72128 \times 10^{-8} + 1.0113 \times 10^{-5} R_{rpt} \qquad (6.47)$$

此时，如果银行持有非金融机构债权的风险溢价 R_{rpt} 增加 1 个基点，那么银行总资产的对数 $\ln(S_t)$ 相应增加 1.0113×10^{-5} 个基点，即银行总资产增长 1.0113×10^{-5} 个基点。

当 $\varphi_t' = 0$ 时，S_t 不受到 R_{rpt} 的影响。当 $\varphi_t' = -1$ 时，S_t 与 R_{rpt} 之间的关系可以表示为：

$$\ln S_t = 9.721 \times 10^{-8} + 8.566 \times 10^{-6} R_{rpt} \qquad (6.48)$$

此时，如果银行持有非金融机构债权的风险溢价 R_{rpt} 增加 1 个基点，那么银行总资产的对数 $\ln(S_t)$ 相应增加 8.566×10^{-6} 个基点，即银行总资产增长 8.566×10^{-6} 个基点。与公式（6.41）相比，如果问题银行的杠杆率为负，即总资产与净值之比为负，那么风险溢价增加对银行系统总资产的增加作用将会大幅减弱。这也说明政府有必要对问题银行注资，以防止问题银行出现杠杆率为负的情况。

从问题银行的杠杆率对银行系统总资产的影响情况来看，当 $R_{rpt} = 1$ 时，S_t 与 φ_t' 之间的关系可以表示为：

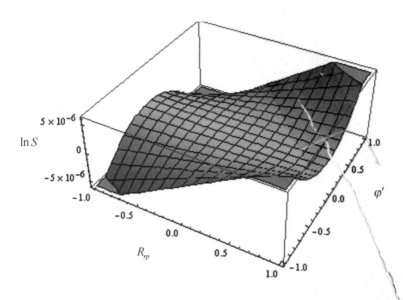

图 6.4　银行总资产 S_t 与风险溢价 R_{rpt} 和问题银行杠杆率 φ_t' 之间的关系（基础模型）

从银行持有的非金融机构的风险溢价对银行系统总资产的影响来看，当 $\varphi_t' = 1$ 时，S_t 与 R_{rpt} 之间的关系可以表示为：

$$\ln S_t = -9.72128 \times 10^{-8} + 1.0113 \times 10^{-5} R_{rpt} \tag{6.47}$$

此时，如果银行持有非金融机构债权的风险溢价 R_{rpt} 增加 1 个基点，那么银行总资产的对数 $\ln(S_t)$ 相应增加 1.0113×10^{-5} 个基点，即银行总资产增长 1.0113×10^{-5} 个基点。

当 $\varphi_t' = 0$ 时，S_t 不受到 R_{rpt} 的影响。当 $\varphi_t' = -1$ 时，S_t 与 R_{rpt} 之间的关系可以表示为：

$$\ln S_t = 9.721 \times 10^{-8} + 8.566 \times 10^{-6} R_{rpt} \tag{6.48}$$

此时，如果银行持有非金融机构债权的风险溢价 R_{rpt} 增加 1 个基点，那么银行总资产的对数 $\ln(S_t)$ 相应增加 8.566×10^{-6} 个基点，即银行总资产增长 8.566×10^{-6} 个基点。与公式（6.41）相比，如果问题银行的杠杆率为负，即总资产与净值之比为负，那么风险溢价增加对银行系统总资产的增加作用将会大幅减弱。这也说明政府有必要对问题银行注资，以防止问题银行出现杠杆率为负的情况。

从问题银行的杠杆率对银行系统总资产的影响情况来看，当 $R_{rpt} = 1$ 时，S_t 与 φ_t' 之间的关系可以表示为：

为正时风险溢价对银行总净值的影响幅度。

2. 银行系统总资产的影响因素分析

其次，对银行系统总资产 S_t 的影响因素进行分析。银行总资产 S_t 与其持有非金融机构债权风险溢价 $R_{rpt}=R_{kt}-R_t$ 和无风险收益率 R_t 之间的关系如图 6.3 所示。

S_t 与 R_{rpt} 和 R_t 之间的关系式表示如下：

$$\ln S_t = -1.9804\times10^{-5}R_t + 4.0361\times10^{-5}R_{rpt} \tag{6.45}$$

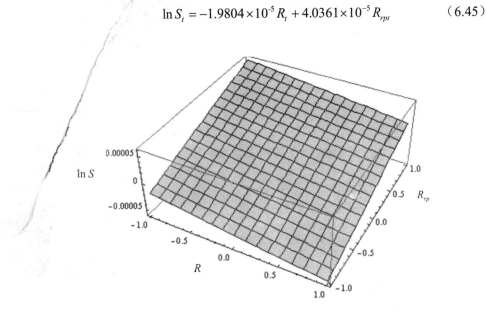

图 6.3　银行总资产 S_t 与风险溢价 R_{rpt} 和无风险收益率 R_t 之间的关系（基础模型）

根据图 6.3 和公式（6.44）可以发现，所有银行的总资产 S_t 的对数随其持有的对非金融机构债权的风险溢价 R_{rpt} 增加而增加，其斜率为 4.0361×10^{-5}。同时，银行总资产的对数随无风险收益率 R_t 增加而减少，其斜率为 1.9804×10^{-5}。显然，非金融机构债权的风险溢价对银行系统净值的影响更大。

假设无风险收益率恒为 1%，此时可得到银行总资产 S_t 与风险溢价 R_{rpt} 和问题银行杠杆率 φ_t' 之间的关系（图 6.4）。

$$\ln S_t = -\frac{\varphi_t'\left[1.0407\times10^{-7}+(-8.2989\times10^{-7}-10^{-5}\varphi_t')\cdot R_{rpt}\right]}{1.0707+1.414\times10^{-4}\varphi_t'} \tag{6.46}$$

$$\frac{d \ln S_t}{d \varphi_t'} = -\frac{1.414 \times 10^{-9}(0.047 + \varphi_t')(15\,144.2 + \varphi_t')}{(1.071 + 1.414 \times 10^{-4} \varphi_t')^2} \qquad (6.54)$$

当 $\varphi_t' = -0.047$ 时，公式（6.53）达到最大值 -6.163×10^{-8}，即银行系统总资产达到最大值。当 $-15144.2 < \varphi_t' < -0.047$ 时，银行总资产的对数 $\ln(S_t)$ 随问题银行杠杆率增加而增加；当 $\varphi_t' > -0.047$ 时，银行总资产的对数 $\ln(S_t)$ 随问题银行杠杆率增加而减少。与公式（6.47）和公式（6.48）相比，问题银行杠杆率对银行系统总资产的影响比风险溢价更大。例如，当 φ_t' 趋近于 1 时，φ_t' 增加 1 个基点，银行总资产的对数 $\ln S_t$ 减少 1.955×10^{-5} 个基点，即银行总资产增长 -1.955×10^{-5} 个基点；当 φ_t' 趋近于 -1 时，φ_t' 增加 1 个基点，银行总资产的对数 $\ln S_t$ 增加 1.781×10^{-5} 个基点，即银行总资产增长 1.781×10^{-5} 个基点，远大于风险溢价变动所带来的银行总资产增加幅度。此外，问题银行的杠杆率对银行总资产的影响出现拐点的结论说明，当风险溢价为负时，规模小、杠杆率低的银行在成为问题银行后，银行系统的总资产会增加，而规模大、杠杆率高的银行在出现问题后，银行系统的总资产会减少。通常来讲，风险溢价为负的情况只有在经济陷入永久性衰退、市场崩溃、经济陷入一片混乱时才可能出现，此时即使具有"大而不倒"优势的大型银行也无法获利。

3. 中央银行信贷政策规模的影响因素分析

中央银行信贷政策规模 a_{t+1} 与健康银行杠杆率 φ_t 及问题银行杠杆率 φ_t' 之间的关系如图 6.5 所示，可以表示为：

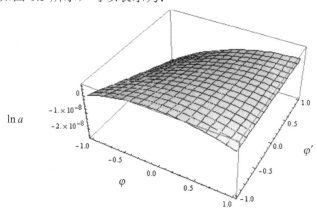

图 6.5   中央银行信贷宽松规模 a_{t+1} 与问题银行杠杆率 φ_t' 和健康银行杠杆率 φ_t 之间的关系（基础模型）

$$\ln a_{t+1} = \frac{0.071(9.577 \times 10^{-8} - 10^{-7} \varphi_t)(\varphi_t - \varphi_t')}{1.071 + 1.414 \times 10^{-4} \varphi_t} \qquad (6.55)$$

从健康银行杠杆率对中央银行信贷政策规模的影响来看，当 $\varphi_t' = 1$ 时，a_{t+1} 与 φ_t 之间的关系可以表示为：

$$\ln S_t = \frac{(7.2581 \times 10^{-7} + 10^{-5} \varphi_t')\varphi_t'}{1.0707 + 1.414 \times 10^{-4} \varphi_t'} \qquad (6.49)$$

求 φ_t' 的一阶导数可得：

$$\frac{d(\ln S_t)}{d\varphi_t'} = \frac{\left[1.414 \times 10^{-9}\,(0.036 + \varphi_t')\,(15144.2 + \varphi_t')\right]}{(1.071 + 1.414 \times 10^{-4}\,\varphi_t')^2} \qquad (6.50)$$

当 $\varphi_t' = 0.036$ 时，公式（6.49）达到最小值 $-3.690\,11 \times 10^{-8}$，即银行系统总资产达到最小值。当 $-15144.2 < \varphi_t' < 0.036$ 时，银行总资产的对数 $\ln S_t$ 随问题银行杠杆率增加而减少，即银行系统总资产 S_t 的增长率为负；当 $\varphi_t' > 0.036$ 时，银行总资产的对数 $\ln S_t$ 随问题银行杠杆率增加而增加，即银行系统总资产 S_t 的增长率为正。与公式（6.47）和公式（6.48）相比，问题银行杠杆率对银行系统总资产的影响比风险溢价更大。例如，当 φ_t' 趋近于 1 时，φ_t' 增加 1 个基点，银行总资产的对数 $\ln S_t$ 增加 1.935×10^{-5} 个基点，即 S_t 增长 1.935×10^{-5} 个基点；当 φ_t' 趋近于 -1 时，φ_t' 增加 1 个基点，银行总资产的对数 $\ln S_t$ 减少 1.801×10^{-5} 个基点，即 S_t 增长 -1.801×10^{-5} 个基点，远大于风险溢价变动所带来的银行总资产降低幅度。此外，问题银行的杠杆率对银行总资产的影响出现拐点的结论说明，规模小、杠杆率低的银行在成为问题银行后，银行系统的总资产会减少，而规模大、杠杆率高的银行在出现问题后，银行系统的总资产会增加。其原因一方面是由于政府会对这些"大而不倒"的银行进行注资，另一方面是这些规模大的银行有能力从事风险更大、收益更高的投资来弥补其资产损失。

当 $R_{rpt} = 0$ 时，S_t 与 φ_t' 之间的关系可以表示为：

$$\ln S_t = -\frac{1.040\,72 \times 10^{-7} \varphi_t'}{1.0707 + 1.414 \times 10^{-4} \varphi_t'} \qquad (6.51)$$

求 φ_t' 的一阶导数可得：

$$\frac{d\ln S_t}{d\ln \varphi_t'} = -\frac{1.114 \times 10^{-7}}{(1.071 + 1.414 \times 10^{-4} \varphi_t')^2} \qquad (6.52)$$

此时，由于 $\dfrac{d\ln S_t}{d\ln \varphi_t'} < 0$，因此问题银行杠杆率越大，银行系统的总资产越少。

当 $R_{rpt} = -1$ 时，S_t 与 φ_t' 之间的关系可以表示为：

$$\ln(S_t) = -\frac{(9.340 \times 10^{-7} + 10^{-5} \varphi_t')\varphi_t'}{1.071 + 1.414 \times 10^{-4} \varphi_t'} \qquad (6.53)$$

求 φ_t' 的一阶导数可得：

$$\ln a_{t+1} = -\frac{7.07 \times 10^{-9}(-0.9577 + \varphi_t)(-1 + \varphi_t)}{1.0707 + 1.414 \times 10^{-4}\varphi_t} \tag{6.56}$$

求 φ_t 的一阶导数，得到：

$$\frac{d\ln a_{t+1}}{d\varphi_t} = -\frac{9.997 \times 10^{-13}(-0.979 + \varphi_t)(15145.3 + \varphi_t)}{(1.071 + 1.414 \times 10^{-4}\varphi_t)^2} \tag{6.57}$$

当 $\varphi_t = 0.979$ 时，$\ln a_{t+1}$ 达到最大值，为 2.949×10^{-12}。当 $-15145.3 < \varphi_t < 0.979$ 时，$\ln a_{t+1}$ 随 φ_t 增加而增加；当 $\varphi_t > 0.979$ 时，$\ln a_{t+1}$ 随 φ_t 增加而减少。当 φ_t 趋近于 -1 时，φ_t 增加一个基点，a_{t+1} 增长 2.614×10^{-8} 个基点；当 φ_t 趋近于 1 时，φ_t 增加一个基点，a_{t+1} 增长 -2.791×10^{-10} 个基点。因此，如果健康银行的杠杆率为正数，那么健康银行资产与其净值（或权益）之比越大，中央银行进行信贷宽松政策的必要性就越小。

当 $\varphi_t' = 0$ 时，a_{t+1} 与 φ_t 之间的关系可以表示如下：

$$\ln a_{t+1} = \frac{0.071 \times (9.577 \times 10^{-8} - 10^{-7}\varphi_t)\varphi_t}{1.0707 + 1.414 \times 10^{-4}\varphi_t} \tag{6.58}$$

求 φ_t 的一阶导数，可得：

$$\frac{d\ln a_{t+1}}{d\varphi_t} = -\frac{9.997 \times 10^{-13}(-0.479 + \varphi_t)(15144.8 + \varphi_t)}{(1.071 + 1.414 \times 10^{-4}\varphi_t)^2} \tag{6.59}$$

当 $\varphi_t = 0.479$ 时，$\ln a_{t+1}$ 达到最大值 -1.647×10^{-9}。当 $-15144.8 < \varphi_t < 0.479$ 时，$\ln a_{t+1}$ 随 φ_t 增加而增加；当 $\varphi_t > 0.479$ 时，$\ln a_{t+1}$ 随 φ_t 增加而减少。当 φ_t 趋近于 -1 时，φ_t 增加一个基点，a_{t+1} 增长 1.953×10^{-8} 个基点；当 φ_t 趋近于 1 时，φ_t 增加一个基点，a_{t+1} 增长 -6.881×10^{-9} 个基点。因此，如果健康银行的杠杆率为正数，那么健康银行资产与其净值（或权益）之比越大，中央银行进行信贷宽松政策的必要性就越小。

当 $\varphi_t' = -1$ 时，a_{t+1} 与 φ_t 之间的关系可以表示为：

$$\ln a_{t+1} = -\frac{7.07 \times 10^{-9}(-0.9577 + \varphi_t)(1 + \varphi_t)}{1.0707 + 1.414 \times 10^{-4}\varphi_t} \tag{6.60}$$

$$\frac{d\ln a_{t+1}}{d\varphi_t} = -\frac{9.997 \times 10^{-13}(0.0212 + \varphi_t)(15145.3 + \varphi_t)}{(1.071 + 1.414 \times 10^{-4}\varphi_t)^2} \tag{6.61}$$

当 $\varphi_t = -0.0212$ 时，$\ln a_{t+1}$ 达到最大值，为 6.3152×10^{-9}。当 $-15145.3 < \varphi_t < -0.0212$ 时，$\ln a_{t+1}$ 随 φ_t 增加而增加；当 $\varphi_t > -0.0212$ 时，$\ln a_{t+1}$ 随 φ_t 增加而减少。当 φ_t 趋近于 -1 时，φ_t 增加一个基点，a_{t+1} 增长 1.2929×10^{-8} 个基点；当 φ_t 趋近于 1 时，φ_t 增加一个基点，a_{t+1} 增长 -1.3484×10^{-8} 个基点。因此，如果健康银行的杠杆率为正数，那么健康银行资产与其净值（或权益）之比越大，中央银行

进行信贷宽松政策的必要性就越小。

从问题银行杠杆率对中央银行信贷政策规模的影响来看，当 $\varphi_t = 1$ 时，a_{t+1} 与 φ_t' 之间的关系可以表示为：

$$\ln a_{t+1} = -2.7906 \times 10^{-10}(1 - \varphi_t') \qquad (6.62)$$

因此，当健康银行杠杆率为 1 时，中央银行的信贷宽松规模 a_{t+1} 随着问题银行杠杆率 φ_t' 增加而增加，当 φ_t' 增加 1 个基点，a_{t+1} 增长 2.7906×10^{-10} 个基点。因此，问题银行杠杆率越大，中央银行信贷宽松规模就越大。

当 $\varphi_t = 0$ 时，a_{t+1} 与 φ_t' 之间的关系可以表示为：

$$\ln a_{t+1} = -6.324 \times 10^{-9} \varphi_t' \qquad (6.63)$$

因此，当健康银行的杠杆率为零时，中央银行的信贷宽松规模 a_{t+1} 随着问题银行杠杆率 φ_t' 增加而减少，当 φ_t' 增加 1 个基点，a_{t+1} 增长 -6.324×10^{-9} 个基点。因此，问题银行杠杆率越大，中央银行信贷宽松规模就越小。由于健康银行不会出现资产为负的情况，因此本模型不考虑 $\varphi_t = -1$ 的情况。

6.1.3　简化金融系统基础模型分析结论

通过对上述简化金融系统基础模型的模拟分析，得出以下三方面结论。

首先，银行系统总净值的影响因素包括以下三种，金融机构持有非金融机构债券的风险溢价、无风险收益率，以及问题银行杠杆率。其中，风险溢价增加导致银行系统总净值减少，无风险收益率增加导致银行系统总净值增加，并且前者的影响更大。根据第五章公式（5.7）中银行资产与负债的关系，当银行系统总资产不变时，风险溢价增加使银行更倾向于从家庭吸收更多存款以投资于风险资产，导致银行负债增加，净值减少。同时，当无风险收益率增加时，银行融资的成本增加，吸收存款动力不足，银行系统净值增加。此外，当风险溢价不小于零时，问题银行杠杆率的增加导致银行系统总净值减少；当风险溢价为负时，问题银行杠杆率的增加导致银行系统总净值增加。这说明在金融市场运行正常的情况下，中央银行可以通过控制问题银行杠杆率来调整银行系统总净值的水平，而不是仅仅通过注资来提高问题银行的净值。

其次，银行系统总资产的影响因素包括以下三种：金融机构持有非金融机构债券的风险溢价、无风险收益率，以及问题银行杠杆率。其中，风险溢价增加导致银行系统总资产增加，无风险收益率增加导致银行系统总资产减少，并且前者对银行系统净值的影响更大。根据第五章公式（5.7）中银行资产与负债的关系，当银行系统总净值一定时，风险溢价增加，银行倾向于吸收更多存款以投资于风险高而收益高的资产，因此银行系统总资产增加。同时，当无风险收益率增加时，银行的融资成本增加，导致银行没有动力吸收更多存款，其总资产减少。另一方面，问题银行杠杆率对银行系统总资产的影响出现拐点。当风险溢价为正，问题银行杠杆率为 0.036 时，银行系统总资产增长率达到最小值（-3.690×10^{-8}）。这说明当问题银行杠杆率小于 0.036 时，银行系统总资产的增长率为负，其绝对值逐渐上升；当问题银行杠杆率大于 0.036 时，银行系统总资产的增长率由负转正，呈缓慢增长状态。当风险溢价为零时，问题银行杠杆率越大，银行系统总资产越少。当风险溢价为负，问题银行杠杆率为 -0.047 时，银行系统总资产增长率达到最大值（-6.163×10^{-8}）。这说明当问题银行杠杆率小于 0.047 时，银行系统总资产的增长率为正，其绝对值逐渐上升；当问题银行杠杆率大于 0.047 时，银行系统总资产的增长率由正转负，呈缓慢下降状态。这说明，在金融市场状况正常的情况下，规模小、杠杆率低的银行成为问题银行时，银行系统总资产会减少；而规模大、杠杆率高的银行在成为问题银行时，银行系统总资产会增加。换言之，"大而不倒"的银行在出现危机时，政府倾向于对其进行大规模注资，使其能够拥有更多资产投资于风险更高、收益更大的资产，以获得收益。但此时，政府更应该侧重救助规模小、杠杆率低的银行，以达到稳定金融机构总资产的目的。当风险溢价为负时，规模小、杠杆率低的银行在成为问题银行时，银行系统总资产会增加，而规模大、杠杆率高的银行在出现问题时，银行系统总资产会减少。此时政府应该侧重于救助规模大、杠杆率高的银行，以达到稳定金融机构总资产的目的。

最后，中央银行信贷政策规模的影响因素包括以下两方面：健康银行杠杆率和问题银行杠杆率。当问题银行杠杆率一定时，健康银行杠杆率对中央银行信贷政策规模的影响出现拐点。假设问题银行杠杆率为 1，那么当健康银行杠杆率为 0.979 时，中央银行信贷政策规模达到最大值。当健康银行杠杆率低于这一水平时，中央银行信贷政策规模随健康银行杠杆率上升而增大，并且增速越来越快；当健康银行杠杆率高于这一水平时，中央银行信贷政策规模随健康银行杠杆率上升而缩小，并且缩小的速度越来越快。假设问题银行杠杆率为零，那么当健康银行杠杆率为 0.479 时，中央银行信贷政策规模达到最大值。假设问题银行杠杆率小于零，那么健康银行杠杆率越大，中央银行信贷宽松的规模越小。这说明健康银行杠杆率只有在达到一定临界点时，中央银行信贷宽松政策实施的规模才会达到最大，并不是健康银行的杠杆率越小，金融市场越不景气，中央银行信贷宽松政策规模越大。因此，中央银行在选择资产负债表工具时，需要考虑健康银行杠杆率是否在此临界点上。

另一方面，当健康银行杠杆率一定时，问题银行对中央银行信贷政策规模的影响是单调的，不存在拐点。假设健康银行杠杆率为 1 时，问题银行杠杆率越大，中央银行信贷宽松规模就越大。假设健康银行杠杆率为零时，问题银行杠杆率越大，中央银行信贷宽松规模越小。这说明中央银行资产负债表政策规模并不是单纯由问题银行杠杆率决定的，还需要同时考察健康银行杠杆率，以便确定适当的信贷宽松政策规模。如果看到问题银行杠杆率增大而一味增加信贷宽松政策，可能在健康银行杠杆率到达临界点时出现适得其反的效果。

第二节　中央银行资产负债表政策 DSGE 扩展模型简化分析

6.2.1　扩展模型参数校准

DSGE 扩展模型与基础模型的参数经济含义相同，共 22 个参数，其中 17 个参照 Gertler 和 Karadi（2011）的模型已经校准的参数，5 个是本模型重新进行校准的参数，包括$(f, d, m, \Psi, \upsilon)$（附录 3 表 3.2）。

参数含义与基础模型相同，在此并不赘述。除$(f, d, m, \Psi, \upsilon)$以外，其他参数均采用基础模型中的校准结果。为了对扩展模型中的银行家占家庭成员比例 f 进行校准，作者从美国人口调查局 2011 年社区调查[①]中获得 2005—2011 年[②]美国银行从业人数和总从业人数的数据，并用这 7 年内银行从业人员占比的平均数作为 f 的校准数值，得到 $f = 0.07$。根据 FDIC 数据库中商业银行报告，[③]作者计算了 1990—2011 年美国商业银行数量；同时，根据该数据库中倒闭和救助报告，[④]作者计算了 1990—2011 年倒闭商业银行[⑤]的数量，并用倒闭银行平均占比校准需要中央银行救助银行的比例 $\dfrac{m}{1+m}$，得到 $\dfrac{m}{1+m} = 0.001$，$m = 0.001$。

同时，为了校准通胀定标规则中的平滑参数 Ψ 和通胀定标规则中的产出缺

---

① U.S. Census Bureau 2011 American Community Survey.

② 该调查数据仅提供 2005—2011 年的调查结果，因此数据样本偏小。但这一样本横跨危机发生前后，因此具有一定的解释力。

③ Wharton Research Data Services. FDIC: Commercial Bank Report.

④ Wharton Research Data Services. FDIC: Failures and Assistance Transactions.

⑤ 该数据库中倒闭商业银行包括中央银行救助成功及失败的商业银行，并且都具有明确的标识。根据本书第三章模型设定，作者将所有倒闭商业银行（包括分支机构）作为需要央行救助银行的样本。

口系数 υ ，扩展模型中通胀定标规则表示如下：

$$\pi_t = (1-\Psi)\pi_{t+1} + \Psi\pi_{t-1} + \upsilon(\log Y_t - \log Y_t^*) + \epsilon_t \qquad (5.78)$$

根据公式（6.1）和表 6.1，同时为了与基础模型参数校准值具有可比性，作者选择 Jondeau 和 Bihan（2001）运用广义矩方法估计的欧元区菲利普斯曲线参数，即 $\Psi = 0.344$ ， $\upsilon = -0.039$ 。

此外，扩展模型在基础模型之上增添了另一个外生冲击，央行对财政部的负债占其总负债的比例外生冲击 b_t 。由于 2007—2009 年金融危机中美联储资产负债表中增长最为明显的两项负债是支票存款与现金项下的联邦政府和流通中的现金两项（见第三章），因此本部分通过加入这一冲击和数量型货币政策冲击，分别刻画在全球金融危机中美联储资产负债表结构的最优调整。

6.2.2　简化的中央银行资产负债表政策金融系统扩展模型分析

6.2.2.1　银行系统总净值的影响因素分析

金融系统扩展模型与本章第一节中金融系统基础模型形式一致，但需要中央银行救助的银行比例相对较小，即参数 $m = 0.001$ 。根据公式（6.31）至公式（6.33），可以得到扩展模型金融系统简化模型中金融系统总净值、总资产及中央银行信贷宽松政策规模如何受到其他变量的影响。首先，金融系统总净值 N_t 与金融机构持有非金融机构债权的风险溢价及无风险收益率之间的关系如图 6.6 所示，可以表示为：

$$\ln N_t = 9.720 \times 10^{-6} \times (R_t - 2.038 R_{rpt}) \qquad (6.64)$$

根据图 6.6 可以发现，所有银行的总净值随其持有的对非金融机构债权的风险溢价增加而减少，其斜率为 1.981×10^{-5} ，略大于基础模型中的斜率 1.980×10^{-5} ；同时，银行总净值随无风险收益率增加而增加，其斜率为 9.720×10^{-6} ，也略大于基础模型中的斜率（ 9.717×10^{-6} ）。显然，非金融机构债权的风险溢价对银行系统净值的影响更大。同时，银行总净值受到风险溢价和无风险收益率的影响比基础模型更大。

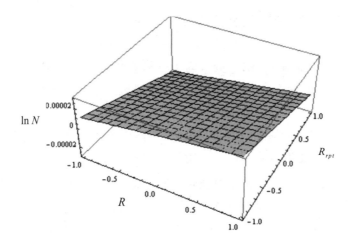

图 6.6　银行总净值 N_t 与风险溢价 R_{rpt} 和无风险收益率 R_t 之间的关系（扩展模型）

假设无风险收益率恒为 1%，此时可得到银行总净值 N_t 与风险溢价 R_{rpt} 和问题银行杠杆率 φ_t' 之间的关系（图 6.7），表示为：

$$\ln(N_t) = \frac{9.729 \times 10^{-8} + 5.508 \times 10^{-7} R_{rpt} - 10^{-5} \varphi_t' R_{rpt}}{1.001 + 2 \times 10^{-6} \varphi_t'} \qquad （6.65）$$

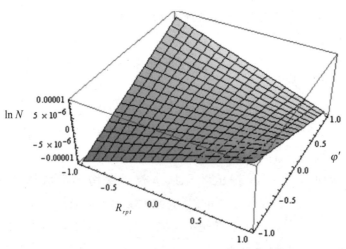

图 6.7　银行总净值 N_t 与风险溢价 R_{rpt} 和问题银行杠杆率 φ_t' 之间的关系（扩展模型）

从银行系统总净值 N_t 与问题银行杠杆率 φ_t' 之间的关系来看，当 $R_{rpt} = 1$ 时，N_t 与 φ_t' 之间的关系可以表示为：

$$\ln N_t = \frac{6.481 \times 10^{-7} - 10^{-5} \varphi_t'}{1.002 + 2 \times 10^{-6} \varphi_t'} \tag{6.66}$$

求 φ_t' 的一阶导数，可以得到：

$$\frac{\mathrm{d}\ln N_t}{\mathrm{d}\varphi_t'} = -\frac{10^{-5}}{(1.002 + 2 \times 10^{-6} \varphi_t')^2} \tag{6.67}$$

可得到 $\dfrac{\mathrm{d}\ln N_t}{\mathrm{d}\varphi_t'} < 0$，说明当风险溢价为正时，问题银行的杠杆率越大，金融系统总净值越小。当 $\varphi_t' = \{1, 0, -1\}$ 时，问题银行杠杆率增加 1 个基点，金融系统总净值 N_t 增长率为 -9.990×10^{-6} 个基点。与基础模型相比，扩展模型中问题银行杠杆率对银行系统总净值的影响略大。

当 $R_{rpt} = 0$ 时，N_t 与 φ_t' 之间的关系可以表示为：

$$\ln N_t = \frac{9.729 \times 10^{-8}}{1.001 + 2 \times 10^{-6} \varphi_t'} \tag{6.68}$$

求 φ_t' 的一阶导数，可以得到：

$$\frac{\mathrm{d}\ln N_t}{\mathrm{d}\varphi_t'} = -\frac{1.946 \times 10^{-13}}{(1.001 + 2 \times 10^{-6})^2} \tag{6.69}$$

由此可见，问题银行的杠杆率越大，银行系统总净值越小。当 $\varphi_t' = \{1, 0, -1\}$ 时，问题银行的杠杆率 φ_t' 增加 1 个基点，银行总净值的对数 $\ln(N_t)$ 下降 1.942×10^{-13} 个基点，即银行总净值增长 -1.942×10^{-13} 个基点。当 $\varphi_t' = 0$ 时，问题银行的杠杆率 φ_t' 增加 1 个基点，银行总净值增长 -1.942×10^{-13} 个基点。

当 $R_{rpt} = -1$ 时，N_t 与 φ_t' 之间的关系可以表示为：

$$\ln N_t = \frac{-4.535 \times 10^{-7} + 10^{-5} \varphi_t'}{1.001 + 2 \times 10^{-6} \varphi_t'} \tag{6.70}$$

求 φ_t' 的一阶导数，可以得到：

$$\frac{\mathrm{d}\ln N_t}{\mathrm{d}\varphi_t'} = \frac{10^{-5}}{(1.001 + 2 \times 10^{-6} \varphi_t')^2} \tag{6.71}$$

可得到 $\dfrac{\mathrm{d}\ln N_t}{\mathrm{d}\varphi_t'} > 0$，说明当风险溢价为负时，问题银行的杠杆率越大，金融系统总净值越大。诚然，在风险溢价为负的情况下，经济陷入极度混乱与衰退之中，此时问题银行数量大幅增加，造成金融系统总净值与问题银行的杠杆率出现正向关系。

从金融系统总净值与风险溢价之间的关系来看，当 $\varphi_t' = 1$ 时，N_t 与 R_{rpt} 之间的关系可以表示为：

$$\ln N_t = 9.719 \times 10^{-8} - 9.439 \times 10^{-6} R_{rpt} \qquad (6.72)$$

在问题银行杠杆率为正时，当金融系统对非金融机构债权的风险溢价 R_{rpt} 增加 1 个基点时，银行总净值增长 -9.439×10^{-6} 个基点。

当 $\varphi_t' = 0$ 时，N_t 与 R_{rpt} 之间的关系可以表示为：

$$\ln N_t = 9.72 \times 10^{-8} + 5.503 \times 10^{-7} R_{rpt} \qquad (6.73)$$

此时，在问题银行杠杆率为零时，金融系统对非金融机构债权的风险溢价 R_{rpt} 增加 1 个基点，银行总净值增长 5.503×10^{-7} 个基点。与公式（6.72）相比，风险溢价对银行系统总净值的影响方向发生了改变。

当 $\varphi_t' = -1$ 时，N_t 与 R_{rpt} 之间的关系可以表示为：

$$\ln N_t = 9.72 \times 10^{-8} - 1.054 \times 10^{-5} R_{rpt} \qquad (6.74)$$

在问题银行杠杆率为负时，金融系统对非金融机构债权的风险溢价 R_{rpt} 增加 1 个基点，银行总净值 N_t 增长 -1.054×10^{-5} 个基点，略大于问题银行杠杆率为正时风险溢价对银行总净值的影响幅度。

6.2.2.2　银行系统总资产的影响因素分析

下面对银行系统总资产 S_t 的影响因素进行分析。银行总资产 S_t 与其持有非金融债权风险溢价 $R_{rpt} = R_{kt} - R_t$ 和无风险收益率 R_t 之间的关系如图 6.8 所示。

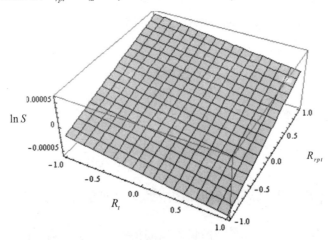

图 6.8　银行总资产 S_t 与风险溢价 R_{rpt} 和无风险收益率 R_t 之间的关系（扩展模型）

S_t 与 R_p 和 R_t 之间的关系式表示为：

$$\ln S_t = -1.9809 \times 10^{-5} R_t + 4.0371 \times 10^{-5} R_{rpt} \qquad (6.75)$$

根据图 6.8 和公式（6.75）可以发现，所有银行的总资产 S_t 随其持有的对非金融机构债权的风险溢价 R_{rpt} 增加而增加，其斜率为 4.0371×10^{-5}，略大于基础模型中风险溢价对银行总资产的影响；同时，银行总资产随无风险收益率 R_t 增加而减少，其斜率为 1.9809×10^{-5}，也略大于基础模型中无风险收益率对银行总资产的影响。显然，非金融机构债权的风险溢价对银行系统净值的影响更大。

假设无风险收益率恒为 1%，此时可得到银行总资产 S_t 与风险溢价 R_{rpt} 和问题银行杠杆率 φ_t' 之间的关系（图 6.9），表示为：

$$\ln S_t = -\frac{\varphi_t'(9.729 \times 10^{-8} + (5.508 \times 10^{-7} - 10^{-5}\varphi_t') \cdot R_{rpt})}{1.001 + 2 \times 10^{-6}\varphi_t'} \qquad (6.76)$$

从银行持有的非金融机构的风险溢价对银行系统总资产的影响来看，当 $\varphi_t' = 1$ 时，S_t 与 R_{rpt} 之间的关系可以表示为：

$$\ln S_t = -9.720 \times 10^{-8} + 9.439 \times 10^{-6} R_{rpt} \qquad (6.77)$$

此时，如果银行持有非金融机构债权的风险溢价 R_{rpt} 增加 1 个基点，那么银行总资产增长 9.439×10^{-6} 个基点，略小于基础模型中相应的 1.0113×10^{-5} 个基点的涨幅。

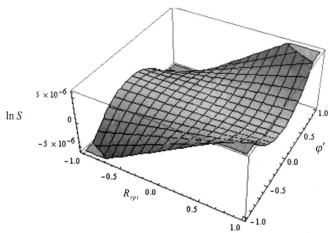

图 6.9 银行总资产 S_t 与风险溢价 R_{rpt} 和问题银行杠杆率 φ_t' 之间的关系（扩展模型）

当 $\varphi_t' = 0$ 时，S_t 不受到 R_{rpt} 的影响。当 $\varphi_t' = -1$ 时，S_t 与 R_{rpt} 之间的关系可以表示为：

$$\ln S_t = 9.720 \times 10^{-8} + 1.054 \times 10^{-5} R_{rpt} \qquad (6.78)$$

此时，如果银行持有非金融机构债权的风险溢价 R_{rpt} 增加 1 个基点，那么

银行总资产增长 1.054×10^{-5} 个基点，略大于基础模型中 8.566×10^{-6} 个基点的涨幅。对照公式（6.46）可以发现，如果问题银行的杠杆率为负，那么风险溢价增加对银行系统总资产的增加作用将会更强。这说明在需要中央银行救助的银行比例相对较小时，风险溢价对银行总资产的影响更大。

从问题银行的杠杆率对银行系统总资产的影响情况来看，当 $R_{rpt}=1$ 时，S_t 与 φ_t' 之间的关系可以表示为：

$$\ln S_t = -\frac{(6.481\times10^{-7}-10^{-5}\varphi_t')\varphi_t'}{1.001+2\times10^{-6}\varphi_t'} \qquad (6.79)$$

求 φ_t' 的一阶导数可得到：

$$\frac{d\ln S_t}{d\varphi_t'} = \frac{2\times10^{-11}\left(-0.032+\varphi_t'\right)\left(1.001\times10^{6}+\varphi_t'\right)}{\left(1.001+2\times10^{-6}\varphi_t'\right)^2} \qquad (6.80)$$

当 $\varphi_t'=0.032$ 时，公式（6.79）达到最小值 $\left(-1.049\times10^{-8}\right)$。当 $-1.001\times10^{6}<\varphi_t'<0.032$ 时，银行总资产的对数 $\ln S_t$ 随问题银行杠杆率增加而减少；当 $\varphi_t'>0.032$ 时，银行总资产的对数 $\ln S_t$ 随问题银行杠杆率增加而增加。与公式（6.77）和公式（6.78）相比，问题银行杠杆率对银行系统总资产的影响比风险溢价更大。与公式（6.50）相比，扩展模型问题银行杠杆率对银行系统总资产的影响与基础模型的比较结果与问题银行杠杆率本身有关。当 φ_t' 趋近于 1 时，φ_t' 增加 1 个基点，银行总资产 S_t 增长率为 1.933×10^{-5} 个基点，略小于基础模型中 1.935×10^{-5} 个基点的涨幅。当 φ_t' 趋近于 -1 时，φ_t' 增加 1 个基点，银行总资产 S_t 增长 -2.063×10^{-5} 个基点，大于基础模型中 -1.801×10^{-5} 个基点的涨幅。与基础模型相同的是，问题银行的杠杆率对银行总资产的影响出现拐点的结论说明，规模小、杠杆率低的银行在成为问题银行时，银行系统总资产会减少，而规模大、杠杆率高的银行在出现问题时，银行系统总资产会增加。其原因一方面是由于政府会对这些"大而不倒"的银行进行注资，另一方面是这些大规模的银行有能力从事风险更大、收益更高的投资来弥补其资产损失。

当 $R_{rpt}=0$ 时，S_t 与 φ_t' 之间的关系可以表示为：

$$\ln S_t = -\frac{9.729\times10^{-8}\varphi'}{1.001+2\times10^{-6}\varphi_t'} \qquad (6.81)$$

求 φ_t' 的一阶导数可得到：

$$\frac{d\ln S_t}{d\ln\varphi_t'} = -\frac{9.739\times10^{-8}}{\left(1.001+2\times10^{-6}\varphi_t'\right)^2} \qquad (6.82)$$

此时，由于 $\dfrac{d\ln S_t}{d\ln\varphi_t'}<0$，因此问题银行杠杆率越大，银行系统总资产越少。

当 $R_{rpt} = -1$ 时，S_t 与 φ_t' 之间的关系可以表示为：

$$\ln S_t = -\frac{(-4.535 \times 10^{-7} + 10^{-5}\varphi_t')\varphi_t'}{1.001 + 2 \times 10^{-6}\varphi_t'} \quad （6.83）$$

求 φ_t' 的一阶导数可得到：

$$\frac{\mathrm{d}\ln S_t}{\mathrm{d}\varphi_t'} = -\frac{2 \times 10^{-11}(-0.023 + \varphi_t')(1.001 \times 10^6 + \varphi_t')}{(1.001 + 2 \times 10^{-6}\varphi_t')^2} \quad （6.84）$$

当 $\varphi_t' = 0.023$ 时，公式（6.83）达到最大值 $\left(-9.607 \times 10^{-9}\right)$。当 $-1.001 \times 10^6 < \varphi_t' < 0.023$ 时，银行总资产的对数 $\ln S_t$ 随问题银行杠杆率增加而增加；当 $\varphi_t' > 0.023$ 时，银行总资产的对数 $\ln(S_t)$ 随问题银行杠杆率增加而减少。与公式（6.77）和公式（6.78）相比，问题银行杠杆率对银行系统总资产的影响比风险溢价更大。例如，当 φ_t 趋近于 1 时，φ_t' 增加 1 个基点，银行总资产的对数 $\ln S_t$ 减少 1.933×10^{-5} 个基点；当 φ_t 趋近于 -1 时，φ_t' 增加 1 个基点，银行总资产的对数 $\ln S_t$ 增加 2.043×10^{-5} 个基点，大于风险溢价变动所带来的银行总资产增加幅度。与基础模型相同的是，问题银行的杠杆率对银行总资产的影响出现拐点的结论说明，当风险溢价为负时，规模小、杠杆率低的银行在成为问题银行时，银行系统总资产会增加，而规模大、杠杆率高的银行在出现问题时，银行系统总资产会减少。通常来讲，风险溢价为负的情况只有在经济陷入永久性衰退、市场崩溃、经济陷入一片混乱时才可能出现，此时即使具有"大而不倒"优势的大型银行也无法获利。

6.2.2.3　中央银行信贷政策规模的影响因素分析

中央银行信贷政策规模 a_{t+1}' 与健康银行杠杆率 φ_t 及问题银行杠杆率 φ_t' 之间的关系如图 6.10 所示，可以表示为：

$$\ln a_{t+1}' = \frac{0.001(1.028 \times 10^{-7} - 10^{-7}\varphi_t)(\varphi_t - \varphi_t')}{1.001 + 2 \times 10^{-6}\varphi_t} \quad （6.85）$$

从健康银行杠杆率对中央银行信贷政策规模的影响来看，当 $\varphi_t' = 1$ 时，a_{t+1}' 与 φ_t 之间的关系可以表示为：

$$a_{t+1}' = -\frac{10^{-10}(-1.028 + \varphi_t)(-1 + \varphi_t)}{1.001 + 2 \times 10^{-6}\varphi_t} \quad （6.86）$$

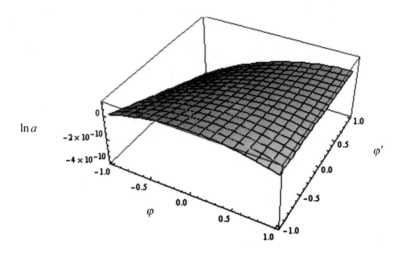

图 6.10   中央银行信贷宽松规模 a'_{t+1} 与问题银行杠杆率 φ'_t 和
健康银行杠杆率 φ_t 之间的关系（扩展模型）

求 φ_t 的一阶导数，得到：

$$\frac{\mathrm{d}\ln a'_{t+1}}{\mathrm{d}\varphi_t} = -\frac{2\times10^{-16}(-1.014+\varphi_t)(1.001\times10^6+\varphi_t)}{(1.001+2\times10^{-6}\varphi_t)^2} \tag{6.87}$$

当 $\varphi_t=1.014$ 时，$\ln a'_{t+1}$ 达到最大值，为 1.966×10^{-14}。当 $-1.001\times10^6 <$ $\varphi_t<1.014$ 时，a'_{t+1} 随 φ_t 增加而增加；当 $\varphi_t>1.014$ 时，a'_{t+1} 随 φ_t 增加而减少。当 φ_t 趋近于 -1 时，φ_t 增加 1 个基点，a'_{t+1} 的增长率为 4.024×10^{-10}，远小于基础模型中 2.614×10^{-8} 个基点的涨幅；当 φ_t 趋近于 1 时，φ_t 增加 1 个基点，a'_{t+1} 减少 2.803×10^{-12} 个基点，远小于基础模型中 2.791×10^{-10} 个基点的降幅。以此来看，如果健康银行的杠杆率为正数，那么健康银行资产与其净值（或权益）之比越大，中央银行进行信贷宽松政策的必要性就越小。因此，健康银行的杠杆率变化也是中央银行资产负债表政策实施力度的观测指标之一。当需要中央银行救助的银行比例较小时，健康银行的杠杆率变化对中央银行信贷宽松政策的影响小于需要救助银行比例较高时的情况。

当 $\varphi'_t=0$ 时，a'_{t+1} 与 φ_t 之间的关系可以表示为：

$$\ln a'_{t+1} = \frac{0.001\times(1.028\times10^{-7}-10^{-7}\varphi_t)\varphi_t}{1.001+2\times10^{-6}\varphi_t} \tag{6.88}$$

求 φ_t 的一阶导数，可得到：

$$\frac{\mathrm{d}\ln a'_{t+1}}{\mathrm{d}\varphi_t} = -\frac{2\times10^{-16}(-0.514+\varphi_t)(1.001\times10^6+\varphi_t)}{(1.001+2\times10^{-6}\varphi_t)^2} \qquad (6.89)$$

当 $\varphi_t = 0.514$ 时，$\ln a'_{t+1}$ 达到最大值，为 2.639×10^{-11}，大于基础模型中相应的 -1.647×10^{-9}。当 $-1.001\times10^6 < \varphi_t < 0.514$ 时，a'_{t+1} 随 φ_t 增加而增加；当 $\varphi_t > 0.514$ 时，a'_{t+1} 随 φ_t 增加而减少。当 φ_t 趋近于 -1 时，φ_t 增加 1 个基点，a'_{t+1} 增长率为 3.025×10^{-10}，小于基础模型中 1.953×10^{-8} 个基点的涨幅；当 φ_t 趋近于 1 时，φ_t 增加 1 个基点，a'_{t+1} 增长率为 -9.709×10^{-11}，小于基础模型中的 -6.881×10^{-9} 个基点的涨幅。因此，如果健康银行的杠杆率为正数，那么健康银行资产与其净值（或权益）之比越大，中央银行进行信贷宽松政策的必要性就越小。

当 $\varphi'_t = -1$ 时，a'_{t+1} 与 φ_t 之间的关系可以表示为：

$$\ln a'_{t+1} = -\frac{10^{-10}(1.028+\varphi_t)(1+\varphi_t)}{1.001+2\times10^{-6}\varphi_t} \qquad (6.90)$$

$$\frac{\mathrm{d}\ln a'_{t+1}}{\mathrm{d}\varphi_t} = -\frac{2\times10^{-16}(-0.014+\varphi_t)(1.001\times10^6+\varphi_t)}{(1.001+2\times10^{-6}\varphi_t)^2} \qquad (6.91)$$

当 $\varphi_t = 0.014$ 时，$\ln a'_{t+1}$ 达到最大值，为 1.418×10^{-12}。当 $-1.001\times10^6 < \varphi_t < -0.014$ 时，a'_{t+1} 随 φ_t 增加而增加；当 $\varphi_t > 0.014$ 时，a'_{t+1} 随 φ_t 增加而减少。当 φ_t 趋近于 -1 时，φ_t 增加 1 个基点，a'_{t+1} 的增长率为 2.026×10^{-10}，小于基础模型中相应的 1.2929×10^{-8} 个基点的涨幅；当 φ_t 趋近于 1 时，φ_t 增加 1 个基点，a'_{t+1} 的增长率为 -1.970×10^{-10}，小于基础模型中 1.3484×10^{-8} 个基点的降幅。因此，如果健康银行的杠杆率为正数，那么健康银行资产与其净值（或权益）之比越大，中央银行进行信贷宽松政策的必要性就越小。同时，需要救助的银行比例越小，健康银行的杠杆率对中央银行信贷宽松政策规模的影响越小。

从问题银行杠杆率对中央银行信贷政策规模的影响来看，当 $\varphi_t = 1$ 时，a'_{t+1} 与 φ'_t 之间的关系可以表示为：

$$\ln a'_{t+1} = 2.803\times10^{-12}(1-\varphi'_t) \qquad (6.92)$$

因此，当健康银行杠杆率为 1 时，中央银行的信贷宽松规模 a'_{t+1} 的增长率随着问题银行杠杆率 φ'_t 上升而下降，当 φ'_t 增加 1 个基点，a'_{t+1} 增长率为 -2.803×10^{-12}。因此，问题银行杠杆率越大，中央银行信贷宽松规模越小。这与基础模型中的相应结论恰好相反。这说明当需要救助的银行比例相对较低时，问题银行杠杆率越大，则中央银行越应该控制信贷宽松政策的运用。

当 $\varphi_t = 0$ 时，a'_{t+1} 与 φ'_t 之间的关系可以表示为：

$$\ln a'_{t+1} = -1.027 \times 10^{-10} \varphi'_t \tag{6.93}$$

因此，当健康银行的杠杆率为零时，中央银行的信贷宽松规模 a'_{t+1} 随着问题银行杠杆率 φ'_t 上升而减少，当 φ'_t 增加 1 个基点，a'_{t+1} 的增长率为 -1.027×10^{-10}，小于基础模型中 -6.324×10^{-9} 个基点的降幅。因此，问题银行杠杆率越大，中央银行信贷宽松规模就越小。并且在需要救助银行的比例较小的时候，中央银行信贷宽松政策受到问题银行杠杆率的影响也较小。由于健康银行不会出现资产为负的情况，因此本模型不考虑 $\varphi_t = -1$ 的情况。

6.2.3　财政部对中央银行信贷政策的支持力度影响因素

通过上述对中央银行信贷政策规模的影响因素分析，扩展模型对财政部资产负债表进行分析，得出财政部对中央银行信贷政策的支持力度与其影响因素之间的关系。根据第五章公式（5.74）和公式（5.80），以及本章的公式（6.31）和公式（6.33），按照上一节中对变量进行转换调整，可以得到：

$$R_t = b_t r_t \tag{6.94}$$

$$G + \frac{b_t \ln a'_{t+1}}{P_t} = T_t + r_t \frac{\ln a'_t}{P_t} + (R_{kt} - R_t)\frac{b_t \ln a'_t}{P_t} \tag{6.95}$$

$$\ln N_t = \frac{[(R_{kt} - R_t) \cdot (-\varphi_{ss}) + R_t] \cdot \ln N_{ss} + [\theta(1+m)-1] \cdot [(R_{kt} - R_t) \cdot (-\varphi'_{ss}) + R_t] \cdot \ln N_{ss}}{[1 + m - \omega m(-\varphi'_t)]}$$

$$\tag{6.31}$$

$$\ln a'_{t+1} = m(-\varphi'_t + \varphi_t) \ln N_t \tag{6.33}$$

可以得到央行对财政部的负债占其总负债的比例与银行持有非银行机构债权的风险溢价、无风险收益率，以及问题银行和健康银行杠杆率之间的关系如下：

$$T_t = 0.2 - \frac{R_t}{b_t} + \frac{9.729 \times 10^{-4} b_t (\varphi_t - \varphi'_t)(R_t - 2.038 R_{rpt})}{1.001 + 2 \times 10^{-6} \varphi'_t} + b_t R_{rpt} \tag{6.96}$$

当 $\varphi_t \approx 1.001 + \varphi'_t = 2.001$ 时，上式变为：

$$T_t = G - \frac{R_t}{b_t} + \frac{9.729 \times 10^{-4} b_t (R_t - 2.038 R_{rpt})}{1.001 + 2 \times 10^{-6}} + b_t R_{rpt} \tag{6.97}$$

假设一次性税收全部用于政府购买，即 $T_t = G$。此时，财政部特别账户对中央银行信贷政策的支持比例 b_t 与银行持有非银行机构债权的风险溢价 R_{rpt}、

无风险收益率 R_t 之间的关系可以表示为以下隐函数形式:

$$\frac{R_t}{b_t} - \frac{9.729 \times 10^{-4} b_t (R_t - 2.038 R_{rpt})}{1.001 + 2 \times 10^{-6}} - b_t R_{rpt} = 0 \qquad (6.98)$$

6.2.3.1 风险溢价对财政部支持信贷宽松政策力度的影响

当 $R_t = 1$ 时，银行持有非银行机构债权的风险溢价 R_{rpt} 与财政部特别账户对中央银行信贷政策的支持比例 b_t 之间的关系为:

$$-\frac{1}{b_t} + 9.720 \times 10^{-4} (1 - 2.038 R_{rpt}) + b_t R_{rpt} = 0 \qquad (6.99)$$

对隐函数公式（6.99）求导可得到下式:

$$0.998 - \frac{2}{b_t^3} \cdot \frac{\mathrm{d}b_t}{\mathrm{d}R_{rpt}} + 0.998 \cdot \frac{\mathrm{d}b_t}{\mathrm{d}R_{rpt}} \cdot \frac{\mathrm{d}R_{rpt}}{\mathrm{d}b_t} = 0 \qquad (6.100)$$

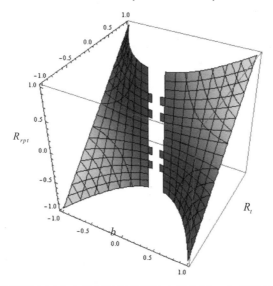

图 6.11 财政部特别账户对中央银行信贷政策的支持比例 b_t 与银行持有非银行机构债权的风险溢价 R_{rpt}、无风险收益率 R_t 之间的关系（扩展模型）

根据公式（6.100）可以得到:

$$\frac{\mathrm{d}b_t}{\mathrm{d}R_{rpt}} = 0.998 b_t^3 \qquad (6.101)$$

由此可见，当无风险收益率为正时，风险溢价 R_{rpt} 对财政部特别账户对中央银行资产负债表政策的支持比例 b_t 的边际影响与该支持比例呈正相关关系。

当 b_t 增加时，风险溢价上升意味着财政部应投入更多资金支持中央银行资产负债表政策。

当 $R_t = 0$ 时，银行持有非银行机构债权的风险溢价 R_{rpt} 与财政部特别账户对中央银行信贷政策的支持比例 b_t 之间的关系为：

$$0.998 b_t R_{rpt} = 0 \qquad (6.102)$$

这说明当无风险收益率为零时，风险溢价 R_{rpt} 和财政部特别账户对中央银行资产负债表政策的支持比例 b_t 中至少有一个为零。当风险溢价降为零，那么财政部可以选择任何支持央行信贷宽松政策的比例；但如果风险溢价不为零，那么财政部特别账户则不应该对中央银行资产负债表政策进行任何支持。

当 $R_t = -1$ 时，银行持有非银行机构债权的风险溢价 R_{rpt} 与财政部特别账户对中央银行信贷政策的支持比例 b_t 之间的关系为：

$$\frac{1}{b_t} + b_t(-9.720 \times 10^{-4} + 0.998 R_{rpt}) = 0 \qquad (6.103)$$

对隐函数公式（6.103）求全微分，可以得到以下结果：

$$0.998 + \frac{2}{b_t^3} \cdot \frac{\mathrm{d}b_t}{\mathrm{d}R_{rpt}} + 0.998 \frac{\mathrm{d}b_t}{\mathrm{d}R_{rpt}} \cdot \frac{\mathrm{d}R_{rpt}}{\mathrm{d}b_t} = 0 \qquad (6.104)$$

根据公式（6.104）可以得到：

$$\frac{\mathrm{d}b_t}{\mathrm{d}R_{rpt}} = -0.998 b_t^3 \qquad (6.105)$$

由此可见，当无风险收益率为负时，风险溢价 R_{rpt} 对财政部特别账户对中央银行资产负债表政策的支持比例 b_t 的边际影响与该支持比例呈负相关。当 b_t 增加时，风险溢价上升意味着财政部应减少对中央银行资产负债表政策的资金支持。目前，实际无风险收益率（3 个月期国债无风险收益率）依然保持在零水平以上，因此公式（6.105）的情况尚未出现。

6.2.3.2 无风险收益率对财政部支持信贷宽松政策力度的影响

当 $R_{rpt} = 1$ 时，无风险收益率 R_t 与财政部特别账户和中央银行信贷政策的支持比例 b_t 之间的关系为：

$$b_t(0.998 + 9.720 R_t) - \frac{R_t}{b_t} = 0 \qquad (6.106)$$

对隐函数公式（6.106）求全微分，可以得到以下结果：

$$b_t + 9.720 \times 10^{-4} b_t^3 + \frac{\mathrm{d}b_t}{\mathrm{d}R_t}[-2R_t + (b_t + 9.720 \times 10^{-4})\frac{\mathrm{d}R_t}{\mathrm{d}b_t}] = 0 \quad （6.107）$$

根据隐函数公式（6.107）可以得到：

$$\frac{\mathrm{d}b_t}{\mathrm{d}R_t} = \frac{2 \times 10^{-9} b_t(5 \times 10^8 + 4.860 \times 10^5 b_t^2)}{R_t} \quad （6.108）$$

这说明无风险收益率 R_t 与财政部特别账户对中央银行信贷政策的支持比例 b_t 的影响随无风险收益率增加而减少，随财政部对信贷宽松政策支持力度增加而增加。当财政部支持比例 $b_t = 0$ 时，无风险收益率对财政部资金支持比例 b_t 无影响。

当 $R_{rpt} = 0$ 时，无风险收益率 R_t 与财政部特别账户和中央银行信贷政策的支持比例 b_t 之间的关系为：

$$-\frac{R_t}{b_t} + 9.720 \times 10^{-4} b_t R_t = 0 \quad （6.109）$$

对隐函数公式（6.109）求全微分，可以得到以下结果：

$$b_t + 9.720 \times 10^{-4} b_t^3 + \frac{\mathrm{d}b_t}{\mathrm{d}R_t}\left[-2R_t + (b_t + 9.720 b_t^3)\frac{\mathrm{d}R_t}{\mathrm{d}b_t}\right] = 0 \quad （6.110）$$

根据隐函数公式（6.110）可以得到：

$$\frac{\mathrm{d}b_t}{\mathrm{d}R_t} = \frac{2 \times 10^{-9} b_t(5 \times 10^8 + 4.860 \times 10^5 b_t^2)}{R_t} \quad （6.111）$$

与 $R_{rpt} = 1$ 时的情况相同。

当 $R_{rpt} = -1$ 时，无风险收益率 R_t 与财政部特别账户及中央银行信贷政策的支持比例 b_t 之间的关系为：

$$-b_t - \frac{R_t}{b_t} + 9.720 \times 10^{-4} b_t(2.038 + R_t) = 0 \quad （6.112）$$

对隐函数公式（6.112）求全微分，可以得到以下结果：

$$b_t + 9.720 \times 10^{-4} b_t^3 + \frac{\mathrm{d}b_t}{\mathrm{d}R_t}\left[-2R_t + (b_t + 9.720 b_t^3)\frac{\mathrm{d}R_t}{\mathrm{d}b_t}\right] = 0 \quad （6.113）$$

根据隐函数公式（6.113）可以得到：

$$\frac{\mathrm{d}b_t}{\mathrm{d}R_t} = \frac{2 \times 10^{-9} b_t(5 \times 10^8 + 4.860 \times 10^5 b_t^2)}{R_t} \quad （6.114）$$

与 $R_{rpt}=1$ 时的情况相同。

6.2.3.3　银行杠杆率对财政部支持信贷宽松政策力度的影响

在分析风险溢价及无风险收益率对财政部特殊账户为中央银行资产负债表政策融资的影响之后，还需要考察健康银行及问题银行的杠杆率如何影响上述融资。假设无风险收益率和风险溢价都为 1%，即 $R_t = R_{rpt} = 0.01$，此时财政部补充融资项目特殊账户占信贷宽松政策规模的比例 b_t 与健康银行杠杆率 φ_t 及问题银行杠杆率 φ_t' 之间的关系如下（图 6.12）：

$$\frac{0.01}{b_t} - 0.01 b_t + \frac{1.010 \times 10^{-5} b_t (\varphi_t - \varphi_t')}{1.001 + 2 \times 10^{-6} \varphi_t'} = 0 \qquad (6.115)$$

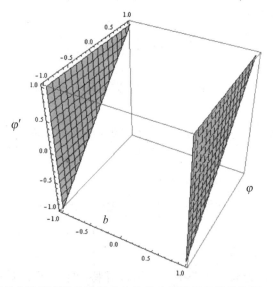

图 6.12　财政部补充融资项目特殊账户占信贷宽松政策规模的比例 b_t 与健康银行杠杆率 φ_t 及问题银行杠杆率 φ_t' 之间的关系（扩展模型）

当 $\varphi_t' = 1$ 时，φ_t 与 b_t 之间的关系为：

$$-\frac{0.01}{b_t} + b_t (0.100 - 1.009 \times 10^{-5} \varphi_t) = 0 \qquad (6.116)$$

对隐函数公式（6.116）求全微分可得：

$$-1.009 \times 10^{-5} - \frac{0.02}{b_t^3} \cdot \frac{\mathrm{d}b_t}{\mathrm{d}\varphi_t} - 1.009 \times 10^{-5} \frac{\mathrm{d}b_t}{\mathrm{d}\varphi_t} \cdot \frac{\mathrm{d}\varphi_t}{\mathrm{d}b_t} = 0 \qquad (6.117)$$

根据公式（6.117）可求得下式：

$$\frac{\mathrm{d}b_t}{\mathrm{d}\varphi_t} = -1.009 \times 10^{-3} b_t^3 \tag{6.118}$$

因此，健康银行杠杆率 φ_t 对财政部补充融资项目特殊账户占信贷宽松政策规模的比例 b_t 的影响与 b_t 的水平成反比。当 $b_t = 0$ 时，φ_t 对 b_t 无影响；当 $b_t > 0$ 时，φ_t 对 b_t 的影响随着 b_t 增加而减弱。

当 $\varphi_t' = 0$ 时，φ_t 与 b_t 之间的关系为：

$$-\frac{0.01}{b_t} + b_t(0.01 - 1.009 \times 10^{-5}\varphi_t) = 0 \tag{6.119}$$

对隐函数公式（6.119）求全微分可得：

$$-1.009 \times 10^{-5} - \frac{0.02}{b_t^3} \cdot \frac{\mathrm{d}b_t}{\mathrm{d}\varphi_t} - 1.009 \times 10^{-5} \frac{\mathrm{d}b_t}{\mathrm{d}\varphi_t} \cdot \frac{\mathrm{d}\varphi_t}{\mathrm{d}b_t} = 0 \tag{6.120}$$

根据公式（6.120）可求得下式：

$$\frac{\mathrm{d}b_t}{\mathrm{d}\varphi_t} = -1.009 \times 10^{-3} b_t^3 \tag{6.121}$$

与 $\varphi_t' = 1$ 的情况相同。

当 $\varphi_t' = -1$ 时，φ_t 与 b_t 之间的关系为：

$$-\frac{0.01}{b_t} + b_t(9.99 \times 10^{-3} - 1.009 \times 10^{-5}\varphi_t) = 0 \tag{6.122}$$

对隐函数公式（6.122）求全微分可得：

$$-1.009 \times 10^{-5} - \frac{0.02}{b_t^3} \cdot \frac{\mathrm{d}b_t}{\mathrm{d}\varphi_t} - 1.009 \times 10^{-5} \frac{\mathrm{d}b_t}{\mathrm{d}\varphi_t} \cdot \frac{\mathrm{d}\varphi_t}{\mathrm{d}b_t} = 0 \tag{6.123}$$

根据公式（6.123）可求得下式：

$$\frac{\mathrm{d}b_t}{\mathrm{d}\varphi_t} = -1.009 \times 10^{-3} b_t^3 \tag{6.124}$$

与 $\varphi_t' = 1$ 的情况相同。

在考察健康银行杠杆率对财政部补充融资项目特殊账户占信贷宽松政策规模的比例 b_t 的影响之后，进一步考察问题银行杠杆率 φ_t' 对 b_t 的作用。当 $\varphi_t = 1$ 时，φ_t' 与 b_t 之间的关系为：

$$-\frac{0.01}{b_t} + \frac{b_t(10^{-3} - 1.012 \times 10^{-5}\varphi_t')}{1.001 + 2 \times 10^{-6}\varphi_t'} = 0 \tag{6.125}$$

对隐函数公式（6.125）求全微分可得：

$$\{\frac{db_t}{d\varphi_t'}[1.298\times10^{13}(500495+\varphi_t')\cdot(2.505\times10^{11}+1.001\times10^6\varphi_t'+\varphi_t'^2)$$

$$+0.5b_t^3(-3.281\times10^{21}+\varphi_t')\cdot(500500+\varphi_t')\cdot\frac{d\varphi_t'}{db_t}]+b_t^3[0.5(-3.281\times10^{21}+\varphi_t')\cdot(5050+\varphi_t')$$

$$+b_t(3.281\times10^{21}+\varphi_t')\frac{d\varphi_t'}{db_t}]\}/[b_t\cdot(500500+\varphi_t')]=0$$

（6.126）

根据公式（6.126）可求得下式（图 6.13）：

$$\frac{db_t}{d\varphi_t'}=0.5\{-b_t^3\cdot(-2.989\times10^{47}-5.972\times10^{41}\varphi_t'+1.820\times10^{20}\varphi_t'^2)+$$

$$[b_t^6(-2.989\times10^{47}-5.97186\times10^{41}\varphi_t'+1.820\times10^{20}\varphi_t'^2)^2-$$

$$4b_t^4(5.972\times10^{41}+1.820\times10^{20}\varphi_t')\cdot(2.962\times10^{50}+1.776\times10^{45}\varphi_t'$$ 　（6.127）

$$+3.548\times10^{39}\varphi_t'^2+2.363\times10^{33}\varphi_t'^3)]^{\frac{1}{2}}\}/(2.962\times10^{50}+1.776\times10^{45}\varphi_t'$$

$$+3.548\times10^{39}\varphi_t'^2+2.363\times10^{33}\varphi_t'^3)$$

$$\frac{db_t}{d\varphi_t'}=0.5\{-b_t^3\cdot(-2.989\times10^{47}-5.972\times10^{41}\varphi_t'+1.820\times10^{20}\varphi_t'^2)-$$

$$(b_t^6(-2.989\times10^{47}-5.97186\times10^{41}\varphi_t'+1.820\times10^{20}\varphi_t'^2)^2-$$

$$4b_t^4(5.972\times10^{41}+1.820\times10^{20}\varphi_t')\cdot(2.962\times10^{50}+1.776\times10^{45}\varphi_t'$$ 　（6.128）

$$+3.548\times10^{39}\varphi_t'^2+2.363\times10^{33}\varphi_t'^3)]^{\frac{1}{2}}\}/(2.962\times10^{50}+1.776\times10^{45}\varphi_t'$$

$$+3.548\times10^{39}\varphi_t'^2+2.363\times10^{33}\varphi_t'^3)$$

从图 6.13 可以看到，问题银行杠杆率 φ_t' 对财政部补充融资项目特殊账户占信贷宽松政策规模的比例 b_t 的影响同时取决于 φ_t' 和 b_t。当 $b_t=1$ 时，考察 φ_t' 对 $\frac{db_t}{d\varphi_t'}$ 的影响可以发现，问题银行杠杆率 φ_t' 对财政部补充融资项目特殊账户占信贷宽松政策规模的比例 b_t 的边际影响随 φ_t' 增加而减少（图 6.14）。当 $b_t=0$ 时，问题银行杠杆率 φ_t' 与财政部补充融资项目特殊账户占信贷宽松政策规模的比例 b_t 的边际影响无关。

同时，当 $\varphi_t'=1$ 时，考察 b_t 对 $\frac{db_t}{d\varphi_t'}$ 的影响可以发现，b_t 增加会使 $\frac{db_t}{d\varphi_t'}$ 增加。只是在公式（6.127）成立时，这种增加速度会逐渐趋缓；而在公式（6.128）成立时，这种增加速度会逐渐加快（图 6.15）。

6.2.4　简化金融系统扩展模型分析结论

扩展模型不仅可以分析上述基础模型中银行系统总净值、总资产及中央银行资产负债表政策规模的影响因素，还可以分析财政部对中央银行资产负债表政策的支持力度，即财政部补充融资项目特殊账户占信贷宽松政策规模的比例的影响因素。与基础模型不同的是，扩展模型中需要中央银行救助的问题银行比例为 0.1%，小于基础模型的 6.6%；同时，财政部补充融资项目特殊账户占信贷宽松政策规模的比例 b_t 也是扩展模型中所特有的。

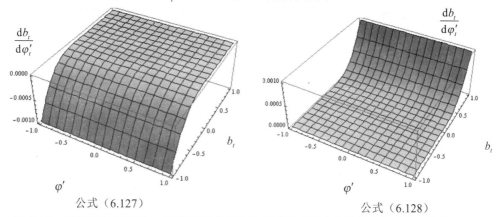

图 6.13　问题银行杠杆率 φ_t' 对财政部补充融资项目特殊账户占信贷宽松政策规模的比例 b_t 的影响（扩展模型）

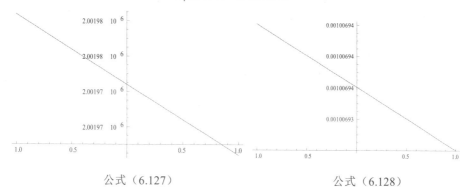

图 6.14　问题银行杠杆率 φ_t' 对财政部补充融资项目特殊账户占信贷宽松政策规模的比例 b_t 的边际影响（扩展模型）

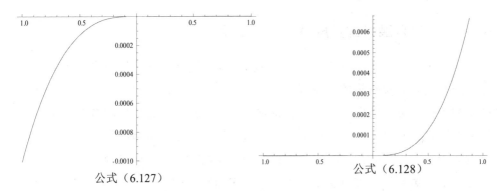

公式（6.127）　　　　　　　　　　　　公式（6.128）

图 6.15　财政部补充融资项目特殊账户占信贷宽松政策规模的比例 b_t 与问题银行杠杆率 φ_t' 对其边际影响的关系（扩展模型）

从银行总净值方面来看，扩展模型与基础模型得到的结果十分相似，其影响因素包括银行持有对非金融机构债权的风险溢价、无风险收益率，以及问题银行杠杆率。从前两种因素来看，由于需要获得救助的银行比例较小，银行总净值受到风险溢价和无风险收益率的影响比基础模型大。银行系统总净值随其持有对非金融机构债权的风险溢价增加而减少，随无风险收益率增加而增加。假设无风险收益率为1%，此时当风险溢价为正时，问题银行杠杆率越大，银行系统总净值越小，并且比基础模型中问题银行杠杆率对银行系统总净值的影响略大。当风险溢价为零时，问题银行杠杆率越大，银行系统总净值越小。当风险溢价为负时，问题银行杠杆率越大，银行系统总净值越大。另一方面，当问题银行杠杆率为正时，风险溢价增加，银行系统总净值下降；当问题银行杠杆率为零时，风险溢价增加，银行系统总净值增加；当问题银行杠杆率为负时，风险溢价增加，银行系统总净值下降。从上述因素与银行系统总净值之间关系的复杂性来看，中央银行在维持银行系统总净值过程中，需要综合考察风险溢价、无风险收益率和问题银行杠杆率是否达到临界值，否则可能出现逆向调整的问题。

从银行总资产方面来看，扩展模型与基础模型得到的结果也十分相似，其影响因素包括银行持有对非金融机构债权的风险溢价、无风险收益率，以及问题银行杠杆率，并且受到风险溢价和无风险收益率的影响比基础模型更大。从前两种因素来看，银行的总资产随其持有的对非金融机构债权的风险溢价的增加而增大，随无风险收益率的上升而减少，并且前者对银行系统净值的影响更大。可以看出，当风险溢价较高时，银行倾向于将私人部门存款投资于高风险高收益的债权，从而使银行系统的总资产增加。当无风险收益率较高时，银行获得私人部门存款的成本较高，因此银行系统总资产减少。假设无风险收益率恒定，当风险溢价为正时，问题银行杠杆率对银行系统总资产的影响出现拐点。当问题银行杠杆率为 0.032 时，银行系统总资产的增长率为负，并且达到最小值。当问题银行杠杆率小于 0.032 时，银行系统总资产的增长率不断变小；当问题银行的杠杆率大于 0.032 时，银行系统总资产的增长率逐渐增大，并由负转正。当风险溢价为零时，问题银行杠杆率越大，银行系统总资产越少。当风险溢价为负时，问题银行杠杆率对银行系统总资产的影响也出现拐点。当问题银行杠杆率为 0.023 时，银行系统总资产的增长率为负，并且达到最大值。当问题银行杠杆率小于 0.023 时，银行系统总资产的增长率不断变大；当问题银行杠杆率大于 0.023 时，银行系统总资产的增长率逐渐减少。由此可见，在风险溢价为正的情况下，通过调整问题银行的杠杆率是可以使银行系统总资产增长率由负转正的；但在风险溢价为负的情况下，无论如何银行系统总资产增长率都是负的，因此无法通过调整问题银行杠杆率达到使银行系统复苏的效果。另一方面，当问题银行杠杆率不为零时，银行系统总资产随风险溢价增加而增大。当问题银行杠杆率为零时，银行系统总资产与风险溢价无关。

扩展模型也揭示了中央银行信贷政策规模的影响因素，包括健康银行杠杆率和问题银行杠杆率。当问题银行杠杆率为正时，健康银行杠杆率对中央银行信贷政策规模的影响出现拐点。当健康银行杠杆率为 1.014 时，中央银行信贷政策规模达到最大值。当健康银行杠杆率小于 1.014 时，中央银行信贷政策规模随健康银行杠杆率上升而增加。当健康银行杠杆率大于 1.014 时，中央银行信贷政策规模随健康银行杠杆率上升而减少。这说明如果健康银行杠杆率为正数，那么健康银行资产与其净值之比越大，中央银行进行信贷宽松政策的必要性就越小。并且当需要救助的银行比例较小时，健康银行的杠杆率变化为中央银行信贷宽松政策的影响小于该比例较高的情况。当问题银行杠杆率为零时，健康银行杠杆率对中央银行信贷政策规模的影响拐点为 0.514；当问题银行杠杆率为负时，该拐点为 0.014，其影响形式与问题银行杠杆率为正时相同。

另一方面，假设健康银行杠杆率非负时。中央银行的信贷宽松规模增长率随问题银行杠杆率上升而减少，与基础模型中的结论相反。因此，当需要救助的银行比例较低时，问题银行杠杆率越大，中央银行越应该缩小信贷宽松政策的规模。

除上述结论之外，扩展模型还揭示了财政部对中央银行信贷政策的支持力度的影响因素，包括风险溢价、无风险收益率，以及健康和问题银行杠杆率。

假设无风险收益率为正，此时风险溢价越大，则财政部信贷政策支持比例越大。假设无风险收益率为零，那么风险溢价和财政部对中央银行信贷政策的支持比例中至少有一个为零。如果风险溢价不为零，那么财政部不应该支持中央银行信贷政策。假设无风险收益率为负，那么风险溢价越高，财政部对中央银行信贷政策支持比例越小。从无风险利率对财政部支持比例的影响来看，假设风险溢价一定时，则财政部支持比例对无风险收益率的导数随无风险收益率上升而减少，随财政部支持力度增加而增加。从银行杠杆率对财政部支持信贷政策力度的影响来看，假设无风险收益率和风险溢价皆为 0.01，此时当问题银行杠杆率一定时，健康银行杠杆率对财政部补充融资项目特殊账户占信贷宽松政策规模比例的影响与该比例成反比。当健康银行的杠杆率一定时，问题银行杠杆率对财政部补充融资项目特殊账户占信贷宽松政策规模比例的影响同时取决于该比例与问题银行杠杆率。当上述比例大于零时，问题银行杠杆率对该比例的边际影响随问题银行杠杆率上升而减少；当上述比例等于零时，问题银行杠杆率对该比例无影响。同时，当问题银行杠杆率一定时，财政部对中央银行信贷政策支持力度越大，问题银行杠杆率对这一支持力度的影响越大。

第三节　本章结论与政策建议

为了更清晰地考察金融部门因素对中央银行资产负债表政策的相应变量影响，本章将第五章 DSGE 模型简化为金融部门与中央银行和财政部的基础模型及扩展模型。从简化的金融系统基础和扩展模型来看，中央银行信贷宽松政策的影响因素只有健康银行杠杆率和问题银行杠杆率。其中基础模型表明，健康银行杠杆率对中央银行信贷政策规模的影响存在拐点。这说明中央银行在实施信贷宽松政策时，需要密切关注健康银行杠杆率水平。健康银行杠杆率只有在达到一定临界点时，中央银行信贷宽松政策实施的规模才应该达到最大，并不是健康银行的杠杆率越小，金融市场越不景气，中央银行信贷宽松政策规模越大。另一方面，问题银行对中央银行信贷政策规模的影响是单调的，不存在拐点，但其影响方向取决于外生的健康银行杠杆率水平。健康银行杠杆率为正时，问题银行杠杆率对中央银行信贷宽松规模具有正向影响。健康银行杠杆率为零时，问题银行杠杆率对中央银行信贷宽松规模具有负向影响。由此可见，中央银行资产负债表政策规模的适度调整同时取决于健康银行和问题银行杠杆率。忽视任何因素都可能使中央银行信贷宽松政策出现适得其反的效果。

　　与基础模型相比，扩展模型同样表现出上述结果。当外生的问题银行杠杆率一定时，健康银行杠杆率对中央银行信贷政策规模影响出现拐点，即健康银行杠杆率为正数，那么健康银行资产与其净值之比越大，中央银行进行信贷宽松政策的必要性就越小。并且，当需要救助的银行比例较小时，健康银行的杠杆率变化对中央银行信贷宽松政策的影响要小于该比例较高的情况。另一方面，当外生的健康银行杠杆率非负时，中央银行的信贷宽松规模增长率随问题银行杠杆率上升而减少，与基础模型中的结论相反。因此，当需要救助的银行比例较低时，问题银行杠杆率越大，中央银行越应该缩小信贷宽松政策的规模。

　　同时，根据扩展模型，财政部对中央银行资产负债表政策支持力度的影响因素包括无风险收益率、风险溢价、健康银行杠杆率及问题银行杠杆率。首先，从风险溢价对财政部信贷政策支持力度的影响来看，如果外生的无风险收益率为正，那么风险溢价越大，则财政部信贷政策支持比例越大。如果外生的无风险收益率为零，那么风险溢价和财政部对中央银行信贷政策的支持比例中至少有一个为零。如果风险溢价不为零，那么财政部不应该支持中央银行信贷政策。如果外生的无风险收益率为负，那么风险溢价越高，财政部对中央银行信贷政策支持比例越小。从无风险利率对财政部支持比例的影响来看，当外生的风险溢价一定时，则财政部支持比例对无风险收益率的导数随无风险收益率上升而减少，随财政部支持力度增加而增加。从银行杠杆率对财政部支持信贷政策力度的影响来看，当外生的无风险收益率和风险溢价皆为 0.01 时，如果问题银行杠杆率一定，健康银行杠杆率对财政部补充融资项目特殊账户占信贷宽松政策规模比例的影响与该比例成反比。如果健康银行的杠杆率一定，那么问题银行杠杆率对财政部补充融资项目特殊账户占信贷宽松政策规模比例的影响同时取决于该比例和问题银行杠杆率。当上述比例大于零时，问题银行杠杆率对该比例的边际影响随问题银行杠杆率上升而减少；当上述比例等于零时，问题银行杠杆率对该比例无影响。同时，当问题银行杠杆率一定时，财政部对中央银行信贷政策支持力度越大，问题银行杠杆率对这一支持力度的影响越大。

第七章 日、美、欧中央银行资产负债表政策对
我国溢出效应的微观检验

第一节 日本中央银行资产负债表政策对我国微观企业
出口的溢出效应检验

7.1.1 研究背景和意义

近年来，发达国家量化宽松政策对新兴市场国家的经济产生了显著的影响（Loredana，2012；Fratzscher 等，2012；刘克崮和翟晨曦，2011；陈磊和侯鹏，2011）。国内外大部分学者从新兴市场国家金融资产价格、汇率及"流动性过剩"所带来的输入性通货膨胀角度阐释了上述影响（Chen 等，2012；Bernanke，2010；Volz，2012；Chinn，2013）。只有极少的学者从国际贸易角度考察量化宽松政策对新兴市场国家所产生的影响（Loredana，2012），而从微观企业角度研究出口行为所受到的这种跨国政策溢出效应的研究仍属空白。发达国家的量化宽松政策对于任何发展中国家的溢出效应，都不可避免地对这些国家的贸易造成巨大的影响。近 10 年来，日本、欧元区以及美国的量化宽松政策对我国企业出口行为的影响成为目前我国各界关注的焦点。①同时事实证明，日本，欧元区与美国的量化宽松政策都对我国的贸易企业的出口造成了明显的影响。从简单的贸易数据来看，2001 年 3 月至 2006 年 3 月日本央行推出量化宽松政策期间，我国对日本出口总值增幅约为 51.79%。2008 年 9 月至 2013 年 9 月美国量化宽松政策期间，我国对美国出口涨幅约为 40.62%；2011 年 12 月至 2012 年 9 月欧洲央行量化宽松政策期间，我国对欧元区出口总值增长 143.57%。基于此，本章从对外出口贸易角度入手，填补了现有研究中量化宽松政策对我国出口贸易影响的空白，为我国在出口贸易方面应对上述政策冲击敲响了警钟。

---

① 海关总署综合统计司司长郑跃声在 2014 年 1 月国务院新闻办公室的新闻发布会上指出，美联储量化宽松政策通过全球流动性和美元升值预期等渠道，对我国出口企业会产生重要影响。

然而，从研究议题来看，国内外学者更侧重于研究量化宽松政策对于发展中国家宏观经济的影响，却忽略了从微观角度分析该政策的跨国溢出效应，如对企业贸易行为的影响等。对新兴市场国家宏观层面的影响研究主要集中在：金融资产价格的泡沫催生机制及其引致的汇率升值（Bernanke，2010；Volz，2012；Portes，2010；Eichengreen，2013；Bowman 等，2014；Rogers 等，2014；范小云等，2011）、输入性通货膨胀问题（Chen 等，2012；陈磊和侯鹏，2011；刘克崮和翟晨曦，2011；Morgan，2011），以及对新兴市场国家货币政策独立性的影响（Spantig，2012；刘澜飚，文艺，2014）。所以，目前从微观层面揭示发达国家的量化宽松政策对发展中国家影响的研究还非常缺乏。这一方面导致我国等新兴市场国家应对发达国家量化宽松政策的注意力过于局限于资本管制和货币政策，另一方面也削弱了各国出口贸易对量化宽松政策冲击的警惕性。

为了揭示量化宽松政策对微观企业出口行为的影响，我们不难发现，在理论上，财富效应这一传统货币政策渠道可以有效解释这种影响机制（Bridges 和 Thomas，2012；Joyce 等，2011；Kapetanios 等，2012）。其中，量化宽松政策的国内财富效应仅提高国内的消费需求，而量化宽松政策的跨国财富效应则通过汇率（Portes，2010；Eichengreen，2013；Eichengreen 和 Gupta，2014；Yutaka Kurihara，2012；戴觅等，2013）和国际资本流动（Loredana，2012；Fratzscher 等，2012；Cho 和 Rhee，2013；Lim 等，2014；Diez 和 Presno，2013；Akyüz，2012）两种渠道影响新兴市场国家微观企业的出口贸易行为。

结合理论模型框架，本节首次运用微观企业的海关数据分析了量化宽松政策对我国企业出口行为的影响，为了使结果更加有效，并克服可能出现的内生性问题，本节使用目前经验验证中较为有效的倍差法（Differnce-in-Difference）及倾向得分匹配（PSM）设计对照组进行实证模型设定。具体表现为以下两点：①微观企业层面分析更加有效地揭示量化宽松政策跨国财富效应在微观企业之间的结构性差异，以能够揭示宏观层面分析所掩盖的微观企业之间的具体影响；②考虑到我国不同类型企业的出口行为差异较大这一具有中国特色的现象，微观企业层面分析有效区分了我国企业所有制类型，更加细致地揭示了量化宽松政策对我国企业出口行为影响的异质性。

在选取量化宽松政策的问题上，本节将日本央行 2001—2006 年量化宽松政策对我国同期的出口企业行为影响作为研究对象，其优越性包含以下四个方面：①货币政策冲击确定性。相比美联储、欧元区和日本目前的量化宽松政策退出时间表的不确定性，日本央行 2001—2006 年的量化宽松政策具有鲜明的进入和退出标志，这为我们研究量化宽松政策冲击所带来的影响提供了明确的时间节点和冲击判别标准，更具有实证说服力。②国际贸易依赖度具有代表性。日本是我国三大贸易伙伴之一。根据海关统计年鉴数据，2001—2003 年期间日本是我国第一大贸易伙伴，占进出口总额的 17.2%；其中出口占总份额的 16.9%，略低于美国（20.4%）。2004 年后，日本先后被欧盟和美国取代，成为我国第三大贸易伙伴。考虑到 2001—2006 年日本作为我国重要出口国的超然地位，研究 2001—2006 年日本量化宽松政策对我国出口企业行为影响具有很强的代表性。③海关数据可得性。目前，我们仅能够得到 2000—2006 年我国企业的海关细分数据，而与此时间节点相对应的恰好是日本央行 2001—2006 年量化宽松政策。这为我们研究量化宽松政策与我国企业出口行为的结构变化提供了天然的素材。④除量化宽松政策外，在样本区间内不存在其他影响我国对日出口贸易的重大事件。因此，综合上述四点考虑，我们选择 2001—2006 年日本量化宽松政策时期加以研究具有重要的实践意义。

后文从理论和实证两方面进行了创新性研究：①理论方面，本节拓展了量化宽松政策的封闭凯恩斯模型，首次运用开放宏观经济框架揭示了量化宽松政策对出口贸易的跨国财富效应机制；②实证方面，本节首次运用倍差法（DID）和微观数据对上述宏观理论模型进行实证检验。我们运用中国海关数据，一方面通过区分不同贸易方式对量化宽松政策影响的敏感度，有效检验了发达国家量化宽松政策对我国出口企业行为的影响；另一方面，通过最近邻匹配法，有效区分了我国外商投资企业和国有企业出口行为，进一步分析了发达国家量化宽松政策冲击对我国企业出口行为影响的异质性。此外，本节运用量化宽松政策冲击指标作为解释变量，对政策冲击下我国出口企业行为进行稳健性检验。

后文结构安排如下：第二部分利用开放宏观理论框架提出本节的研究假说；第三部分是变量与计量模型设定；第四部分对计量结果进行分析和稳健性检验；最后是本节的主要结论。

7.1.2　理论模型与研究假说

为了在开放宏观经济学框架下探讨一国量化宽松政策对另一国企业出口行为的影响，我们将帕利（Palley，2011）在封闭经济条件下所构建的量化宽松政策 IS-LM 模型扩展为开放宏观经济下的量化宽松政策 IS-LM-BP 模型，同时在开放条件下引入企业异质性模型，通过跨国财富效应揭示量化宽松政策对其他国家微观企业出口行为影响的理论机制。

假设 A、B 两国为贸易合作伙伴，两国既存在双边贸易，又存在不完全的国际资本流动。其中，A 国国际资本 F 净流出，B 国国际资本净流入。假设 B 国实施资本管制，因此 A 国国际资本全部以外国直接投资形式流入 B 国。根据 IS-LM-BP 模型的传统假设条件，我们假设两国产品市场和货币市场存在均衡状态，国际收支均存在平衡状态，并且内外部均衡可以同时实现。

假设 A 国在面临零利率约束，即名义利率为零时实施量化宽松政策。B 国无零利率约束，因此并不实行量化宽松政策，但通过跨国财富效应渠道受到 A 国量化宽松政策影响。目前，国内外大量实证研究证明了发达国家量化宽松政策在很大程度上影响着发展中国家的货币政策选择（Spantig，2012；Ortiz，2013；刘澜飚和文艺，2014）。以新兴市场国家为例，由于其经济基本面平稳，利率水平远高于主要发达国家，因此吸引了发达国家量化宽松政策所产生的流动性，这些国际资本催生了不可持续的经济泡沫，使新兴市场国家面临实施宽松货币政策和汇率升值的压力，并且带来一定程度的输入性通货膨胀（Ortiz，2013）。可以说，发达国家的量化宽松政策削弱了新兴市场国家的货币政策独立性。

B 国国内异质性企业分为两种类型：一种是外商投资企业，其产出完全依赖 A 国输出的国外直接投资；另一种是国有企业，其出口行为与国外直接投资无关。目前的大量研究证明，国外直接投资对外商投资企业的出口行为具有高度的促进作用（Xu 和 Lu，2009；Zhang 和 Song，2000；Buckley 等，2002；李坤望和王有鑫，2013）。因此，我们假设 B 国外商投资企业的出口规模随 A 国的国外直接投资增加而增大。

为了有效揭示 A 国量化宽松政策对 B 国出口企业影响的宏观和微观机制，我们从以下两个层面构建理论模型：①基础模型以 IS-LM-BP 模型为主要理论框架，同时引入量化宽松政策因素，构建 IS-QQ-BP 模型，从宏观经济层面分析 A 国量化宽松政策对 B 国出口规模的影响；②扩展模型在基础模型的框架下引入 B 国企业的异质性模型，从微观企业层面分析在 A 国量化宽松政策的冲击下，B 国出口企业所受影响的结构性差异。

7.1.2.1　量化宽松政策的 IS-QQ-BP 基础模型

1. 基础模型框架

为了研究量化宽松政策的国内财富效应，即该政策对国内财富的影响，Palley（2011）构建了封闭经济条件下的量化宽松政策 IS-LM 模型。在此基础上，我们将该模型扩展为开放经济下的 IS-LM-BP 模型，以将国内财富效应拓展为跨国财富效应，即量化宽松政策对其他国家出口规模的影响。在两国系统中，从 A 国角度来看，当产品市场处于均衡状态时，我们得到 IS 曲线如下：

$$y - D(y,q,r,\pi,e,W,P_f,P) \tag{7.1}$$

其中，$D_y > 0$，$D_q \geqslant 0$，$D_r < 0$，$D_\pi > 0$，$D_e < 0$，$D_W \geqslant 0$，$D_{Pf} < 0$，$D_P > 0$。

公式（7.1）中，无下标符号的变量均代表 A 国变量，y 是产出，q 是实际股权价格，r 是实际利率，π 是预期通货膨胀率，e 是直接标价法下 A 国名义汇率，即以 A 国货币兑 1 单位 B 国货币标价的名义汇率，W 是国内财富，P 是 A 国国内价格水平，P_f 是对应 B 国价格水平，D 是需求函数。根据 Palley（2011）的封闭单一国家模型及托宾 Q 理论，公式（7.1）中实际股权价格 q 越高，则消费需求越多，产出 y 越多（Tobin，1969；Capel 和 Jansen，2001），即 $D_q \geqslant 0$。根据 Palley（2011）的封闭单一国家模型和财富效应理论，公式（7.1）中国内财富 W 越多，则消费需求越多，产出 y 也越多（Modigliani，1970；Alessie 和 Kapteyn，2002），即 $D_W \geqslant 0$。

将 LM 曲线纵轴由实际利率 r 替换为股权价格 q，将传统 LM 曲线转换为 QQ 曲线（Palley，2011），以便更为直观地揭示量化宽松政策的资产组合重新配置渠道和信号渠道。当 A 国货币市场处于均衡状态时，我们得到 QQ 曲线如下：

$$q = q(y,r,\pi,H,z) \tag{7.2}$$

其中，$q_y \geqslant 0$，$q_r < 0$，$q_\pi < 0$，$q_H \geqslant 0$，$q_z > 0$。

公式（7.2）中，与公式（7.1）中相同的变量均代表 A 国变量，H 是高能货币，z 是金融投资者信心。具体来看，量化宽松政策以高能货币 H 扩张为工具，通过资产组合重新配置渠道影响企业投资消费，推高股权价格 q（Oda 和 Okina，2001；Bernanke 和 Reinhart，2004；Takeda 等，2005；Meier，2009），即 $q_H \geqslant 0$；同时，量化宽松政策通过信号渠道重塑金融投资者信心 z，从而推高股权价格 q，即 $q_z > 0$（Oda 和 Ueda，2005；Fujiki 等，2004）。为了在开放条件下揭示量化宽松政策对另一国家企业出口的溢出影响，我们在 Palley（2011）模型的基础上首次引入国际收支均衡方程，着重分析量化宽松政策对另一国出口企业的影响。以实际利率表示的 A 国 BP 曲线如下：

$$r = r(y,e,P_f,P,\pi,W,z,r_f) \tag{7.3}$$

其中，$r_y > 0$，$r_e < 0$，$r_{Pf} < 0$，$r_P > 0$，$r_\pi < 0$，$r_W < 0$，$r_z < 0$，$r_{rf} > 0$。

公式（7.3）中，r_f 代表 B 国实际利率。为了与 Palley（2011）的分析框架一致，我们将公式（7.2）与公式（7.3）联立，使公式（7.3）变换为实际股权价

格 q 的表达式，即 A 国 BP 曲线如下：

$$q = Q(y, e, P_f, P, \pi, W, z, r_f) \tag{7.4}$$

其中，$Q_y \geqslant 0$，$Q_e < 0$，$Q_{P_f} > 0$，$Q_P < 0$，$Q_\pi > 0$，$Q_W > 0$，$Q_z > 0$，$Q_{r_f} < 0$。

公式（7.4）中，Q 为国际收支函数。该式表明 A 国股权价格 q 对 B 国出口商品价格水平 P_f 存在正影响，$Q_{Pf} > 0$；对 B 国实际利率水平 r_f 存在负影响，$Q_{rf} < 0$。这说明 A 国量化宽松政策通过国际收支渠道实现对 B 国的跨国影响，这种影响可以体现在托宾 Q 的跨国财富效应方面。

2. A 国量化宽松政策跨国财富效应渠道分析

公式（7.1）、公式（7.2）和公式（7.4）构成了 IS-QQ-BP 模型框架，由于我们假设 B 国实施资本管制，因此该模型属于资本不完全流动的情况，BP 曲线斜率为正。我们从以下两种情况考察量化宽松政策的跨国影响：

图 7.1 IS 曲线不变，A 国资本流动性不变，即 BP 曲线斜率不变的情况（图 7.1）。A 国量化宽松政策通过资产组合重新配置渠道和信号渠道，使 QQ 曲线上移至 QQ'[公式（7.2）]。此时，A 国面临国际收支逆差（IS-QQ 曲线均衡点位于 BP 曲线左边），为了达到新的均衡，A 国 BP 曲线上移至 BP'，此时 A 国汇率贬值（$Q_e < 0$），B 国面临汇率的升值压力。由此，该模型验证了发达国家量化宽松政策通过财富效应渠道对其他国家施加了汇率跨国影响。

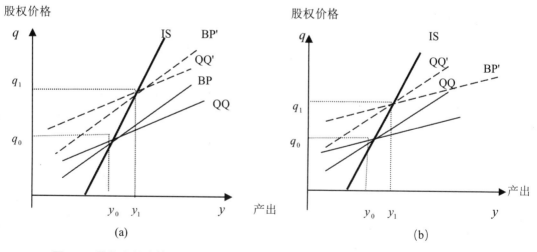

图 7.1　量化宽松政策冲击下的 IS-QQ-BP 模型（资本不完全流动情况下）

图 7.2 A 国资本流动性改变，即 BP 曲线斜率改变，IS 和 QQ 曲线同时变化的情况。在 A 国量化宽松政策冲击下，实际经济产出逐步恢复，IS 曲线向右移

动至 IS'，同时 QQ 曲线上移至 QQ'，此时如果假设 BP 曲线斜率发生变化，即 A 国对外资本流动性改变，那么会出现（a）、（b）两种情况：（a）当 BP 曲线斜率大于 QQ 曲线，在适当的情况下会出现如图 7.2 所示的结果，即 BP 曲线斜率变得更加平缓，变为 BP'，这意味着 A 国对外资本流动性增加（$Q_y < Q_y'$）；（b）当 BP 曲线斜率小于 QQ 曲线，那么无论如何，BP 曲线的斜率都会更加陡峭，变为 BP'，即 A 国对外资本流动性降低（$Q_y > Q_y'$）。其中，（a）情况在发达国家中更为普遍，即量化宽松政策使发达国家对外资本流动性增强（Ortiz，2013）。因此，我们的 IS-QQ-BP 模型验证了量化宽松政策通过财富效应渠道对其他国家国际资本流入施加跨国影响。

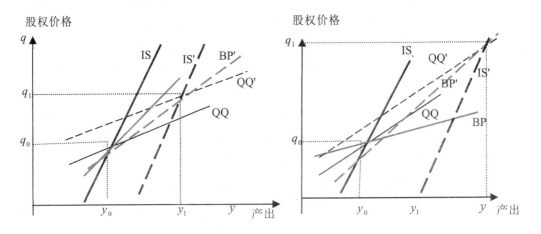

图 7.2　量化宽松政策冲击下的 IS-QQ-BP 模型（资本流动性可变情况下）

7.1.2.2　A 国量化宽松政策对 B 国出口影响的渠道分解

从上述两种情况来看，A 国量化宽松政策使 B 国面临汇率升值和国际资本内流的双重压力，这对 B 国出口产生了两种反向作用。一方面，汇率升值使 B 国贸易条件恶化，降低出口规模；另一方面，以国外直接投资形式流入的国际资本提高了 B 国外商投资企业的出口能力，从而提高出口规模。下面我们从这两种渠道出发，进一步从理论角度分析 A 国量化宽松政策对 B 国出口的影响。根据上述关系，假设 B 国对 A 国出口方程如下：

$$ex_f = \widehat{EX}(y_f, e, F, P_f, P) \tag{7.5}$$

其中，$\widehat{EX}_{y_f} > 0$，$\widehat{EX}_e < 0$，$\widehat{EX}_F > 0$，$\widehat{EX}_{P_f} < 0$，$\widehat{EX}_P > 0$。

公式（7.5）中，ex_f 为 B 国对 A 国出口，y_f 为 B 国产出，F 为 A 国向 B 国的国际资本净流出。$\widehat{EX}$ 为 B 国出口函数。直接标价法下 A 国的名义汇率 e 增加时，B 国货币升值，B 国出口 ex_f 下降，因此出口 ex_f 与 e 反向变动。B 国国际资本流入 F 越大，B 国出口 ex_f 越多，出口 ex_f 与 F 同向变动。[①]在两国模型框架下，B 国出口与 A 国进口相等，可得到：

$$ex_f = im \qquad (7.6)$$

其中，im 为 A 国从 B 国的进口。

假设 A 国在通常情况下以利率工具，即名义利率 i 作为主要的货币政策调控手段；但是当面临零利率约束，即名义利率 $i=0$ 时，量化宽松政策成为主要的货币政策工具。因此，A 国货币政策方程组（Palley，2011）如下：

$$i = i(H,\pi), \quad i_H < 0, \ i_\pi > 0 \qquad (7.7)$$

$$r = i - \pi \qquad (7.8)$$

$$\pi = \pi(H,e), \quad \pi_H > 0, \ \pi_e < 0 \qquad (7.9)$$

$$e = e(H), \quad e_H < 0 \qquad (7.10)$$

$$W = H/P + B/\left[(1+i)P\right] + qE \qquad (7.11)$$

其中，i 是 A 国名义利率，B 是债券名义供应量，E 是股票发行量。

假设 A 国实现内外均衡，则国内财富与国际资本净流出和进出口满足下式：

$$W = F + im - ex \qquad (7.12)$$

其中，ex 是 A 国对 B 国出口。

当一国面临零利率约束，即名义利率 $i=0$ 时，量化宽松政策[公式（7.11）]便替代利率政策[公式（7.7）]成为主要的货币政策。此时，对公式（7.11）求导可以验证量化宽松政策对 A 国国内的财富效应（Palley，2011），即：

$$\mathrm{d}(H/p) = -q\mathrm{d}E \qquad (7.13)$$

$$\mathrm{d}(H/P) = \mathrm{d}W \qquad (7.14)$$

公式（7.13）表明量化宽松政策对 A 国国内股权价格具有推高作用，即托宾 Q 效应；公式（7.14）表明量化宽松政策对国内财富具有推高作用，即直接财富效应。

在此基础上，将公式（7.6）和公式（7.12）代入公式（7.11），可以得到：

$$F + ex_f - ex = H/P + B/\left[(1+i)P\right] + qE \qquad (7.15)$$

---

① 根据既有实证研究，中国的外商投资出口与外商直接投资之间具有显著的正向关系（Wei，1996；Buckely et al.，2002）。

对公式（7.15）ex_f 求导可以得到：

$$d(H/P) = d(ex_f) \qquad (7.16)$$

公式（7.16）说明在 A 国内外均衡的情况下，A 国量化宽松政策会使 B 国对 A 国的出口增加。根据该理论框架，我们进一步分解 A 国量化宽松政策对 B 国出口影响的国际资本流动和汇率升值渠道。

公式将（7.5）代入公式（7.15）可得到：

$$F + \widehat{EX}(y_f, e, F, P_f, P) - ex = H/P + B/(1+i)P + qE \qquad (7.17)$$

对公式（7.17）中 F 求导，可以得到 A 国量化宽松政策对 B 国资本净流入的影响：

$$\frac{d(H/P)}{dF} = 1 + \frac{d\widehat{EX}}{dF} > 1 \qquad (7.18)$$

公式（7.18）表明 A 国量化宽松政策对 B 国资本净流入存在放大式的正影响。

对公式（7.15）中 ex_f 求导，可以得到 A 国量化宽松政策对 B 国汇率的影响：

$$\frac{d(H/P)}{de} = \frac{d\widehat{EX}}{de} - \frac{d(ex)}{de} < 0 \qquad (7.19)$$

由于 A 国出口 ex 与直接标价法下 A 国的名义汇率 e 呈正相关关系，因此 $\frac{d(ex)}{de} > 0$。根据 $\widehat{EX}_{ef} < 0$，因此，A 国量化宽松政策使 A 国汇率 e 贬值，这与 Palley（2011）的模型中量化宽松政策与本国汇率的关系 [公式（7.10）] 相符。从 B 国角度来看，A 国量化宽松政策使 B 国面临汇率升值压力。

对公式（7.5）求全微分，我们可以得到以下关系式：

$$\frac{d(ex_f)}{d(H/P)} = \widehat{EX}_e \cdot \frac{de}{d(H/P)} + \widehat{EX}_F \cdot \frac{dF}{d(H/P)} > 0 \qquad (7.20)$$

公式（7.18）至公式（7.20）说明，在 A 国量化宽松政策对 B 国出口的影响可以分为汇率渠道和国际资本流动渠道，尽管两种渠道存在反向影响，但其总效应是增加 B 国的出口，这与公式（7.16）得出的理论结果一致。因此，上述理论分析得出以下重要命题。

命题：一国量化宽松政策对另一国出口的跨国财富效应可以分解为两种传导渠道，一种是汇率升值渠道，另一种是国际资本流动渠道。在两种渠道共同作用下，一国量化宽松政策会使另一国向其出口的规模增加，即产生跨国财富溢出效应。

7.1.2.3 引入企业异质性的量化宽松政策扩展模型

为了进一步从微观企业出口角度对量化宽松政策的跨国影响进行分析，我们假设 B 国企业可分为两种：①外商投资企业；②国有企业。两种企业的出口行为在国外直接投资依赖度方面存在异质性，外商投资企业出口行为高度依赖国外直接投资，国外直接投资通过提高外商投资企业产品的生产率、科技含量、新产品研发以及出口市场竞争力来提高该企业出口规模（Buckley 等，2002；Xu 和 Lu，2009）；而国有企业出口行为则与国外直接投资无关。基于此，根据公式（7.5），我们得到 B 国外商投资企业出口方程如下：

$$Fex_f = \widehat{FEX}(y_f, e, F, P_f, P) \tag{7.21}$$

其中，$\widehat{FEX}_{y_f} > 0$，$\widehat{FEX}_e < 0$，$\widehat{FEX}_F > 0$，$\widehat{FEX}_{P_f} < 0$，$\widehat{FEX}_P > 0$。

公式（7.21）中，Fex_f 为 B 国外商投资企业出口，$\widehat{FEX}$ 为 B 国外商投资企业出口函数。根据假设，外商投资企业出口行为与国外资本流入存在正向关系，我们得到 $\widehat{FEX}_F > 0$。与此类似，B 国国有企业出口方程如下：

$$Nex_f = \widehat{NEX}(y_f, e, P_f, P) \tag{7.22}$$

其中，$\widehat{NEX}_{y_f} > 0$，$\widehat{NEX}_e < 0$，$\widehat{NEX}_{P_f} < 0$，$\widehat{NEX}_P > 0$。

公式（7.22）中，Nex_f 为 B 国国有企业出口，$\widehat{NEX}$ 为 B 国国有企业出口函数。根据假设，国有企业出口行为与国外资本流入无关，即 Nex_f 与 F 之间不存在函数关系。

假设 B 国共 m 家出口企业，其中外商投资企业有 n 家，其余皆为国有企业。根据公式（7.5）、公式（7.21）和公式（7.22），我们可以得到以下关系式：

$$ex_f = \sum_{i=1}^{n} Fex_{f,i} + \sum_{i=n+1}^{m} Nex_{f,i} = \sum_{i=1}^{n} \widehat{FEX}(y_f, e, F, P_f, P) + \sum_{i=n+1}^{m} \widehat{NEX}(y_f, e, P_f, P) \tag{7.23}$$

由公式（7.23）可以得到外商投资企业和国有企业出口占 B 国总出口的份额如下：

$$b_F = \frac{Fex_f}{ex_f} = \frac{\sum_{i=1}^{n} \widehat{FEX}(y_f, e, F, P_f, P)}{ex_f} \tag{7.24}$$

$$b_N = \frac{Nex_f}{ex_f} = \frac{\sum_{i=n+1}^{m} \widehat{NEX}(y_f, e, P_f, P)}{ex_f} \tag{7.25}$$

其中，b_F 为外商投资企业出口份额，b_N 为国有企业出口份额。

为了简化比较结果，我们假设 B 国总出口额 ex_f 一定，为 $\overline{ex_f}$，则根据公式（7.24）和公式（7.25）分别对 H/P 求全微分，可得到：

$$\frac{db_F}{d(H/P)} = \left(n\widehat{FEX}_e \cdot \frac{de}{d(H/P)} + n\widehat{FEX}_f \cdot \frac{dF}{d(H/P)} \right) \cdot \frac{1}{\overline{ex_f}} \tag{7.26}$$

$$\frac{db_N}{d(H/P)} = \left[(m-n)\widehat{NEX}_e \cdot \frac{de}{d(H/P)} \right] \cdot \frac{1}{\overline{ex_f}} \tag{7.27}$$

根据公式（7.18）、公式（7.19）和公式（7.27），可以得到 $\dfrac{db_N}{d(H/P)} < 0$，即 A 国量化宽松政策使 B 国国有企业出口占该国总出口的份额下降；由于 $b_N + b_F = 1$，因此 A 国量化宽松政策使 B 国外商投资企业出口占该国总出口的份额上升，即 $\dfrac{db_F}{d(H/P)} > 0$。由公式（7.18）、公式（7.19）和公式（7.26）可得到下式：

当 $\dfrac{db_F}{d(H/P)} > 0$ 时，$\widehat{FEX}_f \cdot \dfrac{dF}{d(H/P)} > -\widehat{FEX}_e \cdot \dfrac{de}{d(H/P)}$

即 A 国量化宽松政策使 B 国外商投资企业出口占该国总出口的份额上升，表明 A 国量化宽松政策对 B 国外商投资企业出口的国外资本流入增加作用大于汇率升值的作用。因此，我们最终得到以下推论。

推论：量化宽松政策所带来的国外资本流入增加压力大于汇率升值压力，使另一国的外商投资出口企业对实施量化宽松政策国家的出口市场占比上升。

7.1.2.4 研究假说的提出

根据 IS-QQ-LM 基础模型及其扩展模型所得到的命题和推论，我们发现一国量化宽松政策对另一国企业出口行为存在宏观和微观层面的跨国财富溢出效应。从宏观层面来看，在汇率升值和国际资本流动的双重渠道作用下，一国的量化宽松政策最终使另一国对其出口规模增加。因此，从企业出口行为视角，我们提出以下研究假说。

研究假说：一国量化宽松政策会使另一国向其出口的规模增加，即产生跨国财富溢出效应。

从微观出口企业的异质性角度来看，一国量化宽松政策对另一国的跨国财富溢出效应具有内部差异性：它一方面使另一国的国有出口企业面临汇率升值压力，使其对前者的出口市场占比下降；另一方面，它使另一国的外商投资出口企业面临汇率升值和国外直接投资增加这两种反向冲击，最终使其对量化宽松政策实施国的出口市场占比上升。因此，从微观出口企业异质性视角，我们提出以下推论。

研究推论：一国量化宽松政策对另一国不同类型的出口企业行为的财富跨国溢出效应存在内部异质性，一国量化宽松政策为另一国出口企业带来的国际资本流动增加的影响大于汇率升值压力，使外商投资企业对实施量化宽松政策国家的出口市场占比上升。

7.1.3　实证模型设定与变量说明

7.1.3.1　数据说明

根据上文引言，有效检验他国量化宽松政策对我国企业出口的影响需要满足以下四个条件：①量化宽松政策具有明确的实施和退出时间节点；②运用量化宽松政策的国家与我国的贸易伙伴关系十分密切；③数据可得性；④除量化宽松政策外，在样本区间内不存在其他影响我国对某国出口贸易的重大事件。基于上述考虑，我们将 2001—2006 年日本量化宽松政策对我国出口企业的影响作为检验的对象，利用 2000—2006 年海关数据为研究提供微观企业出口活动的相关信息，同时运用两种日本央行官方规定的量化宽松政策指标（Shiratsuka，2010），对本节的核心问题进行实证检验和稳健性检验。

中国海关分类统计进出口贸易数据是目前我国对微观贸易企业进出口行为统计最为完备细致的数据库，也是目前我们能够获得的最新的微观贸易企业数据库。中国海关按照国际海关所编制的"协调商品名称与编码体系"（HS 编码），系统收集了进出口企业贸易的月度指标，详细汇报了每个企业的产品价值（以美元计价）、数量、贸易方式（一般贸易、加工贸易等）、运输方式（汽车、铁路、航空运输等）、企业名称、企业所有制形式（国有企业、外资企业等）、企业所在地（省份、城市）、出口目的地市场等信息。海关数据将出口企业、出口目的国和出口产品信息准确链接，为研究量化宽松政策这一外生冲击对我国企业出口的影响提供了完备丰富的样本信息，为下一步的实证研究提供了坚实的数据基础。

本节将海关数据中的月度数据加总成年度数据后进行实证检验，有效消除了月度数据的周期性波动，并充分保留微观企业的数据信息。同时，为了考察研究假说中日本央行量化宽松政策对我国企业出口的跨国影响，本节以我国出口企业为研究样本，同时构建了对日出口企业数据库（表 7.1），用于考察日本量化宽松政策对我国企业总出口和对日出口的影响情况。

表 7.1　2000—2006 年对日出口企业数据库描述性统计

年份	企业数目	产品数目	出口关系
2000	25 391	3 620	159 975
2001	27 851	3 685	176 260
2002	31 440	3 713	197 253
2003	37 032	3 790	223 614
2004	44 246	3 808	255 374
2005	50 253	3 825	286 640
2006	57 110	3 871	314 766
总计	273 323	26 312	1 613 882

资料来源：作者利用中国海关数据计算所得。

为了进一步验证研究推论中日本量化宽松政策对我国不同类型企业出口的异质性影响，我们在稳健性检验中进一步缩小了出口企业样本，仅保留我国外商投资企业和国有企业①对日出口样本（表 7.2），以检验我国外商投资企业在日本量化宽松政策冲击下的出口行为变化。

表 7.2　2000—2006 年外商投资企业和国有企业对日出口数据库描述性统计

年份	企业数目	产品数目	外商投资企业数目	国有企业数目
2000	11 895	3 438	6 176	5 719
2001	14 105	3 512	7 559	6 546
2002	16 397	3 559	9 547	6 850
2003	17 970	3 631	11 393	6 577
2004	19 510	3 622	13 456	6 054
2005	20 669	3 606	15 335	5 334
2006	21 849	3 625	17 074	4 775
总计	122 395	24 993	80 540	41 855

资料来源：作者利用中国海关数据计算所得。

---

① 我们在实证检验中也单独将民营企业作为对照组进行检验，得到的实证结果与国有企业作为对照组时的结果具有一致性。但由于国有企业在数量上远远优于民营企业，更适合进行 psm 匹配，因此我们在此仅将国有企业作为对照组进行检验。

在政策冲击指标选择方面，2001—2006 年日本量化宽松政策的重要指标包括央行经常账户余额（BOJ current account balance）和央行的日本政府债券持有量（JGP held by BOJ）。日本银行于 2001 年 3 月宣布实行量化宽松货币政策，直到 2006 年 3 月结束。期间，日本银行将其货币市场操作的主要目标由无担保隔夜拆借利率转为日本银行的经常账户余额，并将日本银行的政府债券持有量作为辅助目标（Shiratsuka，2010）。我们根据日本央行统计数据，选取 2000—2006 年日本银行的经常账户余额（CAB）和政府债券持有量（JGB）的年度数据作为外生政策冲击变量。为了更加全面地验证本节的核心问题，我们以倍差法作为主实证方法，以面板数据最小二乘法作为稳健性检验进行实证分析，其中前者的外生政策冲击变量为虚拟变量，后者则为日本银行相应指标的存量值。

7.1.3.2　模型设定

1. 检验研究假说的模型设定

由于本节理论部分已经对量化宽松政策的跨国财富效应传导渠道进行了理论推演，从理论角度提出了他国量化宽松政策会间接影响我国企业出口行为这一研究假说，因此实证部分需要验证的核心问题是 2001—2006 年日本量化宽松政策对我国企业出口行为的跨国影响是否显著，并且是否会造成我国企业对日出口规模的增加。倍差法（difference in difference，DID）作为一种自然实验方法，能够有效地对复杂传导机制下外生性政策冲击的影响结果进行验证。通过比较受到外生政策影响的企业群体——实验组（treatment group）和未受到政策影响的企业群体——对照组（control group），我们无须打开政策传导机制的黑箱，即可明确验证外生政策冲击产生的效果（Antonakis 等，2010）。

我们的 DID 方法分析思路如下：①根据受到日本量化宽松政策影响企业的各项特征选择实验组和对照组。其中，对照组只从事对汇率和资本流动影响并不敏感的出口贸易方式，即来料加工装配贸易；实验组为从事对汇率和资本流动影响十分敏感的出口贸易方式，包括一般贸易、进料加工贸易、保税区仓储转口货物，以及其他贸易（李宏彬等，2011；Dees，2001；孙楚仁等，2008）。样本时间窗口均为 2000—2006 年。同时，为了有效验证 2001 年实施的日本量化宽松政策对微观企业出口行为的影响，我们要求实验组和对照组企业的存续时间均超过一年。上述实验组和对照组以出口贸易方式作为区分标准，两组样本在多个维度下均相似，而二者的差异仅在于实验组受到了日本量化宽松政策的影响，而对照组则对该影响并不敏感。②我们采用倍差法对这两组样本的出口与绩效特征进行比较，以考察日本量化宽松政策对我国企业出口行为与绩效的影响。我们用虚拟变量 *Treatment* 表示企业是否属于实验组，如果企业属于实验组则取 1，属于对照组则取 0；我们用虚拟变量 *Post* 表示日本量化宽松政策实施的政策期间，2001—2006 年日本量化宽松政策实施期间取 1，其他年份取 0。具体的模型形式可以表示为：

$$y_{it} = \beta_0 + \beta_1 Treatment_i + \beta_2 Treatment_i \times Post_{it} + \beta_3 Post_{it} + \beta_4 X + \mu_{it} \quad (7.28)$$

其中 y_{it} 为样本 i 在 t 年的特征变量，该特征变量为企业的出口行为，我们分别选取了四个变量表示企业的出口特征：①我国企业总出口额；②我国企业总出口量；③我国企业对日出口额；④我国企业对日出口量。其中，前两个变量用于考察日本量化宽松政策冲击下，我国企业对外出口行为的反应情况；后两个变量用于考察在日本量化宽松政策冲击下，我国企业对日本出口行为的反应情况。此外，$Treatment_i$ 表示 i 企业是否为实验组虚拟变量，$Post_{it}$ 表示 i 企业在 t 年是否遭到日本量化宽松政策影响的虚拟变量；X 表示其他控制变量，μ_{it} 为随机误差项。根据贝特朗等人（Bertrand 等，2004）对倍差法的说明，实验组虚拟变量 *Treatment* 与量化宽松政策虚拟变量 *Post* 交叉项的估计系数即为日本量化宽松政策对企业出口的真实影响。根据研究假说，我们预期在日本量化宽松政策冲击下，我国对日和对外出口额和出口量的回归估计结果为正，即日本量化宽松政策会使我国企业对日和对世界各国出口额和出口量增加。

2. 检验研究推论的模型设定

在研究假说的检验基础上，我们进一步对上文理论部分提出的研究推论进行检验。根据研究推论，他国量化宽松政策对我国不同类型的企业出口影响具有差异性，其中外商投资企业对政策实施国家的出口市场占比上升。为了考察我国外商投资企业受到量化宽松政策冲击后的出口行为变化，我们运用匹配的 DID 方法对实验组和对照组进行重新调整，即根据倾向得分匹配的方法，以受到日本量化宽松政策影响企业的各项特征作为配对原则选择实验组和对照组。检验本节研究推论的实验组为 2000 年起对日出口的中国外商投资企业，对照组为 2000 年起中国对日出口的国有企业，企业存续时间均超过一年。二者在多个维度下均相似，其区别仅体现为在日本量化宽松政策的冲击下，实验组企业受到汇率和国际资本流动的双重影响，而对照组企业仅受到汇率的影响。

我们同样采用倍差法对这两组企业的出口与绩效特征进行比较，但根据本节理论模型，重新选择了公式（7.28）中的企业出口特征变量 y_{it}，包括以下六种：①我国企业出口总额；②我国企业出口总量；③我国企业对日出口额；

④我国企业对日出口量；⑤企业对日出口额份额；⑥企业对日出口量份额。根据研究推论，我们预期我国外商投资企业的上述特征变量估计系数符号为正，即日本量化宽松政策使我国外商投资企业对外出口额和出口量、对日出口额和出口量均增加，并且使我国外商投资企业对日出口份额上升。

7.1.3.3　实验组与对照组的确定

1. 研究假说的实验组与对照组的确定

我们首先选取了从事来料加工装配贸易的对日出口企业作为对照组，以保证对照组产品在 2000—2006 年不受汇率和资本流动的影响。满足该条件的对照组企业共 24 253 家，对照组产品为 10 329 种。同时，我们选择 51 768 家对日出口企业作为实验组，这些企业均从事来料加工装配贸易以外的其他贸易方式，其中这些企业的产品数目为 13 936 种（表 7.3），因此在 2001—2006 年日本实施量化宽松政策期间受到汇率和资本流动的影响。由于实验组产品数量和对照组产品数量较为接近，因此我们直接运用倍差法对我国出口日本企业在 2001—2006 年日本量化宽松政策实施期间的产品出口规模变化进行检验。

表 7.3　对日出口企业中实验组和对照组的关系描述

年份	企业数目		产品数目	
	实验组	对照组	实验组	对照组
2000	9 144	4 543	2 056	1 556
2001	8 869	4 372	2 039	1 543
2002	8 100	3 884	2 056	1 539
2003	7 338	3 389	2 005	1 478
2004	6 766	3 020	1 978	1 455
2005	6 091	2 710	1 927	1 418
2006	5 460	2 335	1 875	1 340
总计	51 768	24 253	13 936	10 329

资料来源：作者利用处理后的中国海关数据计算所得。

2. 研究推论的实验组与对照组的确定

在运用倍差法进行分析之前，我们需要根据实验组企业匹配得到其对应的对照组企业，以保证倍差法的分析有效性。本节采用罗森鲍姆和鲁宾（Rosenbaum 和 Rubin，1983）提出的最近邻匹配方法进行倾向得分匹配（propensity score matching，PSM），获得对照组。该方法包括两步：①利用 Logit

回归模型分别获得实验组与对照组在多个维度上的倾向得分值 p_i 与 p_j；②找出实验组与对照组之间的距离变量 $C(i)$ 最小的样本，作为该实验组样本的对照组，最近邻匹配的表达式如下：

$$C(i) = \min_j \left\| p_i - p_j \right\| \qquad\qquad (7.29)$$

在进行最近邻匹配时，需要首先确定匹配变量的选取，即选取日本量化宽松政策影响企业出口层面的变量作为匹配依据。本节模型提出量化宽松政策对外资企业和国有企业冲击的根本区别在于，外资企业受到国际资本流动的影响，而国有企业则不受这种影响。因此，我们从国际资本流动对外商企业的影响层面选择匹配标准。首先，国际资本流动使外商企业的出口国际市场覆盖面更广（Buckely 等，2002），因此我们将对日本出口额占企业出口额的比例（用 Jshare 表示）作为匹配标准之一；其次，我国出口产品的复杂程度与外商投资企业的加工贸易出口份额呈正相关关系，但与中国本土企业的加工贸易出口份额关系并不显著（Xu 和 Lu，2009），因此我们第二个匹配标准是加工贸易出口额占企业总出口额的比例（用 Proshare 表示）。此外，国际资本流入会增强外资企业的集聚效应，而对国有企业没有影响（Tuan 和 Ng，2003）。因此，同一城市外资企业的聚集数目（Nfirm）也作为匹配标准之一。综上所述，我们选取以下变量作为匹配标准：对日本出口额占企业中出口额的比例、加工贸易出口额占企业总出口额的比例、同一城市外资企业的聚集数目。这些变量均根据处理后的中国海关数据计算得到。

我们对 2000 年出口日本的 2005 家外资企业进行了倾向得分匹配，将匹配比例确定为 1:2 匹配，得到共 2054 家对照组企业样本，其中部分企业可以充当多个实验组企业的对照组。根据贝克尔和一野（Becker 和 Ichino，2002）提出的 ATT 统计量计算方法，我们通过计算对照组与实验组变量 ATT 统计量的 t 统计量和 P 值来检验倾向得分匹配的有效性，结果如表 7.4 所示。从匹配前后实验组和对照组均值的偏差来看，匹配后得到的对照组与实验组之间的差异显著缩小了。同时，从 ATT 统计量的 t 统计量和 P 值来看，匹配后的 ATT 统计量均在 1%显著性水平下不显著，表明接受对照组与实验组不存在显著差异的原假设。这表明，除了是否受到日本实施量化宽松政策影响以外，我们选取的实验组与对照组在其他方面均不存在显著差异，倾向得分匹配得到的对照组是有效的。

表 7.4　PSM 匹配效果的检验结果

变量	匹配	均值		偏差百分比（%）	t 统计量	P 值
		实验组	对照组			
Jfshare	Unmatched	0.52744	0.13669	108.8	53.82	0.000
	Matched	0.52744	0.52949	-0.6	-0.15	0.883
Proshare	Unmatched	0.82281	0.2819	11.0	4.27	0.000
	Matched	0.82281	0.55576	5.4	1.31	0.192
Nfirm	Unmatched	4.6378	3.6877	19.4	7.35	0.000
	Matched	4.6378	4.6356	0.0	0.01	0.989

注：表中 Unmatched 与 Matched 分别表示匹配前样本与匹配后样本，"偏差百分比"表示对照组与实验组偏差的百分比，t 统计量表示 ATT 统计量代表的 t 统计量，P 值表示 t 统计量的显著性。

　　除此之外，表 7.5 显示了倾向得分匹配过程的 Logit 回归结果。结果表明，对日本出口额占企业出口额的比例（Jshare）回归系数显著为正，说明对日出口额占比大的企业更易受到日本量化宽松政策的影响；加工贸易出口额占企业总出口额的比例（Proshare）回归系数显著为正，说明加工贸易出口额占比大的企业更易受到日本量化宽松政策的影响；同一城市外资企业的聚集数目（Nfirm）回归系数显著为正，说明外资企业密集度越高的区域更易受到日本量化宽松政策的影响。Logit 回归结果与既有的国际资本流动对外商企业的影响研究结果高度一致，从文献角度验证了倾向得分匹配的有效性。在此基础上，我们绘制了实验组与对照组在匹配前后 ATT 值的概率密度图（图 7.3）。匹配后的概率密度图表明，实验组与对照组曲线之间出现了显著的靠近与覆盖，这验证了倾向得分匹配得到对照组样本的有效性。

表 7.5　PSM 匹配过程的 Logit 回归结果

解释变量	企业受日本量化宽松政策冲击虚拟变量（treat）
Jshare	2.985***
	（0.072）
Proshare	0.022***
	（0.007）
Nfirm	0.028***
	（0.005）
N	10606

注："***"代表 P<0.01。

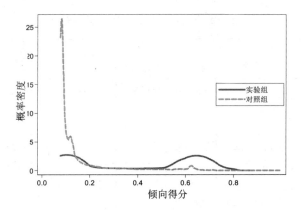

a. 匹配前实验与对照组概率密度函数图

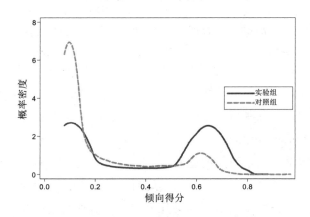

b. 匹配后实验与对照组概率密度函数图

图 7.3　匹配前后实验与对照组概率密度函数图

7.1.4　实证结果分析

7.1.4.1　基础回归结果与分析

1. 研究假说计量结果与分析

为了检验上文的研究假说，即日本量化宽松政策使我国出口企业的对日出口规模增加，我们运用上文选定的实验组和对照组企业样本，采用倍差法对研究假说进行了实证检验；之后，我们运用面板最小二乘法对假说进行了稳健性检验。

我们按照研究假说中企业出口行为的特征，选择了以下四种特征变量衡量企业出口所遭受的日本量化宽松政策影响：①我国企业总出口额；②我国企业总出口量；③我国企业对日出口额；④我国企业对日出口量。我们在构建特征变量时选择企业-产品级别数据进行加总，并在检验过程中选择了行业、城市和年度固定效应。在此基础上，为了剔除我国其他宏观经济因素对企业出口的影响，我们根据张和宋（Zhang 和 Song，2000）的模型，逐步引入了以下五个对企业出口有所影响的分省控制变量：①各省前一年的国际资本流入（cf）；②各省前一年的出口额（exp）；③各省当年的 GDP 增长率（gdpr）；④各省当年的制造业产出占 GDP 比重（mshare）；⑤当年人民币对日元汇率（exc）。控制变量的分省数据包括 28 个省份，其中分省国际资本流入数据根据《中国统计年鉴》和分省统计年鉴整理得到，其他变量根据国家统计局公布的分省数据整理计算得到。选择分省数据作为控制变量的原因是考虑到我国单一口径的宏观经济变量在企业-年份层面缺乏区分度，造成与政策冲击变量 post 之间存在多重共线性，影响实证结果的有效性。因此，我们以省份属性区分控制变量，有效消除了日本量化宽松政策冲击以外的我国内部宏观经济冲击。同时，我们加入了企业初始贸易额作为企业层面控制变量。在结果中，我们仅保留具有统计显著性的控制变量。

　　表 7.6 列出了倍差法分析的实证结果。从估计结果来看，2001—2006 年日本量化宽松政策对我国企业对外出口贸易额和出口贸易量，以及对日出口贸易额和贸易量的影响系数，即 treat_post 的系数显著为正，表明日本量化宽松政策使我国企业对外和对日出口额和出口量显著增加。这一方面验证了研究假说中一国量化宽松政策对另一国出口规模产生的跨国财富效应，也说明这种效应不仅存在于两国之间，也使受影响国家对世界其他国家的出口规模相应增加。

表 7.6　2001—2006 年日本量化宽松政策对中国企业出口规模影响回归结果

解释变量	企业总出口额	企业总出口量	企业对日出口额	企业对日出口量
treat	−0.049***	0.018	0.001	0.083***
	（−2.98）	（0.91）	（0.08）	（4.81）
po	−0.403***	−0.388***	−0.068	−0.068
	（−4.52）	（−3.56）	（−0.93）	（−0.72）
treat_post	0.148***	0.102***	0.095***	0.057***
	（8.34）	（4.71）	（6.51）	（3.03）
gdpr	1.138***	0.607***	0.171**	−0.345***
	（10.96）	（4.79）	（2.01）	（−3.14）
exp	−0.249***	−0.119***	0.009	0.135***

续表

解释变量	企业总出口额	企业总出口量	企业对日出口额	企业对日出口量
	（−7.66）	（−3.01）	（0.35）	（3.93）
initvalue	0.600***	0.561***	0.736***	0.694***
	（392.85）	（300.22）	（587.60）	（427.26）
N	306 598	306 407	306 598	306 259
R^2	0.455	0.439	0.574	0.458
Industry FE	Y	Y	Y	Y
City FE	Y	Y	Y	Y
Year FE	Y	Y	Y	Y

注：括号中为 t 统计量；"*"代表 $P < 0.1$，"**"代表 $P < 0.05$，"***"代表 $P < 0.001$。

2. 研究推论计量结果与分析

为了检验上文的研究推论，即日本量化宽松政策对我国外商投资企业所带来的国际资本流动增加压力大于汇率升值压力，导致我国外商投资出口企业对日本的出口市场占比上升，我们运用上文选定的 2000—2006 年实验组和对照组企业样本，首先采用匹配的倍差法对研究推论进行了实证检验；之后，我们利用面板最小二乘法对这一推论进行了稳健性检验。

在利用倾向得分匹配（PSM）方法确定对照组和实验组样本企业的基础上，我们按照研究推论中企业出口行为的特征，选择了以下六种特征变量衡量企业出口受到的日本量化宽松政策影响：①我国企业出口总额；②我国企业出口总量；③我国企业对日出口额；④我国企业对日出口量；⑤企业对日出口额份额；⑥企业对日出口量份额。其中，企业对日出口额份额和企业对日出口量份额用于检验研究推论中外商投资出口企业对日本的出口市场占比在日本量化宽松政策冲击下的变化，其他特征变量分别用于衡量政策冲击下外商投资出口企业对世界各国及日本出口额和出口量的变化。同时，我们在检验过程中依然选择了行业、城市和年度固定效应。

表 7.7 列出了倍差法分析的实证结果。从估计结果来看，日本量化宽松政策对我国外资企业对日出口额份额和对日出口量份额的影响系数，即 treat_post 的系数显著为正，表明日本量化宽松政策导致我国外资企业对日出口占所有企业对日出口比重上升，有效验证了本节理论模型中的研究推论。同时，日本量化宽松政策对我国外商投资企业对日出口总额和总量的影响系数显著为正，这说明日本量化宽松政策带来的国际资本流动增加的影响导致外商投资企业的出

口能力显著提高。这也再次印证了研究假说中量化宽松政策对我国出口企业行为的跨国财富效应。此外，日本量化宽松政策对我国外商投资企业对外总出口额和总出口量的影响系数显著为正，也再次验证了日本量化宽松政策不仅导致我国外商投资企业对日本的出口增加，也使得我国对外出口能力得到了提升，即对世界其他国家的出口都有所增加。[①]

表 7.7 2001—2006 年日本量化宽松政策对中国外商投资企业出口影响回归结果

解释变量	企业出口额	企业出口量	企业对日出口额	企业对日出口量	企业对日出口额份额	企业对日出口量份额
treat	−1.023***	−1.941***	−0.225***	−1.052***	−0.225***	−1.052***
	(−15.92)	(−23.80)	(−2.70)	(−10.42)	(−2.70)	(−10.42)
po	−0.124	−0.591***	0.096	−0.544**	−0.263	−0.706***
	(−0.89)	(−3.32)	(0.43)	(−2.03)	(−1.19)	(−2.63)
treat_post	0.322***	0.441***	0.260***	0.438***	0.260***	0.438***
	(4.87)	(5.26)	(3.03)	(4.21)	(3.03)	(4.21)
exp	0.374***	0.583***	0.028	0.243	0.028	0.243
	(3.18)	(3.91)	(0.18)	(1.31)	(0.18)	(1.31)
N	24 586	24 586	19 716	19 716	19 716	19 716
R^2	0.911	0.676	0.386	0.447	0.447	0.387
Industry FE	Y	Y	Y	Y	Y	Y
City FE	Y	Y	Y	Y	Y	Y
Year FE	Y	Y	Y	Y	Y	Y

注：（1）括号中为 t 统计量；"*"代表 $P<0.1$，"**"代表 $P<0.05$，"***"代表 $P<0.001$；（2）加入企业层面控制变量后，主结果显著性降低。

7.1.4.2 稳健性检验结果与分析

1. 研究假说稳健性检验结果与分析

为了检验日本量化宽松政策对我国企业出口行为影响的稳健性，我们将检验研究假说过程中构建的数据库中企业-产品级别的面板数据作为样本，将以

[①] 为了检验日本量化宽松政策对我国外商投资企业出口影响的国际资本流动渠道是否具有长期的影响，我们分别引入了政策冲击的滞后一期（post1）、二期（post2）和三期（post3）变量。结果表明，日本量化宽松政策在政策冲击第二年仍能够通过国际资本流动渠道导致我国外商投资企业的出口额和出口量显著增加，即treat_post1 显著为正，但是对日出口额和对日出口份额的影响已经出现不显著的情况。在政策冲击的第三年和第四年对日出口额、出口量、对日出口额份额和对日出口量份额都呈现不显著的结果，即上述四个变量对应的 treat_post2 和 treat_post3 均不显著。这说明日本量化宽松政策为中国带来的外资能够持续三年使我国外资企业出口额和出口量增加，但只能在持续两年内使我国对日出口量和对日出口量份额增加，而对我国出口额和出口额份额的影响在第二年已经变得不显著了。

下企业特征指标作为被解释变量：①我国企业总出口额；②我国企业总出口量；③我国对日出口额；④我国对日出口量。根据日本央行统计数据，我们选取2000—2006 年日本银行的经常账户余额（CAB）和政府债券持有量（JGB）的月度数据加总为年度数据作为外生政策冲击变量，以替换倍差法中日本量化宽松政策冲击的虚拟变量。此外，在运用倍差法中选取的 306 598 家企业作为样本的基础上，我们引入了行业二分位和所在城市两个维度的交互固定效应，得到了如表 7.8 所示的回归结果。

表 7.8 结果表明，2001—2006 年日本量化宽松政策实施期间，日本银行的经常账户余额和政府债券持有量对我国企业对外总出口额和出口量的影响显著为正，与表 7.6 的检验结果一致。同时，日本银行的经常账户余额和政府债券持有量对我国企业对日出口额和出口量的影响均显著为正，也与表 7.6 的检验结果一致。

表 7.8　研究假说的稳健性检验

指标	企业总出口额	企业总出口量	企业对日出口额	企业对日出口量	企业总出口额	企业总出口量	企业对日出口额	企业对日出口量
CAB	6.318***	3.663***	0.742***	0.464**				
	(8.82)	(3.58)	(5.32)	(2.01)				
JGB					6.461***	3.451***	0.698***	0.408**
					(10.60)	(3.96)	(5.89)	(2.08)
N	306 598	306 598	306 598	306 598	306 598	306 598	306 598	306 598
R^2	0.022	0.030	0.016	0.018	0.022	0.030	0.016	0.018
Industry FE	Y	Y	Y	Y	Y	Y	Y	Y
City FE	Y	Y	Y	Y	Y	Y	Y	Y

注：（1）括号中为 t 统计量；"*" 代表 $P<0.1$，"**" 代表 $P<0.05$，"***" 代表 $P<0.001$；（2）我们同时检验了加入省份和企业控制变量后的结果，控制变量均不显著，因此省略。

2. 研究推论稳健性检验结果与分析

为了检验日本量化宽松政策对我国外资企业出口行为影响的稳健性，我们采取与研究假说稳健性检验相同的方法，运用倍差法中选取的 8979 家外商投资出口企业作为样本，引入了行业二分位和所在城市两个维度的交互固定效应

（表7.9）。与表7.7的回归结果对比可见，面板数据最小二乘法的回归结果与倍差法的主要回归结果高度一致。其中，日本量化宽松政策的经常账户余额指标和政府债券持有量指标增加对我国外资企业对日出口额和出口量均存在正向影响，同时对我国外资企业对日出口额份额和出口量份额存在正向影响。此外，日本央行经常账户余额的增加对我国外资企业对外出口额存在显著正影响，与倍差法回归结果一致。

表 7.9　研究推论的稳健性检验

指标	企业出口额	企业出口量	企业对日出口额	企业对日出口量	企业对日出口额份额	企业对日出口量份额
CAB	0.123*	0.252***	0.132*	0.246***	0.250***	0.308***
	（1.78）	（3.27）	（1.72）	（2.88）	（3.27）	（3.59）
N	8 978	8 978	7 373	7 373	7 373	7 373
R^2	0.119	0.141	0.132	0.154	0.132	0.154
Industry FE	Y	Y	Y	Y	Y	Y
City FE	Y	Y	Y	Y	Y	Y
JBG	0.141	0.263***	0.166*	0.266**	0.196**	0.332***
	（1.64）	（2.74）	（1.75）	（2.51）	（2.06）	（3.11）
N	8 978	8 978	7 373	7 373	7 373	7 373
R^2	0.119	0.141	0.132	0.153	0.132	0.154
Industry FE	Y	Y	Y	Y	Y	Y
City FE	Y	Y	Y	Y	Y	Y

注：（1）括号中为 t 统计量；"*"代表 $P < 0.1$，"**"代表 $P < 0.05$，"***"代表 $P < 0.01$；（2）我们同时检验了加入省份和企业控制变量后的结果，控制变量均不显著，因此省略。

从总体来看，我们通过倍差法和面板数据最小二乘法有效验证了上文理论模型中的研究假说和推论，即 2001—2006 年日本量化宽松政策对我国企业出口行为存在跨国财富效应，使得我国对外和对日出口量增加；同时，该政策导致我国外商投资出口企业在日本的出口市场占比上升。根据本文理论模型的分析，这一现象表明日本量化宽松政策为我国外商投资企业带来的国际资本流动增加影响大于汇率升值压力。此外，日本量化宽松政策有效提高了我国外资企业的出口能力，即对其对外和对日出口总额和总量的影响系数显著为正。

第二节　美国中央银行资产负债表政策对我国输入性通货膨胀的检验

7.2.1　研究背景和意义

近年来，随着美国等发达国家的量化宽松政策带来的全球流动性过剩现象产生大规模的溢出效应，输入型通货膨胀成了中国等新兴市场国家面临的重要问题之一。麦金农在"上海论坛2011"上指出，中国目前面临的是输入型通货膨胀，是由于美国在保持较低利率的同时，实施量化宽松政策，释放大量流动性导致的。①输入型通货膨胀对我国经济具有显著的不利影响。刘晓光（2017）指出，输入型通胀是我国经济运行两大核心风险点之一。②尤其是金属、能源和食品等大宗商品的输入型通货膨胀，会使我国企业面临更高的生产成本，也会使我国家庭面临更高的交通和生活成本。由于输入型通货膨胀带来的成本上升与我国国内需求相背离，因此运用国内货币政策很难有效熨平输入型通货膨胀。由此可见，基于大宗商品视角，从微观层面厘清美国量化宽松政策对我国产生输入型通货膨胀的渠道、机制和实际效果，对我国应对输入型通货膨胀具有重要的理论和实践意义。

目前，国内外学者在美国量化宽松政策是否引致中国输入型通货膨胀的问题上莫衷一是。一方面，学者们在美国量化宽松政策对国际大宗商品价格影响上存在争论。IMF溢出效应报告检验了美国量化宽松政策冲击对国际大宗商品的溢出影响，发现油价等大宗商品的价格波动中，仅10%的部分源于上述政策，并认为大宗商品价格是由供给约束和新兴市场国家的持续冲击决定的（IMF，2012）。③科齐基等人（Kozicki等，2012）运用事件分析法检验了美国量化宽松政策对食品、能源和金属国际大宗商品价格的影响，发现该政策并非推高国内需求导致的。格鲁克和勒杜克（Glick和Leduc，2011）检验了美国和英国的量化宽松政策对全球金融市场和大宗商品市场的影响，发现美国第一轮量化宽松政策（QE1）使国际大宗商品价格下降了11%，对能源和贵金属大宗商品的影

---

① 金名. 经济紧缩何时了.上海经济，2011（10）。

② 引自刘晓光，中国经济运行有两个核心风险点包括"成本推动型"通货膨胀和"输入型通胀"。

③ 主要引自2012年度报告中关于新兴市场国家的宏观经济分析。

响最为明显。佐贺和伍德（Saghaian 和 Reed，2014）运用历史分解法检验了美国量化宽松政策对国际农产品大宗商品价格的影响，发现美国 QE1 和 QE2 都导致农产品大宗商品价格显著上升。伊普等人（Yip 等，2017）运用分数积分（FIVAR）模型检验了美国量化宽松政策对食品、能源和金属等大宗商品价格的影响，发现该政策导致上述三种大宗商品价格上升，并且能源和金属等大宗商品价格具有向下传递的特性，对其他国家具有溢出效应。

另一方面，学者们在美国量化宽松政策是否对中国等新兴市场国家存在输入型通货膨胀问题上的观点也并不一致。一部分学者认为量化宽松政策会推高国际大宗商品价格，进而通过对工业品和消费品生产的成本推动效应，导致我国等新兴市场国家出现输入型通货膨胀（黄益平，2011；胡援成和张朝阳，2012）。另一部分学者则认为，美国量化宽松政策对中国并不存在输入型通货膨胀效应。陈等人（Chen 等，2012）运用拉美和亚洲新兴市场国家的宏观经济指标进行全球向量误差修正模型（GVECM）检验，发现美国量化宽松政策对亚洲新兴市场国家的通货膨胀具有正效应，但中国却并未受到影响。巴特拉伊等人（Bhattarai 等，2015）运用包括欧洲国家在内的新兴市场国家消费物价指数（CPI）进行月度贝叶斯面板 VAR 检验，发现美国量化宽松政策对新兴市场国家的通货膨胀并不存在显著影响。

造成上述两种截然不同观点主要有三方面原因。第一个原因是，从理论层面来看，既有研究尚未从理论层面直接揭示美国量化宽松政策对我国大宗商品价格的传导渠道。既有实证研究表明，量化宽松政策的传导渠道主要包括汇率溢出渠道（Fratzscher 等，2013；Kenourgios 等，2015；Su，2016；Bouraoui，2015；Eichengreen 和 Gupta，2014）、资产重新配置渠道（Joyce 等，2010；Hamilton 和 Wu，2010；Hancock 和 Passmore，2011）、信号（或利率）渠道（Chen 等，2012；Lenza 等，2010；Herrenbrueck，2016；Krishnamurthy 和 Jorgensen，2011），以及产出渠道（Dahlhaus 等，2014；Bhattarai 等，2015）。

首先，美国量化宽松政策通过汇率溢出渠道和资产重新配置渠道，对国际大宗商品价格产生影响。苏（Su，2016）研究了美国量化宽松政策对美元汇率指数和金属大宗商品市场之间关系的影响，发现美国量化宽松政策导致美元汇率市场的风险溢价降低，并使得美元汇率指数和大宗商品价格之间的负向关系进一步增大。Saghaian 和 Reed（2014）认为，美国量化宽松政策通过释放大量流动性改变了国际大宗商品市场的供求关系，即改变了投资者的资产组合，由此推高了国际大宗商品的价格。

其次，美国量化宽松政策通过汇率溢出效应、信号渠道和产出渠道对新兴市场国家经济环境产生影响。弗拉茨彻等人（Fratzscher 等，2013）运用面板数据检验了美国量化宽松政策对新兴市场国家和发达国家的汇率溢出效应，发现美国 QE1 导致美元升值，而 QE2 导致美元贬值，从而引起其他国家汇率的相应波动，且新兴市场国家更容易受到量化宽松政策的汇率溢出效应影响。Chen 等人（2012）发现美国量化宽松政策通过信号渠道对新兴市场国家的国际资本流动、信贷增长及通货膨胀具有显著的正向作用。Dahlhaus 等人（2014）运用因素增广向量自回归方法（FAVAR）检验了美国量化宽松政策对加拿大产出的溢出效应，发现该政策通过金融渠道有效提高了加拿大的产出。

然而，美国量化宽松政策是否会带来输入型通货膨胀，最终取决于上述多种渠道作用的叠加结果，仅从实证层面分析会由于所选择期间和国别样本等差异导致结果千差万别。因此，通过构建理论模型分析上述溢出渠道叠加之后的效果，对分析美国量化宽松政策是否影响我国通胀水平具有非常重要的作用。

第二个原因是，从实证方面来看，既有研究更关注宏观层面的大宗商品价格指数波动，也就是用指数笼统地衡量价格。由于宏观指数变化本身是加权后的数量变化，无法准确衡量出各种具体大宗商品的市场价格，也就无法准确衡量大宗商品价格对市场的反应（孙浦阳等，2016）。因此，既有研究并未考察微观层面的大宗商品价格在量化宽松政策冲击下的真实反应，也掩盖了不同类型大宗商品在上述外生政策冲击下的不同反应。

最后一个原因是，部分研究并未将美国 QE1 和 QE2 对我国大宗商品价格的影响进行区分。根据国外既有研究结果，由于政策操作的资产类型不同，美国 QE1 和 QE2 对国内安全资产投资分别产生了"挤入"和"挤出"效应（Fratzscher 等，2013；Caballero 和 Farhi，2014；张靖佳等，2015），进而可能对大宗商品价格产生不同影响。因此，如果我们将前两轮量化宽松政策作为整体进行研究，就无法有效揭示该政策对我国大宗商品价格变化的影响。

为了解决上述第一个原因产生的问题，更加有效地揭示美国量化宽松政策对我国通货膨胀率的影响，我们以我国大宗商品价格通货膨胀率为研究对象，从理论层面通过比较多种传导渠道的叠加效应，揭示美国量化宽松政策与我国大宗商品通货膨胀率的关系，构建了引入量化宽松政策和大宗商品价格的新凯恩斯模型。这一模型的本质在于，以一国（美国）量化宽松政策对实际汇率的传导效应为媒介，结合实际汇率在另一国的大宗商品价格过程中的作用，将一国量化宽松政策对另一国大宗商品价格的影响进行刻画。因而，我们首次在理论层面揭示了美国量化宽松政策对我国大宗商品价格的影响机制及传导渠道。

此外，为了解决上述第二个原因产生的问题，本节首次运用中国价格信息中心（CPIC）数据库的大宗商品价格数据作为实验组，并以服务业的微观价格数据作为对照组，分析美国前两轮量化宽松政策对我国大宗商品价格的影响。为了克服可能的内生性问题，使结果更加有效，我们使用目前经验验证中较为有效的倍差法（difference-in-difference，DID），以及倾向得分匹配（PSM）涉及对照组进行实证检验，一方面从微观商品价格层面有效揭示其上述两轮政策的真实效应，另一方面有效区分了不同类别的大宗商品对美国量化宽松政策的政策反应。具体来看，我们根据大宗商品类别的差异，区分了金属、能源和食品三大类大宗商品。同时，为了解决上文中的第三个原因产生的问题，我们区分了 QE1 和 QE2 对我国大宗商品价格的影响，并发现了能够佐证既有研究的有效结论。

本节从理论和实证两方面进行了创新性研究：①理论方面，借鉴了 Wang（2017）的引入量化宽松政策的凯恩斯模型，以及佩里斯和丁（Peiris 和 Ding，2012）的汇率与大宗商品价格凯恩斯模型，并在上述二者研究的基础上，构建了一国量化宽松政策对另一国大宗商品价格影响的新凯恩斯模型，更加直接清晰地揭示了美国量化宽松政策对我国大宗商品价格的影响渠道和效应；②实证方面，本节首次运用倍差法和微观大宗商品价格数据对上述宏观理论模型进行实证检验。我们运用中国价格信息中心（CPIC）数据，一方面通过区分不同阶段的量化宽松政策，有效检验了美国 QE1 和 QE2 对我国大宗商品价格影响的差异；另一方面，通过检验细分大宗商品和微观大宗商品通货膨胀率，有效揭示了我国不同类别大宗商品价格反应之间的差异。

本节研究发现，美国 2008 年 11 月至 2010 年 3 月的第一轮量化宽松政策（QE1）和 2010 年 11 月至 2011 年 6 月第二轮量化宽松政策（QE2）对我国大宗商品价格具有三种不同的影响，QE1 对我国大宗商品总体影响显著为正，对我国金属、食品和能源三种细分大宗商品的月度价格通胀率和全国均价通胀率影响显著为正，对我国热轧中厚板、鲜牛肉和柴油等具体大宗商品的月度价格通胀率和全国均价通胀率也显著为正。而 QE2 对我国大宗商品和细分大宗商品的影响并不显著，并对柴油这种具体商品的城市月度价格出现了稳定且显著的负向影响。

后文结构安排如下：第二部分构建引入量化宽松政策和大宗商品价格的新凯恩斯模型，并提出本节的研究假说；第三部分为变量与计量模型设定；第四部分对计量结果进行分析和稳健性检验；最后是本节的主要结论与政策建议。

7.2.2   理论模型与研究假说

7.2.2.1   基础模型：A 国量化宽松政策对 B 国大宗商品价格影响

如上文所述，为了从理论层面揭示美国量化宽松政策对我国大宗商品价格的影响机制，我们借鉴了 Wang（2017）的引入量化宽松政策的凯恩斯模型，以及 Peiris 和 Ding（2012）的汇率与大宗商品价格凯恩斯模型，并在上述研究的基础上，构建了一国量化宽松政策对另一国大宗商品价格影响的新凯恩斯模型。

我们构建了 A 国引入量化宽松政策的凯恩斯模型。与 Wang（2017）的模型相似的是，这部分模型将实际汇率作为内生变量引入了 IS-LM 模型系统，以揭示量化宽松政策对实际汇率的影响。我们从国家收支平衡方程入手来构建 IS 方程。国家收支平衡方程如下：

$$S_t^A + T_t^A - I_t^A = G_t^A + TB_t^A \tag{7.30}$$

其中，上标 A 表示 A 国，下标 t 表示 t 期，S 表示 A 国 t 期的储蓄，T 表示税收，I 表示投资，G 表示政府支出，TB 表示贸易逆差。通常，我们认为储蓄是产出和利率的增函数，因此储蓄可以表示为：

$$S^A\{Y_t^A, r_t^A\} = (Y_t^A)^{\alpha_1}[1 + r_t^A]^{\gamma_1} \tag{7.31}$$

其中，r^A 为 A 国的实际利率。其次，税收是产出的增函数，因此可以表示为：

$$T\{Y_t^A\} = (Y_t^A)^{\alpha_2} \tag{7.32}$$

同样，私人投资是产出的增函数，但是为利率的减函数，因此可以表示为：

$$I^A\{Y_t^A, r_t^A\} = (Y_t^A)^{\alpha_3}[1 + r_t^A]^{-\gamma_2} \tag{7.33}$$

贸易逆差为产出的减函数，实际汇率的增函数，可以表示为：

$$TB\{Y_t^A, Q_t^A\} = (Y_t^A)^{\alpha_4} \exp\{\beta Ln(Q_t^A)\} \tag{7.34}$$

将公式（7.31）至公式（7.34）代入公式（7.30），可以得到以下 IS 曲线方程：

$$(Y_t^A)^{\alpha}[1 + r_t^A]^{\gamma} \exp\{-\beta LnQ_t^A\} = G_t^A \tag{7.35}$$

其中，$\alpha = (\alpha_1 - \alpha_2 + \alpha_3 + \alpha_4) > 0$，$\gamma = (\gamma_1 + \gamma_2) > 0$。

对公式（7.35）取对数，可得到下式：

$$\alpha y_t^A + \gamma r_t^A - \beta q_t^A = g_t^A \tag{7.36}$$

其中，y_t^A，q_t^A 和 g_t^A 都代表对应变量的 ln 对数形式。

另一方面，我们通过货币需求函数构建 LM 曲线方程如下：

$$\frac{M_t^A}{P_t^A} = L\{r_t^A, Y_t^A\} = \frac{(Y_t^A)^\eta}{(1+r_t^A)^\lambda} \tag{7.37}$$

其中，M_t^A 为均衡水平的货币供应量。根据 Palley（2011）引入量化宽松政策的凯恩斯模型，量化宽松政策以高能货币 M_t^A 扩张为工具，通过资产组合重新配置渠道影响企业投资消费（Bernanke 和 Reinhart，2004；Takeda 等，2005；Meier，2009）；并通过信号渠道重塑金融投资者信心（Oda 和 Ueda，2005；Fujiki 等，2004），进而影响利率和产出。因此，在凯恩斯模型中，量化宽松政策规模（H_t^A）可用货币供应量作为代理变量，即 $H_t^A = M_t^A$。P_t^A 为 A 国物价。将 H_t^A 代入公式（7.37），然后对其求对数可得到下式：

$$h_t^A - p_t^A = \eta y_t^A - \lambda r_t^A \tag{7.38}$$

其中，h_t^A 和 p_t^A 分别为对应变量的 ln 对数形式。由公式（7.38）可见，A 国量化宽松政策 h_t^A 对本国实际利率具有负向的影响，即量化宽松政策规模越大，实际利率越低。

将公式（7.36）和公式（7.38）联立可以得到 IS-LM 系统，并可求得 A 国量化宽松政策 h_t^A 和实际汇率 q_t^A 之间的关系式如下：

$$\beta q_t^A = (\alpha + \frac{\gamma\eta}{\lambda})y_t^A - \frac{\gamma}{\lambda}h_t^A - \frac{\gamma}{\lambda}p_t^A - g_t^A \tag{7.39}$$

公式（7.39）表明，A 国量化宽松政策 h_t^A 会推高 A 国当期的实际汇率 q_t^A。

同时，我们也可将上式变换为 A 国量化宽松政策 h_t^A 与产出 y_t^A 之间的关系：

$$y_t^A = (\lambda\beta q_t^A + \gamma h_t^A + \gamma p_t^A + \lambda g_t^A)/(\lambda\alpha + \gamma\eta) \tag{7.40}$$

构建了 A 国量化宽松政策的凯恩斯模型之后，我们又根据 Peiris 和 Ding（2012）的模型构建 B 国的大宗商品价格与实际汇率的新凯恩斯模型。这一模型包含三个基本方程：①总需求方程；②菲利普斯曲线；③非套补利率平价方程（UIP）。为了用线性方程表示上述三个方程，我们将以下所有变量都取 ln 对数形式。我们沿用 Peiris 和 Ding（2012）构建的新凯恩斯模型，将前瞻性预测方法引入总需求方程。我们假设关系国是国际大宗商品价格的接受者，并且其总需求与本国和 A 国的产出增长水平关系密切。其中，A 国的产出增长水平通过影响国外需求而直接影响 B 国的总需求。这与拉克斯顿等人（Laxton 等，

2009）的具有前瞻性预测的新凯恩斯模型也是一致的。总需求方程如下：

$$ygap_t = \beta_1 ygap_{t+1} + \beta_2 ygap_{t-1} - \beta_3 rgap_{t-1} + \beta_4 zgap_{t-1} +$$
$$\beta_5 ygap_t^A + \beta_6 \psi_t + \varepsilon_t^{ygap} \tag{7.41}$$

其中，$ygap$ 为 B 国的产出缺口，$rgap$ 为 B 国实际利率缺口，$zgap$ 为 B 国实际汇率缺口，$ygap^A$ 为 A 国的产出缺口，ψ 为实际贷款增长率，ε^{ygap} 为误差项，代表其他短期外部需求冲击。对照公式（7.40），我们发现，A 国量化宽松政策会使 A 国国内的产出 y_t^A 变化，进而影响 A 国产出缺口 $ygap_t^A$。公式（7.40）表明 A 国产出缺口 $ygap_t^A$ 的变化将会导致 B 国的产出缺口 $ygap_t$ 的同步变化，这就是量化宽松政策的产出渠道传导机制。

根据 Peiris 和 Ding（2012）的模型，我们通过菲利普斯曲线将当期的 B 国国内通货膨胀率与上一期和预期的通货膨胀率、产出缺口、大宗商品价格及汇率等宏观经济因素联系起来。该形式的菲利普斯曲线刻画了作为国际大宗商品价格接受者的 B 国，将进口国际大宗商品作为中间品（McCallum，2006），研究国内通货膨胀率受到国际大宗商品价格变化影响的特征。菲利普斯曲线的形式如下：

$$\pi_t = a_1 \pi_{t+1} + (1 - a_1)\pi_{t-1} + a_2 ygap_{t-1} + a_3(z_t - z_{t-1}) + a_4(\pi_t^m - \pi^m)$$
$$+ a_5(\pi_{t-1}^m - \pi^m) + a_6(\pi_t^o - \pi^o) + a_7(\pi_{t-1}^o - \pi^o) + a_8(\pi_t^f - \pi^f) \tag{7.42}$$
$$+ a_9(\pi_{t-1}^f - \pi^f) + \varepsilon_t^\pi$$

其中，π_t 表示 t 期 B 国的大宗商品通货膨胀率，π_t^m 表示国际金属大宗商品通货膨胀率，π_t^o 表示国际能源大宗商品通货膨胀率，π_t^f 表示国际食品大宗商品通货膨胀率，π^m、π^o、π^f 分别表示金属、能源、食品等大宗商品的稳态通胀率，ε^π 为误差项。

非套补利率平价方程形式如下：

$$z_t = \delta_1 z_{t+1} + (1 - \delta_1)z_{t-1} - [r_t - r_t^A - \rho^*] + \varepsilon_t^z \tag{7.43}$$

其中，z 为 B 国货币实际汇率，r 为 B 国的实际利率，r^A 为 A 国的实际利率，ρ^* 为 B 国货币的风险溢价均值，ε^z 为误差项。根据实际汇率定义，我们可以得到 A 国和 B 国实际汇率的关系式如下：

$$q_t^A = e_t^A - p_t^A + p_t = -(e_t - p_t + p_t^A) = -z_t \tag{7.44}$$

我们用 $zgap_t = z_t - z^*$ 表示 B 国实际汇率缺口，其中，z^* 为 B 国实际汇率的稳态形式。对照公式（7.39）、公式（7.43）和公式（7.44），我们可以看到，非套补利率平价中，B 国实际汇率 z_t 与 A 国实际汇率 q_t^A 存在反向关系，与 A 国实际利率存在正向关系。因此，A 国量化宽松政策在推高 A 国汇率的同时，降低了本国实际利率[详见公式（7.38）]，并通过利率渠道和汇率溢出渠道共同降低了 B 国的实际汇率。根据公式（7.42），B 国实际汇率 z_t 下降将会带来 B 国国内大宗商品通货膨胀率 π_t 的变化，这就是量化宽松政策的利率渠道和汇率溢出渠道。

将公式（7.44）和公式（7.39）代入 B 国实际汇率缺口的表达式中，可以得到下式：

$$zgap_t = -\left[(\alpha + \frac{\gamma\eta}{\lambda})y_t^A - \frac{\gamma}{\lambda}h_t^A - \frac{\gamma}{\lambda}p_t^A - g_t^A\right]\Big/\beta - z^* \tag{7.45}$$

同样，我们用 $ygap_t = y_t - y^*$ 来表示 B 国产出缺口，用 $rgap_t = r_t - r^*$ 表示 B 国实际利率缺口。其中 y^* 和 r^* 分别为 B 国产出和实际利率的稳态形式。

将公式（7.44）代入公式（7.42）可得到 π_t 与 h_t^A 的关系式，即 B 国大宗商品通货膨胀率与 A 国量化宽松政策规模的关系式，如下：

$$\begin{aligned}
\pi_t &= a_1\pi_{t+1} + (1-a_1)\pi_{t-1} + a_2 ygap_{t-1} + a_3(q_{t-1}^A - q_t^A) + a_4(\pi_t^m - \pi^m) \\
&+ a_5(\pi_{t-1}^m - \pi^m) + a_6(\pi_t^o - \pi^o) + a_7(\pi_{t-1}^o - \pi^o) + a_8(\pi_t^f - \pi^f) \\
&+ a_9(\pi_{t-1}^f - \pi^f) + \varepsilon_t^\pi
\end{aligned} \tag{7.46}$$

其中，

$$q_{t-1}^A - q_t^A = \frac{\alpha\lambda + \gamma\eta}{\beta\lambda}(y_{t-1}^A - y_t^A) - \frac{\gamma}{\lambda\beta}(h_{t-1}^A - h_t^A) - \frac{\gamma}{\lambda\beta}(p_{t-1}^A - p_t^A) - \frac{1}{\beta}(g_{t-1}^A - g_t^A)。$$

公式（7.46）对 h_{t-1}^A 求偏导可得：

$$\begin{aligned}
\frac{\partial\pi_t}{\partial h_{t-1}^A} &- a_1 \cdot \frac{\partial\pi_{t+1}}{\partial h_{t-1}^A} - (1-a_1) \cdot \frac{\partial\pi_{t-1}}{\partial h_{t-1}^A} = a_2 \cdot \frac{\partial ygap_{t-1}}{\partial h_{t-1}^A} + a_3 \cdot \frac{\partial q_{t-1}^A}{\partial h_{t-1}^A} + a_4 \cdot \frac{\partial\pi_t^m}{\partial h_{t-1}^A} + a_5 \cdot \frac{\partial\pi_{t-1}^m}{\partial h_{t-1}^A} \\
&+ a_6 \cdot \frac{\partial\pi_t^o}{\partial h_{t-1}^A} + a_7 \cdot \frac{\partial\pi_{t-1}^o}{\partial h_{t-1}^A} + a_8 \cdot \frac{\partial\pi_t^f}{\partial h_{t-1}^A} + a_9 \cdot \frac{\partial\pi_{t-1}^f}{\partial h_{t-1}^A}
\end{aligned}$$

$$\tag{7.47}$$

由于量化宽松政策只对当期或下一期的经济变量产生影响，因此，公式（7.41）分别用 $t-1$ 期和 t 期的产出缺口 $ygap_{t-1}$ 和 $ygap_t$ 对 $t-1$ 期的 A 国量化宽松政策规模 h_{t-1}^A 求偏导，可得到：

$$\frac{\partial ygap_{t-1}}{\partial h_{t-1}^A} = \beta_1 \cdot \frac{\partial ygap_t}{\partial h_{t-1}^A} + \beta_5 \cdot \frac{\partial ygap_{t-1}^A}{\partial h_{t-1}^A} \tag{7.48}$$

$$\frac{\partial ygap_t}{\partial h_{t-1}^A} = \beta_1 \cdot \frac{\partial ygap_{t+1}}{\partial h_{t-1}^A} + \beta_2 \cdot \frac{\partial ygap_{t-1}}{\partial h_{t-1}^A} - \beta_3 \cdot \frac{\partial rgap_{t-1}}{\partial h_{t-1}^A} + \beta_4 \cdot \frac{\partial zgap_{t-1}}{\partial h_{t-1}^A} + \beta_5 \cdot \frac{\partial ygap_t^A}{\partial h_{t-1}^A}$$

$$(7.49)$$

为了简化结果，我们假设 A 国量化宽松政策只对当期和下一期的 B 国产出缺口具有溢出效应，即溢出效应不会持续超过两期，那么 $\frac{\partial ygap_{t+1}}{\partial h_{t-1}^A} = 0$。

根据公式（7.45）对 h_{t-1}^A 求偏导，可得到：

$$\frac{\partial zgap_{t-1}}{\partial h_{t-1}^A} = \frac{\gamma}{\lambda\beta} \qquad (7.50)$$

根据公式（7.40）分别用 $ygap_t^A$ 和 $ygap_{t-1}^A$ 对 h_{t-1}^A 求偏导，可得到：

$$\frac{\partial ygap_t^A}{\partial h_{t-1}^A} = 0 \qquad (7.51)$$

$$\frac{\partial ygap_{t-1}^A}{\partial h_{t-1}^A} = \frac{\gamma}{\lambda\alpha + \gamma\eta} \qquad (7.52)$$

根据公式（7.43）和 B 国实际利率缺口的表达式，可得到下式：

$$rgap_{t-1} = \delta_1 z_t + (1-\delta_1)z_{t-2} - z_{t-1} + r_{t-1}^A + \rho^* - r^* + \varepsilon_t^z \qquad (7.53)$$

由公式（7.38）、公式（7.45）和公式（7.53）可得到以下结果：

$$\frac{\partial rgap_{t-1}}{\partial h_{t-1}^A} = -\frac{\partial z_{t-1}}{\partial h_{t-1}^A} + \frac{\partial r_{t-1}^A}{\partial h_{t-1}^A} = -\frac{\gamma}{\lambda\beta} - \frac{1}{\lambda} \qquad (7.54)$$

根据公式（7.39），用 q_{t-1}^A 对 h_{t-1}^A 求偏导，可得到：

$$\frac{\partial q_{t-1}^A}{\partial h_{t-1}^A} = -\frac{\gamma}{\lambda\beta} \qquad (7.55)$$

将公式（7.49）、公式（7.54）和公式（7.55）代入公式（7.48），可得到：

$$\frac{\partial ygap_{t-1}}{\partial h_{t-1}^A} = \frac{\beta_1(\beta_3 + \beta_4)}{(1-\beta_1\beta_2)} \cdot \frac{\gamma}{\lambda\beta} + \frac{\beta_5(\beta_1+1)}{(1-\beta_1\beta_2)} \cdot \frac{\gamma}{\lambda\alpha + \gamma\eta} + \frac{\beta_1\beta_3}{\lambda(1-\beta_1\beta_2)} \qquad (7.56)$$

将公式（7.50）至公式（7.52）以及公式（7.55）和公式（7.56）代入公式（7.47），可得到：

$$\frac{\partial \pi_t}{\partial h_{t-1}^A} - a_1 \cdot \frac{\partial \pi_{t+1}}{\partial h_{t-1}^A} - (1-a_1) \cdot \frac{\partial \pi_{t-1}}{\partial h_{t-1}^A} = \left[\frac{a_2\beta_1(\beta_3+\beta_4)}{(1-\beta_1\beta_2)} - a_3\right] \cdot \frac{\gamma}{\lambda\beta} + \frac{a_2\beta_5(\beta_1+1)}{(1-\beta_1\beta_2)} \cdot \frac{\gamma}{\lambda\alpha + \gamma\eta}$$

$$+ \frac{a_2\beta_1\beta_3}{\lambda(1-\beta_1\beta_2)} + a_4 \cdot \frac{\partial \pi_t^m}{\partial h_{t-1}^A} + a_5 \cdot \frac{\partial \pi_{t-1}^m}{\partial h_{t-1}^A} + a_6 \cdot \frac{\partial \pi_t^o}{\partial h_{t-1}^A} + a_7 \cdot \frac{\partial \pi_{t-1}^o}{\partial h_{t-1}^A} + a_8 \cdot \frac{\partial \pi_t^f}{\partial h_{t-1}^A} + a_9 \cdot \frac{\partial \pi_{t-1}^f}{\partial h_{t-1}^A}$$

$$(7.57)$$

其中，公式（7.57）等号左边项代表 A 国量化宽松政策对 B 国当期、下一期和下两期的大宗商品总通胀率的综合影响。根据公式（7.50），公式（7.57）中第一项 $\dfrac{\gamma}{\lambda\beta}$ 可以理解为 A 国量化宽松政策对 B 国的汇率溢出效应（ $\dfrac{\partial z_{t-1}}{\partial h_{t-1}^A} = \dfrac{\partial zgap_{t-1}}{\partial h_{t-1}^A} = \dfrac{\gamma}{\lambda\beta}$ ）。根据公式（7.52），第二项 $\dfrac{\gamma}{\lambda\alpha+\gamma\eta}$ 可以被理解为 A 国量化宽松政策对本国的产出影响渠道（ $\dfrac{\partial ygap_{t-1}^A}{\partial h_{t-1}^A} = \dfrac{\gamma}{\lambda\alpha+\gamma\eta}$ ）。根据公式（7.38），第三项 $-\dfrac{1}{\lambda}$ 可以理解为 A 国量化宽松政策对本国的利率影响渠道（ $\dfrac{\partial r_{t-1}^A}{\partial h_{t-1}^A} = -\dfrac{1}{\lambda}$ ）。

此外，公式（7.57）中等式右边剩余项 $a_4\cdot\dfrac{\partial\pi_t^m}{\partial h_{t-1}^A} + a_5\cdot\dfrac{\partial\pi_{t-1}^m}{\partial h_{t-1}^A} + a_6\cdot\dfrac{\partial\pi_t^o}{\partial h_{t-1}^A} + a_7\cdot\dfrac{\partial\pi_{t-1}^o}{\partial h_{t-1}^A} + a_8\cdot\dfrac{\partial\pi_t^f}{\partial h_{t-1}^A} + a_9\cdot\dfrac{\partial\pi_{t-1}^f}{\partial h_{t-1}^A}$ 可以理解为 A 国量化宽松政策对当期和下一期金属、能源和食品等国际大宗商品通胀率的影响渠道。

从上述影响传导渠道分解可以看到，A 国量化宽松政策对 B 国大宗商品通胀率的影响包括四种渠道，即该政策对 B 国的汇率溢出渠道、对 A 国本国的产出影响渠道、对本国的利率影响渠道，以及对具体国际大宗商品通胀率的影响渠道。其中，前两种渠道的影响均为正向，利率影响渠道为负向。不仅如此，A 国量化宽松政策通过对本国、B 国的汇率溢出渠道及对本国的产出影响，放大了国际大宗商品通货膨胀率波动对 B 国大宗商品通货膨胀率的影响，形成了上述四种效应叠加的输入型通货膨胀（或通货紧缩）。然而，A 国量化宽松政策对 B 国大宗商品产生的叠加效应造成通货膨胀还是通货紧缩，需要考察上述四种效应的相对大小，具体如下：

当 $a_4\cdot\dfrac{\partial\pi_t^m}{\partial h_{t-1}^A} + a_5\cdot\dfrac{\partial\pi_{t-1}^m}{\partial h_{t-1}^A} + a_6\cdot\dfrac{\partial\pi_t^o}{\partial h_{t-1}^A} + a_7\cdot\dfrac{\partial\pi_{t-1}^o}{\partial h_{t-1}^A} + a_8\cdot\dfrac{\partial\pi_t^f}{\partial h_{t-1}^A} + a_9\cdot\dfrac{\partial\pi_{t-1}^f}{\partial h_{t-1}^A} >$

$\left[\dfrac{a_2\beta_1(\beta_3+\beta_4)}{(\beta_1\beta_2-1)} - a_3\right]\cdot\dfrac{\gamma}{\lambda\beta} + \dfrac{\beta_5(\beta_1+1)}{(\beta_1\beta_2-1)}\cdot\dfrac{\gamma}{\lambda\alpha+\gamma\eta} + \dfrac{\beta_1\beta_3}{\lambda(\beta_1\beta_2-1)}$ 时，

$\dfrac{\partial\pi_t}{\partial h_{t-1}^A} - a_1\cdot\dfrac{\partial\pi_{t+1}}{\partial h_{t-1}^A} - (1-a_1)\cdot\dfrac{\partial\pi_{t-1}}{\partial h_{t-1}^A} > 0$ ，即当 A 国量化宽松政策对国际大宗商品通货膨胀率的综合影响大于其对 B 国汇率、本国利率及本国产出的综合影响时，A 国量化宽松政策导致 B 国大宗商品总体通货膨胀率增加，产生输入型通货膨胀。

当 $a_4 \cdot \dfrac{\partial \pi_t^m}{\partial h_{t-1}^A} + a_5 \cdot \dfrac{\partial \pi_{t-1}^m}{\partial h_{t-1}^A} + a_6 \cdot \dfrac{\partial \pi_t^o}{\partial h_{t-1}^A} + a_7 \cdot \dfrac{\partial \pi_{t-1}^o}{\partial h_{t-1}^A} + a_8 \cdot \dfrac{\partial \pi_t^f}{\partial h_{t-1}^A} + a_9 \cdot \dfrac{\partial \pi_{t-1}^f}{\partial h_{t-1}^A} <$

$\left[\dfrac{a_2 \beta_1 (\beta_3 + \beta_4)}{(\beta_1 \beta_2 - 1)} - a_3 \right] \cdot \dfrac{\gamma}{\lambda \beta} + \dfrac{\beta_5 (\beta_1 + 1)}{(\beta_1 \beta_2 - 1)} \cdot \dfrac{\gamma}{\lambda \alpha + \gamma \eta} + \dfrac{\beta_1 \beta_3}{\lambda (\beta_1 \beta_2 - 1)}$ 时,

$\dfrac{\partial \pi_t}{\partial h_{t-1}^A} - a_1 \cdot \dfrac{\partial \pi_{t+1}}{\partial h_{t-1}^A} - (1 - a_1) \cdot \dfrac{\partial \pi_{t-1}}{\partial h_{t-1}^A} < 0$,即当 A 国量化宽松政策对国际大宗商品

通货膨胀率的综合影响小于其对 B 国汇率、本国利率及本国产出的综合影响时,A 国量化宽松政策导致 B 国大宗商品总体通货膨胀率减少,产生输入型通货紧缩。

当 $a_4 \cdot \dfrac{\partial \pi_t^m}{\partial h_{t-1}^A} + a_5 \cdot \dfrac{\partial \pi_{t-1}^m}{\partial h_{t-1}^A} + a_6 \cdot \dfrac{\partial \pi_t^o}{\partial h_{t-1}^A} + a_7 \cdot \dfrac{\partial \pi_{t-1}^o}{\partial h_{t-1}^A} + a_8 \cdot \dfrac{\partial \pi_t^f}{\partial h_{t-1}^A} + a_9 \cdot \dfrac{\partial \pi_{t-1}^f}{\partial h_{t-1}^A} =$

$\left[\dfrac{a_2 \beta_1 (\beta_3 + \beta_4)}{(\beta_1 \beta_2 - 1)} - a_3 \right] \cdot \dfrac{\gamma}{\lambda \beta} + \dfrac{\beta_5 (\beta_1 + 1)}{(\beta_1 \beta_2 - 1)} \cdot \dfrac{\gamma}{\lambda \alpha + \gamma \eta} + \dfrac{\beta_1 \beta_3}{\lambda (\beta_1 \beta_2 - 1)}$ 时,

$\dfrac{\partial \pi_t}{\partial h_{t-1}^A} - a_1 \cdot \dfrac{\partial \pi_{t+1}}{\partial h_{t-1}^A} - (1 - a_1) \cdot \dfrac{\partial \pi_{t-1}}{\partial h_{t-1}^A} = 0$,即当 A 国量化宽松政策对国际大宗商品

通货膨胀率的综合影响等于其对 B 国汇率、本国利率以及本国产出的综合影响时,A 国量化宽松政策对 B 国大宗商品总体通货膨胀率没有影响。

换言之,当 A 国量化宽松政策对国际大宗商品通胀率的综合影响大于该政策对 B 国汇率、本国利率及本国产出的综合影响时,对 B 国大宗商品产生输入型通货膨胀;反之,则对 B 国大宗商品产生输入型通货紧缩;当上述两种综合影响相等时,A 国量化宽松政策对 B 国大宗商品通货膨胀无影响。

7.2.2.2　扩展模型：A 国量化宽松政策对 B 国大宗商品细分种类价格影响

在基础模型的基础上,我们将 B 国大宗商品分为金属、能源和食品三大类,并分别考察 B 国这三类大宗商品的通货膨胀率与 A 国量化宽松政策之间的关系。我们将菲利普斯曲线扩展为以下三种不同形式,即 B 国金属大宗商品通胀率 $\pi_{m,t}$、能源大宗商品 $\pi_{o,t}$、食品大宗商品 $\pi_{f,t}$:

$$\pi_{m,t} = \varphi_1 \pi_{m,t+1} + (1 - \varphi_1) \pi_{m,t-1} + \varphi_2 ygap_{t-1} + \varphi_3 (z_t - z_{t-1}) + \varphi_4 (\pi_t^m - \pi^m) \\ + \varphi_5 (\pi_{t-1}^m - \pi^m) + \varepsilon_t^{\pi m} \tag{7.58}$$

$$\pi_{o,t} = \vartheta_1 \pi_{o,t+1} + (1 - \vartheta_1) \pi_{o,t-1} + \vartheta_2 ygap_{t-1} + \vartheta_3 (z_t - z_{t-1}) + \vartheta_4 (\pi_t^o - \pi^o) \\ + \vartheta_5 (\pi_{t-1}^o - \pi^o) + \varepsilon_t^{\pi o} \tag{7.59}$$

$$\pi_{f,t} = \xi_1 \pi_{f,t+1} + (1-\xi_1)\pi_{f,t-1} + \xi_2 ygap_{t-1} + \xi_3(z_t - z_{t-1}) + \xi_4(\pi_t^f - \pi^f) \\ + \xi_5(\pi_{t-1}^f - \pi^f) + \varepsilon_t^{\pi f} \tag{7.60}$$

分别将公式（7.58）至公式（7.60）替代公式（7.42）后，代入基础模型，得到以下结果：

$$\frac{\partial \pi_{m,t}}{\partial h_{t-1}^A} - \varphi_1 \cdot \frac{\partial \pi_{m,t+1}}{\partial h_{t-1}^A} + (\varphi_1 - 1) \cdot \frac{\partial \pi_{m,t-1}}{\partial h_{t-1}^A} = [\frac{\varphi_2 \beta_1(\beta_3 + \beta_4)}{(1-\beta_1\beta_2)} - \varphi_3] \cdot \frac{\gamma}{\lambda\beta} \\ + \frac{\varphi_2 \beta_5(\beta_1 + 1)}{(1-\beta_1\beta_2)} \cdot \frac{\gamma}{\lambda\alpha + \gamma\eta} + \frac{\varphi_2\beta_1\beta_3}{\lambda(1-\beta_1\beta_2)} + \varphi_4 \cdot \frac{\partial \pi_t^m}{\partial h_{t-1}^A} + \varphi_5 \cdot \frac{\partial \pi_{t-1}^m}{\partial h_{t-1}^A} \tag{7.61}$$

$$\frac{\partial \pi_{o,t}}{\partial h_{t-1}^A} - \vartheta_1 \cdot \frac{\partial \pi_{o,t+1}}{\partial h_{t-1}^A} + (\vartheta_1 - 1) \cdot \frac{\partial \pi_{o,t-1}}{\partial h_{t-1}^A} = [\frac{\vartheta_2 \beta_1(\beta_3 + \beta_4)}{(1-\beta_1\beta_2)} - \vartheta_3] \cdot \frac{\gamma}{\lambda\beta} \\ + \frac{\vartheta_2 \beta_5(\beta_1 + 1)}{(1-\beta_1\beta_2)} \cdot \frac{\gamma}{\lambda\alpha + \gamma\eta} + \frac{\vartheta_2\beta_1\beta_3}{\lambda(1-\beta_1\beta_2)} + \vartheta_4 \cdot \frac{\partial \pi_t^o}{\partial h_{t-1}^A} + \vartheta_5 \cdot \frac{\partial \pi_{t-1}^o}{\partial h_{t-1}^A} \tag{7.62}$$

$$\frac{\partial \pi_{f,t}}{\partial h_{t-1}^A} - \xi_1 \cdot \frac{\partial \pi_{f,t+1}}{\partial h_{t-1}^A} + (\xi_1 - 1) \cdot \frac{\partial \pi_{f,t-1}}{\partial h_{t-1}^A} = [\frac{\xi_2 \beta_1(\beta_3 + \beta_4)}{(1-\beta_1\beta_2)} - \xi_3] \cdot \frac{\gamma}{\lambda\beta} \\ + \frac{\xi_2 \beta_5(\beta_1 + 1)}{(1-\beta_1\beta_2)} \cdot \frac{\gamma}{\lambda\alpha + \gamma\eta} + \frac{\xi_2\beta_1\beta_3}{\lambda(1-\beta_1\beta_2)} + \xi_4 \cdot \frac{\partial \pi_t^f}{\partial h_{t-1}^A} + \xi_5 \cdot \frac{\partial \pi_{t-1}^f}{\partial h_{t-1}^A} \tag{7.63}$$

与公式（7.57）类似的是，公式（7.61）至公式（7.63）中 B 国国内金属、能源和食品三类大宗商品的通货膨胀率也可以分解为四种渠道，即 A 国量化宽松政策对 B 国的汇率溢出效应（$\frac{\partial z_{t-1}}{\partial h_{t-1}^A} = \frac{\partial z gap_{t-1}}{\partial h_{t-1}^A} = \frac{\gamma}{\lambda\beta}$）、A 国量化宽松政策对本国的产出影响渠道（$\frac{\partial ygap_{t-1}^A}{\partial h_{t-1}^A} = \frac{\gamma}{\lambda\alpha + \gamma\eta}$）、A 国量化宽松政策对本国的利率影响渠道（$\frac{\partial r_{t-1}^A}{\partial h_{t-1}^A} = -\frac{1}{\lambda}$），以及 A 国量化宽松政策对当期和下一期金属、能源和食品等国际大宗商品通胀率的影响渠道（$\varphi_4 \cdot \frac{\partial \pi_t^m}{\partial h_{t-1}^A} + \varphi_5 \cdot \frac{\partial \pi_{t-1}^m}{\partial h_{t-1}^A}$；$\vartheta_4 \cdot \frac{\partial \pi_t^o}{\partial h_{t-1}^A} + \vartheta_5 \cdot \frac{\partial \pi_{t-1}^o}{\partial h_{t-1}^A}$；$\xi_4 \cdot \frac{\partial \pi_t^f}{\partial h_{t-1}^A} + \xi_5 \cdot \frac{\partial \pi_{t-1}^f}{\partial h_{t-1}^A}$）。同样，上述四种渠道叠加之后的最终效果依然取决于 A 国量化宽松政策对具体国际大宗商品通胀率的影响与其余三种效应之间的关系。

对 B 国金属大宗商品通胀率而言：

当　　$\varphi_4 \cdot \frac{\partial \pi_t^m}{\partial h_{t-1}^A} + \varphi_5 \cdot \frac{\partial \pi_{t-1}^m}{\partial h_{t-1}^A} > [\frac{\varphi_2 \beta_1(\beta_3 + \beta_4)}{(\beta_1\beta_2 - 1)} - \varphi_3] \cdot \frac{\gamma}{\lambda\beta} + \frac{\varphi_2 \beta_5(\beta_1 + 1)}{(\beta_1\beta_2 - 1)} \cdot \frac{\gamma}{\lambda\alpha + \gamma\eta}$

$$+\frac{\varphi_2\beta_1\beta_3}{\lambda(\beta_1\beta_2-1)}$$ 时，$\frac{\partial \pi_{m,t}}{\partial h_{t-1}^A}-\varphi_1\cdot\frac{\partial \pi_{m,t+1}}{\partial h_{t-1}^A}+(\varphi_1-1)\cdot\frac{\partial \pi_{m,t-1}}{\partial h_{t-1}^A}>0$，即当 A 国量化宽松政

策对国际金属大宗商品的综合影响大于其对 B 国汇率、本国利率及本国产出的综合影响时，A 国量化宽松政策导致 B 国金属大宗商品通货膨胀率上升，产生输入型通货膨胀。

当 $\quad \varphi_4\cdot\frac{\partial \pi_t^m}{\partial h_{t-1}^A}+\varphi_5\cdot\frac{\partial \pi_{t-1}^m}{\partial h_{t-1}^A}<[\frac{\varphi_2\beta_1(\beta_3+\beta_4)}{(\beta_1\beta_2-1)}-\varphi_3]\cdot\frac{\gamma}{\lambda\beta}+\frac{\varphi_2\beta_5(\beta_1+1)}{(\beta_1\beta_2-1)}\cdot\frac{\gamma}{\lambda\alpha+\gamma\eta}$

$$+\frac{\varphi_2\beta_1\beta_3}{\lambda(\beta_1\beta_2-1)}$$ 时，$\frac{\partial \pi_{m,t}}{\partial h_{t-1}^A}-\varphi_1\cdot\frac{\partial \pi_{m,t+1}}{\partial h_{t-1}^A}+(\varphi_1-1)\cdot\frac{\partial \pi_{m,t-1}}{\partial h_{t-1}^A}<0$，即当 A 国量化宽松政

策对国际金属大宗商品的综合影响小于其对 B 国汇率、本国利率及本国产出的综合影响时，A 国量化宽松政策导致 B 国金属大宗商品通货膨胀率下降，产生输入型通货紧缩。

当 $\quad \varphi_4\cdot\frac{\partial \pi_t^m}{\partial h_{t-1}^A}+\varphi_5\cdot\frac{\partial \pi_{t-1}^m}{\partial h_{t-1}^A}=[\frac{\varphi_2\beta_1(\beta_3+\beta_4)}{(\beta_1\beta_2-1)}-\varphi_3]\cdot\frac{\gamma}{\lambda\beta}+\frac{\varphi_2\beta_5(\beta_1+1)}{(\beta_1\beta_2-1)}\cdot\frac{\gamma}{\lambda\alpha+\gamma\eta}$

$$+\frac{\varphi_2\beta_1\beta_3}{\lambda(\beta_1\beta_2-1)}$$ 时，$\frac{\partial \pi_{m,t}}{\partial h_{t-1}^A}-\varphi_1\cdot\frac{\partial \pi_{m,t+1}}{\partial h_{t-1}^A}+(\varphi_1-1)\cdot\frac{\partial \pi_{m,t-1}}{\partial h_{t-1}^A}=0$，即当 A 国量化宽松政

策对国际能源大宗商品的综合影响等于其对 B 国汇率、本国利率以及本国产出的综合影响时，A 国量化宽松政策对 B 国金属大宗商品通货膨胀率不存在影响。

对 B 国能源大宗商品通胀率而言：

当 $\quad \vartheta_4\cdot\frac{\partial \pi_t^o}{\partial h_{t-1}^A}+\vartheta_5\cdot\frac{\partial \pi_{t-1}^o}{\partial h_{t-1}^A}>[\frac{\vartheta_2\beta_1(\beta_3+\beta_4)}{(\beta_1\beta_2-1)}-\vartheta_3]\cdot\frac{\gamma}{\lambda\beta}+\frac{\vartheta_2\beta_5(\beta_1+1)}{(\beta_1\beta_2-1)}\cdot\frac{\gamma}{\lambda\alpha+\gamma\eta}$

$$+\frac{\vartheta_2\beta_1\beta_3}{\lambda(\beta_1\beta_2-1)}$$ 时，$\frac{\partial \pi_{o,t}}{\partial h_{t-1}^A}-\vartheta_1\cdot\frac{\partial \pi_{o,t+1}}{\partial h_{t-1}^A}+(\vartheta_1-1)\cdot\frac{\partial \pi_{o,t-1}}{\partial h_{t-1}^A}>0$，即当 A 国量化宽松政策

对国际能源大宗商品的综合影响大于其对 B 国汇率、本国利率及本国产出的综合影响时，A 国量化宽松政策导致 B 国能源大宗商品通货膨胀率上升，产生输入型通货膨胀。

当 $\quad \vartheta_4\cdot\frac{\partial \pi_t^o}{\partial h_{t-1}^A}+\vartheta_5\cdot\frac{\partial \pi_{t-1}^o}{\partial h_{t-1}^A}<[\frac{\vartheta_2\beta_1(\beta_3+\beta_4)}{(\beta_1\beta_2-1)}-\vartheta_3]\cdot\frac{\gamma}{\lambda\beta}+\frac{\vartheta_2\beta_5(\beta_1+1)}{(\beta_1\beta_2-1)}\cdot\frac{\gamma}{\lambda\alpha+\gamma\eta}$

$$+\frac{\vartheta_2\beta_1\beta_3}{\lambda(\beta_1\beta_2-1)}$$ 时，$\frac{\partial \pi_{o,t}}{\partial h_{t-1}^A}-\vartheta_1\cdot\frac{\partial \pi_{o,t+1}}{\partial h_{t-1}^A}+(\vartheta_1-1)\cdot\frac{\partial \pi_{o,t-1}}{\partial h_{t-1}^A}<0$，即当 A 国量化宽松政策

对国际能源大宗商品的综合影响小于其对 B 国汇率、本国利率及本国产出的综

合影响时，A 国量化宽松政策导致 B 国能源大宗商品通货膨胀率下降，产生输入型通货紧缩。

当 $\vartheta_4 \cdot \dfrac{\partial \pi_t^o}{\partial h_{t-1}^A} + \vartheta_5 \cdot \dfrac{\partial \pi_{t-1}^o}{\partial h_{t-1}^A} = [\dfrac{\vartheta_2 \beta_1 (\beta_3 + \beta_4)}{(\beta_1 \beta_2 - 1)} - \vartheta_3] \cdot \dfrac{\gamma}{\lambda \beta} + \dfrac{\vartheta_2 \beta_5 (\beta_1 + 1)}{(\beta_1 \beta_2 - 1)} \cdot \dfrac{\gamma}{\lambda \alpha + \gamma \eta}$

$+ \dfrac{\vartheta_2 \beta_1 \beta_3}{\lambda (\beta_1 \beta_2 - 1)}$ 时，$\dfrac{\partial \pi_{o,t}}{\partial h_{t-1}^A} - \vartheta_1 \cdot \dfrac{\partial \pi_{o,t+1}}{\partial h_{t-1}^A} + (\vartheta_1 - 1) \cdot \dfrac{\partial \pi_{o,t-1}}{\partial h_{t-1}^A} = 0$，即当 A 国量化宽松政策对国际能源大宗商品的综合影响等于其对 B 国汇率、本国利率及本国产出的综合影响时，A 国量化宽松政策对 B 国能源大宗商品通货膨胀率没有影响。

对 B 国食品大宗商品通胀率而言：

当 $\xi_4 \cdot \dfrac{\partial \pi_t^f}{\partial h_{t-1}^A} + \xi_5 \cdot \dfrac{\partial \pi_{t-1}^f}{\partial h_{t-1}^A} > [\dfrac{\xi_2 \beta_1 (\beta_3 + \beta_4)}{(\beta_1 \beta_2 - 1)} - \xi_3] \cdot \dfrac{\gamma}{\lambda \beta} + \dfrac{\xi_2 \beta_5 (\beta_1 + 1)}{(\beta_1 \beta_2 - 1)} \cdot \dfrac{\gamma}{\lambda \alpha + \gamma \eta}$

$+ \dfrac{\xi_2 \beta_1 \beta_3}{\lambda (\beta_1 \beta_2 - 1)}$ 时，$\dfrac{\partial \pi_{f,t}}{\partial h_{t-1}^A} - \xi_1 \cdot \dfrac{\partial \pi_{f,t+1}}{\partial h_{t-1}^A} + (\xi_1 - 1) \cdot \dfrac{\partial \pi_{f,t-1}}{\partial h_{t-1}^A} > 0$，即当 A 国量化宽松政策对国际食品大宗商品的综合影响大于其对 B 国汇率、本国利率及本国产出的综合影响时，A 国量化宽松政策导致 B 国食品大宗商品通货膨胀率上升，产生输入型通货膨胀。

当 $\xi_4 \cdot \dfrac{\partial \pi_t^f}{\partial h_{t-1}^A} + \xi_5 \cdot \dfrac{\partial \pi_{t-1}^f}{\partial h_{t-1}^A} < [\dfrac{\xi_2 \beta_1 (\beta_3 + \beta_4)}{(\beta_1 \beta_2 - 1)} - \xi_3] \cdot \dfrac{\gamma}{\lambda \beta} + \dfrac{\xi_2 \beta_5 (\beta_1 + 1)}{(\beta_1 \beta_2 - 1)} \cdot \dfrac{\gamma}{\lambda \alpha + \gamma \eta}$

$+ \dfrac{\xi_2 \beta_1 \beta_3}{\lambda (\beta_1 \beta_2 - 1)}$ 时，$\dfrac{\partial \pi_{f,t}}{\partial h_{t-1}^A} - \xi_1 \cdot \dfrac{\partial \pi_{f,t+1}}{\partial h_{t-1}^A} + (\xi_1 - 1) \cdot \dfrac{\partial \pi_{f,t-1}}{\partial h_{t-1}^A} < 0$，即当 A 国量化宽松政策对国际食品大宗商品的综合影响小于其对 B 国汇率、本国利率及本国产出的综合影响时，A 国量化宽松政策导致 B 国食品大宗商品通货膨胀率下降，产生输入型通货紧缩。

当 $\xi_4 \cdot \dfrac{\partial \pi_t^f}{\partial h_{t-1}^A} + \xi_5 \cdot \dfrac{\partial \pi_{t-1}^f}{\partial h_{t-1}^A} = [\dfrac{\xi_2 \beta_1 (\beta_3 + \beta_4)}{(\beta_1 \beta_2 - 1)} - \xi_3] \cdot \dfrac{\gamma}{\lambda \beta} + \dfrac{\xi_2 \beta_5 (\beta_1 + 1)}{(\beta_1 \beta_2 - 1)} \cdot \dfrac{\gamma}{\lambda \alpha + \gamma \eta}$

$+ \dfrac{\xi_2 \beta_1 \beta_3}{\lambda (\beta_1 \beta_2 - 1)}$ 时，$\dfrac{\partial \pi_{f,t}}{\partial h_{t-1}^A} - \xi_1 \cdot \dfrac{\partial \pi_{f,t+1}}{\partial h_{t-1}^A} + (\xi_1 - 1) \cdot \dfrac{\partial \pi_{f,t-1}}{\partial h_{t-1}^A} = 0$，即当 A 国量化宽松政策对国际食品大宗商品的综合影响等于其对 B 国汇率、本国利率及本国产出的综合影响时，A 国量化宽松政策对 B 国食品大宗商品通货膨胀率无影响。

7.2.2.3　研究假说的提出

根据上述基础模型，我们发现美国（A 国）量化宽松政策通过国际大宗商品价格渠道、汇率溢出渠道、本国利率渠道，以及本国产出渠道对我国（B 国）大宗商品通胀率产生影响，并且这种影响与上述四种效应的叠加效应密切相关。

由此，根据上述理论模型中公式（7.57）结论，我们针对基础模型提出以下研究假说。

研究假说 1：美国量化宽松政策对我国大宗商品通胀率存在以下三种影响。

（1）当美国量化宽松政策对国际大宗商品通货膨胀率的综合影响大于其对我国汇率、本国利率及本国产出的综合影响时，美国量化宽松政策导致我国国内大宗商品总体通货膨胀率增加，产生输入型通货膨胀。

（2）当美国量化宽松政策对国际大宗商品通货膨胀率的综合影响小于其对我国汇率、本国利率及本国产出的综合影响时，美国量化宽松政策导致我国国内大宗商品总体通货膨胀率下降，产生输入型通货紧缩。

（3）当美国量化宽松政策对国际大宗商品通货膨胀率的综合影响等于其对我国汇率、本国利率及本国产出的综合影响时，美国量化宽松政策对我国国内大宗商品通货膨胀率没有影响。

由此，根据上述理论模型中公式（7.61）至公式（7.63）结论，我们针对扩展模型提出以下研究假说。

研究假说 2：美国量化宽松政策对我国金属、能源和食品三种细分大宗商品通胀率可能存在以下三种影响。

（1）当美国量化宽松政策对国际金属（能源、食品）大宗商品通货膨胀率的综合影响大于其对我国汇率、本国利率及本国产出的综合影响时，美国量化宽松政策导致我国国内金属大宗（能源、食品）商品通货膨胀率增加，产生输入型通货膨胀。

（2）当美国量化宽松政策对国际金属（能源、食品）大宗商品通货膨胀率的综合影响小于其对我国汇率、本国利率及本国产出的综合影响时，美国量化宽松政策导致我国国内金属（能源、食品）大宗商品通货膨胀率下降，产生输入型通货紧缩。

（3）当美国量化宽松政策对国际金属（能源、食品）大宗商品通货膨胀率的综合影响等于其对我国汇率、本国利率及本国产出的综合影响时，美国量化宽松政策对我国国内金属（能源、食品）大宗商品通货膨胀率没有影响。

为了进一步确定量化宽松政策对我国细分大宗商品的影响，我们需要通过实证方法分别对我国大宗商品的总体通货膨胀率，以及金属、能源和食品三种细分大宗商品的国内通货膨胀率来进行检验。由于上述模型涉及的参数较多，理论机制也建立在凯恩斯模型的假定基础之上，因此如果运用数值模拟等估算参数的方法可能会因受到复杂外部因素的干扰而存在偏误。因此，我们在第三部分运用最近邻匹配法（PSM）和倍差法（DID），采取实验经济学方法揭示上述影响的实际情况，更加科学地检验上述理论模型结果的可行性。

7.2.3　实证模型设定与变量说明

7.2.3.1　数据说明

为了从微观商品价格角度检验美国量化宽松政策对我国产生输入型通货膨胀的大宗商品价格传递渠道，我们根据中国流通产业网在制定中国大宗商品价格指数（CCPI）过程中选取的大宗商品种类，从中国价格信息中心（CPIC）数据库①中整理提取了中国大宗商品价格数据库，并根据大宗商品库中的数据计算了我国大宗商品的通胀率。同时，我们根据 CPIC 数据库的分类标准整理提取了中国城市居民服务价格数据库。考虑到我国大宗商品和城市居民服务业的开放程度存在巨大差异（Goyal，2013；Fan，2011），我们将前者作为实验组数据库，后者作为对照组数据库。为了有效揭示美国量化宽松政策对我国大宗商品的影响，我们根据理论假说，从以下三个层面进行探究：①该政策对我国大宗商品总体通胀率的影响，即研究假说 1；②该政策对我国金属、能源和食品等三大类大宗商品通胀率，即研究假说 2；③该政策对我国具有代表性的具体大宗商品价格影响，包括热轧中厚板（金属）、柴油（能源）和鲜牛肉（食品）三种具体大宗商品，从更加微观的层面来验证研究假说 2。同时，为了控制可能影响我国大宗商品通胀率的非量化宽松政策的变量，我们引入了相应的中美两国宏观经济变量，包括人民币对美元的月度平均汇率、中美两国的 GDP 和狭义货币供应量。

从时间窗口长度来看，整理提取后的上述价格数据库包含了 2001 年 8 月至 2012 年 12 月的能源价格，1989 年 1 月至 2012 年 11 月的金属价格，1996 年 1 月至 2012 年 11 月的食品价格。此外，还包含 2002 年 1 月至 2012 年 11 月的

---

① 中国价格信息中心（CPIC）数据库是我国最为完备的微观价格监测数据库，也是目前可得的最新的微观价格数据库。该数据库是国家发改委价格监测中心每周对 62 个大中城市的 484 种特定商品价格进行系统采集，详细汇报了每种商品的名称、商品等级、计价单位、所属地区（城市）、价格名称（购进价格、零售价格等 13 种）、采价点、商品周度价格以及采集日期。其中，商品价格可以归纳为以下 11 大类：①城市居民服务价格，②居民食品价格，③工业生产资料价格，④农资价格，⑤棉花收购价格，⑥农副产品收购价格，⑦涉农收费价格，⑧原粮收购价格，⑨日用工业消费品价格，⑩生猪鸡蛋价格，⑪工业生产资料价格。

城市服务业价格。考虑到实证分析过程中的匹配有效性，我们选取 2002 年 1 月至 2011 年 6 月作为四种价格的共同时间窗口，跨越了 2007—2009 年全球金融危机以来美国前两次量化宽松政策，即 2008 年 11 月至 2011 年 6 月。这也是既有的运用 CPIC 数据库的研究尚未涉足的货币政策领域。同时，我们将周数据汇总为月度数据，与美国量化宽松政策的实施时间节点相对应。此外，由于 2012 年 6 月至 2012 年 11 月期间的第三轮量化宽松政策（QE3）所对应的城市服务商品样本数目下降为 1，无法构成有效的对照组样本，因此我们并不将 QE3 作为研究对象。

7.2.3.2　模型设定

为了从总体和细分两个层面分析美国量化宽松政策对我国大宗商品价格的影响，我们首先运用得分倾向匹配（PSM）和倍差法（DID）对我国大宗商品价格库中包含的商品进行检验。随后，我们进一步将我国大宗商品分为以下三类：金属、能源和食品，并运用得分倾向匹配（PSM）方法分别检验美联储量化宽松政策对我国这三类大宗商品价格的影响。

我们的 DID 方法分析思路如下：①根据美联储量化宽松政策的影响程度，我们将大宗商品作为实验组，将城市服务业商品作为对照组。现有研究表明，美联储量化宽松政策对我国大宗商品和城市服务业冲击的区别在于，量化宽松政策通过影响国际大宗商品价格（Goyal，2013）改变了我国进口大宗商品的成本，进而影响我国大宗商品的价格；而我国服务业由于开放程度较低，并不受到量化宽松政策的影响（Fan，2011）。因此，我们分别将三类大宗商品和服务业商品作为实验组和对照组，二者在多个维度下均相似，差异在于实验组受到美联储量化宽松政策的影响，而控制组对该影响并不敏感。实验组和对照组的样本为月度数据，时间窗口均为 2002 年 1 月至 2011 年 6 月。②我们采用倍差法对这两组价格进行比较，以考察美联储量化宽松政策对我国不同种类大宗商品价格的影响。我们用虚拟变量 $Treatment$ 表示商品是否属于实验组，如果商品属于实验组则取 1，属于对照组则取 0。我们用虚拟变量 $Post$ 表示企业是否受到美联储量化宽松政策影响，若企业受到美联储量化宽松政策影响则取 1，否则取 0。具体的模型形式可以表示为：

$$y_{it} = \beta_0 + \beta_1 Treatment_i + \beta_2 Treatment_i \times Post_{it} + \beta_3 Post_{it} + \beta_4 X + \mu_{it} \quad (7.64)$$

其中 y_{it} 为我国商品 i 在 t 年的特征变量，分别从两个层面对商品 i 进行考察，第一个层面为大宗商品总体层面，第二个层面为细分大宗商品层面，分别包括金属、能源和食品。根据理论模型中公式（7.53）、公式（7.57）至公式（7.59），本研究中该特征变量为商品价格通胀率，用于考察美联储量化宽松政策冲击下，我国大宗商品价格的反应情况。此外，$Treatment_i$ 表示 i 商品是否为实验组虚拟变量，$Post_{it}$ 表示 i 商品在 t 年是否受到美国量化宽松政策影响的虚拟变量；X 表示其他控制变量，μ_{it} 是随机误差项。实验组虚拟变量 $Treatment$ 与量化宽松政策虚拟变量 $Post$ 交叉项的估计系数即为美联储量化宽松政策对我国商品价格的真实影响（Bertrand 和 Duflo，2004）。我们预期在美联储量化宽松政策冲击下，我国大宗商品价格的回归估计结果可能出现三种情况：①交叉项回归估计系数为正，此时美国量化宽松政策会导致我国大宗商品通胀率提高；②交叉项回归估计系数为负，此时美国量化宽松政策会导致我国大宗商品通胀率下降；③交叉项回归估计系数不显著，此时美国量化宽松政策对我国大宗商品通胀率不产生影响。

7.2.3.3 实验组和对照组的确定

为了从整体上检验美联储量化宽松政策对我国大宗商品价格的影响，我们针对 2002 年 1 月至 2011 年 6 月期间大宗商品价格数据库中的 11 种商品和城市服务业价格数据库中的 68 种服务业数据纳入实验组和对照组。我们运用匹配的倍差法分别检验了美联储量化宽松政策对我国大宗商品通胀率的影响，以及之后的细分商品通胀率受到的影响。在运用倍差法进行实证检验之前，我们首先将实验组商品与对照组商品进行匹配，以保证倍差法的分析有效性。我们采用最近邻匹配进行倾向得分匹配（PSM）（Rosenbaum 和 Rubin，1983），获得本研究的对照组。该方法包括两步：①利用 Logit 回归模型分别获得实验组与对照组在多个维度上的倾向得分值 p_i 与 p_j；②找出实验组与对照组之间的距离变量 $C(i)$ 最小的样本，作为该实验组样本的对照组，最近邻匹配的表达式如下：

$$C(i) = \min_j \left\| p_i - p_j \right\| \tag{7.65}$$

在进行最近邻匹配时，需要首先确定匹配变量的选取，即选取美国量化宽松政策影响我国商品价格层面的变量作为匹配依据。国内外既有研究表明，量化宽松政策通过影响我国大宗商品价格，进而对我国工业生产者价格指数和居民消费价格产生影响（李自磊和张云，2013；World Bank，2013）。基于此，我们在基础结果中将我国不同省份（31 个省份）工业生产者出厂价格指数（ppi）、城市级的人均生产总值的对数（lnper_gdp）和城市级消费占 GDP 的比例

（Consumption_share）作为匹配标准，对实验组和对照组进行匹配；而在稳健性检验中，我们将我国分省份消费价格指数（cpi）、城市级人均收入的对数（lnincome）和城市级人口对数（lnpop）作为匹配标准，对实验组和对照组进行匹配，进而得到稳健性检验结果。

我们分别对 2002 年 1 月至 2011 年 6 月的大宗商品总体样本，以及细分的金属商品、能源商品和食品进行了倾向得分匹配，将匹配比例确定为 1:2 匹配，分别得到对照组商品样本（图 7.4），其中部分商品可以充当多个实验组商品的对照组。根据贝克尔和一野（Becker 和 Ichino，2002）提出的 ATT 统计量计算方法，我们通过计算对照组与实验组变量 ATT 统计量的 t 统计量和 P 值来检验倾向得分匹配的有效性，结果如表 7.10 所示。从匹配前后实验组和对照组均值的偏差来看，匹配后得到的对照组与实验组之间的差异显著缩小。同时，从 ATT 统计量的 t 统计量和 P 值来看，匹配后的 ATT 统计量均在 1%显著性水平下不显著，表明接受对照组与实验组不存在显著差异的原假设。这表明，除了是否受到美国量化宽松政策影响以外，我们选取的实验组与对照组在其他方面均不存在显著差异，倾向得分匹配得到的对照组是有效的。

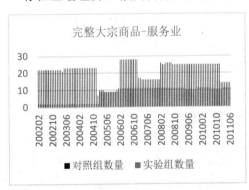

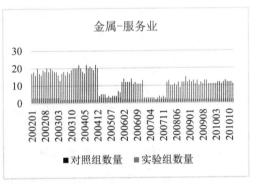

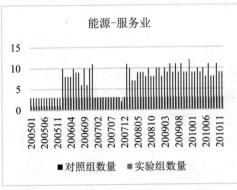

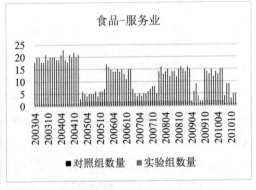

图 7.4　PSM 匹配实验组和对照组统计描述

表 7.10 PSM 匹配效果的检验结果

类别	变量	匹配	均值		偏差百分比（%）	t 统计量	P 值
			实验组	对照组			
大宗商品总体样本	ppi	Unmatched	102.49	102.12	7.0	4.95	0.000
		Matched	102.49	102.44	0.8	0.48	0.631
	lngdp_per	Unmatched	10.029	9.8788	20.5	15.47	0.000
		Matched	10.029	10.026	0.3	0.19	0.850
	Consumption_share	Unmatched	0.4612	0.4206	12.9	10.15	0.000
		Matched	0.4612	0.4629	−0.6	−0.30	0.767
金属商品	ppi	Unmatched	101.44	102.12	−14.3	−5.75	0.000
		Matched	101.44	101.39	1.1	0.49	0.626
	lngdp_per	Unmatched	9.7797	9.8788	−14.4	−6.53	0.000
		Matched	9.7797	9.7768	0.4	0.15	0.878
	Consumption_share	Unmatched	0.4097	0.4206	−4.0	−1.78	0.075
		Matched	0.4097	0.4161	−2.4	−0.85	0.394
能源商品	ppi	Unmatched	102.48	102.12	6.5	2.80	0.005
		Matched	102.48	102.48	0.1	0.03	0.973
	lngdp_per	Unmatched	10.436	9.8788	77.0	33.54	0.000
		Matched	10.436	10.437	−0.2	−0.05	0.958
	Consumption_share	Unmatched	0.5351	0.4206	32.8	16.71	0.000
		Matched	0.5351	0.5343	0.2	0.06	0.948
食品商品	ppi	Unmatched	103.57	102.12	28.0	11.97	0.000
		Matched	103.57	103.51	1.0	0.37	0.715
	lngdp_per	Unmatched	9.9343	9.8788	7.8	3.58	0.000
		Matched	9.9343	9.9476	−1.9	−0.63	0.528
	Consumption_share	Unmatched	0.4504	0.4206	9.3	4.71	0.000
		Matched	0.4504	0.4506	−0.1	−0.02	0.985

注：表中 Unmatched 与 Matched 分别表示匹配前样本与匹配后样本，"偏差百分比"表示对照组与实验组偏差的百分比，t 统计量表示 ATT 统计量代表的 t 统计量，P 值表示 t 统计量的显著性。

7.2.4 实证结果分析

7.2.4.1 基础回归结果与分析

考虑到美国前两轮量化宽松政策对我国大宗商品价格影响可能存在的差异，我们分别考察了 2008 年 11 月至 2010 年 3 月 QE1 期间和 2010 年 11 月至 2011 年 6 月 QE2 期间我国大宗商品通胀率的反应情况。同时，从大宗商品层面来看，我们首先考察了大宗商品通胀率总体变化情况。在此基础上，我们将大宗商品细分为金属、能源和食品三大类，并进一步考察不同种类大宗商品通胀率对美联储不同阶段的量化宽松政策反应情况。

　　首先，我们选择两种价格特征作为大宗商品价格的衡量指标：①月度价格通胀率，即运用不同城市不同商品的月度价格计算得到的通胀率，其计算方法是对不同商品月度价格求均值，再取对数差分；②全国均价通胀率，即运用同一商品的不同城市价格的均值计算得到的通胀率，其计算方法是对同一商品的不同城市价格求均值，再取对数差分。月度价格通胀率能够涵盖不同城市的价格因素，而全国均价通胀率则体现我国整体价格变化，有助于我们从局部和整体两个层面检验美国量化宽松政策对我国大宗商品价格的影响情况。

　　在此基础上，为了剔除我国其他宏观指标对大宗商品价格的干扰，我们在结果中将人民币对美元的月度平均汇率（ex）、中国和美国的月度 M1 货币量存量数据（m1_cn & m1_us）、中国和美国季度的 GDP 数据（gdp_cn & gdp_us）作为控制变量。

　　1. 美联储量化宽松政策对我国大宗商品总体通胀率的影响

　　考虑到美国前两轮量化宽松政策对我国大宗商品价格影响可能存在的差异，我们采用匹配的倍差法，将 ppi、lnper_gdp、Consumption_share 作为匹配标准，分别检验了 2008 年 11 月至 2010 年 3 月的第一轮量化宽松政策（QE1）和 2010 年 11 月至 2011 年 6 月的第二轮量化宽松政策（QE2）对我国大宗商品通胀率的影响。

　　表 7.11 显示了 QE1 和 QE2 对我国大宗商品通胀率的影响。为了运用微观大宗商品价格有效衡量我国国内大宗商品通货膨胀率，我们分别对我国各城市大宗商品月度价格通胀率和全国大宗商品均价通胀率进行了检验。在同时控制行业、城市和时间固定效应的基础上，我们得到了表 7.11 第 1、3 列的结果。该结果表明，QE1 对我国各城市大宗商品价格通胀率和全国均价通胀率的影响均为正，即 treat_post1 的回归系数分别为 0.011 和 0.016，且均在 1%水平上显著。在此基础上，我们引入了人民币对美元的月度平均汇率（ex）、中国和美国的月度 M1 货币量存量数据（m1_cn & m1_us）、中国和美国季度的 GDP 数据（gdp_cn & gdp_us）等宏观层面控制变量，以剔除由汇率、中美货币供应量和中美经济总量等宏观因素带来的影响，得到第 2、4 列的结果。与第 1、3 列结果一致，第 2、4 列结果中 treat_post1 的回归系数同样分别为 0.011 和 0.016，且均在 1%水平上显著。这说明，不论从各城市大宗商品通胀水平，还是全国大宗商品平均通胀水平来看，美国 QE1 显著提高了我国国内大宗商品通货膨胀率，即存在显著的输入型通货膨胀。这一现象符合研究假说 1 中的情况（1），即 QE1 对我国大宗商品产生输入型通货膨胀。根据理论模型，可以从理论上推断，产

生上述结果的原因是，美国 QE1 对国际大宗商品通货膨胀率的综合影响大于其对我国汇率、本国利率及本国产出的综合影响。

同样，我们在同时控制行业、城市和时间固定效应的基础上，分别检验了 QE2 对我国国内各城市大宗商品月度价格通胀率和全国均价通胀率的影响，得到了第 1、3 列的结果。该结果表明，QE2 对我国各城市大宗商品价格通胀率和全国均价通胀率的影响均不显著，即 treat_post2 的回归系数均不显著。在此基础上，我们引入了汇率、货币供应量和经济总量等宏观经济变量，得到 2、4 列结果，发现 QE2 的上述影响仍不显著。这说明 QE2 与 QE1 的溢出效应存在较大差异，这与卡巴列罗和法尔希（Caballero 和 Farhi，2014）研究的结果相一致。QE2 的结果符合研究假说 1 中的情况（3），即美国 QE2 对我国大宗商品通胀率无影响。从理论模型可以推断，产生上述结果的原因是，美国 QE2 对国际大宗商品通货膨胀率的综合影响等于其对我国汇率、本国利率以及本国产出的综合影响。

表 7.11　美联储量化宽松政策对中国大宗商品通胀率的影响回归结果

类别	变量	月度价格通胀率		全国均价通胀率	
		1	2	3	4
QE1：2008 年 11 月—2010 年 3 月	treat	-0.022**	-0.022**	-0.022***	-0.023***
		(-2.14)	(-2.15)	(-2.58)	(-2.60)
	post1	0.007	0.003	0.010**	-0.000
		(1.35)	(0.45)	(2.16)	(-0.07)
	treat_post1	0.011***	0.011***	0.016***	0.016***
		(2.87)	(2.90)	(4.97)	(4.99)
	ex		-0.028**		-0.021**
			(-2.25)		(-1.98)
	gdp_cn		0.148		-0.402
			(0.47)		(-1.49)
QE1：2008 年 11 月—2010 年 3 月	gdp_us		-0.836		3.903*
			(-0.31)		(1.68)
	m1_cn		-0.108***		-0.094***
			(-3.99)		(-4.05)
	m1_us		-0.017		0.082**
			(-0.36)		(2.01)
固定效应	行业	控制	控制	控制	控制
	城市	控制	控制	控制	控制
	时间	控制	控制	控制	控制

类别	变量	月度价格通胀率		全国均价通胀率	
		1	2	3	4
QE2：2010 年 11 月—2011 年 6 月	N	10783	10783	10783	10783
	R^2	0.013	0.016	0.017	0.020
	treat	−0.018**	−0.018**	−0.017**	−0.017**
		(−2.01)	(−2.02)	(−2.30)	(−2.31)
	post2	−0.001	−0.004	−0.002	−0.007
		(−0.14)	(−0.46)	(−0.28)	(−0.83)
	treat_post2	−0.010	−0.010	−0.010	−0.010
		(−0.87)	(−0.87)	(−1.06)	(−1.07)
	ex		−0.033***		−0.024***
			(−3.08)		(−2.59)
	gdp_cn		0.006		−0.389*
			(0.02)		(−1.83)
	gdp_us		0.342		3.750**
			(0.16)		(2.02)
	m1_cn		−0.106***		−0.097***
			(−4.49)		(−4.84)
	m1_us		0.036		0.131***
			(1.10)		(4.76)
固定效应	行业	控制	控制	控制	控制
	城市	控制	控制	控制	控制
	时间	控制	控制	控制	控制
	N	12138	12138	12138	12138
	R^2	0.012	0.015	0.013	0.017

注：括号中为 t 统计量；"*"代表 $P<0.1$，"**"代表 $P<0.05$，"***"代表 $P<0.01$。

2. 美联储量化宽松政策对我国细分大宗商品通胀率的影响

为了从细分大宗商品层面检验美国量化宽松政策对我国大宗商品通胀率的影响，我们选取 2001 年 8 月至 2011 年 6 月的实验组和对照组企业样本，采用与上部分相同的匹配方法和倍差法，对细分的金属、能源和食品三类大宗商品价格进行了实证检验。

在前文利用倾向得分匹配（PSM）方法确定对照组和实验组样本商品的基础上，我们分别考察了美国量化宽松政策对我国的金属、能源和食品价格的影响。在同时控制了行业、城市和时间的固定效应基础上，我们引入了人民币对美元的月度平均汇率（ex）、中国和美国的月度 M1 货币量存量数据（m1_cn &

m1_us）、中国和美国季度的 GDP 数据（gdp_cn & gdp_us）等宏观层面控制变量，以剔除由汇率、中美货币供应量和中美经济总量等宏观因素带来的影响，分别得到了美国 QE1 和 QE2 对我国不同种类大宗商品价格的影响结果（表7.12）。从第 1、3、5 列可以看到，美国 QE1 对我国各城市金属、能源和食品的月度价格通胀率影响均显著为正，即 treat_post1 的回归系数分别为 0.035、0.017、0.012，且显著性水平分别为 1%、1%、5%。该结果与表 7.12 中 QE1 对应的第2 列结果一致，说明美国 QE1 对我国城市大宗商品月度价格通胀率有显著的提升作用，即产生输入型通货膨胀。

从表 7.12 第 2、4、6 列可以看到，美国 QE1 对我国全国金属、食品和能源均价通胀率影响均显著为正，即 treat_post1 的回归系数分别为 0.016、0.013、0.015，且显著性水平分别为 1%、5%、5%。该结果与表 7.11 中 QE1 对应的第4 列结果一致，说明美国 QE1 对我国金属、食品和能源等三种细分大宗商品的全国均价通胀率有显著的提升作用，即产生输入型通货膨胀。

上述结果与研究假说 2 的情况（1）相一致，即美国 QE1 提高了我国金属（能源、食品）细分大宗商品的通胀率，产生输入型通货膨胀。根据上文的理论模型可以推断，上述结果的原因是由于美国 QE1 对国际金属（能源、食品）细分种类大宗商品通货膨胀率的综合影响大于其对我国汇率、本国利率及本国产出的综合影响。

根据表 7.12 中 QE2 对应的第 1、3、5 列结果，我们发现，美国 QE2 对我国金属、食品和能源大宗商品的城市月度价格通胀率没有影响，即 treat_post2 的回归系数均不显著。同样，表 7.12 中 QE2 对应的第 2、4、6 列结果表明，美国 QE2 对我国金属、食品和能源大宗商品的全国均价通胀率也没有影响，即 treat_post2 的回归系数均不显著。这与表 7.11 中 QE2 对应的第 2 和第 4 列两列结果相一致，也与研究假说 2 中的情况（3）相一致，即 QE2 对我国金属、能源和食品等细分种类大宗商品的通胀率无影响。从理论模型可以推断，产生上述结果的原因是，美国 QE2 对国际金属（能源、食品）大宗商品通货膨胀率的综合影响等于其对我国汇率、本国利率及本国产出的综合影响。

表 7.12　美联储量化宽松政策对中国大宗商品价格的通胀率（细分）影响回归结果

类别	变量	金属月度价格通胀率	金属全国均价通胀率	食品月度价格通胀率	食品全国均价通胀率	能源月度价格通胀率	能源全国均价通胀率
		1	2	3	4	5	6
QE1：2008 年 11 月—2010 年 3 月	treat	-0.003	-0.002	-0.017*	-0.012***	-0.004	-0.019***
		(-1.10)	(-0.93)	(-1.68)	(-6.30)	(-1.23)	(-5.27)
	post1	0.005	0.006	-0.020***	-0.022***	0.005	0.024*
		(0.46)	(0.77)	(-3.23)	(-4.30)	(0.34)	(1.84)
	treat_post1	0.035***	0.016***	0.017***	0.013**	0.012**	0.015**
		(3.79)	(2.61)	(2.76)	(2.49)	(1.98)	(2.47)
	ex	-0.070**	-0.058***	-0.029*	-0.054***	-0.013	-0.030
		(-2.52)	(-3.07)	(-1.68)	(-3.72)	(-0.54)	(-1.28)
	gdp_cn	23.843**	7.080	-18.792*	-27.483***	-11.721	62.337***
		(2.29)	(1.00)	(-1.91)	(-3.37)	(-0.49)	(2.65)
	gdp_us	-49.558**	-13.824	40.374*	58.674***	25.197	-138.876***
		(-2.21)	(-0.90)	(1.89)	(3.31)	(0.48)	(-2.69)
	m1_cn	-1.654***	-1.300***	-0.120	-0.266	-0.319	-0.253
		(-3.34)	(-3.86)	(-0.34)	(-0.90)	(-0.61)	(-0.50)
	m1_us	-0.567	0.482	1.096***	1.939***	0.377	-1.581**
		(-0.98)	(1.23)	(2.65)	(5.61)	(0.49)	(-2.09)
固定效应	行业	控制	控制	控制	控制	控制	控制
	城市	控制	控制	控制	控制	控制	控制
	时间	控制	控制	控制	控制	控制	控制
	N	5395	5400	6619	6623	3343	3343
	R²	0.030	0.042	0.015	0.022	0.013	0.028
QE2：2010 年 11 月—2011 年 6 月	treat	0.000	-0.000	-0.014	-0.010***	-0.001	-0.013***
		(0.05)	(-0.13)	(-1.34)	(-5.78)	(-0.46)	(-5.04)
	post2	-0.003	-0.003	0.007	-0.004	0.006	-0.008
		(-0.11)	(-0.15)	(0.32)	(-0.24)	(0.51)	(-0.69)
	treat_post2	-0.008	-0.008	0.001	0.024	-0.016	-0.004
		(-0.29)	(-0.40)	(0.03)	(1.27)	(-1.09)	(-0.26)
	ex	-0.085***	-0.067***	-0.017	-0.040***	0.002	-0.039*
		(-3.16)	(-3.66)	(-1.05)	(-2.92)	(0.08)	(-1.93)

类别	变量	金属月度价格通胀率	金属全国均价通胀率	食品月度价格通胀率	食品全国均价通胀率	能源月度价格通胀率	能源全国均价通胀率
	gdp_cn	14.511	1.447	-9.189	-13.207*	14.673	42.314***
		(1.48)	(0.22)	(0.99)	(-1.72)	(0.89)	(2.65)
	gdp_us	-29.574	-1.788	19.739	27.940*	-31.886	-95.103***
		(-1.40)	(-0.12)	(0.98)	(1.67)	(-0.88)	(-2.70)
	m1_cn	-1.649***	-1.256***	-0.238	-0.481	-0.883**	-0.332
		(-3.27)	(-3.66)	(-0.66)	(-1.59)	(-2.09)	(-0.81)
	m1_us	-0.112	0.719*	0.654*	1.513***	0.547	-0.000
		(-0.20)	(1.94)	(1.77)	(4.89)	(1.20)	(-0.00)
固定效应	行业	控制	控制	控制	控制	控制	控制
	城市	控制	控制	控制	控制	控制	控制
	时间	控制	控制	控制	控制	控制	控制
	N	5395	5400	6619	6623	4094	4094
	R^2	0.026	0.040	0.013	0.020	0.008	0.024

注：括号中为 t 统计量；"*"代表 $P<0.1$，"**"代表 $P<0.05$，"***"代表 $P<0.01$。

3. 美联储量化宽松政策对我国具体大宗商品通胀率的影响

上述结果已经印证了美国量化宽松政策对我国大宗商品存在输入型通货膨胀和无影响的现象，为了进一步考察是否存在导致我国大宗商品通胀率下降的现象，我们进一步从最微观的大宗商品层面来检验美国量化宽松政策对我国大宗商品通胀率的影响。我们分别选择了金属大宗商品中具有代表性的热轧中厚板、食品中的鲜牛肉和能源中的柴油作为研究对象。在同时控制了行业、城市和时间的固定效应后，我们得到如表 7.13 所示的实证结果。首先，从 QE1 对应的第 1、3、5 列结果来看，QE1 对我国热轧中厚板、鲜牛肉和柴油大宗商品的城市月度价格通胀率具有显著的提升作用，即 treat_post1 的回归系数分别为 0.016、0.009、0.010，且显著性水平分别为 10%、10%、5%。其次，从 QE1 对应的第 2、4、6 列结果来看，QE1 对我国热轧中厚板、鲜牛肉和柴油的全国均价通胀率具有显著的提升作用，即 treat_post1 的回归系数分别为 0.019、0.011、0.019，且显著性水平分别为 10%、10%、5%。上述结果与研究假说 2 中的情况（1）相一致，即美国 QE1 提高了我国热轧中厚板、鲜牛肉和柴油等具体大宗商品的通胀率，产生输入型通货膨胀。根据上文的理论模型可以推断，上述结果的原因是由于美国 QE1 对国际热轧中厚板（鲜牛肉、柴油）具体种类大宗商品通货膨胀率的综合影响大于其对我国汇率、本国利率及本国产出的综合影响。该结果与表7.11、表7.12中对应的结论相一致。

从QE2对应的第1、3、5列结果来看，QE2对我国热轧中厚板、鲜牛肉和柴油大宗商品的城市月度价格通胀率具有不同的影响。其中，对我国热轧中厚板和鲜牛肉的城市月度价格通胀率无影响，即treat_post2的回归系数并不显著；但对柴油城市月度价格通胀率却具有显著负向影响，treat_post2的回归系数为−0.019，且在10%水平上显著。这说明QE2造成我国柴油城市月度价格通胀率下降，产生柴油的输入型通货紧缩。然而，从第2、4、6列结果来看，QE2对我国热轧中厚板、鲜牛肉和柴油大宗商品的全国均价通胀率均无影响，即treat_post2的回归系数均不显著。QE2对柴油城市月度价格通胀率的负向影响与假说2中的情况（2）一致，即QE2使柴油城市月度价格通胀率下降，产生输入型通货紧缩的结果。根据理论模型，可以从理论上推断，产生上述结果的原因是，美国QE2对柴油国际大宗商品通货膨胀率的综合影响小于其对我国汇率、本国利率及本国产出的综合影响。而其余结果皆与假说2中的情况（3）一致，即QE2对热轧中厚板和鲜牛肉的城市月度价格通胀率无影响，对热轧中厚板、鲜牛肉和柴油大宗商品的全国均价通胀率也无影响。

表7.13　美联储量化宽松政策对中国大宗商品价格的对数差分（具体产品）影响回归结果

类别	变量	热轧中厚板月度价格通胀率	热轧中厚板全国均价通胀率	鲜牛肉月度价格通胀率	鲜牛肉全国均价通胀率	柴油月度价格通胀率	柴油全国均价通胀率
		（1）	（2）	（3）	（4）	（5）	（6）
QE1：2008年11月至2010年3月	treat	−0.003	−0.003	−0.009***	−0.012***	−0.008***	−0.013***
		（−1.49）	（−0.93）	（−4.51）	（−5.08）	（−3.40）	（−2.73）
	post1	0.054***	0.022	−0.021**	−0.036***	0.022***	0.023
		（3.45）	（1.08）	（−2.35）	（−3.53）	（2.59）	（1.38）
	treat_post1	0.016*	0.019*	0.009*	0.011*	0.010**	0.019**
		（1.91）	（1.83）	（1.70）	（1.81）	（2.33）	（2.30）
	ex	−0.029	−0.051	−0.030*	−0.056***	0.005	0.004
		（−1.12）	（−1.54）	（−1.87）	（−3.07）	（0.30）	（0.14）
	gdp_cn	0.861	−0.013	−0.517	−0.119	0.491	1.884
		（1.48）	（−0.02）	（−0.97）	（−0.20）	（0.62）	（1.20）
	gdp_us	−7.038	0.314	4.358	0.660	−4.345	−17.576
		（−1.41）	（0.05）	（0.93）	（0.13）	（−0.61）	（−1.25）
	m1_cn	−0.014	−0.018	−0.019	−0.070*	−0.044	−0.010
		（−0.28）	（−0.28）	（−0.51）	（−1.65）	（−1.26）	（−0.14）
	m1_us	−0.188**	0.078	0.198***	0.365***	−0.119*	−0.129
		（−2.11）	（0.68）	（3.05）	（5.05）	（−1.73）	（−0.95）

类别	变量	热轧中厚板月度价格通胀率	热轧中厚板全国均价通胀率	鲜牛肉月度价格通胀率	鲜牛肉全国均价通胀率	柴油月度价格通胀率	柴油全国均价通胀率
		(1)	(2)	(3)	(4)	(5)	(6)
固定效应	行业	控制	控制	控制	控制	控制	控制
	城市	控制	控制	控制	控制	控制	控制
	时间	控制	控制	控制	控制	控制	控制
	N	3872	3876	5630	5628	2288	2288
	R^2	0.032	0.025	0.016	0.019	0.025	0.023
QE2：2010年11月至2011年6月	treat	−0.002	−0.002	−0.007***	−0.009***	−0.004**	−0.006*
		(−0.82)	(−0.54)	(−3.78)	(−4.49)	(−2.37)	(−1.85)
	post2	−0.001	−0.016	0.013	−0.008	0.002	−0.003
		(−0.05)	(−0.67)	(0.71)	(−0.41)	(0.26)	(−0.23)
	treat_post2	−0.013	−0.009	−0.028	−0.004	−0.019*	−0.017
		(−0.51)	(−0.30)	(−1.51)	(−0.19)	(−1.92)	(−0.90)
	ex	−0.054**	−0.061**	−0.008*	0.002	−0.000	−0.007
		(−2.12)	(−2.03)	(−1.68)	(0.37)	(−0.02)	(−0.28)
	gdp_cn	0.638	−0.007	−0.616*	−0.583	0.527	1.403
		(1.23)	(−0.01)	(−1.70)	(−1.47)	(0.95)	(1.32)
	gdp_us	−5.196	0.213	5.450*	5.205	−4.640	−13.350
		(−1.16)	(0.04)	(1.68)	(1.47)	(−0.92)	(−1.38)
	m1_cn	−0.050	−0.033	−0.037***	−0.019	−0.069**	−0.021
		(−1.03)	(−0.57)	(−2.70)	(−1.25)	(−2.34)	(−0.36)
	m1_us	0.013	0.175*	0.123***	0.118***	0.033	0.062
		(0.17)	(1.96)	(4.63)	(4.08)	(0.78)	(0.77)
固定效应	行业	控制	控制	控制	控制	控制	控制
	城市	控制	控制	控制	控制	控制	控制
	时间	控制	控制	控制	控制	控制	控制
	N	4075	4075	6078	6076	2763	2763
	R^2	0.024	0.023	0.012	0.010	0.023	0.019

注：括号中为 t 统计量；"*"代表 $P<0.1$，"**"代表 $P<0.05$，"***"代表 $P<0.01$。

4. 稳健性检验

为了检验上述结果的稳健性，我们更改了 psm 的匹配变量，将我国不同省份消费价格指数（cpi）、城市级人均收入的对数（lnincome）和城市级人口对数（lnpop）作为匹配标准，对实验组和对照组进行匹配，进而得到稳健性检验结果。

表 7.14 显示了我国大宗商品总体通胀率的稳健性回归结果。我们可以看

到，下列结果与表 7.11 的结果完全一致，即 QE1 对我国大宗商品月度价格通胀率和全国均价通胀率的影响均显著为正；而 QE2 对上述通胀率的影响并不显著。这有效说明了表 7.11 的结果具有很好的稳健性。

表 7.14　美联储量化宽松政策对中国大宗商品价格对数差分的影响稳健性回归结果

类别	变量	月度价格通胀率		全国均价通胀率	
		1	2	3	4
QE1：2008 年 11 月至 2010 年 3 月	treat	−0.003	−0.004	−0.005	−0.005
		(−0.25)	(−0.28)	(−0.43)	(−0.46)
	post1	0.012*	0.007	0.006	−0.007
		(1.70)	(0.69)	(1.09)	(−0.96)
	treat_post1	0.010**	0.010**	0.017***	0.017***
		(1.97)	(2.01)	(4.59)	(4.61)
	ex		−0.017		−0.010
			(−1.02)		(−0.76)
	gdp_cn		−0.467		−0.222
			(−1.08)		(−0.68)
	gdp_us		4.752		2.404
			(1.27)		(0.85)
	m1_cn		−0.107***		−0.115***
			(−2.87)		(−4.09)
	m1_us		0.015		0.110**
			(0.23)		(2.24)
固定效应	行业	控制	控制	控制	控制
	城市	控制	控制	控制	控制
	时间	控制	控制	控制	控制
	N	10843	10843	10843	10843
	R^2	0.006	0.008	0.016	0.018
QE2：2010 年 11 月至 2011 年 6 月	treat	−0.004	−0.002	−0.008***	−0.003
		(−1.59)	(−0.90)	(−4.36)	(−1.52)
	post2	−0.001	−0.003	−0.006	−0.009
		(−0.07)	(−0.35)	(−0.87)	(−1.36)
	treat_post2	−0.009	−0.008	−0.006	−0.006
		(−1.35)	(−1.32)	(−1.24)	(−1.23)
	ex		−0.021		−0.013
			(−1.47)		(−1.18)
	gdp_cn		−0.492		−0.322
			(−1.48)		(−1.27)

续表

类别	变量	月度价格通胀率		全国均价通胀率	
		1	2	3	4
	gdp_us		4.929*		3.205
			(1.69)		(1.45)
	m1_cn		-0.111***		-0.105***
			(-3.52)		(-4.35)
	m1_us		0.078*		0.132***
			(1.82)		(4.04)
固定效应	行业	控制	控制	控制	控制
	城市	控制	控制	控制	控制
	时间	控制	控制	控制	控制
	N	12444	12444	12444	12444
	R^2	0.005	0.008	0.013	0.016

注：括号中为 t 统计量；"*"代表 $P<0.1$，"**"代表 $P<0.05$，"***"代表 $P<0.01$。

表 7.15 显示了我国大宗商品总体通胀率的稳健性回归结果。我们可以看到，下列结果与表 7.12 的结果完全一致，即 QE1 对我国金属、食品和能源等细分大宗商品月度价格通胀率和全国均价通胀率的影响均显著为正；而 QE2 对上述通胀率的影响并不显著。这有效说明了表 7.12 的结果具有很好的稳健性。

表 7.15　美联储量化宽松政策对中国大宗商品价格的对数差分（细分）影响稳健性
回归结果

类别	变量	金属月度价格通胀率	金属全国均价通胀率	食品月度价格通胀率	食品全国均价通胀率	能源月度价格通胀率	能源全国均价通胀率
		1	2	3	4	5	6
QE1：2008 年 11 月至 2010 年 3 月	treat	-0.002	-0.005***	-0.010***	-0.014***	-0.007***	-0.012***
		(-0.73)	(-2.84)	(-3.34)	(-6.65)	(-5.46)	(-3.67)
	post1	0.053***	0.026**	-0.030**	-0.037***	0.019***	0.011
		(2.75)	(2.22)	(-2.18)	(-4.03)	(3.92)	(0.88)
	treat_post1	0.036***	0.034***	0.019**	0.019***	0.005**	0.016***
		(3.69)	(5.80)	(2.44)	(3.55)	(2.26)	(2.79)
	ex	-0.072**	0.006	-0.017	-0.045***	0.014*	0.019
		(-2.19)	(0.31)	(-0.68)	(-2.74)	(1.66)	(0.87)
	gdp_cn	9.984	32.983***	19.909	8.354	-28.415***	5.599
		(0.72)	(3.97)	(1.26)	(0.79)	(-3.35)	(0.26)

续表

类别	变量	金属月度价格通胀率	金属全国均价通胀率	食品月度价格通胀率	食品全国均价通胀率	能源月度价格通胀率	能源全国均价通胀率
		1	2	3	4	5	6
	gdp_us	−20.278	−69.560***	−43.210	−18.869	62.686***	−13.239
		(−0.68)	(−3.90)	(−1.26)	(−0.83)	(3.36)	(−0.28)
	m1_cn	−0.784	−1.051***	−1.173**	−0.755**	−0.200	0.192
		(−1.37)	(−3.06)	(−2.17)	(−2.09)	(−1.09)	(0.41)
	m1_us	−1.279	−0.555	1.318*	2.268***	−0.305	−0.567
		(−1.59)	(−1.15)	(1.86)	(4.80)	(−1.11)	(−0.81)
固定效应	行业	控制	控制	控制	控制	控制	控制
	城市	控制	控制	控制	控制	控制	控制
	时间	控制	控制	控制	控制	控制	控制
	N	4760	4760	5692	5692	3342	3342
	R^2	0.028	0.050	0.012	0.023	0.035	0.014
	treat	0.001	−0.002	0.004	−0.003	−0.006***	−0.007**
		(0.30)	(−1.29)	(0.27)	(−0.31)	(−3.04)	(−2.45)
	post2	−0.010	−0.013	−0.001	−0.003	0.007	0.001
		(−0.36)	(−0.81)	(−0.04)	(−0.31)	(1.06)	(0.08)
	treat_post2	−0.014	−0.011	−0.028	−0.003	−0.007	−0.007
		(−0.44)	(−0.57)	(−0.37)	(−0.31)	(−1.33)	(−0.91)
QE2：2010 年 11 月至 2011 年 6 月	ex	−0.097***	−0.016	0.001	−0.003	0.016	0.040*
		(−3.25)	(−0.87)	(0.05)	(−0.31)	(1.11)	(1.85)
	gdp_cn	11.437	27.858***	24.813*	−0.003	−40.239***	−0.983
		(0.98)	(3.96)	(1.90)	(−0.31)	(−3.49)	(−0.06)
	gdp_us	−23.542	−58.709***	−53.629*	−0.003	88.962***	1.714
		(−0.94)	(−3.87)	(−1.89)	(−0.31)	(3.49)	(0.05)
	m1_cn	−1.286**	−1.240***	−1.064**	−0.003	−0.356	0.217
		(−2.42)	(−3.87)	(−2.23)	(−0.31)	(−1.20)	(0.50)
	m1_us	0.614	0.641*	0.403	−0.003	0.729**	0.324
		(0.99)	(1.71)	(0.85)	(−0.31)	(2.29)	(0.69)
固定效应	行业	控制	控制	控制	控制	控制	控制
	城市	控制	控制	控制	控制	控制	控制
	时间	控制	控制	控制	控制	控制	控制
	N	5087	5087	6173	6173	4331	4331
	R^2	0.022	0.040	0.010	0.018	0.091	0.045

注：括号中为 t 统计量；"*"代表 $P<0.1$，"**"代表 $P<0.05$，"***"代表 $P<0.01$。

表 7.16 显示了对我国大宗商品总体通胀率的稳健性回归结果。我们可以看

到，下列结果与表 7.13 的结果总体一致，即 QE1 对我国热轧中厚板、鲜牛肉和柴油等具体大宗商品月度价格通胀率和全国均价通胀率的影响均显著为正；而 QE2 对热轧中厚板、鲜牛肉通胀率的影响并不显著，对我国的柴油月度价格通胀率影响显著为负。这有效说明了表 7.13 的结果具有很好的稳健性。

表 7.16　美联储量化宽松政策对中国大宗商品价格的对数差分（具体产品）影响稳健性回归结果

类别	变量	热轧中厚板月度价格通胀率	热轧中厚板全国均价通胀率	鲜牛肉月度价格通胀率	鲜牛肉全国均价通胀率	柴油月度价格通胀率	柴油全国均价通胀率
		1	2	3	4	5	6
	treat	-0.008***	-0.007***	-0.012***	-0.013***	-0.010**	-0.019***
		(-3.48)	(-3.01)	(-5.02)	(-5.06)	(-2.34)	(-4.33)
	post1	0.058***	0.016	-0.016**	-0.036***	0.009	0.023
		(3.59)	(1.06)	(-2.22)	(-3.22)	(0.58)	(1.46)
	treat_post1	0.022***	0.023***	0.012*	0.014**	0.017**	0.021***
QE1：2008 年 11 月至 2010 年 3 月		(2.61)	(3.10)	(1.69)	(2.08)	(2.18)	(2.74)
	ex	-0.038	-0.020	-0.058***	-0.021	0.002	0.007
		(-1.46)	(-0.84)	(-3.05)	(-1.06)	(0.06)	(0.26)
	gdp_cn	0.912	0.106	-1.895***	-0.829	-0.854	2.300
		(1.56)	(0.20)	(-3.55)	(-1.22)	(-0.57)	(1.58)
	gdp_us	-7.160	-0.111	16.200***	6.782	7.737	-21.366
		(-1.42)	(-0.02)	(3.44)	(1.15)	(0.57)	(-1.63)
	m1_cn	-0.086*	-0.194***	0.097**	0.019	-0.065	-0.003
		(-1.69)	(-4.17)	(2.34)	(0.41)	(-0.95)	(-0.05)
	m1_us	-0.246***	0.093	0.106*	0.339***	0.046	-0.171
		(-2.63)	(1.09)	(1.82)	(4.21)	(0.35)	(-1.33)
固定效应	行业	控制	控制	控制	控制	控制	控制
	城市	控制	控制	控制	控制	控制	控制
	时间	控制	控制	控制	控制	控制	控制
	N	3830	3830	5760	5760	2379	2379
	R^2	0.037	0.038	0.013	0.016	0.017	0.027
QE2：2010 年 11 月至 2011 年 6 月	treat	-0.007***	-0.005**	-0.008***	-0.010***	-0.004	-0.011***
		(-2.97)	(-2.35)	(-3.68)	(-4.67)	(-1.18)	(-3.58)
	post2	-0.011	-0.004	-0.003	-0.021	0.006	-0.007
		(-0.76)	(-0.32)	(-0.06)	(-0.35)	(0.52)	(-0.62)
	treat_post2	-0.007	-0.005	-0.004	0.001	-0.017*	-0.012
		(-0.62)	(-0.43)	(-0.41)	(0.14)	(-1.74)	(-1.29)

类别	变量	热轧中厚板月度价格通胀率	热轧中厚板全国均价通胀率	鲜牛肉月度价格通胀率	鲜牛肉全国均价通胀率	柴油月度价格通胀率	柴油全国均价通胀率
		1	2	3	4	5	6
	ex	−0.066***	−0.024	−0.021	−0.010	0.017	−0.004
		(−2.77)	(−1.08)	(−1.18)	(−0.56)	(0.67)	(−0.16)
	gdp_cn	0.740	0.239	−0.546	−0.821	0.915	1.797*
		(1.53)	(0.54)	(−1.01)	(−1.52)	(0.88)	(1.84)
	gdp_us	−5.785	−1.302	4.669	6.744	−7.747	−16.963*
		(−1.39)	(−0.34)	(0.98)	(1.42)	(−0.82)	(−1.91)
	m1_cn	−0.126***	−0.206***	0.049	0.050	−0.131**	−0.012
		(−2.69)	(−4.82)	(1.20)	(1.25)	(−2.36)	(−0.23)
	m1_us	−0.010	0.173***	0.004	0.176***	0.080	0.028
		(−0.14)	(2.66)	(0.08)	(3.35)	(1.00)	(0.38)
固定效应	行业	控制	控制	控制	控制	控制	控制
	城市	控制	控制	控制	控制	控制	控制
	时间	控制	控制	控制	控制	控制	控制
	N	4100	4100	6422	6422	2999	2999
	R^2	0.031	0.033	0.011	0.013	0.011	0.023

注：括号中为 t 统计量；"*"代表 $P < 0.1$，"**"代表 $P < 0.05$，"***"代表 $P < 0.01$。

上述结果分别从我国大宗商品总体情况、细分大宗商品和微观大宗商品三个层次检验了美国量化宽松政策对我国大宗商品通胀率的影响，发现美国 QE1 和 QE2 对我国大宗商品通胀率存在不同影响。其中，QE1 对我国大宗商品总体影响显著为正，对我国金属、食品和能源三种细分大宗商品的月度价格通胀率和全国均价通胀率影响也显著为正，对我国热轧中厚板、鲜牛肉和柴油等具体大宗商品的上述通胀率影响也显著为正。这种情况符合研究假说 1 和假说 2 中的情况（1）的结论，即 QE1 对我国大宗商品存在显著的输入型通货膨胀效应。而 QE2 对我国总体大宗商品、细分大宗商品及热轧中厚板和鲜牛肉等微观大宗商品通胀率的影响并不显著，这印证了研究假说 1 和假说 2 中的情况（3）的结论，即 QE2 对我国上述大宗商品无影响。而 QE2 对柴油这种具体商品的城市月度价格通胀率具有稳定显著的负影响，说明柴油的情况符合假说 2 中的情况（2），即 QE2 对我国柴油城市价格通胀率存在输入型通货紧缩效应。

第三节　欧洲央行中央银行资产负债表政策对我国汇率溢出效应对企业出口影响

7.3.1　研究背景和意义

作为世界第二大的国际货币发行区，欧元区的量化宽松政策不仅对欧元区成员国的汇率具有显著影响，更通过汇率网状溢出效应影响全球大部分国家的汇率水平。近年来，发达国家量化宽松政策的溢出效应对各国汇率、国际资本流动（Jannsen，2011；Chinn，2013；Bernanke，2010；Volz，2012；Portes，2010；Eichengreen，2013；Bowman 等，2014；Rogers 等，2014；赵然和苏治，2012）、物价水平（Chen 等，2012；陈磊和侯鹏，2011；刘克崮和翟晨曦，2011；Morgan，2011；苏治等，2015）和货币政策（Spantig，2012；刘澜飚和文艺，2014；Kawai，2015）等宏观经济环境产生了显著影响，并通过汇率渠道影响企业出口行为（Aziz 和 Li，2007；Ahmed，2009；Thorbecke 和 Smith，2010；戴觅等，2013）。然而，目前尚未有学者从微观层面揭示欧洲量化宽松政策的汇率溢出效应对我国企业出口行为的影响。根据市场定价理论（PTM），在欧洲量化宽松政策的影响下，我国企业对各国的出口行为不仅受到人民币兑欧元汇率波动的影响，也受到出口目的国货币兑欧元汇率变化的影响（Fratzscher 等，2014）。从一组简单的宏观数据①来看，2008 年 10 月至 2012 年 10 月欧洲量化宽松政策实施期间，人民币兑欧元汇率升值幅度为 16.08%，我国对欧元区出口总值涨幅为40.36%。而对于其他国家，如澳大利亚，上述政策实施期间，澳元兑欧元的升值幅度为 65.46%，同时澳元兑人民币的升值幅度为 38.85%，我国对澳大利亚出口总值涨幅为 98.66%。

这些宏观数据说明，欧洲量化宽松政策同时影响我国和出口目的国兑欧元的汇率，形成汇率的网状溢出效应，从而造成我国与出口目的国的双边汇率发生差异化波动，进而影响我国企业出口行为。基于此，本节从欧洲量化宽松政策对各国的汇率溢出效应出发，填补了既有研究中该政策对我国微观企业出口行为影响的研究空白，为我国应对该政策提供更为有效的理论和实证支持。

---

① 出口数据来自 UN Comtrade 统计数据，兑欧元汇率数据来自欧洲央行官网数据库，兑美元汇率数据来自 EIU 宏观数据库。

目前国内外学者对发达国家量化宽松政策的汇率溢出效应研究仍停留在宏观层面的实证研究，并且集中考察该政策对某一国家的汇率溢出效应，而关于汇率溢出效应的研究也大多局限于美国量化宽松政策。这些研究包括：①美国量化宽松政策通过国际资本流动渠道影响其他国家汇率（Eichengreen，2013；Bowman 等，2014；Rogers 等，2014）；②该政策通过影响其他国家利率水平改变其汇率（Spantig，2012；刘澜飚和文艺，2014；Kawai，2015）；③该政策通过影响本国的汇率改变其他国家汇率水平（Diez 和 Presno，2014；Mylonidis 和 Stamopoulou，2011）。此外，还有学者研究了量化宽松政策对中国企业出口的影响（孙浦阳等，2016）。对欧洲量化宽松政策的研究也局限于欧元区内部的传导机制和实施效果等方面，如关于欧洲央行非传统货币政策的传导渠道研究（Krishnamurthy 和 Vissing-Jorgensen，2011）；欧洲量化宽松政策影响银行借贷利率的研究（Christensen 和 Rudebusch，2012；Bauer 和 Rudebusch，2013；Bauer 和 Neely，2013；Hristov，2014）；欧洲量化宽松政策对欧元区实际产出和消费者价格的影响（Peersman，2011）。而关于欧元区非传统货币政策的跨国影响的理论和实证分析都较为缺乏，本节在非抛补平价理论的基础上引入量化宽松政策，从理论层面有效揭示了欧洲量化宽松政策通过利率渠道影响汇率的机制，并在此基础上基于微观出口行为与汇率关系的相关理论，将上述汇率网状溢出效应引入微观出口企业理论中，有效将宏观层面与微观层面相结合，最终从微观层面揭示欧洲量化宽松政策的汇率网状溢出效应对我国企业出口行为的影响。

在前文提出的理论模型框架基础上，本节运用微观企业的海关数据对上述影响进行实证检验。较之宏观出口数据，微观企业的海关数据对研究上述影响具有以下优势：①与宏观出口数据相比，微观海关数据包含企业出口目的国的详细信息，有利于从目的国层面解释上述网状溢出效应对不同企业出口行为的差异化影响；②微观海关数据有利于控制不同类型的中国出口企业的差异性，包括企业出口贸易形式及企业所有权性质等，这也是中国出口企业存在企业层面差异性的重要依据。

本节从理论和实证两方面进行了创新性研究：①理论方面，本节首次通过理论模型刻画了欧洲量化宽松政策的汇率网状溢出效应，并将其引入微观企业出口行为方程，以从微观层面考察该效应对企业出口行为的影响；②实证方面，本节首次运用微观数据对上述理论模型进行了实证检验。我们运用中国海关数据的相关信息，从企业-产品-目的国层面考察上述汇率网状溢出效应对微观企业的影响，并通过区分不同国家对欧洲量化宽松政策的汇率反应系数类别，以及区分企业的贸易类型和所有权性质来解释我国企业的出口行为调整差异。

后文结构安排如下：第二部分构建欧洲量化宽松政策汇率网状溢出效应对企业出口额和出口量影响的微观模型，并提出本节的研究假说；第三部分是变量与计量模型设定；第四部分对计量结果进行解释和分析；最后是本节的主要结论和政策建议。

7.3.2　理论分析及研究假说

虽然目前对欧洲量化宽松政策如何影响微观企业的研究仍十分匮乏，但通过汇率溢出渠道这一纽带，我们可以将这一政策对各国汇率的宏观影响与汇率对企业出口的微观影响有机地联系在一起，并通过建立各国汇率对欧洲量化宽松政策的反应系数矩阵刻画这一溢出效应。为了更加清晰地从理论角度阐述上述宏观影响与微观影响的联系，我们分别从宏观货币政策的汇率溢出效应和微观企业受汇率波动影响两个层面构建相互关联的理论模型。

7.3.2.1　欧洲量化宽松政策的汇率溢出效应

既有研究表明，欧元区量化宽松政策不仅通过增加全球的流动性来影响欧元的实际汇率，更通过欧元的国际货币汇率溢出渠道影响全球大部分国家的汇率（Jannsen，2011；Chinn，2013）。根据非抛补利率平价，各国货币兑欧元汇率的决定与该国利率和欧洲利率的比值相关，即：

$$e_k = \frac{1+i_k}{1+i_{euro}} \cdot e_k^*　\qquad (7.66)$$

其中，e_k 表示以欧元标价的 k 国即期汇率，e_k^* 表示以欧元标价的市场预期汇率，i_k 和 i_{euro} 分别表示 k 国和欧元区的利率。根据既有研究，欧元区量化宽松政策通过影响金融市场流动性来影响欧元区利率水平（Hristov，2014），进而通过非抛补利率平价来影响各国兑欧元汇率。为了从理论上分析这种跨国影响，我们根据 Palley（2011）构建的量化宽松政策凯恩斯理论模型，将欧洲量化宽松政策与欧洲利率的关系表示如下：

$$1+i_{euro} = \frac{\alpha_{euro}}{f(\Omega_{euro}) - H_{euro}}　\qquad (7.67)$$

其中，Ω_{euro} 是欧洲宏观经济变量的集合，[①] α_{euro} 为欧洲的债券发行量，H_{euro} 为欧洲量化宽松政策规模，即欧洲高能货币供应量。同理，k 国利率可表示为：

$$1 + i_k = \frac{\alpha_k}{f(\Omega_k) - H_k} \tag{7.68}$$

其中，Ω_k 是 k 国宏观经济变量的集合，α_k 为 k 国的债券发行量，H_k 为 k 国高能货币供应量。将公式（7.67）、公式（7.68）带入公式（7.66），整理后可以得到欧洲量化宽松政策（H_{euro}）对 k 国汇率的影响表达式如下：

$$e_k = \beta_k + \gamma_k H_{euro} \tag{7.69}$$

其中，$\beta_k = \frac{\alpha_k}{\alpha_{euro}} \cdot \frac{f(\Omega_{euro})}{f(\Omega_k) - H_k} \cdot e_k^*$，$\gamma_k = -\frac{\alpha_k}{\alpha_{euro}} \cdot \frac{e_k^*}{f(\Omega_k) - H_k}$。由公式（7.69）可以看到，欧洲量化宽松政策对 k 国汇率具有影响，且影响大小与系数 γ_k 直接相关，因此公式（7.69）从理论层面有效刻画了欧洲量化宽松政策对 k 国的汇率溢出效应。我们将欧洲量化宽松政策对 k 国汇率的边际影响系数 γ_k 称为反应系数，由于 $f(\Omega_k)$ 与 H_k 的关系存在年份和国别差异，因此不同国家的 γ_k 构成以下反应系数矩阵：

$$\frac{\mathrm{d}\vec{e}}{\mathrm{d}\vec{H}_{euro}} = \vec{\gamma} = \begin{bmatrix} \gamma_{11} & \gamma_{21} & \cdots & \gamma_{k1} \\ \gamma_{12} & \gamma_{22} & \cdots & \gamma_{k2} \\ \vdots & \vdots & \ddots & \vdots \\ \gamma_{1t} & \gamma_{2t} & \cdots & \gamma_{kt} \end{bmatrix} \tag{7.70}$$

其中，下标 k 依然表示国家，下标 t 表示年份。公式（7.70）中的反应系数矩阵将欧洲量化宽松政策对各国汇率的网状溢出效应进行了宏观层面的有效刻画，为下文分析微观出口企业对欧洲量化宽松政策的反应搭建了汇率溢出效应这一桥梁。

7.3.2.2　各国汇率波动对我国出口企业的微观效应

近期的大部分研究表明，各国汇率波动对我国微观企业的出口量和出口额都具有较为显著的影响（Aziz 和 Li，2007；Ahmed，2009；Garcia-Herrero 和 Koivu，2009；Thorbecke 和 Smith，2010；戴觅等，2013）。其原因包括需求和供给两方面因素。从需求市场来看，由于各国汇率波动，导致我国与出口市场的双边汇率发生变化，从而影响目的国对我国微观企业产品的需求，进而直接

---

① 根据 Palley（2011）的模型，这个宏观变量集合包括国家财富、股权价格和发行量、债券发行量、物价水平等。其中，债券价格为利率加成后的物价水平。Ω_k 为 k 国具有同样含义的集合。

影响我国企业的出口量和出口额（Aziz 和 Li，2007；Ahmed，2009）；从供给角度来看，根据市场定价（PTM）理论，在汇率波动时，微观出口企业为了使其出口利润最大化，会对生产成本和成本加成策略进行相应的调整，进而影响出口量和出口额（Hooper 等，2000；Berman 等，2012）。

根据戈尔茨坦和卡恩（Goldstein 和 Khan，1985），以及索贝克和史密斯（Thorbecke 和 Smith，2010）的模型，我们将汇率与企业出口额（量）的理论关系表示为：

$$x_{k,t} = \alpha_1 e_{k,t} + \alpha_2 gdp^*_{k,t} \qquad (7.71)$$

其中，$x_{k,t}$ 表示企业对 k 国的出口额（量）的对数，$gdp^*_{k,t}$ 表示 k 国的实际收入水平的对数，[1]且汇率、出口额和实际收入水平均以欧元表示。将公式（7.69）代入公式（7.71）并整理后，我们得到各国汇率对欧洲量化宽松政策反应矩阵与我国微观企业向各国的出口额和出口量关系如下：

$$x_{k,t} = \alpha_1 \beta_1 + \alpha_2 gdp^*_{k,t} + \alpha_3 \cdot \gamma_{k,t} \qquad (7.72)$$

其中，$\alpha_3 = \alpha_1 H_{euro,t}$，我们将包含欧洲量化宽松政策因素的边际系数 α_3 视为该政策的汇率溢出效应对我国微观企业的出口额（量）的边际影响。由此，我们得到以下研究假说。

研究假说：欧洲量化宽松政策通过对各国汇率的网状溢出效应影响我国微观企业对各国的出口。这一影响可以通过各国的反应系数 $\gamma_{k,t}$ 对我国企业向各国出口额（量）的边际影响 α_3 进行刻画。

7.3.3　实证模型设定与变量说明

7.3.3.1　数据说明

为了检验欧洲量化宽松政策通过汇率网状溢出渠道影响我国对贸易伙伴的出口行为的理论假说，我们将 2008—2011 年欧洲量化宽松政策对我国出口企业影响作为检验对象。在运用公式（7.69）相应的计量模型估算各国汇率对欧洲量化宽松政策的反应系数矩阵 $\bar{\gamma}$ 时，我们运用 2008—2011 年各国兑欧元汇率[2]和欧洲央行总资产规模的月度数据[3]进行估计。根据埃塞尔和施瓦布（Eser

---

[1] 具体推导见 Chinn（2005）。

[2] 由于各国兑欧元汇率数据缺失值较多，我们用各国兑美元汇率与美元兑欧元汇率进行换算，得到各国兑欧元汇率。其中各国兑美元汇率来自 EIU 数据库，美元对欧元汇率来自欧洲央行官网。

[3] 欧洲央行总资产规模数据由欧洲央行网站资产负债表公开数据整理。

和 Schwaab，2016），以及罗杰斯等人（Rogers 等，2014）的研究，量化宽松政策改变了中央银行资产负债表规模，因此欧洲量化宽松政策规模可以用欧洲央行总资产规模（TA）作为代理变量。由此我们得到 2008—2011 年 134 个国家汇率的反应系数 $\gamma_{k,t}$。为了与我国海关数据库中出口目的地国家相匹配，我们将国家的 ISO 代码与海关数据库国家代码相匹配，最终得到 133 个国家每年的汇率反应系数。

此外，为了检验假说，即各国对欧洲量化宽松政策的汇率反应与我国微观企业出口行为的关系，我们利用 2008—2011 年我国海关数据为研究提供微观企业出口的详细信息（表 7.17）。该数据库系统收集了进出口企业贸易的月度指标，并详细汇报了每个企业每种商品的产品价值（以美元计价）、数量、贸易方式（一般贸易、加工贸易）、企业所有制形式（国有企业、外资企业、私营企业）、企业所在地（省份、城市）以及出口目的地市场等信息，为实证分析提供了丰富的企业微观级别变量。为了消除月度数据的周期波动性，同时充分保留微观企业的数据信息，我们将海关数据的月度数据加总成年度数据后进行实证检验。

除上述主要解释变量和被解释变量外，模型中所需的各国实际国内生产总值和各国总人口等控制变量均来自 EIU Countrydata 数据库。在稳健性检验中，为了剔除企业层面其他因素对出口行为的影响，我们根据海关数据整理计算得到 5 个企业级别控制变量[①]，包括：①企业存续时间；②企业出口到目的国的产品种类数；③企业出口目的国数目；④企业是否同时参与进口的虚拟变量；⑤企业在出口目的国的市场份额。

表 7.17   2008—2010 年海关数据库描述性统计

年份	企业数目	产品数目	目的地数目	出口关系
2008	205 995	7204	232	7 775 485
2009	215 637	7316	234	8 043 083
2010	233 742	7359	234	9 684 293
2011	253 868	7399	235	10 407 719
总计	355 919	7409	238	35 910 580

资料来源：作者利用中国海关数据计算得到。

---

① 由于篇幅原因，变量统计性描述和稳健性检验结果未在文中列出。

7.3.3.2 变量与指标的构建

各国汇率对欧洲量化宽松政策的反应系数矩阵由理论模型中的公式（7.69）演化而来，参照弗拉茨彻等人（Fratzscher 等，2013）对量化宽松政策汇率溢出效应的估计方法，我们得到以下估计反应系数矩阵 $\gamma_{k,t}$ 的模型：

$$e_{k,t} = \gamma_{k,t}YD_t \cdot H_{euro,t} + X_t + \varepsilon_{k,t} \qquad (7.73)$$

其中，$e_{k,t}$ 为 k 国货币兑欧元的汇率；YD_t 为年份虚拟变量，当年份为 t 时取值为 1；$H_{euro,t}$ 为欧洲量化宽松政策规模，在主结果中我们用欧洲央行资产负债表中总资产规模（TA）作为代理变量，在稳健性检验中我们采用长期再贷款规模（$LTRO$）作为代理变量；X_t 是控制变量，包括市场波动性指数 VIX[①]的滞后项（Fratzscher 等，2013）、中国 CPI、欧元区 CPI、中国利率水平、欧元区的利率水平，以及同时期美国、日本和英国的广义货币供应量 M2。其中，中国 CPI、欧元区 CPI、中国利率水平、欧元区利率水平是为了控制汇率决定因素，而美国、日本和英国的广义货币供应量 M2 是为了控制这三个国家的量化宽松政策带来的溢出效应影响。[②]$\varepsilon_{k,t}$ 为残差项。

根据公式（7.73），我们可以得到各国各年兑欧元汇率对欧洲量化宽松政策的反应系数 $\gamma_{k,t}$，反应系数矩阵因国家和年份存在差异，即在欧洲量化宽松政策的影响下，某一特定国家货币在不同年份表现为升值或贬值。我们按照不同国家升值或贬值的情况，以及相对中国升值或贬值情况对反应系数进行了描述性统计，如表 7.18 所示。

表 7.18 2008—2011 年各国汇率反应系数分组描述性统计

年份	$\gamma_{k,t} > 0$	$\gamma_{k,t} < 0$	$\gamma_{k,t} > \gamma_{China,t}$	$\gamma_{k,t} < \gamma_{China,t}$
2008	70	64	103	30
2009	27	107	80	53
2010	82	52	30	103
2011	59	75	13	120

---

① VIX 由 S&P500（标准普尔 500 指数）的成分股的期权波动性组成，且被广泛用来作为衡量市场风险和投资者恐慌度的指标，VIX 数据来自 Wind 数据库。

② 我们将上述控制变量加入了基础结果和扩展结果中，但发现除美国、日本和英国的 M2 回归系数显著之外，其他控制变量的系数都并不显著，且保留小数点后四位仍全部为零，因此，为了使结果更加清晰明了，我们省略了这些并不显著的控制变量的回归结果。

7.3.3.3   计量模型的设定

根据研究假说及理论模型中公式（7.72），我们运用面板固定效应模型估计欧洲量化宽松政策的汇率溢出效应对我国微观企业出口行为的影响，计量方程如下：

$$x_{f,i,k,t} = \mu_0 + \mu_1 \cdot \gamma_{k,t} + \mu_2 gdp^*_{k,t} + \kappa X'_{k,t} + \theta_{f,i,k,t} \quad\quad (7.74)$$

其中，被解释变量 $x_{f,i,k,t}$ 表示我国企业 f 对 k 国出口产品 i（HS8 分位）的出口额（量）。为了与理论模型保持一致，当出口金额作为被解释变量时，考虑到海关库中的价格数据以美元标价，因此我们通过欧元兑美元汇率，将每笔交易金额转换为以欧元计价。μ_1 表示各国汇率对欧洲量化宽松政策反应系数 $\gamma_{k,t}$ 对我国企业出口额（量）的边际影响系数，即欧洲量化宽松政策的汇率溢出效应对我国微观企业出口行为的影响。$gdp^*_{k,t}$ 表示 k 国以欧元标价的实际国内生产总值对数。此外，为了控制各国其他宏观经济因素的影响，我们引入了各国总人口的对数（$pop_{k,t}$）作为控制变量 $X'_{k,t}$，考虑到同时期美国、日本和英国量化宽松政策的影响，我们控制了这三个国家的通货量 M2，分别使用了不同形式的固定效应。此外，μ_0 为常数项，$\theta_{f,i,k,t}$ 为残差项。

7.3.4   实证结果分析

7.3.4.1   研究假说的计量结果与分析

为了检验上文的研究假说，即欧洲量化宽松政策汇率溢出效应对我国企业的出口行为产生影响，我们运用面板固定效应回归方法对研究假说进行了实证检验。

根据模型中公式（7.74）的变量选择，我们将企业向各贸易伙伴国出口额和出口量作为被解释变量，同时将欧洲央行总资产规模（TA）和各国兑欧元汇率构建的汇率反应系数指标 $\gamma^{TA}_{k,t}$ 作为解释变量。我们在构建上述变量时运用企业-产品-目的地级别数据，并在检验过程中选择了不同形式的固定效应。在固定效应组合中，我们用 k 表示目的国，i 表示 HS8 分位产品，t 表示年份，$city$ 表示出口企业所在城市，f 表示特定企业。首先，为了控制特定产品出口到特定国家所需的运输成本、分销成本及不同年份宏观经济波动对结果的影响，我们首先加入国家-产品和年份形式的固定效应 $\delta_{k,i} + \delta_t$。其次，为了排除特定企业特定产品不可观测因素和不同年份宏观经济因素的干扰，我们加入企业 f、产品 i 和年份固定效应 $\delta_f + \delta_i + \delta_t$。最后，我们加入城市和年份固定效应 $\delta_{city} + \delta_t$，以排除中国不同城市、出口相关政策（如出口补贴、出口退税等）及不同年份宏观经济波动对结果的影响。

我们首先得到 2008—2011 年欧洲量化宽松政策的汇率溢出效应对我国出口企业的出口额和出口量的影响结果。从表 7.19 的估计结果来看，各国汇率对欧洲量化宽松政策反应系数 $\gamma^{TA}_{k,t}$ 与我国企业出口额和出口量呈显著正相关。这一方面说明欧洲量化宽松政策通过对各国汇率的网状溢出效应影响我国微观企业对各国的出口，即研究假说成立；另一方面说明这种影响会导致我国向世界各国的出口量和出口额增加。此外，作为控制变量，美国、日本和英国的通货量 M2 具有较好的显著性，说明在欧洲量化宽松政策实施期间，美国、日本和英国的量化宽松政策也通过资本流动的渠道存在汇率溢出效应。因此，控制这些国家量化宽松政策的溢出效应是十分必要的。

表 7.19　欧洲量化宽松政策（TA）汇率溢出效应对中国出口的影响

解释变量	出口额			出口量		
	1	2	3	4	5	6
$\gamma^{TA}_{k,t}$	0.0038***	0.0153***	0.0276***	0.0583***	0.0408***	0.0356***
	(2.69)	(10.19)	(21.18)	(37.61)	(22.76)	(24.97)
$gdp_{k,t}$	0.1252***	0.0714***	0.1241***	0.0404***	0.0421***	0.0771***
	(200.88)	(111.38)	(198.97)	(59.44)	(54.85)	(113.10)
$pop_{k,t}$	0.0530***	0.0864***	0.0320***	0.0908***	0.0722***	0.0658***
	(83.46)	(131.34)	(51.31)	(131.00)	(91.72)	(96.43)
JP_M2	−1.3802***	6.1181***	−0.0000	−2.0177***	−0.4624	−0.0000
	(−3.70)	(13.65)	(−0.03)	(−4.96)	(−0.86)	(−0.01)
USA_M2	0.1941***	−0.1610***	0.0000	−0.1283***	0.0235	0.0000
	(5.90)	(−3.75)	(0.02)	(−3.58)	(0.46)	(0.01)
EN_M2	−1.1214***	−0.8396***	0.0000	0.4278***	−0.5529***	0.0000
	(−8.65)	(−5.81)	(0.03)	(3.02)	(−3.20)	(0.01)
$\delta_{k,i} + \delta_t$	是	否	否	是	否	否
$\delta_f + \delta_i + \delta_t$	否	是	否	否	是	否
$\delta_{city} + \delta_t$	否	否	是	否	否	是
N	21132370	21132606	21105848	21132370	21132606	21105848
R^2	0.177	0.081	0.351	0.366	0.149	0.497

注：括号中为 t 统计量；"*"代表 $P < 0.1$，"**"代表 $P < 0.05$，"***"代表 $P < 0.01$。

7.3.4.2　拓展结果——企业出口行为调整的异质性

根据公式（7.69）中反应系数的表达式，我们发现，由于各国宏观经济环境的不同，各国反应系数 $\gamma_{k,t}$ 存在较大差异，导致欧洲量化宽松政策对我国微观企业出口的影响存在异质性。而中国出口企业在贸易类型和所有权性质上的差异，也是导致出口行为调整异质性的重要原因。

根据以上分析，我们选择以下四种划分标准区分不同类型企业，并通过比较我国出口企业对汇率溢出效应反应强烈程度指标 μ_1 的差异性，揭示中国企业出口行为受到欧洲量化宽松政策汇率溢出效应影响的异质性。这四种划分标准包括：①企业出口目的国汇率反应（升值/贬值）；②企业出口目的国汇率相对人民币的反应（相对人民币升值/贬值）；③企业的贸易类型（一般贸易/加工贸易/混合贸易）；④企业的所有权性质（国有企业/民营企业/外资企业）。

1. 区分企业出口目的国货币升值或贬值

根据公式（7.73），我们运用月度汇率数据和月度欧洲央行资产负债表数据估计出 134 个国家 2008—2011 年的汇率反应系数，不同国家、不同年份对应的汇率反应具有波动性。据此，我们对出口汇率贬值目的国的企业和出口汇率升值目的国的企业进行区分，其中 $\gamma_{k,t}^{TA} > 0$ 表示在欧洲量化宽松政策的影响下，出口目的国货币升值，$\gamma_{k,t}^{TA} < 0$ 表示出口目的国货币贬值，并分别运用面板固定效应估计了两类中国企业汇率溢出效应对出口的影响系数 μ_1，得到的回归结果如表 7.20 所示。

如表 7.20 所示，加入行业和年份固定效应后，$\gamma_{k,t}^{TA} > 0$ 对应的出口额和出口量回归系数均显著为正，而 $\gamma_{k,t}^{TA} < 0$ 对应出口量的回归系数显著为负，出口额系数并不显著。这一结果表明，当欧洲量化宽松政策的汇率溢出效应导致一些国家出现升值反应时，我国微观企业对这类国家的出口额和出口量将随之增加，即汇率反应系数 $\gamma_{k,t}^{TA}$ 与我国出口额和出口量呈正向关系。相反，如果上述政策的汇率溢出效应导致一些国家出现贬值反应时，我国微观企业对这类国家的出口量将随之减少，即汇率反应系数 $\gamma_{k,t}^{TA}$ 与我国出口量呈反向关系。

上述结果的出现与我国出口企业目的国货币与人民币之间的相对汇率变化密切相关。对出现升值反应的目的国而言，目的国货币的升值反应导致我国企业出口到这些国家的商品更具有价格优势，因此其出口额和出口量均显著改善，

即 $\gamma_{k,t}^{TA} > 0$ 的回归系数为正。反之，就贬值国家而言，目的国货币的贬值导致我国出口到这些国家的商品相对较贵，因此不利于我国企业的出口量，即 $\gamma_{k,t}^{TA} < 0$ 的回归系数为负。上述结果从升值和贬值层面，有效检验了欧元区量化宽松政策的汇率溢出效应对我国企业出口行为的异质性影响。

表 7.20　区分不同出口目的国汇率反应的中国出口波动结果（升值或贬值）

解释变量	出口额		出口量	
	1	2	4	5
$\gamma_{k,t}^{TA} > 0$	0.1157***		0.0319***	
	（25.80）		（5.95）	
$\gamma_{k,t}^{TA} < 0$		-0.0558		-1.4318***
		（-0.19）		（-4.02）
$gdp_{k,t}$	0.4377***	-1.6837	0.3731***	2.2058*
	（16.32）	（-1.56）	（11.64）	（1.70）
$pop_{k,t}$	0.0081	8.6147***	-0.1742	6.8110***
	（0.07）	（7.40）	（-1.31）	（4.89）
JP_M2	-0.5340***	-0.0076**	0.2552**	-0.0451***
	（-4.99）	（-2.49）	（2.00）	（-12.41）
USA_M2	0.0879***	-0.0021***	0.1307***	-0.0035***
	（10.89）	（-6.70）	（13.55）	（-9.48）
EN_M2	-0.2544***	0.0114***	-0.5744***	0.0145***
	（-7.83）	（10.41）	（-14.80）	（11.10）
$\delta_f + \delta_i + \delta_t$	是	是	是	是
N	14 103 046	7 029 560	14 103 046	7 029 560
R^2	0.091	0.087	0.161	0.153

注：括号中为 t 统计量；"*"代表 P<0.1，"**"代表 P<0.05，"***"代表 P<0.01。

2. 区分企业出口目的国货币相对人民币升值或贬值

国内外大量研究表明，中国与出口目的国之间的汇率变动对企业的出口行为调整具有重要的影响，当人民币相对升值时，微观企业的出口量和出口额将会减少（张会清和唐海燕，2012；许家云等，2015；Ahmed，2009；Liu 等，2013；Li 等，2015）。由于欧洲量化宽松政策同时影响人民币兑欧元的汇率，以及出口目的国货币兑欧元汇率，而出口目的国货币相对人民币升值或贬值的状况是影响企业的出口行为的关键因素。因此，为了进一步分析欧元区量化宽松政策的汇率溢出效应对我国企业出口的异质性影响，我们将目的国货币分成相对人民币升值（$\gamma_{k,t}^{TA} > \gamma_{china,t}^{TA}$）和相对人民币贬值（$\gamma_{k,t}^{TA} < \gamma_{china,t}^{TA}$）两类，分组回归得到的结果如表 7.21 所示。

表 7.21　区分不同出口目的国汇率反应的中国出口波动结果（相对人民币升值或贬值）

解释变量	出口额		出口量	
	1	2	4	5
$\gamma_{k,t}^{TA} > \gamma_{china,t}^{TA}$	0.1307***		0.0510***	
	（26.88）		（8.77）	
$\gamma_{k,t}^{TA} < \gamma_{china,t}^{TA}$		-0.1067***		-0.2231***
		（-3.52）		（-6.16）
$gdp_{k,t}$	0.6076***	0.4120***	0.8131***	-0.0552
	（19.22）	（7.35）	（21.48）	（-0.83）
$pop_{k,t}$	-0.0555	0.2347	-0.6640***	0.4212**
	（-0.34）	（1.39）	（-3.39）	（2.09）
JP_M2	-0.7214***	-0.9866***	-1.4081***	-0.8164***
	（-8.44）	（-10.86）	（-13.76）	（-7.54）
USA_M2	0.0136***	0.0344***	0.0257***	0.0510***
	（6.53）	（8.58）	（10.31）	（10.69）
EN_M2	0.0762***	0.0547***	0.1525***	-0.0392
	（4.53）	（2.68）	（7.58）	（-1.61）
$\delta_f + \delta_i + \delta_t$	是	是	是	是
N	11 339 654	9 792 952	11 339 654	9 792 952
R^2	0.092	0.088	0.163	0.152

注：括号中为 t 统计量；"*"代表 $P<0.1$，"**"代表 $P<0.05$，"***"代表 $P<0.01$。

如表 7.21 所示，$\gamma_{k,t}^{TA} > \gamma_{china,t}^{TA}$ 对应的回归系数均显著为正，而 $\gamma_{k,t}^{TA} < \gamma_{china,t}^{TA}$ 对应的回归系数均显著为负。这一结果表明，当欧元区量化宽松政策的汇率溢出效应导致一些国家的货币相对人民币升值时，我国微观企业对这类国家的出口额和出口量将随之增加，即汇率反应系数 $\gamma_{k,t}^{TA}$ 与我国出口额和出口量呈正向关系。相反，如果上述政策的汇率溢出效应导致一些国家的货币相对人民币出现贬值时，我国微观企业对这类国家的出口额和出口量将随之减少，即汇率反应系数 $\gamma_{k,t}^{TA}$ 与我国出口额和出口量呈反向关系。这一结果与现有研究保持一致，都说明人民币的相对升值不利于我国出口企业出口额和出口量的提升。

同样，上述结果与我国出口企业目的国货币与人民币之间的相对汇率变化密切相关。在欧洲量化宽松政策影响下，对于升值反应大于中国的国家而言，人民币价值相对降低，我国出口到这些国家的商品相对便宜，因此其出口额和出口量均相应增加，即 $\gamma_{k,t}^{TA} > \gamma_{\text{china},t}^{TA}$ 的回归系数为正。反之，当目的国的汇率反应系数小于中国时，人民币价值相对提升，导致我国出口到这些国家的商品失去价格优势，因此此出口额和出口量相应减少，即 $\gamma_{k,t}^{TA} < \gamma_{\text{china},t}^{TA}$ 的回归系数为负。上述结果从各国的货币相对人民币升值或贬值的角度，有效检验了欧洲量化宽松政策汇率溢出效应对我国微观企业出口行为的异质性影响。

3. 区分出口企业贸易类型

除了从目的国汇率反应差异的角度研究企业出口行为调整的差异性，企业自身的贸易特征也是影响出口企业对汇率溢出效应反应的重要因素。中国出口企业的贸易模式存在不同的特点，根据现有研究，当人民币与出口目的国双边汇率发生变化时，加工贸易类型和非加工贸易类型的企业在出口调整上具有不同的表现（Ahmed，2009；Thorbecke，2010；Freund，2011）。因此，我们根据中国海关分类统计进出口贸易数据中企业从事贸易类型的信息，对出口企业从事一般贸易、加工贸易和混合贸易进行了统计和区分，并分别运用面板固定效应估计了这三类企业汇率溢出效应对其出口的影响系数 μ_1，得到如表 7.22 所示的回归结果。需要说明的是，由于控制变量的回归系数均为零且不显著，因此我们在表中省略控制变量。以下表格均同此说明。

表 7.22　区分企业出口贸易类型的中国出口波动结果

解释变量	出口额			出口量		
	一般贸易	加工贸易	混合贸易	一般贸易	加工贸易	混合贸易
$\gamma_{k,t}^{TA}$	0.0421***	0.0101**	0.0102***	0.0508***	-0.0031	0.0238***
	（24.41）	（2.16）	（4.68）	（26.43）	（-0.64）	（10.10）
$gdp_{k,t}$	0.1068***	0.2744***	0.1156***	0.0706***	0.2486***	0.0518***
	（127.25）	（127.75）	（113.32）	（75.54）	（111.55）	（46.75）
$pop_{k,t}$	0.0337***	-0.0904***	0.0554***	0.0563***	-0.0617***	0.1049***
	（40.94）	（-41.78）	（52.96）	（61.45）	（-27.50）	（92.44）
$\delta_f + \delta_i + \delta_t$	是	是	是	是	是	是
N	10970885	2082430	8047944	10970885	2082430	8047944
R^2	0.396	0.340	0.318	0.545	0.496	0.448

注：括号中为 t 统计量；"*"代表 $P<0.1$，"**"代表 $P<0.05$，"***"代表 $P<0.01$。

由表 7.22 的结果可知，汇率溢出效应使得一般贸易的出口额（量）增长幅度最大，加工贸易的出口行为调整幅度最小，而混合贸易的出口增长幅度则介于一般贸易和加工贸易之间。这说明一般贸易的出口行为对欧洲量化宽松政策汇率溢出效应的反应更加强烈。不同贸易类型的出口行为具有差异的原因是订单价格和商品数量对汇率变动的依赖性具有较大差异。既有研究表明，由于针对原材料和加工成本需要事先签订订单，因此加工贸易的订单价格和商品数量具有黏性，即受汇率变动影响较小（Dees，2001；徐建伟和余明，2003；李宏彬等，2011）。这表示加工贸易中出口金额和出口数量对汇率溢出效应敏感度更低，因此欧洲量化宽松政策的汇率溢出效应对我国加工贸易出口量和出口额的影响系数较小。而一般贸易并不受到订单黏性的制约，因此受汇率变动的影响较大，在欧元区量化宽松政策的影响下，能更加灵活地调整出口行为，因此欧元区量化宽松政策的汇率溢出效应对我国一般贸易出口量和出口额的影响系数较大。而混合贸易的反应介于两者之间。

4. 区分出口企业所有权性质

根据既有研究，中国不同所有制类型的企业在面临汇率波动时，在出口调整上往往具有不同的反应（许家云等，2015；李宏彬等，2011；Liu 等，2013），因此所有制类型差异也是汇率溢出效应影响出口调整异质性的来源。我们根据中国海关分类统计进出口贸易数据中企业所有权的信息，对出口企业的所有权性质进行了统计和区分，并分别运用面板固定效应估计了这三类企业汇率溢出效应对其出口的影响系数 μ_1，得到的回归结果如表 7.23 所示。OLS 面板固定效应的估计结果表明，外资企业和民营企业的汇率反应系数对出口额和出口量的影响最大，国有企业对应的回归系数最小。也就是说，在欧元区量化宽松政策汇率溢出效应的影响下，外资企业和民营企业的出口额和出口量增长幅度最大，而国有企业受到的影响是最为有限的。

就外资企业而言，由于其具有结算货币选择、汇率风险管控、商品定价谈判等方面的诸多优势，能够最大限度地利用汇率溢出效应带来的机遇，因此出口额和出口量增长较大。私营企业的优势在于经营灵活，能够根据汇率波动及时调整定价策略和积极拓展出口市场，从而在汇率溢出效应的影响下，民营企业的出口额（量）增长明显。相比之下，国有企业虽能得到银行融资的有力支持，但经营机制上的缺陷导致其市场反应能力不如非国有企业，因此对汇率溢出效应的敏感度最小。

表 7.23　区分企业所有权性质的中国出口波动结果

解释变量	出口额			出口量		
	国有企业	外资企业	民营企业	国有企业	外资企业	民营企业
$\gamma_{k,t}^{TA}$	0.0010	0.0297***	0.0295***	0.0011	0.0219***	0.0298***
	（0.29）	（6.98）	（12.31）	（0.27）	（4.94）	（11.22）
$gdp_{k,t}$	0.2383***	0.4649***	0.1084***	0.1997***	0.4522***	0.0674***
	（130.38）	（204.88）	（83.97）	（98.61）	（191.50）	（47.22）
$pop_{k,t}$	−0.0331***	−0.2077***	0.0542***	0.0031	−0.1901***	0.0894***
	（−17.60）	（−93.98）	（41.39）	（1.48）	（−82.67）	（61.76）
$\delta_f + \delta_i + \delta_t$	是	是	是	是	是	是
N	2 697 667	3 234 385	4 811 719	2 697 667	3 234 385	4 811 719
R^2	0.250	0.352	0.339	0.472	0.508	0.518

注：括号中为 t 统计量；"*"代表 $P<0.1$，"**"代表 $P<0.05$，"***"代表 $P<0.01$。

第四节　本章结论和政策建议

7.4.1　日本央行资产负债表政策对我国企业出口的结论和政策建议

随着发达国家大规模运用量化宽松政策刺激本国经济，发展中国家则日益关注该政策的跨国影响。对我国这种外向型经济国家来说，从理论和实证方面研究量化宽松政策对微观企业出口行为产生的跨国财富效应具有十分重要的意义。本章拓展了量化宽松政策的封闭凯恩斯模型，首次运用开放宏观经济框架揭示了量化宽松政策对出口贸易的跨国影响机制，提出发达国家量化宽松政策对发展中国家的企业出口行为差异化影响的理论模型与假说。同时，本章第一节基于中国海关的 2001—2006 年企业-产品级别微观数据，运用倍差法有效检验了理论假说及推论。研究表明，2001—2006 年日本量化宽松政策导致我国对日和对外出口的规模增加，即产生跨国财富溢出效应；同时，该政策所带来的国际资本流动冲击提高了我国外资企业出口能力，使我国外商投资企业对日本的出口市场占比上升。根据本章第一节理论模型的分析，这一现象表明日本量化宽松政策对我国外商投资企业所带来的国际资本流动增加影响大于汇率升值压力。

鉴于实证结果的有力支撑，本章第一节的理论假说和推论不仅适用于2001—2006 年的日本量化宽松政策，对目前的发达国家量化宽松政策实施期间，我国企业的出口行为也具有广泛的适用性。上述研究结果表明，国外量化宽松政策虽然能够导致我国企业对外出口规模增加，但却同时引致了我国出口企业结构的调整，即外商投资企业在出口市场中的占比上升，国有企业在出口市场中的占比则下降。其主要原因是国外量化宽松政策为我国外商投资企业带来的直接投资有效提高了我国外商投资企业的出口能力，并且这种效应大于汇率升值对我国企业出口带来的不利影响。因此，在国外量化宽松政策实施期间，我国政府应该对不同类型的出口企业采取差异化的支持政策，重点扶植国有企业出口，熨平汇率升值带来的负面影响。同时，我国政府应在重视汇率变化对我国出口企业行为影响的同时，对国外直接投资规模变化所带来的出口结构性影响进行监控和调整。

此外，本章第一节结果也同时揭示了国外量化宽松政策退出时我国企业对外出口可能面临的局面，即我国企业出口规模可能受到负面影响，同时由于我国国外直接投资减少甚至外流可能导致外商投资企业出口能力下降。此时，我国政府应关注国外量化宽松政策退出对我国国外直接投资的影响，以防止外商投资企业出口能力可能出现的下降反应，运用差异化政策为不同类型的企业出口提供政策支持，保证出口这架重要的拉动经济的马车能够平稳前行。

7.4.2　美联储资产负债表政策对我国输入性通胀的结论和政策建议

虽然美国等发达国家陆续退出了量化宽松政策，但该政策带来的全球流动性过剩现象依然存在，并通过输入型通货膨胀等溢出效应形式持续影响中国等新兴市场国家的经济环境。为了从理论和实证方面更有针对性地研究美国量化宽松政策对我国输入型通货膨胀的传导渠道和效果，本章以价格波动对国外货币政策冲击最为敏感的大宗商品作为研究对象，首次通过构建引入量化宽松政策和大宗商品价格的新凯恩斯模型，从理论层面有效诠释了美国量化宽松政策通过汇率溢出渠道，以及利率和产出等传导渠道，对我国国内大宗商品通货膨胀率产生的影响。在此基础上，本章第二节基于中国价格信息（CPIC）数据库中细分的 2002—2012 年大宗商品月度价格数据，运用得分倾向匹配（PSM）和倍差法（DID），有效检验了理论假说。研究表明，美国 QE1 和 QE2 对我国大宗商品通胀率存在以下影响。①从总体层面来看，QE1 对我国大宗商品总体影响显著为正；②从细分层面来看，QE1 对我国金属、食品和能源三种细分大宗商品的月度价格通胀率和全国均价通胀率影响显著为正；③从微观大宗商品层面来看，QE1 对我国热轧中厚板、鲜牛肉和柴油等具体大宗商品的上述通胀率影响也显著为正；④从 QE2 的效果来看，QE2 对我国大宗商品、细分大宗商品及热轧中厚板和鲜牛肉等微观大宗商品的通胀率影响并不显著；⑤QE2 对柴油这种微观商品的城市月度价格通胀率出现了显著的负影响。一方面，说明美国 QE1 对我国大宗商品存在输入型通胀，而 QE2 并无显著影响；另一方面，说明 QE2 反而使柴油这一具体商品出现了输入型通货紧缩的现象。

根据上述结果，我国需要从以下两个层面应对美国量化宽松政策带来的输入型通货膨胀：①从宏观政策来看，应通过使人民币汇率适度升值，对冲国际大宗商品价格波动对我国国内大宗商品通胀率的影响。根据研究假说 1 和假说 2，当美国量化宽松政策使国际大宗商品价格上涨的效应大于该政策对我国的汇率、本国利率和本国产出的综合效应时，会出现我国大宗商品的输入型通货膨胀。在上述四个效应中，我国唯一能够控制的是上述政策对我国汇率的溢出效应，即通过外汇冲销和控制国际热钱的流入流出等货币政策调控手段，使人民币汇率保持在适度的升值范围之内。如果人民币升值过快，则可能出现输入型通货紧缩的情况［研究假说 1 和假说 2 中的情况（3）］；最好的情况是使人民币的升值水平恰好能够抵消由于国际大宗商品价格上涨和美国利率、产出变动带来的外需变化对我国经济的冲击。②从微观层面来看，我国应重视不同种类大宗商品对我国输入型通货膨胀的传导效果。由于金属、能源和食品大宗商品的通货膨胀会直接提高我国微观企业的生产和居民衣食住行的成本，因此从微观层面监测我国不同微观大宗商品对国际政策的反应是非常必要的。同时，由于个别大宗商品（比如，柴油）在国际货币政策冲击下可能出现输入型通货紧缩的现象，因此需要高度关注这种微观层面的输入型通货紧缩现象对我国经济供给层面可能带来的不利影响。

7.4.3　欧洲央行资产负债表政策对我国汇率溢出效应和出口影响的结论与政策建议

欧洲央行量化宽松政策不仅对欧元区经济具有深刻影响，更通过汇率等渠道对全球各国产生溢出效应。我国作为外向型经济国家，从理论和实证方面研究这种汇率溢出效应对我国微观企业出口的影响具有十分重要的政策和实践意义。本章结合量化宽松政策凯恩斯模型和汇率对企业出口影响的微观模型，首次构建了欧洲量化宽松政策的汇率溢出效应对我国微观企业出口行为影响的理论模型。为了验证本章第三节提出的假说，我们基于欧洲中央银行资产负债表数据、汇率数据，以及中国海关 2008—2011 年企业-产品-目的地级别微观数据，运用面板固定效应有效检验了欧洲量化宽松政策汇率溢出效应对我国微观企业出口行为的影响。研究结果表明，①从总体效果来看，欧洲央行量化宽松政策的汇率溢出效应促进了我国企业出口额和出口量的增长；②从各国对上述汇率溢出效应的反应差异来看，上述政策导致我国企业对出现升值反应的国家出口额（量）增加，对出现贬值反应的国家的出口额（量）减少；③从比较各国与我国汇率反应之间的差异来看，上述政策导致我国企业对相对人民币升值的国家的出口额（量）增加，对相对人民币贬值的国家的出口额（量）减少；④从比较企业贸易类型的差异角度看，我们发现一般贸易在汇率溢出效应的影响下，出口额和出口量增长幅度最大，而加工贸易企业的出口行为受到的影响较小；⑤从比较企业所有权性质的角度出发，研究结果表明汇率溢出效应对外资企业和民营企业的出口积极影响最大，国有出口企业受到的影响最小。

鉴于实证结果的有力支撑，我们认为，欧洲央行量化宽松政策的全球汇率溢出效应对我国出口企业的行为具有不容忽视的影响。虽然从总体效果来看，这一政策会促进我国微观企业的出口，但从出口目的国的结构来看，这一政策会导致我国企业出口结构发生变化。随着这种效应的持续，我国企业的出口目的国日益集中，不利于我国外向型经济的均衡发展。此外，我国出口企业会面临量化宽松政策退出效应带来的汇率溢出效应，即该效应会使得我国企业出口额和出口量面临下降的压力。为了更加有效地促进我国企业的出口增长，维持均衡的出口结构，我国有必要测度量化宽松政策退出带来的汇率溢出效应对我国企业的影响，并采取相应的扶持措施。

第八章　应对和借鉴国际中央银行资产负债表政策的建议

第一节　央行资产负债表政策实施的经验及政策建议

8.1.1　美联储与欧洲央行资产负债表政策经验分析和实证分析结论及政策建议

通过对 2007—2009 年金融危机中美联储和欧洲央行的资产负债表政策的经验分析及实证分析，本研究得到中央银行资产负债表政策的运用背景、产生的影响及传导渠道三方面结论。

首先，从政策运用背景来看，宏观经济和金融市场状况与两大中央银行资产负债表政策的实施时间之间的关系有所不同。从中央银行资产负债表政策与实际 GDP 之间的关系来看，经济增长状况（由实际 GDP 表示）可以被视为美联储资产负债表政策实施力度的后验指标，并且政策实施更加积极；而欧洲中央银行资产负债表政策则与经济增长状况的相关性不显著。从中央银行资产负债表政策与金融市场资产收益率之间的关系来看，美联储资产负债表政策能够有效提高国债等金融资产收益率，并且具有很强的前瞻性；而欧洲央行中央银行资产负债表政策对欧元区资产收益率的调整能力较弱，并且长期效果逐步减弱。同时，其政策前瞻性不足，很难从根本上解决金融市场所面临的问题。这不仅体现了欧洲央行更为关注通货膨胀率，较少关注经济增长率的特点，更表明美联储遵循凯恩斯主义货币政策思想，积极调控市场，而欧洲央行则更为尊崇货币主义，只有在出现糟糕的经济状况时才勉强采取中央银行资产负债表政策进行干预。通过 FAVAR 模型实证检验，本研究发现，①美欧非传统货币政策与利率政策相互影响，宽松的利率政策与扩张的非传统货币政策相互强化，使得货币政策环境更加宽松，并且零利率约束与非传统货币政策的运用时间并没有必然的联系。②美欧非传统货币政策短期内导致国内价格水平不升反降，其原因一方面是由于该政策使得中央银行的负债增长出现结构性差异，另一方面是该政策对中国等新兴市场产生流动性溢出。因此，在应对金融危机过程中，各国中央银行应根据非传统货币政策与利率的相互影响选择政策实施时机和政策工具的协调搭配。同时根据中央银行资产负债表数据判断非传统货币政策对其负债规模变化的结构性及产生的跨国溢出效应，判断该政策对价格的影响，以防止非传统货币政策影响价格稳定这一货币政策目标。

同时，两大中央银行资产负债表政策运用背景具有以下共同之处：一方面，美联储和欧洲央行早在尚未面临绝对的零利率约束时便提前推出其中央银行资产负债表政策，这改变了学界普遍认为的只有在面临零利率约束时才需要运用数量型货币政策的观点。另一方面，美联储和欧洲央行对金融机构融资成本波动走势的把握较为准确，所实施的资产负债表政策能够有效地稳定金融市场。原因之一是中央银行资产负债表政策能够直接向金融系统提供流动性；另一原因是该政策能够影响人们对利率走低的预期，有助于金融市场走出流动性陷阱。

其次，从政策影响来看，两大央行资产负债表项目种类和规模受到的影响具有以下不同：第一是美联储资产项目创新程度高于欧洲央行。美联储推出创新性的央行融资工具，以传统资产扩张为先导，以多种信贷宽松政策加以辅助，在释放流动性的同时疏导其传导渠道；而欧洲央行以欧元区信贷机构贷款这一传统资产项目为主要操作对象，通过调控长期再贷款来释放流动性，并通过为央行政策目标而持有的证券这一非传统资产为政策传导疏通渠道。由此可见，与美联储相比，欧洲央行更加保守，更倾向于通过传统的资产负债表工具来应对金融危机，直到这种工具的传导渠道不畅时才运用非传统中央银行资产负债表政策进行疏导。这也与其货币主义指导思想一脉相承。第二是虽然扩张性的政策导致两大央行资产负债表规模大幅增加，但欧洲央行资产规模增长幅度远小于美联储。第三是两大央行需要监测的银行系统风险指标不同。美联储的商业银行准备金规模较为有效，而欧洲央行的欧元区信贷机构存款更加敏感。

二者对资产负债表规模影响的相同之处在于，美联储和欧洲央行的量化宽松工具都由控制货币供应量转向依赖财政部资金供给。其中，美联储由流通中的货币这一资产负债表政策转化为财政部存款，欧洲央行从流通中的货币转向对政府的负债。这种变化保证了央行应对危机的资金充足性和灵活性。同时，正是由于欧洲央行对政府的负债来源较为广泛，扩大了其运用传统资产调控经济的空间，因此与美联储相比，其信贷政策工具的创新性稍逊一筹。

从宏观经济受到的影响来看，两大中央银行资产负债表政策具有以下不同：美联储资产负债表政策使货币供应量迅速大幅上升；相比之下，欧元区货币供应量的上升与其资产负债表政策并无直接关系，而是受到美国量化宽松和信贷政策的影响，这也从侧面反映了美联储的资产负债表政策具有相当规模的外部性。二者的相同之处是对实体经济的影响存在很长时滞性，这是由于中央银行资产负债表政策无法绕过金融市场直接对实体经济发挥作用。本书的实证结果也验证了中央银行资产负债表政策对实体经济调整存在时滞。因此，政府可以通过财政政策扩张加大对实体经济的注资和扶持，与央行对金融市场的调整并驾齐驱。

美联储与欧洲央行的资产负债表政策传导渠道具有以下两点不同：①从资产组合重新配置渠道来看，欧元区的资产组合重新配置渠道使得投资者更加倾向于持有国债等安全资产；而中国的结构性货币政策则刚好相反，导致投资者持有更多风险资产。虽然二者的传导渠道都是有效的，但其作用迥异。②从对实体经济的影响来看，欧元区中央银行资产负债表政策并未推高通货膨胀率，但中国结构性货币政策导致通胀率不断上升。同时，欧元区和中国的政策对投资类变量的影响具有相似性，都推高了固定资产投资，但对工业产出的刺激能力有限。此外，从对就业等指标的影响来看，相对欧元区来说，短期内我国政策对就业的影响虽然更加有效，但长期来看，政策效果不具有持续性。我国结构性货币政策应关注实体经济的流动性与通货膨胀率之间的平衡，同时关注政策对投资者偏好的引导，控制投资者对风险资产的需求。

8.1.2　中央银行资产负债表政策规模及财政部对该政策支持力度数值模拟结论

通过将第五章 DSGE 模型简化为金融部门与中央银行和财政部的基础模型及扩展模型，本研究考察了中央银行资产负债表政策规模及财政部对该政策支持力度的影响因素。中央银行信贷宽松政策的影响因素只有健康银行杠杆率和问题银行杠杆率。其中基础模型表明，健康银行杠杆率对中央银行信贷政策规模的影响存在拐点。这说明中央银行在实施信贷宽松政策时，需要密切关注健康银行杠杆率水平。健康银行杠杆率只有在达到一定临界点时，中央银行信贷宽松政策实施的规模才应该达到最大，并不是健康银行的杠杆率越小，金融市场越不景气，中央银行信贷宽松政策规模越大。另一方面，问题银行对中央银行信贷政策规模的影响是单调的，不存在拐点，但其影响方向取决于外生的健康银行杠杆率水平。健康银行杠杆率为正时，问题银行杠杆率对中央银行信贷宽松规模具有正向影响。健康银行杠杆率为零时，问题银行杠杆率对中央银行信贷宽松规模具有负向影响。由此可见，中央银行资产负债表政策规模的适度调整同时取决于健康银行和问题银行杠杆率。忽视任何因素都可能使中央银行信贷宽松政策出现适得其反的效果。

与基础模型相比，扩展模型同样表现出上述结果。当外生的问题银行杠杆率一定时，健康银行杠杆率对中央银行信贷政策规模影响出现拐点。即健康银行杠杆率为正数，那么健康银行资产与其净值之比越大，中央银行实施信贷宽松政策的必要性就越小。并且，当需要救助的银行比例较小时，健康银行的杠杆率变化为对中央银行信贷宽松政策的影响小于该比例较高的情况。另一方面，当外生的健康银行杠杆率非负时，中央银行的信贷宽松规模增长率随问题银行杠杆率增加而减少，与基础模型中的结论相反。因此，当需要救助的银行比例较低时，问题银行杠杆率越大，中央银行越应该缩小信贷宽松政策的规模。

根据扩展模型，财政部对中央银行资产负债表政策支持力度的影响因素包括无风险收益率、风险溢价、健康银行杠杆率及问题银行杠杆率。从风险溢价对财政部信贷政策支持力度的影响来看，如果外生的无风险收益率为正，那么风险溢价越大，则财政部信贷政策支持比例越大。如果外生的无风险收益率为零，那么风险溢价和财政部对中央银行信贷政策的支持比例中至少有一个为零。如果风险溢价不为零，那么财政部不应该支持中央银行信贷政策。如果外生的无风险收益率为负，那么风险溢价越高，财政部对中央银行信贷政策比例支持越小。从无风险利率对财政部支持比例的影响来看，当外生的风险溢价一定时，则财政部支持比例对无风险收益率的导数随无风险收益率增加而减少；随财政部支持力度增加而增加。从银行杠杆率对财政部支持信贷政策力度的影响来看，当外生的无风险收益率和风险溢价皆为 0.01 时，如果问题银行杠杆率一定，那么健康银行杠杆率对财政部补充融资项目特殊账户占信贷宽松政策规模比例的影响与该比例成反比。如果健康银行的杠杆率一定，那么问题银行杠杆率对财政部补充融资项目特殊账户占信贷宽松政策规模比例的影响同时取决于该比例和问题银行杠杆率。当上述比例大于零时，问题银行杠杆率对该比例的边际影响随问题银行杠杆率增加而减少；当上述比例等于零时，问题银行杠杆率对该比例无影响。同时，当问题银行杠杆率一定时，财政部对中央银行信贷政策支持力度越大，问题银行杠杆率对这一支持力度的影响越大。

8.1.3　政策建议

根据上述结论，本研究从运用时机、运用方式、政策力度指标，以及中国特色中央银行资产负债表政策的设想四方面对中央银行资产负债表政策的实施提出相应的建议。从该政策的运用时机来看，首先，不同国家应该根据利率政策与中央银行资产负债表政策之间相互影响的模式来判断是否应该实施中央银行资产负债表政策。如果根据已有经验事实判断发现，宽松利率政策与宽松的中央银行资产负债表政策具有相互加强的作用，那么在金融危机来临时，即使未面临零利率约束，央行也应该在下调利率的同时实施中央银行资产负债表政策，以达到对下行经济的双重调节。如果经验事实表明宽松利率政策与紧缩的中央银行资产负债表政策相互强化，那么当经济面临危机时，应该在下调利率的同时控制量化宽松和信贷宽松政策的实施，以防止宽松的中央银行资产负债表政策抵消利率政策对经济的调控效果。直到利率政策面临零利率约束，中央银行才可以开始使用其资产负债表政策调节经济。其次，实际经济活动指标并不一定是实施中央银行资产负债表政策的参考指标，但从一定意义上来讲，金融市场指标和实际GDP 的变化对实施中央银行资产负债表政策具有一定的参考价值。

从政策的运用方式来看，首先，中央银行需要根据经济危机发生的根本原因来判断是否运用中央银行资产负债表政策。由于中央银行资产负债表政策通过资产重新配置渠道直接有效地调节金融市场，而该政策的信号渠道虽然对利率的作用十分明显，但对实体经济的调节作用并不显著，因此当经济危机始于金融系统失效时，中央银行资产负债表政策具有立竿见影的效果；但当经济危机始于实体经济时，应该转而使用财政政策更为直接地为实体经济提供支持。其次，不同经济体制下的中央银行资产负债表政策传导渠道效果也不尽相同，需要在实施该政策前考察相应渠道的传导效果。比如，美联储的资产负债表政策传导渠道中资产重新配置渠道较为有效，并且对提高国债收益率的效果尤其显著，因此中央银行可以有目的地运用其资产负债表政策。此外，在选择中央银行资产负债表政策具体工具时，需要根据中央银行资产负债表的状况进行选择。如果中央银行资产负债表灵活性较高，并且具有创造新的资产种类的融资支持，那么可以选择以传统资产扩张为先导，以多种新型信贷宽松政策工具辅助，有针对性地对各种金融市场流动性稀缺问题进行定向调节。美联储推出的一系列非常规货币政策就是非常好的例子。如果中央银行资产负债表灵活度低，但其传统资产项目的融资支持可得性高，那么可以选择以中央银行传统资产项目调整为主的方式调整金融市场。这也是欧洲央行所采取的方式。最后，值得一提的是，中央银行资产负债表政策扩张与通货膨胀的关系主要取决于一国货币的国际化性质。如果货币国际化程度很高，那么长期来看，由于量化宽松政策所释放出来的货币会流向资产收益率较高的国家，如新兴市场国家，本国的货币供给量并不一定会大幅增加，通胀压力也不会显现。但从另一个方面来看，新兴市场国家的通货膨胀可能随着上述政策出现高企，即为其他国家的量化宽松货币政策买单。因此，一国的中央银行资产负债表政策可能会导致国际资本流动的发生，产生跨国影响。

从政策的运用力度来看，首先，中央银行资产负债表政策的规模不仅受到问题银行杠杆率的影响，也同样受到健康银行杠杆率的影响。值得注意的是，健康银行杠杆率对中央银行信贷宽松政策规模的影响存在拐点，因此应该通过理论分析和数据模拟实时监测这一拐点的临界值，以防止上述政策出现过犹不及的情况。相比之下，问题银行杠杆率对上述政策的影响是单调的，因此问题银行杠杆率越大，中央银行的信贷宽松政策规模应该越大。不过，当需要救助的银行比例相对较低时，问题银行杠杆率与上述政策规模之间的关系可能出现逆转，因此中央银行需要在给定外生的需要救助的银行比例的基础上，分析问题银行杠杆率与上述政策规模的关系，以确保政策运用方向的正确性。其次，财政部对中央银行资产负债表政策的支持力度受到无风险利率、风险溢价、健康银行和问题银行杠杆率等四个变量的影响。其中，需要注意的是，如果无风险收益率为零，那么风险溢价和财政部对中央银行信贷政策的支持比例中至少有一个为零。也就是说，如果此时风险溢价没有达到零点，那么财政部就不应该支持中央银行的信贷宽松政策。

总之，中央银行资产负债表政策的运用并非只能相机抉择，而是可以通过一系列分析和对经济变量的长期监测做到未雨绸缪。因此，建议中央银行建立相关观测体系，对这一政策的运用进行长期的观察分析。

第二节 中国应对国际中央银行资产负债表政策的溢出效应建议

发达国家中央银行资产负债表政策对新兴市场国家和其他发达国家都具有显著的溢出效应，这些效应通过国际资本流动渠道及汇率渠道作用于微观企业出口和宏观通货膨胀率等层面。本研究分别以日本、美国和欧元区为例，探究了不同国家央行资产负债表政策对我国微观层面企业出口和商品通胀率的影响。首先，我们基于中国海关 2001—2006 年企业-产品级别微观数据，运用倍差法有效检验了理论假说及推论，发现 2001—2006 年日本量化宽松政策导致我国对日和对外出口的规模增加，即产生跨国财富溢出效应；同时，该政策所带来的国际资本流动冲击提高我国外资企业出口能力，使得我国外商投资企业对日本的出口市场占比上升。根据理论模型的分析，这一现象表明日本量化宽松政策为我国外商投资企业所带来的国际资本流动增加影响大于汇率升值压力。

鉴于实证结果的有力支撑，上述发现不仅适用于 2001—2006 年的日本量化宽松政策，对目前的发达国家量化宽松政策实施期间，我国企业的出口行为也具有广泛的适用性。上述研究结果表明，国外量化宽松政策虽然能够导致我国企业对外出口规模增加，但同时引致了我国出口企业结构的调整，即外商投资企业在出口市场中的占比上升，国有企业在出口市场中的占比下降。其主要原因是国外量化宽松政策为我国外商投资企业带来的直接投资有效提高了我国外商投资企业的出口能力，并且这种效应大于汇率升值对我国企业出口带来的不利影响。因此，在国外量化宽松政策实施期间，我国政府应该对不同类型的出口企业采取差异化的支持政策，重点扶植国有企业出口，熨平汇率升值带来的负面影响。同时，我国政府应在重视汇率变化对我国出口企业行为影响的同时，对国外直接投资规模变化所带来的出口结构性影响进行监控和调整。

此外，本研究也同时揭示了国外量化宽松政策退出时我国企业对外出口可能面临的局面，即我国企业出口规模可能受到负面影响，同时由于我国国外直接投资减少甚至外流可能导致外商投资企业出口能力下降。此时，我国政府应关注国外量化宽松政策退出对我国国外直接投资的影响，以防止外商投资企业出口能力可能出现的下降反应，运用差异化政策为不同类型的企业出口提供政策支持，保证出口这架重要的拉动经济的马车能够平缓前行。

其次，为了从理论和实证方面更有针对性地研究美国量化宽松政策对我国输入型通货膨胀的传导渠道和效果，本研究以价格波动对国外货币政策冲击最为敏感的大宗商品作为研究对象，首次通过构建引入量化宽松政策和大宗商品价格的新凯恩斯模型，从理论层面有效诠释了美国量化宽松政策通过汇率溢出渠道，以及利率和产出等传导渠道，对我国国内大宗商品通货膨胀率产生的影响。在此基础上，本研究基于中国价格信息（CPIC）数据库中细分的 2002—2012 年大宗商品月度价格数据，运用得分倾向匹配（PSM）和倍差法（DID），有效检验了理论假说。研究表明，美国 QE1 和 QE2 对我国大宗商品通胀率存在以下影响：①从总体层面来看，QE1 对我国大宗商品总体影响显著为正；②从细分层面来看，QE1 对我国金属、食品和能源三种细分大宗商品的月度价格通胀率和全国均价通胀率影响显著为正；③从微观大宗商品层面来看，QE1 对我国热轧中厚板、鲜牛肉和柴油等具体大宗商品的上述通胀率影响也显著为正；④从 QE2 的效果来看，QE2 对我国大宗商品、细分大宗商品及热轧中厚板和鲜牛肉等微观大宗商品的通胀率影响并不显著；⑤QE2 对柴油这种微观商品的城市月度价格通胀率出现了显著的负影响。这一方面说明美国 QE1 对我国大宗商品存在输入型通胀，而 QE2 并无显著影响；另一方面说明 QE2 反而导致柴油这一具体商品出现了输入型通货紧缩的现象。

　　根据上述结果，我国需要从以下两个层面应对美国量化宽松政策带来的输入型通货膨胀：①从宏观政策来看，应通过使人民币汇率适度升值，对冲国际大宗商品价格波动对我国国内大宗商品通胀率的影响。根据研究假说 1 和假说 2，当美国量化宽松政策使国际大宗商品价格上涨的效应大于该政策对我国的汇率、本国利率和本国产出的综合效应时，会导致我国大宗商品的输入型通货膨胀。在上述四个效应中，我国唯一能够控制的是上述政策对我国汇率的溢出效应，即通过外汇冲销和控制国际热钱的流入流出等货币政策调控手段，使人民币汇率保持在适度的升值范围之内。如果人民币升值过快，则可能出现输入型通货紧缩的情况［研究假说 1 和假说 2 中的情况（3）］；最好的情况是使人民币的升值水平恰好能够抵消由于国际大宗商品价格上涨和美国利率、产出变动带来的外需变化对我国经济的冲击。②从微观层面来看，我国应重视不同种类大宗商品对我国输入型通货膨胀的传导效果。由于金属、能源和食品大宗商品的通货膨胀会直接提高我国微观企业的生产和居民衣食住行的成本，因此从微观层面监测我国不同微观大宗商品对国际政策的反应是非常必要的。同时，由于个别大宗商品（比如，柴油）在国际货币政策冲击下可能出现输入型通货紧缩的现象，因此需要高度关注这种微观层面的输入型通货紧缩现象对我国经济供给层面可能带来的不利影响。

　　最后，我们以欧洲央行资产负债表政策为研究对象，从理论和实证方面研究这种汇率溢出效应对我国微观企业出口的影响。本研究结合量化宽松政策凯恩斯模型和汇率对企业出口影响的微观模型，首次构建了欧洲量化宽松政策的汇率溢出效应对我国微观企业出口行为影响的理论模型。我们基于欧洲中央银行资产负债表数据、汇率数据，以及中国海关 2008—2011 年企业-产品-目的地级别微观数据，运用面板固定效应有效检验了欧洲量化宽松政策汇率溢出效应对我国微观企业出口行为的影响。研究结果表明，①从总体效果来看，欧洲量化宽松政策的汇率溢出效应促进了我国企业出口额和出口量的增长；②从各国对上述汇率溢出效应的反应差异来看，上述政策导致我国企业对出现升值反应的国家的出口额（量）增加，对出现贬值反应的国家的出口额（量）减少；③从比较各国与我国汇率反应的差异来看，上述政策导致我国企业对相对人民币升值的国家出口额（量）增加，对相对人民币贬值的国家的出口额（量）减少；④从比较企业贸易类型的差异角度上，我们发现一般贸易在汇率溢出效应的影响下，出口额和出口量增长幅度最大，而加工贸易企业的出口行为受到的影响较小；⑤从比较企业所有权性质的角度出发，研究结果表明汇率溢出效应对外资企业和民营企业的出口积极影响最大，国有出口企业受到的影响最小。

鉴于实证结果的有力支撑，我们认为欧洲量化宽松政策的全球汇率溢出效应对我国出口企业的行为具有不容忽视的影响。虽然从总体效果来看，该政策会促进我国微观企业的出口，但从出口目的国的结构来看，该政策会导致我国企业出口结构发生变化。随着这种效应的持续，我国企业的出口目的国日益集中，不利于我国外向型经济的均衡发展。同时，我国出口企业也会面临量化宽松政策退出效应带来的汇率溢出效应，即该效应会导致我国企业出口额和出口量面临下降的压力。为了更加有效地促进我国企业的出口增长，维持均衡的出口结构，我国有必要测度该政策退出带来的汇率溢出效应对我国企业的影响，并采取相应的扶持措施。

第三节　中国借鉴国际中央银行资产负债表政策的建议

中国与欧元区同属银行主导型金融市场，因此在非传统政策工具的运用方面具有一定的可比性。2012 年以来，中国人民银行为了降低金融风险、引导经济的结构性调整，尤其是解决后金融危机对我国产生的国际资本流动骤变冲击，先后运用了定向再贷款、差别准备金率、短期流动性调节工具（SLO）、常备借贷便利（SLF）、中期借贷便利（MLF）、补充抵押贷款（PSL）等非传统货币政策工具，大体可以分为三类。第一类是定向再贷款与差别存款准备金率政策，旨在直接降低国家扶植的特定行业的融资成本或直接提升特定金融机构的流动性。第二类包括 SLO 与 SLF，其中 SLO 属于常规公开市场操作的补充，由央行在银行体系流动性出现临时性波动时相机使用；而 SLF 则是由金融机构根据自身流动性状况主动申请。这一类政策期限相对较短，旨在打造短端利率走廊。第三类政策包括 MLF 与 PSL，其中 MLF 属于央行提供中期基础货币的政策工具，可以多次展期，从而有利于商业银行解决资产端与负债端的期限错配问题；而 PSL 则属于央行主动发起的政策工具，可以根据政策导向将资金投到特定领域。这一类政策期限相对较长，旨在打造中长端政策利率指引。[①]

为了更加有效地比较我国与欧洲央行非传统货币政策的异同，我们从政策产生的动因及传导渠道两方面进行深入的跨国比较。从非传统货币政策的动因来看，中国央行的非传统货币政策大多属于结构性较强的信贷宽松政策，侧重于解决国内基础货币投放渠道转变、利率走廊打造、金融风险降低、经济结构性调整四方面的问题。

首先，解决国内基础货币投放渠道的转变是中国非传统货币政策的主要动因。由于多年来巨大的贸易顺差与强制银行结售汇制度的实行，外汇占款一直是央行投放流动性的最主要方式，其在央行资产中占比一度超过八成。但随着近年来外汇占款增速下降，中国央行面临基础货币投放渠道缺失的问题，再贷款政策、常备借贷便利、中期借贷便利、抵押补充贷款等工具都可以作为投放基础货币的手段。其中，再贷款是不需要抵押品的信用贷款，主要用于在短期内提供基础货币，而常备借贷便利、中期借贷便利、抵押补充贷款工具重点针对了目前存在的合格抵押品缺失问题，可以在今后较长一段时间内作为重要的基础货币投放渠道。从图 8.1 中可以看出，自 2011 年下半年以来，外汇占款增速有所放缓，特别是 2014 年以后，央行资产负债表资产端的外汇和国外资产开始下降，而在此期间，对其他存款性公司债权明显上升，反映出中国基础货币投放渠道的转变趋势。

其次，打造利率走廊是中国非传统货币政策的重要动因。长期以来，中国央行更偏重于通过控制货币供给来影响货币市场利率走势，但这一机制容易受到政策协调、金融创新与资本项目开放带来的货币需求冲击的影响。[②]而利率走廊系统可以降低货币政策操作成本、降低短期利率波动、消除商业银行支付流不确定性风险（刘义圣和赵东喜，2012）。短期流动性调节工具、常备借贷便利、中期借贷便利、补充抵押贷款等工具可以形成利率走廊的上下限，成为央行调整拆借市场利率流动性的政策工具。

[①] 根据中国人民银行货币政策执行报告 2012 年第二季度，2013 年第一、四季度，2014 年第一、二、三季度提供信息整理。

[②] 马骏.利率走廊、利率稳定性和调控成本.中国人民银行网站，2015.

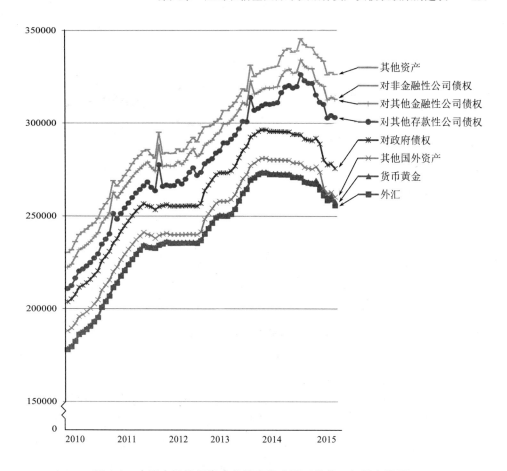

图 8.1 中国人民银行资产负债表资产端（单位：亿元人民币）

数据来源：中国人民银行。

再次，中国推行非传统货币政策也是出于降低金融体系流动性风险的考虑。全球金融危机以来，中国经济增速减缓，金融体系流动性风险上升。主要表现为信贷资产质量下降、地方债务偿付问题凸显、刚性兑付风险增大、"影子银行"与民间借贷带来的金融风险日益暴露（潘宏胜，2015）。一些中小银行由于自身客户质量不高，受到的影响尤其严重。从图 8.2 中可以看出，2012 年以来，中国商业银行的不良贷款率从 1% 以下攀升到了 1.59% 的水平，而资产利润率却呈明显的下降趋势，2015 年第三季度已经降到了 1.20% 左右。在这种情况下，适当宽松的非传统货币政策可以降低金融体系的流动性风险，尤其是定向再贷款、差别准备金率等政策，有助于为支持三农和小微企业的中小银行定向减负。

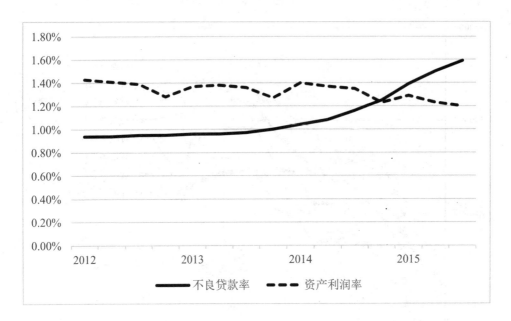

图 8.2　中国商业银行监管指标

数据来源：中国银行业监督管理委员会。

　　此外，目前中国还面临着经济周期性减速大背景下的增长模式转轨、产业结构调整和经济金融体制改革问题。中国央行非传统货币政策的另一个主要动因是要部分承接财政政策的结构调整功能，配合国务院的经济政策导向。实际上，中国的非传统货币政策并不局限于货币概念，而是作为一揽子财政刺激政策的一部分而存在的，中国现阶段财政赤字较小，同时存在经常账户盈余，相比欧美国家拥有更大的货币政策调整空间（Deng 和 Todd，2016）。在中国经济的"新常态"下，结构性的非传统货币政策可以对特定的行业、企业及特定类型的金融机构进行"定向"流动性供给，从而与财政政策协同，将已有的存量货币和增量货币向国家重点扶植产业倾斜，推进结构调整，加速金融改革，同时推进利率汇率市场化，促进多层次资本市场的发展。差别存款准备金率、定向再贷款、常备借贷便利与中期借贷便利等工具的推行都存在这方面的动因。

　　从非传统货币政策的传导渠道来看，由于面临经济环境有所不同，中欧央行使用的非传统货币政策工具存在本质上的差异，这也直接导致了两家央行非传统货币政策在传导渠道的不同。如前文所述，欧洲央行使用的非传统货币政策工具中，资产担保债券购买、主权债券购买与大规模量化宽松政策都属于对特定资产进行购买，以释放流动性、提振资产价格、缓解融资约束，同时提升通胀率的政策，因此除了信号渠道与信用风险渠道外，还存在资产组合平衡渠道与银行资金渠道。而中国人民银行迄今为止并没有通过金融市场对特定资产进行大规模购买，更没有大幅扩张央行资产负债表，其推行的非传统货币政策旨在直接降低特定行业的融资成本或直接增加特定金融机构的流动性，因此资产组合平衡渠道与银行资金渠道的效果并不明显。总的来看，中国央行非传统货币政策主要存在以下四个传导渠道：

一是信号渠道，任何国家央行的政策公告都会对市场信心与市场预期产生影响，但值得注意的是，中国的普通投资者对降准降息等高调宽松措施较为敏感，而对借贷便利、补充抵押贷款等新政策了解不多，中国央行非传统货币政策的信号效果可能不如传统货币政策明显。二是信用风险渠道，向部分金融机构定向投放流动性可以降低这些金融机构的融资成本与信用风险，从而降低非金融部门融资成本，刺激企业投资与家庭消费。中国银行业协会发布的《中国银行家调查报告》①显示，77.56%的受访银行家对 2014 年来的货币政策较为满意，对于近年来的定向宽松货币政策降低实体经济融资成本，对实体经济的支持作用的调查中，受访银行家给予了中肯的评价，80.7%的银行家认为有一定积极作用，14.9%的银行家认为恰到好处，仅有 4.4%的银行家选择几乎没什么作用，这说明目前用风险渠道还是较为畅通的。三是直接降低特定行业的融资成本，增强其获得资金的能力，如自 2012 年起，央行引导金融机构改进对旅游业和水利改革发展的金融支持和服务，同时积极引导信贷资源投向小型微型企业、"三农"、保障性住房、战略性新兴产业等重点领域和薄弱环节，这些政策可以定向助力战略性行业，以及农村与中小企业融资。四是直接提升特定金融机构的流动性，如 2012 年起对涉农贷款投放较多的"三农金融事业部"实行比农业银行低 2 个百分点的优惠存款准备金率，2014 年 4 月对所有的县域农村商业银行和县域农村合作银行准备金率分别下调 2 个百分点和 0.5 个百分点，2014 年 6 月降低符合审慎经营且"三农"或小微企业贷款达到一定比例的其他各类型商业银行准备金率 0.5 个百分点等，这些政策可以定向提高涉农金融机构的流动性。

综合上述两个方面，我们发现，欧洲央行非传统货币政策的部分经验对我国结构性货币政策的有效实施具有几方面的借鉴意义。首先，信号渠道是欧元区结构性货币政策传导的主要渠道之一，而信号渠道畅通与否与央行透明度密

---

① 根据中国银行业协会《中国银行家调查报告》2013、2014、2015 年度报告提供信息整理。

切相关，提升央行公信力和透明度有助于增强信号渠道的有效性。其次，欧洲央行在通过非传统货币政策工具释放流动性的过程中一直重视对通胀风险的防范，一些思路与方法值得学习。最后，欧洲央行的非传统货币政策虽然种类繁多，但都是以明确的中介目标为基础的，这对提升政策有效性至关重要。

参考文献

[1] 曾秋根. 央行票据对冲外汇占款的成本、经济后果分析——兼评冲销干预的可持续性[J]. 财经研究，2005（5）.

[2] 陈建国，谭戈. 国际储备结构的决定：均值——方差方法[J]. 南方金融，1999（8）.

[3] 陈磊，侯鹏. 量化宽松，流动性溢出与新兴市场通货膨胀[J]. 财经科学，2011（10）.

[4] 陈彦斌. 中国城乡财富分布的比较分析[J]. 金融研究，2008（2）.

[5] 陈彦斌，周业安. 行为资产定价理论综述[J]. 经济研究，2004（6）.

[6] 陈宇峰，俞剑. 国内外油价波动的内在关联性研究——兼评国内油价管制改革[J]. 对外经济贸易大学学报：国际商务版，2011（4）.

[7] 戴根有. 关于我国货币政策的理论与实践问题[J]. 金融研究，2000（9）.

[8] 戴根有. 中国人民银行信贷政策 50 的简要回顾[J]. 中国金融，1998（12）.

[9] 戴觅，徐建炜，施炳展. 人民币汇率冲击与制造业就业——来自企业数据的经验证据[J]. 管理世界(2013（11）.

[10] 戴相龙. 中国今后几年的货币政策[J]. 国际金融研究，2002（4）.

[11] 范小云，肖立晟，方斯琦. 从贸易调整渠道到金融调整渠道——国际金融外部调整理论的新发展[J]. 金融研究，2011（2）.

[12] 何帆，陈平. 外汇储备的积极管理：新加坡、挪威的经验与启示[J]. 国际金融研究，2006（6）.

[13] 贺力平，张艳花. 资本外逃损害经济增长吗——对 1982 年以来中国数据的检验及初步解释[J]. 经济研究，2004（12）.

[14] 贺力平. 东亚经济体外汇储备与国际金融危机[J]. 当代亚太，2008（6）.

[15] 胡援成. 美元贬值对中国通货膨胀的影响：传导途径及其效应[J]. 经济研究，2012（4）.

[16] 黄益平. 债务风险, 量化宽松与中国通胀前景[J]. 国际经济评论, 2011（1）.

[17] 雷达, 赵勇. 中美经济失衡的性质及调整——基于金融发展的视角[J]. 世界经济, 2009（1）.

[18] 李宏, 陆建明, 杨珍增, 等. 金融市场差异与全球失衡——个文献综述[J]. 南开经济研究, 2010（4）.

[19] 李宏彬, 马弘, 熊艳艳, 等. 人民币汇率对企业进出口贸易的影响——来自中国企业的实证研究[J]. 金融研究, 2011（2）.

[20] 李宏瑾, 项卫星. 中央银行基准利率、公开市场操作与间接货币调控——对央票及其基准利率作用的实证分析[J]. 财贸经济, 2010（4）.

[21] 李坤望, 王有鑫. FDI 促进了中国出口产品质量升级吗?——基于动态面板系统 GMM 方法的研究[J]. 世界经济研究, 2013（5）.

[22] 李树, 陈刚. 环境管制与生产率增长——以 APPCL2000 的修订为例[J]. 经济研究, 2013（1）.

[23] 李巍, 张志超. 一个基于金融稳定的外汇储备分析框架——兼论中国外汇储备的适度规模[J]. 经济研究, 2009（8）.

[24] 李扬, 余维彬, 曾刚. 经济全球化背景下的中国外汇储备管理体制改革[J]. 国际金融研究, 2007（4）.

[25] 李自磊, 张云. 美国量化宽松政策对金砖四国溢出效应的比较研究——基于 SVAR 模型的跨国分析[J]. 财经科学, 2014（4）.

[26] 李自磊, 张云. 美国量化宽松政策是否影响了中国的通货膨胀?——基于 SVAR 模型的实证研究[J]. 国际金融研究, 2013（8）.

[27] 刘金全, 于冬, 张成军. 我国国际资本流动性程度和非流动性原因的度量与检验[J]. 财经研究, 2006（3）.

[28] 刘克崮, 翟晨曦. 调整五大战略, 应对美量化宽松政策[J]. 管理世界, 2011（4）.

[29] 刘澜飚, 贾飙, 张靖佳. 美国广义量化宽松政策退出路径分析: 一个中央银行资产负债表视角[J]. 经济学动态, 2014（12）.

[30] 刘澜飚, 文艺. 美国量化宽松货币政策退出对亚太经济体的影响[J]. 南开学报, 2014（2）.

[31] 刘澜飚, 尹海晨, 张靖佳. 中国结构性货币政策信号渠道的有效性研究[J]. 现代财经, 2017（3）.

[32] 刘澜飚，文艺. 美国量化宽松货币政策退出对亚太经济体的影响[J]. 南开学报（哲学社会科学版），2014（2）.

[33] 刘明志. 货币供应量和利率作为货币政策中介目标的适用性[J]. 金融研究，2006（1）.

[34] 刘胜会. 中美两国宽松货币政策的比较研究——兼论退出之路[J]. 国际金融研究，2010（2）.

[35] 刘希颖，林伯强. 改革能源定价机制以保障可持续发展——以煤电联动政策为例[J]. 金融研究，2013（4）.

[36] 卢锋. 中国国际收支双顺差现象研究：对中国外汇储备突破万亿美元的理论思考[J]. 世界经济，2006（11）.

[37] 罗贤东. 汇率与大宗商品，黄金和石油价格的关系研究[J]. 财政研究，2011（1）.

[38] 申宏丽. 技术约束与我国外汇储备的债务性特征[J]. 世界经济研究，2006（7）.

[39] 盛松成，吴培新. 中国货币政策的二元传导机制[J]. 经济研究，2008（10）.

[40] 盛夏. 美国量化宽松政策对中国宏观金融风险的冲击[J]. 管理世界，2013（4）.

[41] 施建准，傅雄广，许伟. 人民币汇率变动对我国价格水平的传递[J]. 经济研究，2008（7）.

[42] 苏治，尹力博，方彤. 量化宽松与国际大宗商品市场：溢出性，非对称性和长记忆性[J]. 金融研究，2015（3）.

[43] 孙楚仁，沈玉良，赵红军.FDI 和加工贸易的关系：替代、互补或其他[J]. 南开经济研究，2008（3）.

[44] 孙浦阳，张靖佳，高恺琳. 量化宽松政策对于企业出口价格的影响研究——基于微观数据的理论与实证研究[J]. 管理世界，2016（11）.

[45] 谭小芬. 美联储量化宽松货币政策的退出及其对中国的影响[J]. 国际金融研究，2010（2）.

[46] 汤向俊，任保平. 信贷偏好与中国低消费、高投资的经济增长结构——基于中美两国数据的比较分析[J]. 经济评论，2011（1）.

[47] 陶士贵，刘骏斌. 美元量化宽松政策条件下中国外汇储备的收益与安全[J]. 财经科学，2014（9）.

[48] 王国刚. 基于资产负债表的央行调控能力分析[J]. 金融评论，2010（1）.

[49] 王永中. 中国外汇储备的构成、收益与风险[J]. 国际金融研究，2011（1）.

[50] 王永中. 中国资本管制与外汇冲销的有效性[J]. 金融评论，2010（1）.

[51] 徐建伟，余明. 人民币有效汇率的波动及其对中国经济增长的影响[J]. 世界经济，2003（11）.

[52] 徐现祥，王贤彬，舒元. 地方官员与经济增长——来自中国省长、省委书记交流的证据[J]. 经济研究，2007（9）.

[53] 许家云，佟家栋，毛其淋. 人民币汇率变动，产品排序与多产品企业的出口行为——以中国制造业企业为例[J]. 管理世界，2015（2）.

[54] 闫坤，鄢晓发. 中美储蓄率差异的原因及影响分析[J]. 财贸经济，2009（1）.

[55] 姚余栋，谭海鸣. 央票利率可以作为货币政策的综合性指标[J]. 经济研究，2011.

[56] 余永定，覃东海. 中国的双顺差：性质、根源及解决办法[J]. 世界经济，2006（3）.

[57] 袁志刚，朱国林. 消费理论中的收入分配与总消费——对中国消费不振的分析[J]. 中国社会科学，2002（2）.

[58] 张斌，王勋，华秀萍. 国外汇储备的名义收益率和真实收益率[J]. 经济研究，2010（10）.

[59] 张鹤，黄琨. 国内外金属期货市场价格联动的比较研究[J]. 世界经济，2007（7）.

[60] 张会清，唐海燕. 人民币升值，企业行为与出口贸易——基于大样本企业数据的实证研究：2005—2009[J]. 管理世界，2012（12）.

[61] 张靖佳，孙浦阳，刘澜飚. 量化宽松政策、财富效应和企业出口[J]. 经济研究，2015（12）.

[62] 张明，何帆. 美元贬值背景下外汇储备的结构调整[J]. 中国金融，2006（20）.

[63] 张明. 中国面临的短期国际资本流动：不同方法与口径的规模测算[J]. 世界经济，2011（2）.

[64] 赵然，苏治. 升值预期真的驱动国际游资流入中国了吗——基于四重

套利和边限协整模型的新证据[J]. 金融研究, 2012 (6).

[65] 中国人民银行济南分行课题组. 量化宽松政策对我国外贸、大宗商品价格和资本流动的影响[J]. 西南金融, 2014 (1).

[66] Adam K, R. Billi.Discretionary Monetary Policy, the Zero Lower Bound on Nominal Interest Rates. Journal of Monetary Economics, 2007(54): 728-752.

[67] Adam K, R. Billi.Optimal Monetary Policy under Commitment with a Zero Bound on Nominal Interest Rates. Journal of Money, Credit, Banking, 2006(38):1877-1905.

[68] Adolfson M, S. Laseen, J. Linde, et al.Monetary Policy Trade-offs in an Estimated Open-economy DSGE Model. NBER Working Paper,2008: 14510.

[69] Ahmadi P.Financial Shocks, Monetary Policy, Business Cycles: Evidence from a Structural Time Varying Bayesian FAVAR. Job Market Paper, 2009.

[70] Ahmadi P A, H Uhlig.Measuring the Dynamic Effects of Monetary Policy Shocks: A Bayesian FAVAR Approach with Sign Restriction. University of Chicago, 2009.

[71] Ahmed S.Are Chinese Exports Sensitive to Changes in the Exchange Rate? Federal Reserve Discussion Papers, 2009 (987).

[72] Aizenman, Glick.Asset Class Diversification, Delegation of Responsibilities between Central Banks, Sovereign Wealth Funds. NBER WP16392.

[73] Aizenman, Glick.Sovereign Wealth Funds: Stumbling Blocks or Stepping Stones to Financial Globalization? FRBSF, 2007(38).

[74] Aizenman, Lee.Financial versus Monetary Mercantilism-Long-run View of Large International Reserves Hoarding. NBER WP12718, 2006.

[75] Aizenman J, M Binici, M M Hutchison.The Transmission of Federal Reserve Papering News to Emerging Financial Markets. Working Paper, 2014.

[76] Aizenman.International Reserves: Precautionary versus Mercantilist Views, Theory, Evidence. Open Economies Review, 2007(18): 191-214.

[77] Akyüz Y.The Boom in Capital Flows to Developing Countries : Will It Go Bust Again. Ekonomi-tek-International Economics Journal, Turkish Economic Association, 2012(1) : 63-96.

[78] Alessie R J M, A. Kapteyn.Housing Prices, Savings, Annual Meeting paper of the Royal Netherl ands Economic Association, in The Role of Wealth in the

Economy, 2002: 31-56.

[79] Andres J, J D Lopez-Salido, E. Nelson.Tobin's Imperfect Asset Substitution in Optimizing General Equilibrium. Journal of Money, Credit, Banking, 2004(36):665-690.

[80] Antonakis J, S Bendahan, P Jacquart.On Making Causal Claims: A Review, Recommendations. The Leadership Quarterly, 2010,21 (6):1086-1120.

[81] Auerbach A, M Obstfeld.The Case for Open-Market Purchases in a Liquidity Trap. American Economic Review, 2005(95):110-137.

[82] Aziz J, X Li.China's Changing Trade Elasticities. IMF Working Papers (2007(266).

[83] Baba N, M Nakashima, Y. Shigemi,et al.The Bank of Japan's Monetary Policy, Bank Risk Premiums in the Money Market. International Journal of Central Banking, 2006(2):105-135.

[84] Baba N, S Nishioka, N. Oda,et al. Japan's Deflation, Problems in the Financial System, Monetary Policy. Monetary, Economic Studies, 2005(23):47-111.

[85] Bank of Japan, Policy Planning Office.How Should the Recent Increase in Japan's Monetary Base be Understood? Bank of Japan Quarterly Bulletin, 2002(10):139-172.

[86] Bank of Korea.The BOK to Exp, Range of Those Qualified for Loans Secured by Export Bills Purchased. Press Release, 2009.

[87] Bauer M, C Neely.International Channels of the Fed's Unconventional Monetary Policy. Federal Reserve Bank of San Francisco Working Paper, 2013.

[88] Bauer M, G Rudebusch. The Shadow Rate, Taylor Rules, Monetary Policy Lift-off. Federal Reserve Bank of San Francisco Working Paper, 2012(12).

[89] Bauer M D, C J Neely.International Channels of the Fed's Unconventional Monetary Policy. Journal of International Money, Finance, 2014(44): 24-46.

[90] Baumeister C, L Benati.Unconventional Monetary Policy, the Great Recession - Estimating the Impact of a Compression in the Yield Spread at the Zero Lower Bound. ECB Working Paper, 2010(1258).

[91] Becker S O, A Ichino.Estimation of Average Treatment Effects Based on Propensity Scores. The Stata Journal, 2002, 2 (4): 358-377.

[92] Berman N, P Martin, T Mayer.How Do Different Exporters React To

Exchange Rate Changes? Quarterly Journal of Economics, 2012, 127 (1): 437-492.

[93] Bernanke B S, A S Blinder.The Federal Funds Rate, the Channels of Monetary Transmission. American Economic Review, 1992(82): 901-921.

[94] Bernanke B. Rebalancing the Global Recovery. Sixth European Central Bank Central Banking Conference Paper, 2010

[95] Bernanke B S, I. Mihov.Measuring Monetary Policy. The Quarterly Journal of Economics, 1998(113): 869-902.

[96] Bernanke B S, V Reinhart.Conducting Monetary Policy at Very Low Short-Term Interest Rates. The American Economic Review, 2004, 94 (2): 85-90.

[97] Bernanke B S.The Federal Reserve's Balance Sheet. Federal Reserve Bank of Richmond, 2009.

[98] Bernanke B.S, BP Eliasz.Measuring the Effects of Monetary Policy: A Factor-Augmented Vector Autoregressive (FAVAR)Approach. The Quarterly Journal of Economics, 2005(120): 387-422.

[99] Bernanke B S, J. Boivin.Monetary Policy in a Data-Rich Environment. Journal of Monetary Economics, 2003(11): 525-546.

[100] Bertrand M, E Duflo, S Mullainathan.How Much Should We Trust Differences-in-Differences Estimates? The Quarterly Journal of Economics, 2004, 119 (1): 249-275.

[101] Betz F,R.A De Santis.ECB Corporate QE, The Loan Supply to Bank-Dependent Firms. Working Paper Series, 2019: 2314.

[102] Bhattarai S, A.Chatterjee, WY Park.Effects of US Quantitative Easing on Emerging Market Economies. CAMA Working Paper, 2015(47).

[103] Blivin Jean, M P Giannoni.Global Forces, Monetary Policy Effectiveness. International Dimensions of Monetary Policy University of Chicago Press, 2009: 429-478.

[104] Borio C, P Disyatat.Unconventional Monetary Policies: An Appraisal. The Manchester School (Supplement), 2010:53-89.

[105] Bouraoui T.The Effect of Reducing Quantitative Easing on Emerging Markets. Applied Economics, 2015, 47(15): 1562-1573.

[106] Bowman D, F Cai.Quantitative Easing, Bank Lending: Evidence from Japan. International Finance Discussion Papers, 2011. (1018).

[107] Bowman D, J M Londono, H Sapriza.U.S. Unconventional Monetary Policy, Transmission to Emerging Market Economies. International Finance Discussion Papers 1109, Board of Governors of the Federal Reserve System (U.S.), 2014.

[108] Bridges J, R Thomas.The Impact of QE on the UK Economy: Some Supportive Monetarist Arithmetic. Bank of Engl, Working Paper, 2012.(442).

[109] Brunner K, A H Meltzer.Mr Hicks, the "Monetarists'", Economica, 1973,40 (157): 44–59.

[110] Buckley P J, J Clegg, C Wang.The Impact of Inward FDI on the Performance of Chinese Manufacturing Firms. Journal of International Business Studies, 2002, 33 (4): 637-655.

[111] Bucks B, A Kennickell, T Mach, et al.Changes in U.S. Family Finances from 2004 to 2007: Evidence from the Survey of Consumer Finances. Federal Reserve Bulletin, 2009:2.

[112] Caballero R J, E Farhi, P O Gourinchas.Safe Asset Scarcity, Aggregate Dem,. American Economic Review, 2016, 106 (5): 513-518.

[113] Caballero R J, E Farhi, P O Gourinchas.An Equilibrium Model of "Global Imbalances", Low Interest Rates. American Economic Review, 2008(98): 358–393.

[114] Caballero R J, E Farhi.The Safety Trap. NBER Working Paper, 2014(19927).

[115] Capel J.J, W.J Jansen.Asset Price Inflation, Its Economic, Monetary Policy Implications,Financiële en Monetaire Studies, 2001(20): 1-15.

[116] Central Bank of the Republic of China (a).Monetary Policy Decisions of the Executive Directors Meeting, 2008: 9.

[117] Central Bank of the Republic of China (b).Monetary Policy Decisions of the Executive Directors Meeting, 2008: 10.

[118] Chen Q, A Filardo D He,et al. International Spillovers of Central Bank Balance Sheet Policies. BIS Working Papers, 2012(66).

[119] Chen Y C, K. Rogoff.Commodity Currencies. Journal of International Economics, 2003, 60: 130-160.

[120] Chinn M D.Global Spillovers, Domestic Monetary Policy. BIS Working Paper, 2013: 436.

[121] Cho D, C Rhee.Effects of Quantitative Easing on Asia: Capital Flows, Financial Markets. ADB Economics Working Paper Series, 2013:350.

[122] Christensen J, G Rudebusch.The Response of Interest Rates to U.S., U.K. Quantitative Easing. The Economic Journal, 2012, 122(564): 385-414.

[123] Christiano L, M Eichenbaum, C Evans.Nominal Rigidities, the Dynamic Effects of a Shock to Monetary Policy. Journal of Political Economy, 2005, 113: 1-45.

[124] Christiano L, M Trabandt, K. Walentin.DSGE Models for Monetary Policy Analysis. NBER Working Paper, 2010: 16074.

[125] Chung H, J P Laforte, D Reifschneider, et al.Estimating the Macroeconomic Effects of the Fed's Asset Purchases. FRBSF Economic Letter, 2010.

[126] Chung H, J P Laforte, D Reifschneider, et al.Have We Underestimated the Likelihood, Severity of Zero Lower Bound Events? Federal Reserve Bank of San Francisco Working Paper, 2011(1).

[127] Corbett, Mitchell. Banking Crises, Bank Rescues: the Role of Reputation. Journal of Money, Credit, Banking, 2000(32): 474-513.

[128] Coudert V, C Couharde, V. Mignon.Does Euro or Dollar Pegging Impact the Real Exchange Rate? The Case of Oil, Commodity Currencies. World Economy, 2011,34 (9): 1557-1592.

[129] Curdia V, M Woodford.The Central-Bank Balance Sheet as an Instrument of Monetary Policy. NBER Working Paper, 2010.

[130] Curdia V, M Woodford.Conventional, Unconventional Monetary Policy. Federal Reserve Bank of St. Louis Review, 2009, 7: 229-264.

[131] Curdia V, M Woodford.Credit Spreads, Monetary Policy. NBER Working Paper, 2009: 15289.

[132] Dahlhaus T, K Hess, A Reza.International Transmission Channels of U.S. Quantitative Easing: Evidence from Canada. Staff Working Papers, Bank of Canada, 2014: 14-43.

[133] Dauvin M.Energy Prices, the Real Exchange Rate of Commodity-Exporting Countries. International Economic, 2014(137): 52-72.

[134] Dees S.The Real Exchange Rate, Types of Trade: Heterogeneity of Trade Behaviors in China. CEPII Working Paper, 2001.

[135] Diez F J,I Presno. Domestic, Foreign Announcements on Unconventional Monetary Policy, Exchange Rates. Public Policy Brief, Federal Reserve Bank of Boston, 2013.

[136] Eggertsson G, M Woodford.The Zero Bound on Interest Rates, Optimal Monetary Policy. Brookings Paper on Economic Activity, 2003(1): 139-211.

[137] Eichengreen B.Currency War or International Policy Coordination? Journal of Policy Modeling, 2013(5): 1-9.

[138] Eichengreen B, P Gupta.Tapering Talk: The Impact of Expectations of Reduced Federal Reserve Security Purchases on Emerging Markets.Germany: University Library of Munich, 2014: 53040.

[139] Eichengreen B.Sterling's Past, Dollar's Future: Historical Perspectives on Reserve Currency Competition. Tawney Lecture Delivered to Economic History Society, 2005.

[140] Eichengreen B, P Gupta.Tapering Talk: the Impact of Expectations of Reduced Federal Reserve Security Purchases on Emerging Markets.The World Bank. Policy Research Working Paper Series.2014: 6754.

[141] Ellis C.Quantitative Easing, Will It Generate Dem, or Inflation? World Economics, 2009(10): 27-40.

[142] Eser F, B Schwaab.Evaluating the Impact of Unconventional Monetary Policy Measures: Empirical Evidence from the ECB, Securities Markets Programme. Journal of Financial Economics.2016, 119 (1): 147-167.

[143] Fan Y.Services Policy Reform in the People's Republic of China: Before, After the Global Financial Crisis. ADBI Working Paper, 2011.

[144] Fanelli L.Testing the New Keynesian Phillips Curve through Vector Autoregression Models: Results from the Euro Area. Oxford Bulletin of Economics, Statistics. 2008(70): 0305-9049.

[145] Federal Reserve.Quarterly Report on Federal Reserve Balance Sheet Developments. Board of the Federal Reserve System, 2013.

[146] Frankel J A, A K Rose.Determinants of Agricultural, Mineral Commodity Prices. Faculty Research Working Paper Series, Harvard Kennedy School, RWP, 2010,10-038.

[147] Fratzscher M, R Straub.Asset Prices, News Shocks, the Trade Balance.

Journal of Money, Credit, Banking. 2013, 45 (7): 1211-1251.

[148] Fratzscher M, M L Duca, R Straub.Quantitative Easing, Portfolio Choice, International Capital Flows. ECB Working Paper, 2012.

[149] Fratzscher M, M L Duca, R Straub.On the International Spillovers of US Quantitative Easing. European Central Bank Working Paper, 2013(1557).

[150] Fratzscher M, M L Duca, R Straub.ECB Unconventional Monetary Policy Actions: Market Impact, International Spillovers, Transmission Channels. 15th Jacques Polak Annual Research Conference Paper, 2014.

[151] Freund C, H Chang, S. J. Wei.China's Trade Response to Exchange Rate. The 68th International Atlantic Economic Conference Paper, 2011.

[152] Friedman B M. Crowding out or Crowding in? The Economic Consequences of Financing Government Deficits, 1978.

[153] Fuhrer J C, G R Moore.Inflation Persistence. Quarterly Journal of Economics, 1995(110): 127-160.

[154] Fujiki H, K Okina, S Shiratsuka.Monetary Policy under Zero Interest Rate: Viewpoints of Central Bank Economist. Monetary, Economic Studies. 2004(19): 89-130.

[155] Fujiwara I.Evaluating Monetary Policy When Nominal Interest Rates Are Almost Zero. Journal of the Japanese, International Economies, 2006(20): 47-78.

[156] Gali J, M Gertler.Inflation Dynamics: A Structural Econometric Analysis. Journal of Monetary Economics, 1999(44): 195-222.

[157] Garcia-Herrero A, T Koivu.China's Exchange Rate Policy, Asia Trade. Bank of International Settlements Working Paper, 2009: 282.

[158] Gertler M, P Karadi.A Model of Unconventional Monetary Policy. Journal of Monetary Economics, 2011(58): 17-34.

[159] Getter D, M Jickling, M Labonte, et al.Financial Crisis? The Liquidity Crunch of August 2007. CRS Report for Congress, 2007.

[160] Ghosh A, M Chamon, C Crowe, et al. Coping with the Crisis: Policy Options for Emerging Market Countries. International Monetary Fund Position Note, 2009.

[161] Girardin E, Z Moussa.The Effectiveness of Quantitative Easing in Japan: New Evidence from a Structural Factor-Augmented VAR. Working Paper, 2009.

[162] Glick, R., S. Leduc. The Effects of Unconventional, Conventional US Monetary Policy on the Dollar. Federal Reserve Bank of San Francisco Working Paper,2013.

[163] Glick R, S Leduc.Central Bank Announcements of Asset Purchases, the Impact on Global Financial, Commodity Markets. Federal Reserve Bank of San Francisco Working Paper, 2011(30).

[164] Goodfriend M Interest Rates, the Conduct of Monetary Policy. Carnegie-Rochester Conference Series on Public Policy.1991, 34: 7-30.

[165] Goodfriend M. Overcoming the Zero Bond on Interest Rate Policy. Journal of Money, Credit, Banking, 2000(32): 1007-1035.

[166] Goyal A.Assessing Changes in the Global Financial Architecture from an Emerging Market Perspective. Foreign Trade Review2013,48 (4): 461-480.

[167] Green D, R King, M Miller-Dawkins.The Global Economic Crisis, Developing Countries: Impact, Response. Oxfam Research Report,2010.

[168] Gu W, T Awokuse, Y. Yuan.The Contribution of Foreign Direct Investment to China's Export Performance: Evidence from Disaggregated Sectors. American Agricultural Economics Association Annual Meeting, 2008.

[169] Habib M M, M M Kalamova.Are There Oil Currencies? The Real Exchange Rate of Oil Exporting Countries. European Central Bank Working Paper, 2007:839.

[170] Hamilton J D, J Wu.The Effectiveness of Alternative Monetary Policy Tools in a Zero Lower Bound Environment. San Diego: University of California, San Diego, 2010.

[171] Hancock D, W Passmore.Did the Federal Reserve's MBS Purchase Program Lower Mortgage Rates?. Finance, Economics Discussion Series, 2011(01).

[172] Harada Y, S Okamoto.Comparison among Bank Loans, Money Supply, Other Fund Procurement Methods. Theories, Empirical Analyses of Prolonged Stagnation, 2004(1010): 123.

[173] Herrenbrueck L.Quantitative Easing, the Liquidity Channel of Monetary Policy. MPRA Paper, 2016(70686).

[174] Hicks J R Mr. Keynes, the "Classics"; A Suggested Interpretation. Econometrica, 1937, 5 (2):147-159.

[175] Hooper P, K Johnson, J Marquez.Trade Elasticities for the G-7 Countries. Princeton Studies in International Economics, 2000: 87.

[176] Horiuchi A.Causes, Measures against Prolonged Stagnation. Japan's Economic Crisis, 2004: 289-318.

[177] Hristov N, O Hülsewig, T Wollmershäuser.The Interest Rate Pass-through in the Euro Area during the Global Financial Crisis. Journal of Banking & Finance, 2014(48): 104-119.

[178] International Monetary Fund.Japan: Financial System Stability Assessment, Supplementary Information. IMF Country Report, 2003(3):287.

[179] Jannsen N, M Klein.The International Transmission of Euro Area Monetary Policy Shocks. Kiel Working Paper, 2011: 1718.

[180] Jondeau, E H Bihan.Testing for a Forward-Looking Phillips Curve: Additional Evidence from European, US Data. Banque de France Working Paper, 2001(86).

[181] Joyce M, A Lasaosa, I Stevens, et al.The Financial Market Impact of Quantitative Easing in the United Kingdom. International Journal of Central Banking, 2011, 7 (3): 113-161.

[182] Joyce M, D Miles, A Scott,et al.Quantitative Easing, Unconventional Monetary Policy-An Introduction. The Economic Journal, 2012(122): 271-288.

[183] Joyce M, M Tong, R Woods.The United Kingdom's Quantitative Easing Policy: Design, Operation, Impact. BOE's Quarterly Bulletin, 2011.

[184] Kamada K, T Sugo.Evaluating Japanese Monetary Policy under the Non-Negativity Constraint on Nominal Short-Term Interest Rates. Bank of Japan Working Paper, 2006, 06-E-17.

[185] Kapetanios G, H Mumtaz, I Stevens, et al.Assessing the Economy-wide Effects of Quantitative Easing. The Economic Journal, 2012, 122 (564): 316-347.

[186] Karagedikli O, L Thorsrud.Shocked by the World! Introducing the Three Block Open Economy FAVAR. Working Paper of Reserve Bank of New Zeal, 2010.

[187] Kawai M.International Spillovers of Monetary Policy: US Federal Reserve's Quantitative Easing, Bank of Japan's Quantitative, Qualitative Easing. ADBI Working Paper Series, 2015.

[188] Kemp J.Quantitative Easing, the Commodity Markets. Reuters, 2010.

[189] Kenourgios D, S Papadamou, D Dimitriou.On Quantitative Easing, High Frequency Exchange Rate Dynamics. Research in International Business, Finance, 2015(34): 110-125.

[190] Kimura T, D Small. Quantitative Monetary Easing, Risk in Financial Asset Markets. The B. E. Journal of Macroeconomics, 2006.

[191] Kimura T, H Kobayashi, J Muranaga, et al.The Effect of the Increase in the Monetary Base on Japan's Economy at Zero Interest Rates: An Empirical Analysis. Bank for International Settlements Conference Series, 2003(19): 279-312.

[192] King M.No Money, No Inflation: The Role of Money in the Economy. Bank of Engl, Quarterly Bulletin, 2002: 162-177.

[193] Kiyotaki N, J Moore.Liquidity, Business Cycles, Monetary Policy. NBER Discussion Paper, 2012-03: 17934.

[194] Korhonen I, T. Juurikkala.Equilibrium Exchange Rates in Oil-Exporting Countries. Journal of Economics & Finance, 2009(33): 71-79.

[195] Kozicki S, E Santor, L Suchanek.Large-Scale Purchases: Impact on Commodity Prices, International Spillover Effects. Bank of Canada, 2012:1-31.

[196] Krishnamurthy A, A Vissing-Jorgensen.The Effects of Quantitative Easing on Interest Rates: Channels, Implications for Policy. Brookings Papers on Economic Activity, 2011(2): 215-287.

[197] Krishnamurthy A, A Vissing-Jorgensen.The Effects of Quantitative Easing on Long-term Interest Rates. Kellogg School of Management Working Paper,2010.

[198] Krugman P R.It's Baaack: Japan's Slump, the Return of the Liquidity Trap. Brookings Papers on Economic Activity, 1998, 29 (2): 137-206.

[199] Kurtzman R J, S Luck, T Zimmermann.Did QE Lead Banks to Relax Their Lending standards? Evidence from the Federal Reserve's LSAPs. Finance, Economics Discussion Series, 2017:93.

[200] Kuttner K.Comments on Price Stability, Japanese Monetary Policy. Monetary, Economic Studies, 2004(22): 37-46.

[201] Laxton D, D Rose, A M Scott.Developing a Structured Forecasting, Policy Analysis System to Support Inflation Forecast Targeting (IFT). IMF Working Papers, 2009:65.

[202] Lenza M, H Pill, L Reichlin.Monetary Policy in Exceptional Times.

Economic Policy, 2010(2)5: 295-339.

[203] Lescaroux F, V Mignon.Measuring the Effects of Oil Prices on China's Economy: A Factor- Augmented Vector Autoregressive Approach. Pacific Economic Review, 2009(14): 410-425.

[204] Leung P H, H E Qing, T L Chong.A Factor-Augmented VAR Analysis of the Monetary Policy in China. Chinese Economic Association (UK/Europe)Annual Conference, 2010.

[205] Li H, H Ma, Y Xu.How do Exchange Rate Movements Affect Chinese Exports?—A Firm-level Investigation. Journal of International Economics, 2015, 97 (1): 148-161.

[206] Lim J J, S Mohapatra, M Stocker.Tinker, Taper, QE, Bye? The Effect of Quantitative Easing on Financial Flows to Developing Countries. Policy Research Working Paper Series, 2014: 6820.

[207] Liu Q, Y Lu, Y Zhou.Do Exports Respond to Exchange Rate Changes? Inference from China's Exchange Rate Reform. Working Paper, 2013.

[208] Loredana N L.Trade Flows of Emerging Economies in The Current Economic Context-Developments, Trends. Ovidius University Annals, Series Economic Sciences, 2012, 12 (1): 891-894.

[209] Martin C, C Milas.Quantitative Easing: A Skeptical Survey. Oxford Review of Economic Policy, 2012, 28 (4): 750-764.

[210] Mc rews J.Segmentation in the US Dollar Money Markets during the Financial Crisis. Federal Reserve Bank of New York, 2009.

[211] McCallum B T. Japanese Monetary Policy Again. Shadow Open Market, 2001.

[212] McCallu, B T.Singapore's Exchange Rate Centered Monetary Policy Regime, its Relevance for China. Monetary Authority of Singapore (MAS)Staff Paper, 2006: 43.

[213] Meier A.Panacea, Curse, or Nonevent? Unconventional Monetary Policy in the United Kingdom. International Monetary Fund Working Paper WP,2009: 63.

[214] Meltzer A.Commentary: Monetary Policy at Zero Inflation. New Challenges for Monetary Policy: A Symposium Sponsored by the Federal Reserve Bank of Kansas City, 1999: 261-276.

[215] Meltzer A. Monetary Transmission at Low Inflation: Some Clues from Japan in the 1990s. Monetary, Economic Studies, 2001(19): 13-34.

[216] Meltzer A.Monetary, Credit(Other), Transmission Processes: A Monetarist Perspective. Journal of Economic Perspectives, 1995(9): 49-72.

[217] Mendoza Quadrini, Rios-Rull.Financial Integration, Financial Development, Global Imbalances. Journal of Political Economy, 2009(117): 371-416.

[218] Mendoza W.The IS-LM-BB: A Model of Unconventional Monetary Policy. Working Paper, 2013:366.

[219] Meyer L.Does Money Matter? Federal Reserve Bank of St. Louis Review, 2001(83): 1-15.

[220] Miyao R.Use of the Money Supply in the Conduct of Japan's Monetary Policy: Re-Examining the Time Series Evidence. The Japanese Economic Review, 2005(56): 165-187.

[221] Modigliani F. The Life Cycle Hypothesis of Saving, Intercountry Differences in the Saving Ratio. Induction, growth, Trade Oxford: Clarendon Press. 1970.

[222] Morais B, J L Peydró, J Roldán-Peña, et al. The International Bank Lending Channel of Monetary Policy Rates, QE: Credit Supply, Reach-for-Yield, Real Effects. Journal of Finance, 2019, 74 (1): 55-90.

[223] Morgan P J.Impact of US Quantitative Easing Policy on Emerging Asia. East Asian Bureau of Economic Research, 2011: 23215.

[224] Morgan P.The Role, Effectiveness of Unconventional Monetary Policy. ADBI Working Paper Series, 2009: 163.

[225] Moussa Z.The Japanese Quantitative Easing Policy under Scrutiny: A Time-Varying Parameter Factor-Augmented VAR Model. MPRA Paper, 2011: 29429.

[226] Mylonidis N, I Stamopoulou.The Role of Monetary Policy in Managing the Euro-Dollar Exchange rate. MPRA Working Paper, 2011: 29291.

[227] Oda N, K Okina. Further Monetary Easing Policies under the Non-Negativity Constraints of Nominal Interest Rates: Summary of the Discussion Based on Japan's Experience. Monetary, Economic Studies, 2001(19): 323-360.

[228] Oda N, K Ueda.The Effects of the Bank of Japan's Zero Interest Rate Commitment, Quantitative Monetary Easing on the Yield Curve: A Macro-Finance

Approach. Bank of Japan Working Paper, 2205(6).

[229] Ortiz G.QE Exit, the Emerging Market Challenge. The G-20 and Central Banks in the New World of Unconventional Monetary Policy, 2013: 65-71.

[230] Ozhan G, I Atiyas, E Keyman.Unconventional Monetary Policy, Its Reflections on the Global Economy. Think Tank 20: The G-20, Central Banks in the New World of Unconventional Monetary Policy, 2013(8): 81-87.

[231] Palley T.Quantitative easing: a Keynesian Critique. Investigación Económica,2011, 70 (277): 69-86.

[232] Peersman Gert. Macroeconomic Effects of Unconventional Monetary Policy in the Euro Area,2011.

[233] Peiris S, D Ding.Global Commodity Prices, Monetary Transmission, Exchange Rate Pass-Through in the Pacific Islands. IMF Working Paper,2012.

[234] Pesaran M H, R.P. Smith.Counterfactual Analysis in Macroeconometrics: An Empirical Investigation into the Effects of Quantitative Easing. CESifo Working Papers, 2012: 3879.

[235] Portes R.Currency Wars, the Emerging Market Countries. Global Perspectives on the Seoul G-20 Summit, 2010:47-51.

[236] Reinhart C. Real Exchange Rate, Commodity Prices in a Neoclassical Model. Mpra Paper, 1988,96 (65):1-30.

[237] Reis R.Interpreting the Unconventional US Monetary Policy of 2007-2009. NBER Working Paper 2010: 15662.

[238] Reserve Bank of India.Third Quarter Review of RBI Monetary Policy 2008-09. Press Statement by Dr. D. Subbarao, 2009.

[239] Rogers J.H, C Scotti, J H Wright.Evaluating Asset-Market Effects of Unconventional Monetary Policy: A Cross-Country Comparison. International Finance Discussion Papers 1101, Board of Governors of the Federal Reserve System (U.S.).

[240] Rosenbaum P R, D B Rubin.The Central Role of the Propensity Score in Observational Studies for Causal Effects. Biometrika1983, 70 (1): 41-55.

[241] Rudd J, K Whelan.New Tests of the New-Keynesian Phillips Curve. Journal of Monetary Economics, 2005(52): 1167-1181.

[242] Sadahiro A.Macroeconomic Analysis of the Postwar Japanese

Economy.Toyo Keizai Shimposha, 2005(9).

[243] Saghaian S H, R Michael. The Impact of The Recent Federal Reserve Large-Scale Asset Purchases on The Agricultural Commodity Prices: A Historical Decomposition. International Journal of Food, Agricultural Economics, 2014,2 (2).

[244] Shibamoto M.An Analysis of Monetary Policy Shocks in Japan: A Factor Augmented Vector Autoregressive Approach. The Japanese Economic Review, 2007(58): 484-503.

[245] Shinpo S.Which is the Cause of Deflation, the Structural Adjustment Factor or Monetary Policy? Main Issues of Monetary Policy Debates, 2002: 81-120.

[246] Shiratsuka S.Size, Composition of the Central Bank Balance Sheet: Revisiting Japan's Experience of the Quantitative Easing Policy. Federal Reserve Bank of Dallas Working Paper, 2010: 42.

[247] Shleifer A, R Vishny.Asset Fire Sales, Credit Easing. NBER Working Paper, 2010:15652.

[248] Sims G.Interpreting the Macroeconomic Time Series Facts: The Effects of Monetary Policy. European Economic Review, 1992(36): 975-1000.

[249] Spantig K.International Monetary Policy Spillovers in an Asymmetric World Monetary System-The United States, China. Global Financial Markets Working Paper Series. Friedrich-Schiller-University Jena, 2012: 33.

[250] Stock J, M Watson.Implications of Dynamic Factor Models for VAR Analysis. NBER Working Paper, 2005: 11467.

[251] Stock J, M Watson. Macroeconomic Forecasting Using Diffusion Indexes. Journal of Business Economics, Statistics, 2002(2):147-162.

[252] Su J B.How the Quantitative Easing Affect the Spillover Effects between the Metal Market, United States Dollar Index? Journal of Reviews on Global Economics, 2016(5): 254-272.

[253] Suzuki A, S Kobayashi.The Effects of Quantitative Easing Policy, the Next Monetary Policy. UFJ Economic Report, 2005.

[254] Svensson L.Open-Economy Inflation Targeting. Journal of International Economics, 2000(50): 155-183.

[255] Takeda Y,Y Komaki, K Yajima.Heterogeneity of Expectation Formation, Macro Economic Policy.　Toyo Keizai Shimposha, 2005(8).

[256] The World Bank.Global Economic Prospects. A World Bank Group Flagship Report Volume 7.

[257] Thorbecke W, G Smith.How would an Appreciation of the RMB, Other East Asian Currencies Affect China's Exports? Review of International Economics, 2010, 18 (1): 95-108.

[258] Tobin J. Money, Capital, Other Stores of Value. American Economic Review, Papers, Proceedings,1961, 51 (2): 26–37.

[259] Tobin J.An Essay on thePrinciples of Debt Management. in Commission on Money, Credit, Fiscal, Debt Management Policies, 1963(143):218l.

[260] Tobin J.A General Equilibrium Approach to Monetary Theory. Journal of Money, Credit, Banking, 1969(1): 15-29.

[261] Trichet J. The ECB's Enhanced Credit Support. CES Working Paper, 2009: 2833.

[262] Tuan C, L F Y Ng.Location Decisions of Manufacturing FDI in China: Implications of China's WTO Accession. Journal of Asian Economics2003, 14 (1): 51-72.

[263] Ueda K.The Bank of Japan's Struggle with the Zero Lower Bound on Nominal Interest Rates: Exercises in Expectations Management. International Finance, 2005(8): 329-350.

[264] Ueda K.The Transmission Mechanism of Monetary Policy Near Zero Interest Rates: The Japanese Experience, 1998-2000. Monetary Transmission in Diverse Economies, Cambridge University Press, 2002.

[265] Ugai H.Effects of the Quantitative Easing Policy: A Survey of Empirical Analyses. Monetary, Economic Studies, 2007(25): 1-47.

[266] Volz U.Financial Stability in Emerging Markets. DIE Working Paper,2012.

[267] Wang P.A Dynamic IS-LM-X Model of Exchange Rate Adjustments, Movements. International Economics, 2017(149): 74-89.

[268] Wei S.Foreign Direct Investment in China: Sources, Consequences. Financial Deregulation, Integration in East Asia, NBER-EASE, 1996(5): 77-105.

[269] Woodford M.Interest Prices: Foundations of a Theory of Monetary Policy. Princeton NJ: Princeton University Press, 2003.

[270] Xu B,J Lu.Foreign Direct Investment, Processing Trade, the Sophistication of China's Exports. China Economic Review, 2009,20 (3): 425-439.

[271] Yates T.Monetary Policy, the Zero Bound to Nominal Interest Rates. Bank of Engl, Quarterly Bulletin, 2003: 27-37.

[272] Yip P S, R Brooks, H X Do.Dynamic Spillover between Commodities, Commodity Currencies during United States QE.. Energy Economics, 2017(66): 399-410.

[273] Yutaka, Kurihara.Exchange Rate Determination, Structural Changes in Response to Monetary Policies. Studies in Economics, Finance, 2012, 29 (3): 187-196.

[274] Zhang K H, S Song.Promoting Exports: the Role of Inward FDI in China. China Economic Review, 2000, 11 (4): 385-396.

附录 1　央行资产负债表政策时间表

表 1.1　美联储央行资产负债表政策时间表

时间	央行资产负债表政策类别	目的
	为存款机构融资	
	（1）贴现窗口一级信用（primary credit）	
2007 年 8 月 17 日	延长贴现窗口一级信用的期限至 30 天，并将一级信用与联邦基金利率之间的利差缩小至 50 个基点	促进市场正常运行
2008 年 3 月 16 日	再次将贴现窗口一级信用的期限延长至 90 天，并将一级信用与联邦基金利率之间的利差缩至 25 个基点	为市场提供流动性
2009 年 9 月 17 日	宣布 2010 年 1 月 14 日贴现窗口一级信用的期限将缩短至 28 天	由于金融市场情况有所好转，回收流动性
2010 年 2 月 18 日	宣布 2010 年 3 月 18 日贴现窗口一级信用的期限重新缩短至隔夜 2010 年 2 月 19 日起,一级信用与联邦基金利率之间的利差增大至 50 个基点	
	（2）短期拍卖工具（term auction facility）	
2007 年 12 月 12 日	推出短期拍卖工具（TAF），贷款期限为 28 天	增强存款机构获得短期融资的渠道
2008 年 8 月	推出贷款期限为 84 天的短期拍卖工具（TAF）	
2009 年 9 月 24 日	宣布短期拍卖工具（TAF）规模缩小	由于金融市场情况持续好转
2009 年末	减少贷款期限为 84 天的短期拍卖工具；期限为 28 天的短期拍卖工具逐渐减少	
2010 年 3 月 8 日	短期拍卖工具（TAF）全部停止发放，最后一批到期日为 2010 年 4 月 8 日	
	为一级交易商融资	
	（1）一级交易商信用工具（primary dealer credit facility）	
2008 年 3 月	推出一级交易商信用工具（PDCF），为一级交易商提供隔夜贷款，其担保资产为投资级证券	为金融市场提供流动性
2008 年 9 月	一级交易商信用工具的担保资产扩展为三方回购协议体系中两大主要清算银行认可的金融工具	进一步促进金融市场复苏

时间	央行资产负债表政策类别	目的
2010 年 2 月 1 日	一级交易商信用工具停止发行	
	（2）证券借贷（securitieslending）	为国债和机构证券市场平稳出清提供短期国债和机构证券
	证券借贷计划对以国债为抵押品的隔夜贷款进行竞拍，符合条件的一级交易商可获得证券贷款，属于常规工具	
	（3）短期证券借贷工具（term securities lending facility）	
2008 年 3 月	宣布推出短期证券借贷工具（TSLF），向一级交易商提供期限为 1 个月的国债抵押贷款，允许交易商运用房地产抵押担保证券（MBS）等流动性差的证券交换国债等流动性好的证券 计划 1 中抵押资产包括国债、机构证券以及机构抵押证券，之后计划 2 又增添了高级别私人证券	为国债和机构证券市场平稳出清提供短期国债和机构证券
2009 年 7 月 1 日	短期证券信贷工具（计划 1）中止	
2010 年 2 月 1 日	短期证券借贷工具（TSLF）停止	
	（4）短期证券借贷期权工具（term securities lending options facility）	为增强 TSLF 的有效性而提供额外的流动性
2009 年 6 月 3 日	实行短期证券借贷期权工具（TOP）	
2009 年 7 月 1 日	短期证券借贷期权工具（TOP）中止	
	其他资产抵押贷款工具	
	（1）长期资产抵押证券贷款工具（term asset-backed securities loan facility）	通过为以多种消费者和企业贷款作为抵押的 ABS 的发行提供方便，来协助金融市场为消费者和企业所需贷款融资
2008 年 11 月	美联储与财政部联手推出长期资产抵押贷款工具（TALF），为资产抵押证券（ABS）持有者提供长达 3~5 年的贷款	
2009 年 2 月 10 日	宣布将考虑扩大长期资产抵押证券贷款工具的规模至 1 万亿美元，并可能扩大合法抵押品的种类，包括其他类型的新发行 AAA 级资产抵押证券	
2009 年 3 月 19 日	宣布从 4 月开始，TALF 的抵押品范围将包括以商业抵押的 ABS 或以居民按揭抵押的私人 ABS	

续表

时间	央行资产负债表政策类别	目的
2009 年 3 月 23 日	美联储与财政部宣布再次扩大合法抵押品的范围，包括之前发行的证券（所谓的遗留证券、最初评为 AAA 级的非机构住宅抵押担保证券（RMBS）、商业房屋贷款抵押证券头寸，以及 AAA 级 ABS	
2009 年 5 月 1 日	宣布 2009 年 6 月起，新发行的商业抵押担保证券（CMBS）和以保险溢价金融贷款证券抵押的证券将列入合法抵押资产范围	
2009 年 5 月 19 日	宣布于 2009 年 6 月起，在 2009 年 1 月 1 日之前发行的指定高质量 CMBS 可作为该工具的合法抵押资产	
2009 年 8 月 17 日	美联储和财政部宣布不再进一步扩大该工具的抵押品范围	
2009 年 12 月 4 日	宣布评级结果对该工具有效的评级机构	
2010 年 3 月 31 日	宣布为新发行的 ABS 和遗留 CMBS 扩大贷款规模	
2010 年 6 月 30 日	使用长期资产抵押证券贷款工具，扩大对新发行的 CMBS 的贷款规模	
2010 年 3 月 31 日	扩大使用长期资产抵押证券作为抵押品，获得其他所有类型的抵押品担保贷款的规模，所有贷款最迟在 2015 年 3 月 30 日到期	
	(2) 商业票据融资工具（commercial paper funding facility）	
2008 年 10 月 7 日	纽约联储宣布推出商业票据融资工具（CPFF），通过特别建立的有限责任公司（LLC）为美国商业票据发行者提供流动性	为企业融资提供支持
	LLC 直接从合法发行者手中购买无担保的或资产担保的 3 个月期商业票据，为发行者提供融资支持	
2010 年 2 月 1 日	商业票据融资工具（CPFF）停止	
	(3) 资产抵押商业票据货币市场共同基金流动性工具（asset-backed commercial paper money market mutual fund liquidity facility）	
2008 年 9 月	波士顿联储宣布资产抵押商业票据货币市场共同基金流动性工具（AMLF）推出，为美国存款机构和银行控股公司从货币市场购买高质量资产抵押商业票据（ABCP）提供融资	辅助持有 ABCP 的货币基金满足投资者的需求，为 ABCP 市场和货币市场注入流动性

续表

时间	央行资产负债表政策类别	目的
2010 年 2 月 1 日	资产抵押商业票据货币市场共同基金流动性工具（AMLF）停止	
	（4）货币市场投资者融资工具（money market investor funding facility）	
2008 年 1 月	纽约联储宣布货币市场投资者融资工具（MMIFF）推出	为美国货币市场共同基金和其他货币市场投资者提供流动性，从而使其有能力投资货币市场工具，尤其是短期货币市场工具
2009 年 10 月 30 日	货币市场投资者融资工具（MMIFF）停止	
	央行流动性互换（central bank liquidity swap）	
	（1）美元流动性互换（dollar liquidity swap lines）	
2007 年 12 月	美国联邦公开市场委员会（FOMC）宣布与欧洲央行、瑞士等 16 个国家和地区的中央银行签订美元流动性互换协议	
2010 年 2 月 1 日	上述协议到期终止	为海外市场提供美元流动性
2010 年 3 月	美国联邦公开市场委员会（FOMC）宣布与加拿大银行、英格兰银行、欧洲央行、日本银行和瑞典国家银行签订美元流动性互换协议	
	（2）外币流动性互换协议（foreign-currency liquidity swap lines）	
2009 年 4 月	美联储宣布与英格兰银行、欧洲央行、日本银行、瑞士国家银行签订外币流动性互换协议	为美国机构提供外币流动性
2011 年 11 月	美联储宣布与加拿大银行、英格兰银行、日本银行、欧洲 央行、瑞士国家银行签订短期外币流动性互换协议	
	公开市场操作（OMO）	
2008 年 11 月 25 日	美联储宣布直接购买房利美（Fannie Mae）和房地美（Freddie Mac）的负债，以及这两个机构和吉利美（Ginnie Mae）所担保的联邦家庭贷款银行和住房贷款抵押证券（MBS）	为住房贷款抵押证券市场提供流动性
2008 年 3 月初	美联储宣布启动期限为 28 天的回购交易	增加短期融资的可得性，减轻金融市场的负担，支持信贷流向美国家庭和企业

注：上述资料由作者根据美联储网站相关信息整理而得。

表 1.2 欧洲央行的央行资产负债表政策时间表

时间	央行资产负债表政策类别	目的
2007 年 12 月 12 日	欧洲央行、加拿大银行、英格兰银行、美联储、瑞士国家银行签订美元货币流动性互换协议，向欧元区相应机构提供美元流动性	减轻短期融资市场的压力
2008 年 3 月 28 日	欧洲央行推出 6 个月期再融资操作	支持欧元市场恢复正常
2008 年 9 月 26 日	欧洲央行、加拿大银行、英格兰银行、美联储、瑞士国家银行宣布提供期限为一周的美元货币流动性。欧洲央行向欧元区相应机构提供美元流动性 350 亿美元，利用可变利率招标，抵押品为欧元区合法的抵押资产	
2008 年 9 月 29 日	欧洲央行推出特别短期融资操作（term refinancing operation）	增加欧元区银行系统的流动性
	欧洲央行与美联储进一步进行美元流动性互换，将现有货币互换规模扩大一倍，从 1200 亿美元变为 2400 亿美元	减轻短期融资市场的压力
2008 年 10 月 8 日	欧洲央行推出期限为一周的再融资操作，固定利率招标，全配额（即利率由欧洲央行事先确定，并且只要银行能够提供质量合格的抵押资产，那么欧洲央行会为需要流动性的银行提供足够的流动性）	
2008 年 10 月 15 日	欧洲央行扩大了可作为抵押资产的资产名单，同时加强流动性供给，包括通过美元互换工具	增加再融资渠道
2009 年 5 月 7 日	欧洲央行推出长期再融资操作，期限为 1 年（即银行可以在一年内申请无上限的资金）	延长再融资期限
2009 年 6 月 4 日	欧洲央行推出金融资产抵押债券计划，决定将购买在欧元区内发行的欧元金融资产抵押债券（covered bond）	鼓励银行维持并扩大其对客户的贷款，增加私人债券市场的市场流动性，改善银行和企业的融资状况
2009 年 12 月 3 日	欧洲央行宣布长期维持固定利率全配额招标的再融资操作，最早 2010 年 4 月 13 日停止	
2010 年 1 月 27 日	欧洲央行停止美元/欧元互换	

续表

时间	央行资产负债表政策类别	目的
2010 年 5 月 10 日	美元/欧元货币互换重新启动 欧洲央行推出证券市场计划（securities markets programme），干预欧元区公共和私人债券市场。采取固定利率全配额招标，期限为 3 个月	抵御反常的市场分割的深度和流动性
2010 年 5 月 12 日	推出固定利率全配额招标,期限为 6 个月的证券市场计划	
2010 年 6 月 7 日	欧洲金融稳定工具（european financial stability facility）推出	
2010 年 6 月 30 日	欧洲央行终止金融资产抵押债券计划	
2010 年 7 月 28 日	欧洲央行宣布更加严格的公开市场操作中银行的抵押资产规定	
2010 年 12 月 17 日	欧洲央行和英格兰银行签订货币互换协议	
2010 年 12 月 21 日	美元/欧元货币互换协议延长	
2011 年 11 月	美联储宣布与加拿大银行、英格兰银行、日本银行、欧洲央行、瑞士国家银行签订短期外币流动性互换协议	

资料来源：根据欧洲央行前行长 Trichet 2009 年 7 月 13 日的发言 "The ECB's Enhanced Credit Support" 及欧洲央行 2011 年 7 月月报 "The ECB's Non-standard Measures- Impact, Phasing-out" 内容等公开资料整理。

表 1.3   美联储资产负债表（科目设置）

总资产	总负债
储备余额收入（factors supplying reserve Balances）	储备余额支出（factors draining reserve balances）
黄金（gold）	存款机构的准备金（deposits with F.R. Banks）
对储备银行的贷款（reserve bank credit）	流通中的现金（currency in circulation）
财政货币（treasury currency outstanding）	*财政部所持现金（treasury cash holdings）
特别提款权账户（special drawing rights certificate account）	商业银行库存现金（term deposits held by depository institutions）

续表

总资产	总负债
其他联邦储备资产（other federal reserve assets）	财政部一般账户（U.S. treasury, general account）
证券回购（repurchase agreements）	*财政部补充融资账户（U.S. treasury, supplementary financing account）
信贷市场工具（securities held outright）	国外政府（foreign official）
联邦债券（U.S. treasury securities）	存款（deposits）
票据（bills）	*以机构形式持有美国国际集团资产（funds from american international group, Inc. asset depositions, held as agent）
机构债（federal agency debt securities）	逆回购协议（reverse repurchase agreements）
*抵押贷款证券（mortgage-backed securities）	国外政府和国际账户（foreign official, international accounts）
流动性及信贷工具（liquidity, credit facilities）	*其他逆回购协议（others）
应收款（loans）	
一级信贷（primary credit）	
二级贷款（secondary credit）	
季节信贷（seasonal credit）	
*对美国国际集团的授信（credit extended to American International Group, Inc.）	
*短期拍卖工具（term asset-backed securities loan facility）	
*其他信贷展期（other credit extensions）	
*梅登巷有限公司所持净资产组合（net portfolio holdings of Maiden Lane LLC）	
*梅登巷有限公司Ⅰ所持净资产组合（net portfolio holdings of Maiden Lane LLC）	
*梅登巷有限公司Ⅱ所持净资产组合（net portfolio holdings of Maiden Lane Ⅱ LLC）	
*梅登巷有限公司所持净资产组合（net portfolio holdings of Maiden Lane Ⅲ LLC）	
*长期资产抵押证券贷款有限公司所持净资产组合（net portfolio holdings of TALF LLC）	
*央行流动性互换（central bank liquidity swaps）	
误差（float）	

资料来源：根据美联储网站公开信息整理。

注："*"科目为2007—2009年全球金融危机中新增非传统资产负债表项目。

表 1.4　欧洲央行资产负债表（科目设置）

总资产	总负债
黄金（gold, gold receivables）	流通中的货币（banknotes in circulation）
对非欧元区居民的外币债权（claims on Con-euro area residents denominated in foreign currency）	欧元区信贷机构存款（credit institutions deposits）
对居民的外币债权（claims on Euro-area residents denominated in foreign currency）	现金账户（current account）
对非居民的欧元债权（claims on Non-euro area residents denominated in Euro）	存款协议到期赎回（deposits agreed maturity, redeemable at notice）
对欧元区信贷机构的贷款（lending to Euro area credit institutions related to MPOs denominated in Euro）	定期存款（fixed-term deposit）
主要再贷款（main refinancing operation）	欧元区信贷机构的其他负债（other liabilities to Euro area credit institutions denominated in Euro）
长期再贷款（longer-term refinancing operation）	负债凭证发行（debt certificates issued）
周转准备金（reserve operations）	对其他欧元区居民的欧元负债（liabilities to other euro area residents denominated in Euro）
结构性准备金（structural reserve operations）	对其他欧元区居民（政府）的欧元负债（central government liabilities denominated in Euro）
对其他欧元区信贷机构债权（other claims on Euro area credit institutions denominated in Euro）	对非欧元区居民的欧元负债（liabilities to non-euro residents denominated in Euro）
欧元区居民的有价证券（securities on Euro area residents denominated）	对居民的外币债务（liabilities to Euro area residents denominated in foreign currency）
欧元区内政府债务（central government liabilities denominated in Euro）	对非居民的外币债务（liabilities to Non-euro area residents denominated in foreign currency）
*边际借款便利（marginal lending facility）	特别提款权的对应配额（counterpart of special drawing rights allocated by the IMF）
*对外净资产（net foreign assets）	其他负债（other liabilities）
*为货币政策目标而持有的证券（securities held for monetary policy purposes）	重估账户（revaluation accounts）
*其他证券（other securities）	资本和储备（capital, reserves）
其他资产（other assets）	

资料来源：根据欧洲央行网站公开信息整理。

注："*"代表 2007—2009 年全球金融危机中新增非传统资产负债表项目。

　　　"欧元区居民的有价证券"是指欧洲银行购买欧元区居民持有的有价证券。

附录 2　FAVAR 模型变量处理及结果

表 2.1　美国宏观经济变量名称及处理方法

以下数据均来自 Wind 数据库，需要处理的数据依照以下顺序进行处理：①X12 方法季节调整；②取对数；③差分。其中，105 或 106 号变量为可观测变量，其他均为不可观测变量。以下数列首先对存在季节性的时间序列进行 X12 方法季节调整，然后按照以下调整代码进行处理：1 代表原时间序列；2 代表阶差分；3 代表取对数；5 代表取对数再一阶差分。

指标名称

缓慢变动变量

经济活动		数据处理
1	美国：工业总体产出指数	5
2	美国：最终产品和非工业物料产出指数	5
3	美国：消费品产出指数	5
4	美国：企业设备产出指数	5
5	美国：建筑产出指数	5
6	美国：材料产出指数	2
7	美国：制造业产出指数	5
8	美国：采矿业产出指数	5
9	美国：公用事业产出指数	5
10	美国：全部工业部门产能利用率	5
11	美国：制造业产能利用率	5
12	美国：采掘业产能利用率	5
13	美国：公共事业产能利用率	5
14	美国：未加工生产阶段产能利用率	5
15	美国：初级和半成品生产阶段产能利用率	5
16	美国：产成品生产阶段产能利用率	5
17	美国：产能利用率，制造业（NAICS），季调	5
18	美国：产能利用率，制造业（NAICS），耐用品制造业，季调	5
19	美国：产能利用率，制造业（NAICS），耐用品制造业，木制品，季调	5

续表

	指标名称	
	缓慢变动变量	
	经济活动	数据处理
20	美国：产能利用率，制造业（NAICS），耐用品制造业，非金属矿物制品，季调	5
21	美国：产能利用率，制造业（NAICS），耐用品制造业，初级金属，季调	5
22	美国：产能利用率，制造业（NAICS），耐用品制造业，金属加工制品，季调	5
23	美国：产能利用率，制造业（NAICS），耐用品制造业，机械，季调	5
24	美国：产能利用率，制造业（NAICS），耐用品制造业，计算机和电子产品，季调	5
25	美国：产能利用率，制造业（NAICS），耐用品制造业，电气设备-家电及组件，季调	5
26	美国：产能利用率，制造业（NAICS），耐用品制造业，汽车及其零部件，季调	5
27	美国：产能利用率，制造业（NAICS），耐用品制造业，航空航天及其他交通运输设备，季调	5
28	美国：产能利用率，制造业（NAICS），耐用品制造业，家具及相关产品，季调	5
29	美国：产能利用率，制造业（NAICS），耐用品制造业，其他，季调	5
30	美国：产能利用率，制造业（NAICS），非耐用品制造业，季调	5
31	美国：产能利用率，制造业（NAICS），非耐用品制造业，食品-饮料和烟草，季调	2
32	美国：产能利用率，制造业（NAICS），非耐用品制造业，纺织及纺织品，季调	5
33	美国：产能利用率，制造业（NAICS），非耐用品制造业，服装和皮革制品，季调	5
34	美国：产能利用率，制造业（NAICS），非耐用品制造业，纸制品，季调	5
35	美国：产能利用率，制造业（NAICS），非耐用品制造业，印刷及其相关辅助业，季调	2
36	美国：产能利用率，制造业（NAICS），非耐用品制造业，石油及煤制品，季调	5
37	美国：产能利用率，制造业（NAICS），非耐用品制造业，化学品，季调	2

指标名称	
缓慢变动变量	

经济活动		数据处理
38	美国：产能利用率，制造业（NAICS），非耐用品制造业，塑料和橡胶制品，季调	5
39	美国：产能利用率，制造业（NAICS），非耐用品制造业，其他制造业（NACIS），季调	2
40	美国：产能利用率，制造业（NAICS），计算机-通信设备及半导体，季调	5
41	美国：产能利用率，制造业（NAICS），计算机及外围设备，季调	2
42	美国：产能利用率，制造业（NAICS），通信设备，季调	5
43	美国：产能利用率，制造业（NAICS），半导体及相关设备，季调	2
44	美国：产能利用率，工业总计（不含计算机-通信设备及半导体），季调	5
45	美国：产能利用率，制造业（不含计算机-通信设备及半导体），季调	5

就业		
46	美国：失业率，季调	5
47	美国：平均小时工资	5
48	美国：平均每周工作时间，季调	5
49	美国：平均每周制造业工作时间，季调	5
50	美国：就业人数，季调	5
51	美国：就业人数，物品生产，季调	2
52	美国：就业人数，建筑业，季调	2
53	美国：就业人数，制造业，季调	2
54	美国：就业人数，服务生产，季调	5
55	美国：就业人数，零售业，季调	5
56	美国：就业人数，专业和商业服务，季调	5
57	美国：就业人数，教育和保健服务，季调	5
58	美国：就业人数，休闲和酒店业，季调	5
59	美国：就业人数，政府，季调	5

消费物价		
60	美国：CPI	2
61	美国：核心 CPI	5

指标名称	
缓慢变动变量	
经济活动	数据处理
62｜美国：CPI：能源	2
63｜美国：CPI：食品	2
64｜美国：CPI：食品与饮料	2
65｜美国：CPI：住宅	2
66｜美国：CPI：服装	2
67｜美国：CPI：交通运输	1
68｜美国：CPI：医疗保健	2
69｜美国：CPI：娱乐	2
70｜美国：CPI：教育与通信	5
71｜美国：CPI：其他商品与服务	5
快速变动变量	
经济活动变量	
72｜美国：批发商销售额：耐用品：季调	5
73｜美国：批发商销售额：耐用品：汽车及汽车零件和用品：季调	2
74｜美国：批发商销售额：耐用品：家具及家居摆设：季调	5
75｜美国：批发商销售额：耐用品：木材及其他建材：季调	5
76｜美国：批发商销售额：耐用品：专业及商业设备和用品：季调	5
77｜美国：批发商销售额：耐用品：电脑及电脑外围设备和软件：季调	2
78｜美国：批发商销售额：耐用品：金属及矿产,石油除外：季调	5
79｜美国：批发商销售额：耐用品：电气和电子产品：季调	5
80｜美国：批发商销售额：耐用品：五金、水暖及加热设备和用品：季调	5
81｜美国：批发商销售额：耐用品：机械设备和用品：季调	5
82｜美国：批发商销售额：耐用品：杂项：季调	5
83｜美国：批发商销售额：非耐用品：季调	5
84｜美国：批发商销售额：非耐用品：纸及纸制品：季调	5
85｜美国：批发商销售额：非耐用品：药品及杂品：季调	5
86｜美国：批发商销售额：非耐用品：服装及服装面料：季调	5
87｜美国：批发商销售额：非耐用品：食品及相关产品：季调	5

指标名称	
缓慢变动变量	

经济活动	数据处理
88 美国：批发商销售额：非耐用品：农产品原材料：季调	5
89 美国：批发商销售额：非耐用品：化学品及有关产品：季调	5
90 美国：批发商销售额：非耐用品：石油及石油产品：季调	5
91 美国：批发商销售额：非耐用品：啤酒，葡萄酒及蒸馏酒：季调	5
92 美国：批发商销售额：非耐用品：杂项：季调	5
93 美国：建造支出	5
94 美国：建造支出：住宅	5
95 美国：建造支出：商业住宅	5
96 美国：建造支出：公寓	5
97 标准普尔 500 指数：月	5

货币政策工具	
98 美国：M1	5
99 美国：M2	5
100 美国：可转让存单利率：二级市场：3 个月：月	1
101 美国：非金融票据利率：A2/P2 级：3 个月：月	1
102 美国：国债收益率：10 年：月	1
103 美国：企业债利率：穆迪 AAA：月	1
104 美国：贴现利率：月	1
105 美国：联邦基金利率（日）：月	1
106 美国：央行资产负债表规模/名义 GDP	1

表 2.2　欧洲宏观经济变量名称及处理方法

　　以下数据来自 Wind、IFS 和 Bloomberg 数据库，其中部分数据由于只有季度数据可得，因此作者运用 Stata 将季度数据转化为月度数据，以便有效扩大样本，与其他数据匹配。需要处理的数据依照以下顺序进行处理：①X12 季节调整；②取对数；③差分。其中，89 或 81 号变量为可观测变量，其他均为不可观测变量。以下数列首先对存在季节性的时间序列进行 X12 方法季节调整，然后按照以下调整代码进行处理：1 代表原时间序列，2 代表阶差分，3 代表取对数，5 代表取对数再一阶差分。

指标名称			
缓慢变动变量			
经济活动		数据处理	数据来源
1	欧元区 17 国：工业生产指数，季调	5	Wind 数据库
2	欧元区 17 国：机械制造业产出指数，季调	5	
3	欧元区 17 国：能源产出指数，季调	5	
4	欧元区 17 国：纺织业产出指数，季调	5	
5	欧元区 17 国：皮革加工制造产出指数，季调	5	
6	欧元区 17 国：造纸加工制造产出指数，季调	2	
7	欧元区 17 国：制药业制造产出指数，季调	5	
8	欧元区 17 国：橡胶塑料业制造产出指数，季调	5	
9	欧元区 17 国：汽车制造业产出指数，季调	5	
10	欧元区 17 国：食品饮料制造产出指数，季调	5	
11	欧元区 17 国：电力-煤气-蒸汽及空调供应产出指数，季调	5	IFS 数据库
12	欧元区 17 国：金属制造业产出指数，季调	5	
13	欧元区 17 国：其他交通工具制造产出指数，季调	5	
14	欧元区 17 国：服装制造产出指数，季调	5	
15	欧元区 17 国：建筑业产出指数，季调	5	
16	欧元区 17 国：非耐用消费品产出指数，季调	5	
17	欧元区 17 国：消费品产出指数，季调	5	
18	欧元区 17 国：中间商品产出指数，季调	5	
19	欧元区 17 国：制造业产出指数，季调	5	
20	欧元区 17 国：耐用消费品产出指数，季调	5	
21	欧元区 17 国：资本品产出指数，季调	5	
22	欧元区 17 国：采矿业，电力-煤气蒸汽及空调供应产出指数，季调	5	
23	欧元区 17 国：制造业产能利用率，非季调	5	Wind 数据库
就业			
24	欧元区 17 国：失业率，季调	5	
25	欧元区 17 国：失业人数，季调	5	
26	欧元区 17 国：就业总人数，季调	5	Wind 数据库

指标名称		
缓慢变动变量		
经济活动	数据处理	数据来源
27 欧元区 17 国：劳动力产出，艺术-娱乐及其他服务行业，季调	1	Bloom berg 数据库
28 欧元区 17 国：劳动力产出，农业-林业和渔业，季调	4	
29 欧元区 17 国：平均小时工资，商业-餐饮业-交通-住宿和视频服务行业，季调	1	运用 Stata 将季度数据转为月度数据
30 欧元区 17 国：单位劳动力成本，信息和通信，季调	2	
31 欧元区 17 国：劳动力产出，商业-餐饮业-交通-住宿和食品服务行业，季调	2	
32 欧元区 17 国：平均小时工资，信息和通信，季调	1	
33 欧元区 17 国：单位劳动力成本，金融和保险，季调	2	
34 欧元区 17 国：劳动力产出，专业-商用和支援服务，季调	2	
35 欧元区 17 国：平均小时工资，公共管理-教育-医疗和社会工作，季调	1	
36 欧元区 17 国：单位劳动力成本，艺术-娱乐及其他服务行业，季调	2	
37 欧元区 17 国：单位劳动力成本，农业-林业和渔业，季调	1	
38 欧元区 17 国：劳动力产出，金融和保险，季调	2	
39 欧元区 17 国：平均小时工资，房地产，季调	1	
40 欧元区 17 国：单位劳动力成本，专业-商用和支援服务，季调	5	
41 欧元区 17 国：劳动力产出，房地产，季调	2	
42 欧元区 17 国：劳动力产出，信息和通信，季调	2	
43 欧元区 17 国：平均小时工资，专业-商用和支援服务，季调	5	Bloomberg 数据库
44 欧元区 17 国：平均小时工资，金融和保险，季调	2	
45 欧元区 17 国：单位劳动力成本，房地产，季调	1	运用 Stata 将季度数据转为月度数据
46 欧元区 17 国：单位劳动力成本，公共管理-教育-医疗和社会工作，季调	2	
47 欧元区 17 国：劳动力产出，公共管理-教育-医疗和社会工作，季调	2	

续表

指标名称		
缓慢变动变量		
经济活动	数据处理	数据来源
48 欧元区 17 国：平均小时工资，艺术-娱乐及其他服务行业，季调	2	
49 欧元区 17 国：平均小时工资，农业-林业和渔业，季调	5	
50 欧元区 17 国：单位劳动力成本，商业-餐饮业-交通-住宿和视频服务行业，季调	1	
51 欧元区 17 国：劳动力产出，包括能源的工业，季调	1	
52 欧元区 17 国：平均小时工资，包括能源的工业，季调	1	
53 欧元区 17 国：单位劳动力成本，包括能源的工业，季调	1	
54 欧元区 17 国：劳动力产出，建筑，季调	2	
55 欧元区 17 国：平均小时工资，建筑，季调	2	
56 欧元区 17 国：单位劳动成本，建筑，季调	2	
57 欧元区 17 国：劳动力产出，总额，季调	5	
58 欧元区 17 国：平均小时工资，总额，季调	5	
59 欧元区 17 国：单位劳动力成本，总额，季调	5	
消费物价		
60 欧元区 17 国：CPI，调和消费物价指数，不含烟草，未季调	5	
61 欧元区 17 国：CPI，调和消费物价指数，不含能源和未加工视频，未季调	5	IFS 数据库
62 欧元区 17 国：CPI，调和消费物价指数，不含能源-食品-酒类和烟草，未季调	2	
63 欧元区 17 国：CPI，调和消费物价指数，所有商品	5	
64 欧元区 17 国：CPI，调和消费物价指数，能源，未季调	5	
65 欧元区 17 国：CPI，调和消费物价指数，不含能源和季节性食品，未季调	5	
快速变动变量		
经济活动变量		
66 欧元区 17 国：批发商零售额，纺织品-服装-鞋-皮制品零售净营业额，季调	5	
67 欧元区 17 国：批发商零售额，食品-饮料-烟草零售净营业额，季调	5	Bloom berg 数据库 运用 Stata 将季度数据转为月度数据

指标名称		
缓慢变动变量		
经济活动	数据处理	数据来源
68 欧元区 17 国：批发商零售额，非食品类产品，季调	5	
69 欧元区 17 国：批发商零售额，除汽车-摩托以外零售净经营业额，季调	5	
70 欧元区 17 国：批发商零售额，除汽车-摩托以外零售总经营业额，季调	5	
71 欧元区 17 国：建造支出	1	
72 欧元区 17 国：建造支出，住宅	1	
73 欧元区 17 国：建造支出，土木工程	2	
74 欧元区 17 国：建造支出，建筑许可	2	
75 欧元区 17 国：股票价格指数，AUSTRIA	5	EIU Country
76 欧元区 17 国：股票价格指数，BELGIUM	5	Database
77 欧元区 17 国：股票价格指数，FINLAND	5	
78 欧元区 17 国：股票价格指数，FRANCE	5	
79 欧元区 17 国：股票价格指数，GERMANY	5	
80 欧元区 17 国：股票价格指数，ITALY	5	
81 欧元区 17 国：股票价格指数，NETHERLANDS	5	
82 欧元区 17 国：股票价格指数，PORTUGAL	5	
83 欧元区 17 国：股票价格指数，SLOVAKIA	5	
84 欧元区 17 国：股票价格指数，SPAIN	5	
货币政策变量		
85 欧元区 17 国：M1	5	
86 欧元区 17 国：M2	5	
87 欧元区 17 国：二级市场 10 年期政府债券收益率	1	
88 欧元区 17 国：基准利率，月	1	Wind 数据库
89 欧元区 17 国：一年期欧元银行同业拆息利率	1	
90 欧洲央行资产负债表规模/名义 GDP	1	

附录 3 中央银行资产负债表政策 DSGE 模型参数及变量列表

表 3.1 基础 DSGE 模型参数

家庭

β	0.990	主观折现率
h	0.815	消费折现率（消费习惯参数）
χ	3.409	劳动的相对效用权重
ϕ	0.276	弗里施劳动力供给弹性倒数

金融机构

f	0.012	银行家占家庭成员比例
θ	0.972	银行家存活比例
λ	0.381	银行家转移资金比例
ω	0.002	家庭对新生银行的资产转移比例
$\dfrac{m}{}$	0.066	需要中央银行救助的银行比例

中间产品生产商

α	0.330	有效资本产出的弹性系数
U	1.000	稳态资本利用率
$\delta(U)$	0.025	稳态折旧率

零售厂商

ε	4.167	商品替代弹性
γ	0.779	价格黏性参数（保持价格不变的概率）

中央银行

ρ	0.8	泰勒规则中的平滑参数
κ_π	1.5	泰勒规则中通货膨胀系数
κ_y	0.50	泰勒规则中的产出缺口系数
Ψ	0.266	通胀定标规则中的平滑参数
υ	0.071	通胀定标规则中的产出缺口系数

财政部		
G	0.200	政府支出稳态值
T	0.200	一次性税收稳态值
外生冲击		
A_t		外生技术冲击
e_t		货币政策外生冲击
ϵ_t		数量型货币政策外生冲击
ξ_t		资产质量外生冲击

表 3.2　扩展 DSGE 模型参数

家庭		
β	0.990	主观折现率
h	0.815	消费折现率（消费习惯参数）
χ	3.409	劳动的相对效用权重
ϕ	0.276	弗里施劳动力供给弹性倒数
金融机构		
f	0.070	银行家占家庭成员比例
θ	0.972	银行家存活比例
λ	0.381	银行家转移资金比例
ω	0.002	家庭对新生银行的资产转移比例
$\dfrac{m}{1+m}$	0.001	需要中央银行救助的银行比例
中间产品生产商		
α	0.330	有效资本产出的弹性系数
U	1.000	稳态资本利用率
$\delta(U)$	0.025	稳态折旧率
零售厂商		
ε	4.167	商品替代弹性
γ	0.779	价格黏性参数（保持价格不变的概率）

中央银行		
ρ	0.8	泰勒规则中的平滑参数
κ_π	1.5	泰勒规则中通货膨胀系数
κ_y	0.50	泰勒规则中的产出缺口系数
Ψ	0.344	通胀定标规则中的平滑参数
υ	−0.039	通胀定标规则中的产出缺口系数
财政部		
G	0.200	政府支出稳态值
T	0.200	一次性税收稳态值
外生冲击		
b_t		央行对财政部的负债占其总负债的比例外生冲击
A_t		外生技术冲击
e_t		货币政策外生冲击
ϵ_t		数量型货币政策外生冲击
ξ_t		资产质量外生冲击

表 3.3　DSGE 基础和扩展模型变量含义

家庭		金融中介机构	
C_t	t 期家庭消费	Q_t	t 期银行贷款相对价格
L_t	t 期劳动力供给	$\tilde{S}_t$	t 期所有银行总资产
B_{t+1}	t 期家庭持有的短期债权（银行存款+国债）	$\tilde{N}_t$	t 期所有银行总净值
W_t	t 期实际工资	R_t	t 期国债实际回报率
Π_t	t 期家庭从拥有的非金融和金融机构获得的净报酬	R_{kt}	t-1 到 t 期银行所持有的对非金融机构的债权的随机收益
q_t	t 期边际消费倾向	$R_{kt} - R_t$	t-1 到 t 期银行资产溢价
$\Lambda_{t,t+1}$	t+1 期与 t 期边际消费倾向之比	v_t	t 期第一类银行家增加一单位资产的预期折现边际收益
T_t	t 期家庭缴纳的一次性税收	v'_t	t 期第二类银行家增加一单位资产的预期折现边际收益
π_t	t 期通货膨胀率	η_t	t 期第一类银行家增加一单位净值的预期折现边际收益

家庭		金融中介机构	
中间产品生产厂商		η'_t	t 期第二类银行家增加一单位净值的预期折现边际收益
K_{t+1}	t 期中间产品生产商购买的资本	$\chi_{t,t+i}$	t 期第一类银行资产总增长率
U_t	t 期中间产品生产商的资本利用率	$\chi'_{t,t+i}$	t 期第二类银行资产总增长率
Y_t	t 期中间产品生产商的产出	$z_{t,t+i}$	t 期第一类银行净值总增长率
A_t	t 期全要素生产率	$z'_{t,t+i}$	t 期第二类银行净值总增长率
ξ_t	t 期资本质量（有效资本比例）	Φ_t	t 期第一类银行的杠杆率（总资产/净值）
P_{mt}	t 期中间产出产品的价格	Φ'_t	t 期第二类银行的杠杆率（总资产/净值）
资本生产企业		N_{et}	既有银行总净值
I_t	t 期资本生产企业所生产出的总资本	N_{nt}	新生银行总净值
I_{nt}	t 期资本生产企业所生产出的净资本	中央银行	
I_{ss}	t 期资本生产企业投资的稳态值	a_{t+1}	t 期中央银行向银行提供的信贷（信贷宽松政策）
零售厂商		r_{t+1}	t 期中央银行向财政部支付的财政部特殊账户回报利率
Y_{ft}	t 期零售商 f 的产出	i_t	t 期名义利率
P^*_t	t 期零售商最优重置价格	e_t	t 期价格型货币政策外生冲击
财政部		$\in_t$	t 期数量型货币政策外生冲击
B_{gt}	t 期财政发行国债	Y^*_t	t 期泰勒规则中自然产出水平

表 3.4　美联储问题资产购买计划（TARP）中的银行投资计划

银行投资计划名称	起始日期	终止日期	利率	目的	联合行动部门	注资银行
资产担保计划（AGP）	2009年1月	2011年1月	—	政府为具有重大系统性影响的银行提供担保	财政部、美联储、美国联邦存款保险公司（FDIC）	美国银行（BOA）花旗银行（Citigroup）
资产监管评估计划（SCAP）	2009年初	2009年11月9日	—	对 19 家最大的银行控股公司进行压力测试，提振金融系统信心，促进信贷流通。	财政部、美联储	19 家最大的银行控股公司中有18家缓冲资本充足，无须任何注资并未对任何银行控股公司提供注资
资产辅助计划（CAP）			—			

续表

银行投资计划名称	起始日期	终止日期	利率	目的	联合行动部门	注资银行
资本购买计划（CPP）	2009 年 3 月	2009 年 12 月	5%	向满足条件的金融机构提供资本	财政部	对 48 个州的 707 家金融机构注资
社区发展资本提议（CDCI）	2010 年 02 月 3 日	2010 年 9 月	2%	帮助满足条件的社区发展金融机构及其服务的社区应对金融危机的影响	财政部	对 84 家社区发展金融机构注资
目标投资计划（TIP）	2008 年 12 月	2009 年 12 月	8%	财政部为金融机构提供新融资以抵御金融危机影响	财政部	美国银行（BOA）花 旗 银 行（Citigroup）

资料来源：根据美联储网站公开信息整理。①

表 3.5　欧洲央行流动性管理政策

流动性管理政策名称	起始日期	终止日期	目的	政策实行部门
证券市场计划	2010 年 5 月 1 日	—	通过购买证券，为货币政策传导不畅的证券市场注入流动性	欧洲央行
担保债券购买计划	2009 年 7 月 2 日	2010 年 6 月 30 日	通过购买担保债券，为货币政策传导不畅的债券市场注入流动性	欧洲央行
担保债券购买计划 II	2011 年 11 月	2012 年 10 月	为信贷机构和企业提供宽松的融资环境；鼓励信贷机构增加放贷力度	欧洲央行
边际贷款工具（MLF）	—	—	金融机构将优质资产作为抵押，从央行获得隔夜流动性	欧洲央行
存款工具（DF）	—	—	金融机构在央行存入隔夜存款	欧洲央行
主要再融资操作（MFO）	—	—	央行为金融系统提供流动性	欧洲央行

资料来源：根据欧洲央行网站公开信息整理。②

---

① http://www.treasury.gov/initiatives/financial-stability/TARP-Programs/bank-investment-programs/Pages/default. aspx。

② http://www.ecb.int/mopo/liq/html/index.en.html#portfolios。

附录 4 中国人民银行资产负债表

表 4.1 中国人民银行资产负债表（科目设置）

总资产	总负债
国外资产	储备货币
外汇	货币发行
货币黄金	金融性公司存款
其他国外资产	其他存款性公司
对政府债权	其他金融性公司
其中：中央政府	不计入储备货币的金融性公司存款
对其他存款性公司债权	发行债券
对其他金融性公司债权	国外负债
对非金融性公司债权	政府存款
其他资产	其中：中央政府
	自有资金
	其他负债

资料来源：根据中国人民银行 2007 年《货币当局及资产负债表》公开资料整理。

附录 4.1：A 国金融市场预期效用最优化

$$V_1^A = E\left\{\left[1 - \varphi\left(\frac{W_2^P}{B}\right)\right]U_A(W_A^{ns}) + \varphi\left(\frac{W_2^P}{B}\right)U_A(W_A^{ss})\right\} \tag{5.8}$$

$$W_{A2}^{ns} = \mathrm{Pro}_A^{ns} + B = (\eta F + \mu R)r_c \tag{5.3}$$

$$W_A^{ns} = W_{A2}^{ns} - \left[(r_A + e)F + r_A R\right] = W_{A2}^{ns} - (r_A W + eF) \tag{5.4}$$

$$P = \tau\left[Y_2^{ss} + (r_A + e)F + r_A R\right] = \tau(Y_2^{ss} + r_A W + eF) \tag{5.5}$$

$$W_{A2}^{ss} = \mu R + F + P \tag{5.6}$$

$$W_A^{ss} = W_{A2}^{ss} - \left[(r_A + e)F + r_A R\right] = W_{A2}^{ss} - (r_A W + eF) \tag{5.7}$$

$$\text{s.t.} \quad W_A^{ns} = W_{A2}^{ns} - [(r_A + e)F + r_A R] = W_{A2}^{ns} - (r_A W + eF) \geqslant 0 \qquad (5.15)$$

$$W_A^{ss} = W_{A2}^{ss} - [(r_A + e)F + r_A R] = W_{A2}^{ss} - (r_A W + eF) \geqslant 0 \qquad (5.16)$$

其中，内生决策变量为 $\{\mu, \eta\}$，对公式（5.8）求解最优化，具体步骤如下：

解： $V_1^A = E[(1 - \varphi[\frac{W_2^P}{B}]) U_A(W_A^{ns}) + (\varphi[\frac{W_2^P}{B}]) U_A(W_A^{ss})]$

$$= \begin{aligned} E\left\{\left[1 - \varphi\left(\frac{W_2^P}{B}\right)\right] U_A\left[(\eta F + \mu R)r_C + B - (r_A W + eF)\right] \right. \\ \left. + \varphi\left(\frac{W_2^P}{B}\right) U_A\left[\mu(W - F) + F + \tau\left(Y_2^{ss} + r_A W + eF\right) - (r_A W + eF)\right]\right\} \end{aligned}$$

约束条件

$$\left[\eta F + \mu(W - F)\right]r_c + B - (r_A W + eF)$$

$$\mu(W - F) + F + \tau[Y_2^{ss} + r_A W + eF] - (r_A W + eF) \geqslant 0$$

$$L_A = E\left\{\left[1 - \varphi\left(\frac{W_2^P}{B}\right)\right] U_A\left[(\eta F + \mu R)r_c + B - (r_A W + eF)\right]\right.$$

$$\left. + \left[\varphi\left(\frac{W_2^P}{B}\right)\right] U_A\left[\mu(W - F) + F + \tau\left(Y_2^{ss} + r_A W + eF\right) - (r_A W + eF)\right]\right\}$$

$$+ \lambda_1[(\eta F + \mu R)r_C + B - (r_A W + eF)]$$

$$+ \lambda_2[\mu(W - F) + F + \tau\left(Y_2^{ss} + r_A W + eF\right) - (r_A W + eF)]$$

库恩塔克条件：

$$\frac{\partial L_A}{\partial \eta} = E\left[(1 - \varphi)U_A'\left(W_A^{ns}\right) \cdot Fr_C\right] + \lambda_1 Fr_C = 0$$

$$\frac{\partial L_A}{\partial \eta} = E\left[(1 - \varphi)U_A'\left(W_A^{ns}\right)(W - F)r_C + \varphi U_A'\left(W_A^{ss}\right)(W - F)\right] + \lambda_1(W - F)r_C + \lambda_2(W - F) = 0$$

互补松弛条件：

$$\lambda_1 \geqslant 0, (\eta F + \mu R)r_C + B - (r_A W + eF) \geq 0$$

$$\lambda_1[(\eta F + \mu R)r_C + B - (r_A W + eF)] = 0;$$

$$\lambda_2 \geqslant 0, \mu(W - F) + F + \tau\left(Y_2^{ss} + r_A W + eF\right) - (r_A W + eF) \geqslant 0$$

$$\lambda_2[\mu(W - F) + F + \tau[Y_2^{ss} + r_A W + eF] - (r_A W + eF)] = 0$$

其中，$0 < F < W$

因此，$(\eta F + \mu R)r_C + B - (r_A W + eF) = 0$

$$\mu(W - F) + F + \tau\left(Y_2^{ss} + r_A W + eF\right) - (r_A W + eF) = 0$$

用 F 表示 $\{\mu, \eta\}$，得到：

$$\mu = \frac{\left[\tau\left(Y_2^{ss} + r_A W + eF\right) + F - (r_A W + eF)\right]}{(W - F)} \tag{5.19}$$

$$\eta = \frac{\left[\dfrac{r_A W + eF - B}{r_c} - \tau\left(Y_?^{ss} + r_A W + eF\right) + (r_A W + eF + F)\right]}{F} \tag{5.20}$$

附录 4.2：C 国央行预期效用最优化

$$V_1^{cb} = E\left\{\left[1 - \varphi(\frac{W_2^P}{B})\right] U_C\left(W_{cb}^{ns}\right) + \varphi(\frac{W_2^P}{B}) U_C\left(W_{cb}^{ss}\right)\right\} \tag{5.14}$$

约束条件：

$$r_A W + eF + Y_2^{ns} - B \geqslant 0 \tag{5.17}$$

$$0 < F < W \tag{5.27}$$

其中，

$$W_2^P = (r_A + e)F + r_A R = r_A W + eF \tag{5.1}$$

$$W_{c2}^{ns} = (r_A + e)F + r_A R + Y_2^{ns} = r_A W + eF + Y_2^{ns} \tag{5.10}$$

$$W_{cb}^{ss} = ms(r_A W + eF + Y_2^{ss})(1 - \tau) \tag{5.13}$$

决策变量为 F。

附录 4.3：基于中美两国实际经济数据的模型校准

表 4.2 外生变量列表

参数	经济学含义	赋值单位	参数赋值				对应实际数据	数据来源
		年份	2006	2007	2008	2009		
B	C 国国外总负债	亿美元	276.67	300.57	324.73	349.23	中国的外国政府贷款	中国统计年鉴
W	C 国央行持有外汇储备总量	亿美元	3680	4960	6220	8350	外汇储备购买美国证券（股票与国债）总量	王永中（2011）
r_c		%	253	288	262	296	中国外资企业名义年投资回报率	Wind 资讯数据库
	C 国 FDI 收益率		1.8	4.8	6	−0.7	中国年均通胀率（帕氏指数变动率）	Wind 资讯数据库
			251.2	283.2	256	296.7	中国外资企业实际年投资回报率	名义年投资回报率－年均通胀率
φ	C 国发生资本流动急停危机的概率		\multicolumn{4}{c}{$\varphi = a(1+(\dfrac{W_2^p}{B}))^{-h}$，$h=12$，$a=4000$}	采用具体指数函数表示概率	Aizenman 和 Glick（2010）
Y_2^{rss}	C 国发生资本流动急停危机时的产出	亿美元	25 730	29 380	32 210	35 170	中国实际 GDP（2005 年美元价格）	EIU CountryData
Y_2^{rns}	C 国不发生资本流动急停危机时的产出	亿美元	25 730	29 380	32 210	35 170	中国实际 GDP（2005 年美元价格）	EIU CountryData
τ	C 国不能偿还国外债时所遭受的惩罚比例	%	26	26	26	26	采用经验性数值表示此比例 $\tau=0.26$	Aizenman 和 Glick（2010）
m	C 国银行法定存准率	%	8.0	12.0	16.2	16.2	中国法定存款准备金率月度数据年均值	中国人民银行网站
	C 国年均通胀率	%	1.8	4.8	6	−0.7	中国年均通胀率（帕氏指数变动率）	EIU CountryData
τ	C 国不能偿还国外债时所遭受的惩罚比例	%	26	26	26	26	采用经验性数值表示此比例 $\tau=0.26$	Aizenman 和 Glick（2010）

参数	经济学含义	年份	2006	2007	2008	2009	对应实际数据	数据来源
m	C 国银行法定存款准备金率	%	8.0	12.0	16.2	16.2	中国法定准备金率月度数据年均值	中国人民银行网站
			1.8	4.8	6	-0.7	中国年均通胀率（帕氏指数变动率）	EIU CountryData
			6.2	7.2	10.2	16.9	中国实际法定准备金率年均值	
s	C 国居民储蓄率	%	50.9	52.4	53.6	53.4	美国国民储蓄率	EIU CountryData
r_A	A 国国债无风险利率	%	4.56	4.96	2.43	0.51	美国一年期国债名义收益率（国债收益率曲线）	美国财政部网站
			3.2	2.9	3.8	-0.3	美国年均通胀率（帕氏指数变动率）	EIU CountryData
			1.36	2.06	-1.37	0.81	美国一年期国债实际收益率（国债收益率曲线）	
$r_A + e$	A 国股权随机收益率	%	11.78	3.65	-37.58	19.67	美国名义股票年收益率	Wind 资讯数据库
			3.2	2.9	3.8	-0.3	美国年均通胀率（帕氏指数变动率）	EIU CountryData
			8.58	0.75	-41.38	19.97	美国实际股票年收益率	

注：（1）由于我国 2006 年才开始按企业性质分类计算利润，从而可估算得到中国 FDI 收益率，因此我们选择对 2006—2009 年相应数据进行数值模拟。

（2）中国外资企业年投资回报率的计算方法为：投资回报率（ROI）=年利润或年均利润/投资总额×100%。

（3）美国股票年收益率=（年末标准普尔 500 指数-年初标准普尔 500 指数）/年初标准普尔 500 指数。

（4）表中各项实际年收益率=名义年收益率-年均通货膨胀率。

表 4.3　模型校准结果比较表

		2006	2007	2008	2009
结论一	τY_2^{ss}	6689.80	7638.80	8374.60	9144.20
	$[(1-\tau)(r_A+e)-1]W$	−3446.35	−2207.2	−8123.32	−7116.0537
比较结论		适用结论一（1）	适用结论一（1）	适用结论一（1）	适用结论一（1）
结论二	$\dfrac{B}{r_C}+\tau Y_2^{ss}$	6799.94	7744.93	8501.45	9261.90
	$(\dfrac{1}{r_C}-\tau+1)r_A W$	56.96	111.69	−96.35	108.02
比较结论		适用结论二（1）	适用结论二（1）	适用结论二（1）	适用结论二（1）
最优投资组合	F^*	2318	5.6748×10^{-5}	2102	1086
	V_1^{cb*}	−1.0002	−1.0366	−1.0000	−1.0000
外汇储备间接转化系数	η^*	2.96	2.34	$-\infty$	1.74
	μ^*	−4.79	−1.52	$+\infty$	1.23

注：F^* 和 V_1^{cb*} 单位为亿美元。

附录 4.4：外汇储备最优规模古诺模型

A 国金融市场预期效用最优化

$$\max V_1^A = E\left\{\left[1-\varphi\left(\frac{W_2^P}{B}\right)\right]U_A(W_A^{ns})+\varphi\left(\frac{W_2^P}{B}\right)U_A(W_A^{ss})\right\} \tag{5.8}$$

约束条件：

$$W_A^{ns}=W_{A2}^{ns}-[(r_A+e)F+r_A R]=W_{A2}^{ns}-(r_A W+eF)\geqslant0 \tag{5.15}$$

$$W_A^{ss}=W_{A2}^{ss}-[(r_A+e)F+r_A R]=W_{A2}^{ss}-(r_A W+eF)\geqslant0 \tag{5.16}$$

B 国央行预期效用最优化

$$\max V_1^{cb}=E\left\{\left[1-\varphi(\frac{W_2^P}{B})\right]U_C(W_{cb}^{ns})+\varphi(\frac{W_2^P}{B})U_C(W_{cb}^{ss})\right\} \tag{5.14}$$

约束条件：

$$r_A W+eF+Y_2^{ns}-B\geqslant0 \tag{5.17}$$

$$0<F<W \tag{5.27}$$

决策变量为 $\{W, F\}$。

后 记

本书源于我在 2012 年开始撰写的博士毕业论文，该书名则来自美联储前主席伯南克对量化宽松政策的定义，即运用央行资产负债表的规模和资产种类变化实施量化宽松政策。当时正值美联储启动第三轮量化宽松政策来修复全球金融危机带来的市场波动和经济下行，同年，我有幸在"中美富布赖特项目"联合培养博士生子项目的资助下，来到麻省理工学院斯隆商学院，在南开大学和斯隆商学院三位博士生导师的指导下进行发达国家量化宽松政策的系统性研究。还记得我的博士生导师戴相龙老师在我的毕业答辩时说的一席话："量化宽松政策的研究现在是前沿的，未来也是必不可少的。新时代赋予青年学子更多的历史重任，更应该多研究这些前沿的问题。"秉承着导师的教诲，从博士毕业后留校工作这五年以来，我一直在不断探究着发达国家量化宽松政策的运用时机和影响、不同国家政策之间的差异性及其原因，以及对我国等新兴市场国家微观出口企业和微观商品价格的影响。此后，美国在 2014 年 10 月宣布退出量化宽松政策，由于经济向好又在 2015 年末首次加息，看似量化宽松政策工具已经变得不必要了，但戴老师对量化宽松政策必要性的预测是准确的——就在本书在 2020 年 3 月成稿之后，由于新型冠状病毒肺炎疫情带来的全球经济动荡迫使美联储再次于 3 月 16 日推出了资产购买规模高达 7000 亿的第五轮量化宽松政策，并将利率重新大幅降为 0%～0.25%的水平，这也是 2008 年金融危机时美国政策利率的最低水平。量化宽松政策伴随着全球金融动荡，重回历史舞台。

正如我的另一位导师刘澜飚教授所说，全球利率政策的空间和有效性正在不断下降，而危机发生的频率却在不断上升，量化宽松政策的运用将会成为大趋势。但是，量化宽松政策的运用具有国别差异性，并且在运用时机和对经济的副作用层面也存在许多亟待深入探究的领域。我在本书中对该政策的"零利率约束之谜""通货膨胀之谜"，以及对我国外贸和通胀的溢出效应进行了理论和实证方面的研究，但这还远远不够。随着各国在应对新冠疫情带来的全球经济危机过程中可能越来越多地运用量化宽松政策，该政策的运用将不仅局限于发达国家，任何遭受经济危机打击的国家都可能选择这一丰富的货币政策工具包。值得思考的是，诚如 Eichengreen 在 2013 年的论文《货币战争还是全球政策协同》中指出，新兴市场国家应对发达国家量宽政策的最好方法是采取协同的财政紧缩政策，以应对大量国际资本流入。然而由于历史习惯和政策偏好等原因，新兴市场国家通常会选择次优的方法，即采取资本管制等跟随政策，由此会引致一些副作用。那么从全球层面来看，量宽政策产生的全球福利是提高还是降低，该政策的效力是否会由于资本流动的不确定性而产生变数。此外，货币政策的有效性得益于政策的不可预测性，如果量化宽松政策变成了应对经济下行的常备工具，那么是否还会长久地发挥效力。在部分发达国家进入"零利率"甚至"负利率时代"后，量化宽松政策是否是替代利率政策工具的最终选择。随着美联储在 2020 年 3 月 23 日开启开放式资产购买和无上限量化宽松政策，量化宽松政策的信号渠道传导效应也将会出现史无前例的变化，能够提振市场信心的不再是简单的政府低利率承诺，而是大规模持久的资产购买承诺，这也一定程度说明了量化宽松政策的作用正在弱化，市场对量化宽松政策的力度要求更高。时代的剧变为量化宽松政策的研究带来了更多的挑战和机遇，这赋予了政策运用者和研究人员更多的时代责任。

在本书的撰写过程中，首先应该感谢的是我敬爱的博士导师戴相龙教授，是戴老师高屋建瓴的学术指导和振奋人心的关怀鼓励为我打开了一个又一个的前沿研究领域，包括中国人民银行外汇储备资产的对外投资问题和量化宽松政策的研究。戴老师总是在百忙之中抽出时间，亲切地与学生们分享他对中国乃至世界各国银行体系前沿问题的思考，用深厚的经济学积淀和广阔的专业视角让我的学术研究与前沿问题准确接轨，完成从学习到实践再到创新的飞跃。不仅如此，在本书的写作过程中，戴老师给予了宝贵的意见，使得该书不仅具有国际化的特点，更与中国的实际情况相联系，具有实践操作性。

特别要感谢南开大学原副校长佟家栋教授，佟老师一直关心我的成长，尤其始终鼓励我要把对量化宽松货币政策的研究长期坚持下去，他这种学术的远见坚定了我的学术自信。另外，我还要感谢我校内导师刘澜飚教授。刘老师在学习和生活上给了我太多太多的帮助，一直鼓励我前行。在我学术研究遇到瓶颈时，是刘老师的学术分析为我理顺思路；在我怀疑自己的能力时，是刘老师的热情鼓励支撑我继续尝试；在我需要建议和帮助时，是刘老师的倾力相助为我拨开迷雾。不仅如此，刘老师还经常与我分享一些研究设想，给我充分的空间去进行学术探索。同时，我的另一位恩师范小云教授也不遗余力地指导我、帮助我。在学术研究方面，范老师经常针对我的选题和研究方法提供宝贵意见，并且在我赴麻省理工学院访学过程中无私地为我提供关于学习生活的有益建议，让我能够更加有效地规划自己的访学经历。我还要感谢在麻省理工学院的 Reberto Rigobon 教授和 Graham Rong 博士。在麻省理工学院访学期间，Reberto Rigobon 教授不仅对我关于量化宽松政策的研究进行了系统的分析和指导，还鼓励我从更为广阔的全球视角对这一议题进行分析，尤其是从中国问题角度进行考虑。Rigobon 教授的建议为我展开了一幅未来研究的广阔画卷。在生活方面，Graham Rong 博士竭尽全力地帮助我，让我更加顺利地融入麻省理工学院乃至波士顿的生活圈。从 Rong 博士身上，我学到了积极的社交方式，也因此结交了许多国内外的友人。此外，我还要感谢我的合作者们，这些优秀的青年学者在合作过程中给了我太多的启发和新的研究想法，让我能够用前沿的研究方法对量化宽松政策进行多方位的研究。感谢我的同门们，尤其要感谢王博师兄、李泽广师兄，在科研的道路上，我们一直甘苦与共，互帮互助。是你们抹去了科研的枯燥，让科研生活换上了绚丽的外衣。

同时，我还要感谢南开大学经济学院、"中美富布赖特项目"联合培养博士生子项目及美国麻省理工学院斯隆商学院。南开大学是赋予我人生目标和意义的地方，斯隆商学院是为我打开世界之门的地方，而富布赖特项目则是中间的桥梁。通过近一年的访学，我深刻感受到了文化多元化所带来的思想火花和快乐，也感受到了国内学术研究正在向国际化迈进的大趋势。能够拥有这样的机会，结识不同国家、不同专业，甚至不同思维方式的朋友，将是我人生一笔宝贵的财富。

此外，我还要感谢我的父母、我的丈夫、两个可爱的女儿，以及帮助过我的朋友们。不论是读博和访学期间，还是在两个女儿相继出生后，甚至是在新冠疫情这一特殊时期，父母的无私支持、温暖的鼓励和无微不至的关爱都是我前进的动力和安心追求学术理想的支撑。所谓岁月静好，只是有人替我负重前行。我的父母别无所求，只愿我能够健康快乐。我能够骄傲地说，我的父母是世界上最伟大的父母。结婚九年来，我的丈夫尽力地支持我，以我为豪。一直以来，他尊重我的梦想和目标，支持我的所有决定，即使这些决定会与他所希望的生活有冲突，他依然选择坚定地站在我的身后。感谢我两个可爱的女儿，是她们用快乐和童真让我的生活如此丰富多彩，充满快乐。

最后，感谢南开大学出版社同仁们在本书出版过程中认真严谨耐心的工作。尤其要感谢王乃合老师细心的校对和无私的帮助与支持。也希望本书能够为读者们提供较为全面的量化宽松政策资料和丰富的研究视角。在这个瞬息万变的时代，量化宽松政策的工具将会更加丰富,运用范围也会进一步扩大。本书希望以一个量化宽松政策实施的见证者视角,为读者提供一个全面了解量化宽松政策的途径。也欢迎读者对书中内容进行批评讨论。

张靖佳

2020 年 11 月 16 日